Ungewöhnlicher Ratgeber für Studierende

Georg Fieg

Ungewöhnlicher Ratgeber für Studierende

Alles, was Studierende für das Vorstellungsgespräch wissen sollten

Georg Fieg
Institut für Systemverfahrenstechnik
Technische Universität
Hamburg, Deutschland

ISBN 978-3-658-47874-2   ISBN 978-3-658-47875-9 (eBook)
https://doi.org/10.1007/978-3-658-47875-9

Die Deutsche Nationalbibliothek verzeichnet diese Publikation in der Deutschen Nationalbibliografie; detaillierte bibliografische Daten sind im Internet über ▶ https://portal.dnb.de abrufbar.

© Der/die Herausgeber bzw. der/die Autor(en), exklusiv lizenziert an Springer Fachmedien Wiesbaden GmbH, ein Teil von Springer Nature 2025

Das Werk einschließlich aller seiner Teile ist urheberrechtlich geschützt. Jede Verwertung, die nicht ausdrücklich vom Urheberrechtsgesetz zugelassen ist, bedarf der vorherigen Zustimmung des Verlags. Das gilt insbesondere für Vervielfältigungen, Bearbeitungen, Übersetzungen, Mikroverfilmungen und die Einspeicherung und Verarbeitung in elektronischen Systemen.
Die Wiedergabe von allgemein beschreibenden Bezeichnungen, Marken, Unternehmensnamen etc. in diesem Werk bedeutet nicht, dass diese frei durch jede Person benutzt werden dürfen. Die Berechtigung zur Benutzung unterliegt, auch ohne gesonderten Hinweis hierzu, den Regeln des Markenrechts. Die Rechte des/der jeweiligen Zeicheninhaber*in sind zu beachten.
Der Verlag, die Autor*innen und die Herausgeber*innen gehen davon aus, dass die Angaben und Informationen in diesem Werk zum Zeitpunkt der Veröffentlichung vollständig und korrekt sind. Weder der Verlag noch die Autor*innen oder die Herausgeber*innen übernehmen, ausdrücklich oder implizit, Gewähr für den Inhalt des Werkes, etwaige Fehler oder Äußerungen. Der Verlag bleibt im Hinblick auf geografische Zuordnungen und Gebietsbezeichnungen in veröffentlichten Karten und Institutionsadressen neutral.

Umschlagabbildung: eigene Darstellung

Springer ist ein Imprint der eingetragenen Gesellschaft Springer Fachmedien Wiesbaden GmbH und ist ein Teil von Springer Nature.
Die Anschrift der Gesellschaft ist: Abraham-Lincoln-Str. 46, 65189 Wiesbaden, Germany

Wenn Sie dieses Produkt entsorgen, geben Sie das Papier bitte zum Recycling.

Meinen Eltern gewidmet

Vorwort

Liebe Leserinnen und Leser,

wenn Sie diese Zeilen lesen, habe ich bereits mein erstes Ziel erreicht: Ihre Aufmerksamkeit und Ihr Interesse zu wecken. Der Titel dieses Ratgebers mag ungewöhnlich erscheinen, doch dahinter steckt eine Geschichte, die mein einzigartiges Alleinstellungsmerkmal widerspiegelt. Das Adjektiv „ungewöhnlich" bezieht sich auf 18 Jahre industrielle Praxis bei der Henkel KGaA in Düsseldorf und 16 Jahre im akademischen Bereich an der TU Hamburg. Beide Elemente stellen eine sehr seltene Konstellation unter den Autoren dar. Ich hoffe, dass Sie dadurch den Inhalt des Ratgebers besonders wertvoll finden. Er soll unterhalten, amüsieren und vor allem mit praxisorientierten und wissensbasierten Ratschlägen als vertrauter Begleiter vom Beginn Ihres Studiums bis zum ersten Schritt in Ihre berufliche Zukunft unterstützen.

Für viele Studierende mag es überraschend sein, aber es stimmt: Das Hauptanliegen des Studiums liegt in der ... Zukunft. Es umfasst in chronologischer Reihenfolge das Vorstellungsgespräch und das anschließende Berufsleben. In beiden Fällen findet eine darwinistische Selektion statt, auf die man sich gezielt vorbereiten muss. Weiterhin gilt: Die eigene Zukunft ereignet sich nicht, sie wird durch verantwortungsvolles, bewusstes und wissensbasiertes Handeln aktiv von Ihnen mitgestaltet. Aus dem Prinzip „früher an Später denken" folgt die nächste Anforderung: Während des Studiums müssen unzählige Entscheidungen getroffen und deren Konsequenzen getragen werden.

Beide Aspekte sollten Sie während der Studienzeit für sich persönlich möglichst optimal gestalten. Wie das erfolgreich gelingt, zeigt Ihnen dieser Ratgeber. Den ersten Schritt haben Sie bereits getan, indem Sie sich für diesen Ratgeber entschieden haben.

Hätte ich das damals gewusst, ein Satz, den ich nach zahlreichen Abschlussprüfungen im Rahmen von Small Talks mit Hochschulabsolventen oft gehört habe. Eine bittere, weil zu späte Erkenntnis. Gleichzeitig ist dies die Hauptmotivation für diesen Ratgeber. Es ist mir eine Herzensangelegenheit, diese Erkenntnis zu verhindern oder zumindest zu reduzieren.

Was erwartet Sie bei der Lektüre des Ratgebers?

Zunächst einmal die praktische Umsetzung des Grundgedankens: Alles, was ich in 34 Jahren nach meiner Promotion gelernt und praktisch in der Industrie und in der akademischen Welt erfahren habe, ist in diesen Ratgeber eingeflossen. Daraus resultiert für Sie ein hoher Praxisbezug mit zahlreichen Empfehlungen, die über Jahrzehnte hinweg ausgearbeitet und erfolgreich erprobt wurden. Dabei habe ich die grundlegende Anforderung konsequent beachtet, Empfehlungen, Hinweise und Erfahrungen so strukturiert und einfach wie nur möglich darzustellen. Sie erhalten praxiserprobte Tipps und Tricks, die nicht nur vermittelt, sondern auch verständlich erläutert werden. Der Ratgeber folgt den Forderungen der Praxis: Pragmatisch, einfach und vor allem nutzbar. Zudem bekommen Sie zielführende Instrumente, Strategien und Vorgehensweisen an die Hand, die Sie für die erwähnten Entscheidungen während Ihrer Studienzeit und deren erfolgreiche Umsetzung benötigen. Durch die neue, integrale Sichtweise des Ratgebers können Sie gesetzte Ziele leichter und effizienter erreichen, praxisrelevante Anregungen sammeln und inspirierende Aha-Effekte erleben. Insgesamt bilden alle Elemente eine fundierte Basis für die Umsetzung des erwähnten Hauptanliegens, der zauberhaften Gestaltung Ihrer eigenen Zukunft. Träumen Sie dabei ruhig, denn nach Tom Fitzgerald gilt: *"If you can dream it, you can do it!"*

Auf Ihrem Weg durch die Studienzeit wünsche ich Ihnen viele frische Ideen, gutes Gelingen, unerschütterliches Durchhaltevermögen und viel Erfolg.

Auf Wiedersehen in der Zukunft!

Georg Fieg
Buchholz
Dezember 2024

PS: Aus Gründen der besseren Verständlichkeit und der Einfachheit benutze ich jeweils nur die männliche grammatikalische Form wie z. B. Student, Betreuer und Professor. Selbstverständlich spreche ich ausdrücklich auch Studentinnen, Betreuerinnen und Professorinnen an.

Danksagung

Dieser Ratgeber entstand in zweieinhalb Jahren intensiven Schreibens und ist das Resultat von 34 Jahren industrieller und akademischer Erfahrung. Ein Buch ist oft ein Ergebnis vieler Beteiligter und selten das Werk eines Einzelnen. Aus diesem Grund bedanke ich mich herzlich bei den folgenden Personen, die mit Engagement, investierter Zeit und Sorgfalt das Korrekturlesen kritisch und mit Hingabe durchgeführt haben:

Dr.-Ing. Torben Egger,

Prof. Dr. Prof. E.h. Dr. h.c. Frerich J. Keil,

B. Sc. Jana Langholz.
    Mein besonderer Dank gilt Renate Polster für ihren unermüdlichen Einsatz. Ihre ausgesprochen vielfältige Unterstützung hat wesentlich zum Gelingen des Ratgebers beigetragen.
    Der Firma Henkel KGaA in Düsseldorf sowie meinen damaligen Arbeitskollegen und Vorgesetzten danke ich für die Möglichkeit, umfangreiche Erfahrungen und Wissen im wettbewerbsgeprägten Umfeld der Industrie sammeln zu können. Beide stellen die erste inhaltliche Säule des vorliegenden Ratgebers dar. Die zweite bildet meine Heimatuniversität, die TU Hamburg. Mein herzlicher Dank gilt allen Kollegen Professoren und eigenen Doktoranden. Die unzähligen Diskussionen, Gespräche und Rücksprachen haben wesentlich zum Inhalt des Ratgebers beigetragen. Mein Dank gilt auch den vielen jungen Menschen, die ich während ihres Studiums begleiten durfte. Sie zeigten jedes Jahr von neuem, dass die gegenseitigen Interaktionen das Erkennen der typischen Denkweisen und Herausforderungen ermöglicht und unterstützt haben.
    Zuletzt gilt mein Dank auch den Universitätsbibliotheken der TU Hamburg und der Universität Hamburg, die besonders in der Zeit der Corona-Pandemie einen hervorragenden Zugang zu Fachbüchern ermöglicht haben.

Inhaltsverzeichnis

1	**Einleitung**	1
1.1	**Allgemeine Bemerkungen**	2
1.2	**Konzeptbeschreibung**	6
1.3	**Zielgruppen**	9
1.4	**Strukturelle Elemente**	10
2	**Leistungsnachweise**	11
2.1	**Bedeutung der Leistungsnachweise im Kontext der Bewerbung**	13
2.2	**Herausforderungen und Hilfen beim Übergang vom Pausenhof zum Hochschul-Campus**	15
2.3	**Das Lernen**	24
2.3.1	Körperliche Lernvoraussetzungen	25
2.3.2	Lernkonzeptvorstellung als Kombination aus Neurowissenschaften und Didaktik	30
2.3.3	Lernstrategien	33
2.3.4	Zusammenfassung	46
2.4	**Die Prüfung**	46
2.4.1	Organisatorische und formale Aspekte	47
2.4.2	Mitarbeit in Lehrveranstaltungen	49
2.4.3	Effektive Prüfungsvorbereitung (Nahhorizont)	57
2.4.4	Optimales Verhalten in Prüfungssituationen	60
2.4.5	Spielregeln der Prüfung	61
2.4.6	Prüfer (und Beisitzer)	63
2.4.7	Studierende	66
2.5	**Erfahrungen aus der Praxis**	73
2.6	**Take-Home Messages**	73
	Literatur	74
3	**Kompetenzen und Persönlichkeit**	77
3.1	**Einführung und Bedeutung der Kompetenzen und Persönlichkeit**	79
3.2	**Wissen, Qualifikation, Kompetenz und Persönlichkeit**	82
3.3	**Einige Aspekte des Bologna-Prozesses und deren Auswirkungen auf die Hochschullandschaft**	85
3.3.1	Beispiel aus eigener Lehrveranstaltung	87
3.4	**Abschließende Bemerkungen**	95
3.5	**Erfahrungen aus der Praxis**	95
3.6	**Take-Home Messages**	96
	Literatur	97
4	**Additive Fachaktivitäten (extern)**	99
4.1	**Fachpraktikum**	101
4.1.1	Einführung und Bedeutung des Fachpraktikums	101

4.1.2	Der Nutzen	106
4.1.3	Die Organisation	109
4.1.4	Die Durchführung	111
4.2	**Erfahrungen aus der Praxis**	116
4.3	**Take-Home Messages**	118
	Literatur	118
5	**Additive Fachaktivitäten (intern)**	**121**
5.1	**Tutor**	124
5.1.1	Einführung	124
5.1.2	Hochschulpolitische Zusammenhänge	125
5.1.3	Das didaktische Konzept und angrenzende Aspekte	127
5.1.4	Der eigene Nutzen	134
5.1.5	Zusammenfassung	136
5.1.6	Erfahrungen aus der Praxis	138
5.1.7	Take-Home Messages	138
5.2	**Hilfswissenschaftler**	139
5.2.1	Der Nutzen	140
5.2.2	Typische inhaltliche Leitplanken	141
5.2.3	Strategien zur inhaltlichen Vorbereitung der späteren Bewerbungsunterlagen und des Vorstellungsgesprächs	143
5.2.4	Beispielhafte Diversität in HiWi-Tätigkeiten aus eigenen Förderprojekten	147
5.2.5	Erfahrungen aus der Praxis	148
5.2.6	Take-Home Messages	149
5.3	**Auslandssemester**	149
5.3.1	Hintergründe	150
5.3.2	Bedeutung des Auslandssemesters	151
5.3.3	Lehre	152
5.3.4	Entwicklung von Kompetenzen und Persönlichkeitsmerkmalen	154
5.3.5	Vorstellungsgespräch und berufliche Karriere	154
5.3.6	Kriterien für die Wahl der Hochschule	155
5.3.7	Organisatorische Aspekte und Planung	156
5.3.8	Rahmenbedingungen	158
5.3.9	Unterkunft	159
5.3.10	Finanzierung	160
5.3.11	Sprachkenntnisse	161
5.3.12	Anerkennung der Studienleistungen im Ausland	162
5.3.13	Kritische Bewertung von Auslandssemestern	164
5.3.14	Erfahrungen aus der Praxis	165
5.3.15	Take-Home-Messages	166
	Literatur	166
6	**Präsentation und Präsentieren**	**169**
6.1	**Kommunikation und Kommunikationsmodelle**	174
6.2	**Entwicklung der Präsentation und angrenzende Aspekte**	178
6.2.1	Zeitlicher Rahmen bis zum Präsentieren	178

Inhaltsverzeichnis

6.3	**Präsentation**	182
6.3.1	Einleitende Bemerkungen	182
6.3.2	Inhaltsebene der Präsentation (Andockstelle 1)	184
6.3.3	Allgemeine Hinweise zur Gestaltung von Präsentationen	189
6.4	**Präsentieren (Andockstelle 2)**	193
6.4.1	Verbale Kommunikation	199
6.4.2	Nonverbale Kommunikation	205
6.4.3	Paraverbale Kommunikation	208
6.5	**Erfahrungen aus der Praxis**	216
6.6	**Take-Home Messages**	219
	Literatur	219
7	**Abschlussarbeiten**	**221**
7.1	**Grundsätzliche Aspekte**	224
7.1.1	Anforderungen und Besonderheiten wissenschaftlicher Arbeiten	225
7.1.2	Themenfindung, -wahl und -eingrenzung	226
7.1.3	Bewertung von Abschlussarbeiten	233
7.1.4	Abschließende Bemerkungen	234
7.2	**Spezifische Aspekte**	237
7.2.1	Betreuer einer Abschlussarbeit	237
7.3	**Externe Abschlussarbeiten**	248
7.3.1	Kurze Charakterisierung der unterschiedlichen Perspektiven	249
7.3.2	Eine modifizierte Sichtweise auf externe Abschlussarbeiten	254
7.4	**Wissenschaftliche Reputation und der Bekanntheitsgrad des ersten Gutachters**	256
7.5	**Erfahrungen aus der Praxis**	258
7.6	**Take-Home Messages**	260
	Literatur	261
8	**Bewerbung und Vorstellungsgespräch**	**263**
8.1	**Nach der Challenge folgt die Competition**	265
8.2	**Stellenanzeige und ihre Analyse**	267
8.2.1	Vorbereitende Arbeiten	272
8.3	**Bewerbungsunterlagen**	282
8.3.1	Anschreiben	285
8.3.2	Lebenslauf	286
8.3.3	Bewerbungsfoto	291
8.4	**Vorstellungsgespräch**	293
8.4.1	Einleitung und Vorbereitung	293
8.4.2	Wissen über das Unternehmen	295
8.4.3	Organisatorische Aspekte	296
8.4.4	Umgang mit Fragen	297
8.4.5	Der Tag des Vorstellungsgesprächs: Gesprächsphasen	302
8.5	**Erfahrungen aus der Praxis**	306
8.6	**Take-Home Messages**	307
	Literatur	307

Serviceteil
Schlusswort 310
Stichwortverzeichnis... 311

Einleitung

Inhaltsverzeichnis

1.1 Allgemeine Bemerkungen – 2

1.2 Konzeptbeschreibung – 6

1.3 Zielgruppen – 9

1.4 Strukturelle Elemente – 10

© Der/die Autor(en), exklusiv lizenziert an Springer Fachmedien Wiesbaden GmbH, ein Teil von Springer Nature 2025
G. Fieg, *Ungewöhnlicher Ratgeber für Studierende*,
https://doi.org/10.1007/978-3-658-47875-9_1

1.1 Allgemeine Bemerkungen

Als Ausgangspunkt unserer Betrachtung greifen wir die im Vorwort erwähnten, grundlegenden Bausteine auf. Es handelt sich um die Gestaltung der eigenen Zukunft und die Feststellung, dass man im Studium unzählige Entscheidungen treffen und die sich daraus ergebenden Konsequenzen tragen muss. Zunächst konzentrieren wir uns auf zwei extreme Szenarien. In ◘ Abb. 1.1 ist ein Magnet abgebildet, der als Ergebnis einer Entscheidung von Studierenden an seinen Polen verschiedene Elemente aufweist. Auf der rechten Seite befindet sich nur ein Element, das die grundlegende Entscheidung von Studierenden für ein Studium darstellt, dessen Ablauf weitgehend durch das Curriculum (C) vorgegeben wird. Um Missverständnissen vorzubeugen: Das Wort *lediglich* bezieht sich in diesem Zusammenhang keineswegs auf die Einfachheit des Studiums. Es soll lediglich darauf hinweisen, dass sich einige Studierende für nur ein Element aus der Vielzahl möglicher entscheiden. Die Gründe dafür können in der Notwendigkeit, parallel zum Studium Geld verdienen zu müssen, um das Studium zu finanzieren bzw. in der bewussten oder unbewussten Setzung anderer Prioritäten liegen.

◘ **Abb. 1.1** Entscheidungen im Studium

1.1 · Allgemeine Bemerkungen

Auf der linken Seite des Magneten befindet sich das besprochene Element C natürlich ebenfalls. Damit kommen wir aus Sicht des anvisierten, späteren Vorstellungsgesprächs zur Feststellung, dass an dieser Stelle keiner der späteren Hochschulabsolventen ein nennenswertes Alleinstellungsmerkmal besitzt. Daher sollte in diesem Fall immer wenigstens eine ausgezeichnete Studienabschlussnote angestrebt werden. Aber auf der linken Seite sehen wir jedoch noch zusätzliche Elemente. Offensichtlich wurden hier weitere Entscheidungen und Prioritäten gesetzt. Die Gründe hierfür liegen zum Beispiel im vorhandenen Wissen, in persönlichen Neigungen und Interessen, in sorgfältiger, vorausschauender und weitsichtiger Studien- und Berufsplanung oder ausgeprägter Leistungs- bzw. Handlungsbereitschaft. Intuitiv spüren wir, dass die „linken" Hochschulabsolventen für zukünftige Arbeitgeber vielfältiger und damit auch deutlich interessanter sind. Zusammenfassend lässt sich festhalten, dass die Maxime: *Entscheidungen fällen und Konsequenzen tragen* zu völlig unterschiedlichen Ergebnissen und Ausgangssituationen nach dem Studium führt, was ihr eine absolut zentrale Bedeutung verleiht. Hier ist aus Sicht der Studierenden bezüglich der späteren Konsequenzen höchste Sorgfalt und Weitsicht geboten.

Das zweite Szenario wird durch Studierende geprägt, die zahlreiche Entscheidungen auf dem Weg von der Immatrikulation bis hin zum Vorstellungsgespräch treffen. Dieser Weg ist als spannende und verantwortungsvolle Gestaltung der eigenen Zukunft zu verstehen. Er kann in vielerlei Facetten bildhaft mit einer Bergbesteigung im Himalaya verglichen werden. Einmal ganz oben auf dem Berggipfel angekommen, lassen die majestätische Eiswelt und die gewaltigen Berggipfel das Herz höherschlagen. Das grandiose Gefühl, nach vielen Vorbereitungen und Mühen, nach der Überquerung unzähliger Pässe und Zwischengipfel endlich den gewaltigen Berg bezwungen zu haben, überflutet den Körper mit schier grenzenloser Menge an Endorphinen.

Aber was benötigt man, um bis ganz nach oben zu gelangen? Nein, umfangreiche und langfristige Kraft- und Ausdauertrainingseinheiten sowie das Abhören des Wetterberichts für die nächsten Tage sind zwar sehr wichtig, aber nicht ausreichend. Um Träume und Ziele in dieser Dimension erfolgreich umzusetzen, benötigt man vor allem eine vorausschauende, sorgfältige und präzise Planung, die den Start- und Endpunkt zeitlich fixiert und die optimale Route aufgrund von kartografischem Material unter Berücksichtigung der Bergsteiger-Literatur festlegt. Wer all diese und zahlreiche, weitere Maßnahmen nicht rechtzeitig und vorausschauend durchführt oder sogar vernachlässigt, läuft mit hoher Wahrscheinlichkeit in die Irre.

Es stellt sich die Frage: Wo liegen dann die erwähnten Parallelen zwischen der Bergbesteigung und dem Studium mit anschließendem Vorstellungsgespräch?

In beiden Fällen geht es um ein präzise formuliertes und anspruchsvolles Ziel sowie dessen erfolgreiche Umsetzung. Im ersten Fall ist dies die Besteigung eines Gipfels, im zweiten Fall stehen am Ende ein Vorstellungsgespräch und eine attraktive Stelle in einem angesehenen Unternehmen mit gutem Gehalt. Es gibt jedoch auch weitere Parallelen. Betrachten wir beispielsweise die erwähnte rechtzeitige und vorausschauende Planung. Studierende, die kurz vor der Masterprüfung stehen, können im Hinblick auf ihr Studium kaum noch etwas ändern.

Bis auf die Masterprüfungsnote sind alle übrigen Leistungsnachweise bereits festgelegt. Die Studiendauer kann nicht mehr verkürzt werden, und das Wälzen von Ratgebern zur optimalen Studiengestaltung (beim Bergbesteigen wären es Reiseführer und -berichte für die optimale Route) ergibt auch keinen Sinn mehr. Man steht kurz vor dem „Gipfel" (Vorstellungsgespräch) und hat auf die zurückgelegte Route keinen Einfluss mehr. Zudem wird einem langsam sehr deutlich, dass eine präzise und vor allem vorausschauende Planung hilfreich gewesen wäre, um in der Zeitspanne zwischen Immatrikulation und Studienende möglicherweise mehr für sich herauszuholen.

Zusammenfassend lässt sich feststellen, dass eine der zentralen Voraussetzungen für die optimale Wahl der Elemente im linken Szenario (◘ Abb. 1.1) eine sorgfältige und vorausschauende Planung während der Studienzeit darstellt. Aber woher sollen Studierende zu Beginn ihres Studiums wissen, welche Elemente für sie optimal sind, wenn ihnen sowohl Erfahrungen als auch Wissen fehlen? Das macht die Aufgabe für sie äußerst schwierig. Genau in diese Lücke stößt der vorliegende Ratgeber vor. Im Folgenden konzentrieren wir uns daher auf die nächsten Bestandteile, das erforderliche Wissen und die praxiserprobte Erfahrung, wie in ◘ Abb. 1.2 dargestellt.

Die Grundlage für die betrachteten Bestandteile *Wissen und Erfahrung* bildet das entwickelte Konzept der systematischen Erweiterung der fachlichen und persönlichen Kompetenzen im Studium. Dieses Konzept basiert auf eigenen 18 Berufsjahren in leitenden Positionen in der industriellen Praxis bei Henkel KGaA und 16 Berufsjahren im akademischen Bereich als Leiter des Instituts für Prozess- und Anlagentechnik an der TU Hamburg (TUHH). Es ist somit eine Fusion von Erfahrung und Wissen aus beiden, so unterschiedlichen Welten.

Die Erfahrungen in der industriellen Praxis umfassen neben der Leitung von Mitarbeitern auch die Durchführung von Vorstellungsgesprächen und die Einstellung eigener Mitarbeiter, die Verantwortung und Betreuung von Praktikanten innerhalb der Forschung und Entwicklung sowie zahlreiche Präsentationen intern und extern auf namhaften Konferenzen und Tagungen. Als Institutsleiter an der TUHH wurden etwa 380 Diplom-, Studien-, Master-, Bachelor- und Projektarbeiten in enger Zusammenarbeit mit eigenen Doktoranden betreut. Zusammen mit Doktoranden wurden etwa 380 Präsentationen ausgearbeitet und auf nationalen und internationalen Konferenzen vorgetragen. Zudem fanden intensive und vor allem erfolgreiche Beratungsgespräche und Feedbackdiskussionen mit eigenen Doktoranden im Hinblick auf ihre Vorstellungsgespräche

◘ **Abb. 1.2** Planung, Wissen und Erfahrung als Entscheidungsgrundlagen

1.1 · Allgemeine Bemerkungen

statt. Hinzu kommen noch unzählige Gespräche mit Masteranden oder Bacheloranden zur Karriereplanung sowie die Verantwortung für die Leitung des Praktikantenamtes im Studiendekanat Bio – und Verfahrenstechnik der TUHH.

Aber was bedeuten diese Erfahrungen und das Wissen konkret für Studierende und den Inhalt des Ratgebers?

Die Tätigkeit in der industriellen Praxis stellt spezifische Bewertungskriterien, Prioritäten und Denkweisen dar, deren Kenntnis für Studierende insbesondere bei der optimalen Gestaltung von Bewerbungsunterlagen, der zielorientierten Vorbereitung sowie der Durchführung von Vorstellungsgesprächen von grundlegender Bedeutung sind. Hinzu kommt auf Erfahrungen basiertes Verhalten während der Vorstellungsgespräche. Des Weiteren werden die erwähnten Prioritäten und Denkweisen dazu verwendet, in Frage kommende Elemente in ◘ Abb. 1.1 zu vergleichen, zu bewerten und zu priorisieren. Damit finden sie wissens- und erfahrungsbasiert Eingang in das erwähnte Konzept.

Auf der anderen Seite stehen Erfahrungen aus dem akademischen Bereich. Sie umfassen die Möglichkeiten der persönlichen Gestaltung des Studiums gemäß den eigenen Interessen, Neigungen und den späteren Berufserwartungen (Stichwort: Wahlpflichtlehrmodule). Daraus werden auch konkrete Empfehlungen für Studierende abgeleitet, um beispielsweise ausgezeichnete Leistungsnachweise zu erreichen. Aus den eigenen Kenntnissen heraus bezüglich: *Wie ticken eigentlich Studierende?* in Kombination mit didaktischem Wissen und angepassten Strategien ist eine studierendengerechte Vermittlung der zentralen Erfahrungen erarbeitet und eine für Studierende verständliche Darstellung der Inhalte entstanden. Viele Elemente im Studium und im späteren Vorstellungsgespräch sind als eine Art Verkaufsmaßnahme einzustufen. Diese Maßnahmen werden oft über Präsentationen und das Präsentieren umgesetzt. Die eingangs erwähnten Erfahrungen aus industriellem und akademischem Bereich bilden im Ratgeber eine fundierte Basis, um diese Erkenntnisse an Studierende weiterzugeben.

Insgesamt ergibt sich ein immenser, über Jahrzehnte gewonnener Wissens- und Erfahrungsschatz, der fundiert und vor allem praxiserprobt ist. Dieser Schatz ist in die nachfolgenden Kapitel des Ratgebers eingeflossen und stellt ein belastbares Fundament für das erwähnte Konzept und für alle abgeleiteten Empfehlungen, Ratschläge, Tricks und Tipps dar.

Im Lichte der obigen Ausführungen und der ◘ Abb. 1.1 muss noch die letzte, grundlegende Frage geklärt werden: Was sind das für Elemente auf der linken Seite und nach welchen Kriterien sollen diese bewertet, gewählt und absolviert werden, um – in Analogie zum Bergbesteigen – eine optimale Route zwischen Immatrikulation und Vorstellungsgespräch zu bestimmen und umzusetzen?

Der vorliegende Ratgeber beleuchtet diese Problematik mit einer wissens- und erfahrungsbasierten Taschenlampe (◘ Abb. 1.1) und hilft Studierenden, ihr Studium so zu organisieren und zu planen, dass viele für Bewerbungsunterlagen und Vorstellungsgespräche relevante Elemente rechtzeitig erkannt, zielorientiert geplant und umgesetzt werden. So sorgen präzise geplante und erfolgreich herausgearbeitete Alleinstellungsmerkmale für eine vorteilhafte Ausgangssituation im Vergleich zu Wettbewerbern, die sich ebenfalls um die ausgeschriebene Stelle bemühen. Durch diese vorausschauende Art und Weise soll ein späteres „Wimpernschlagfinale" mit unsicherem Ausgang bewusst vermieden werden. Im Folgenden wird ein Konzept für die erwähnten Elemente vorgestellt.

1.2 Konzeptbeschreibung

Das entwickelte Konzept der systematischen Erweiterung der fachlichen und persönlichen Kompetenzen im Studium setzt sich aus sechs Elementen als Eckpfeiler zusammen. Sie sind in ◘ Abb. 1.3 dargestellt und bilden in diesem Ratgeber den roten Faden, symbolisiert durch ein Leit-Sechseck. Eine Ausnahme sind hier die *additiven Fachaktivitäten,* die in interne und externe Fachaktivitäten unterteilt werden.

Die internen Fachaktivitäten umfassen Tätigkeiten innerhalb der Hochschule wie HiWi- und Tutortätigkeiten sowie Auslandssemester. Die externen Fachaktivitäten beziehen sich auf außerhalb der Hochschule stattfindende Fachpraktika. Beide Bereiche bedienen sich unterschiedlicher Prioritäten, Denkweisen und Bewertungskriterien, was die Grundlage für ihre Unterscheidung bildet.

Das Element *Leistungsnachweise* ist von entscheidender Bedeutung für Bewerbungsunterlagen und Vorstellungsgespräche. Sie fungieren als Türöffner für Vorstellungsgespräche. Hier werden Studierenden auf Basis der Funktionsweise des Gehirns und der neuesten neurowissenschaftlichen Erkenntnissen Lernstrategien vermittelt, die das Lernen und Abrufen gespeicherter Inhalte besonders effizient gestalten. Parallel dazu erfahren Studierende praxiserprobte Ratschläge für mündliche und schriftliche Prüfungen.

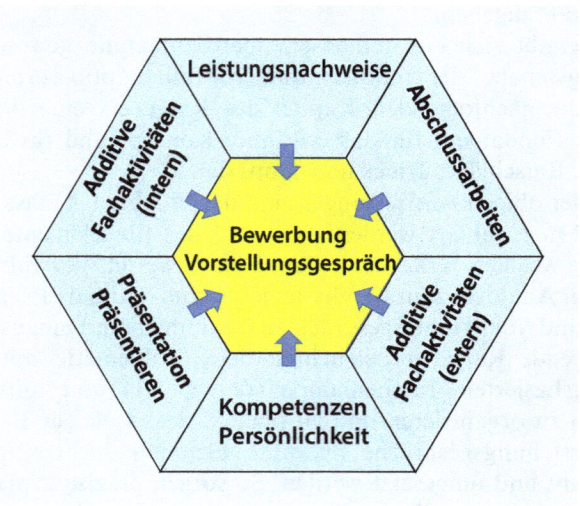

◘ **Abb. 1.3** Das Leit-Sechseck

1.2 · Konzeptbeschreibung

Eine ähnlich effiziente Unterstützung bekommen Studierende im Element *Kompetenzen und Persönlichkeit,* da Kompetenzen und Persönlichkeit bei Vorstellungsgesprächen nicht nur wichtig, sondern in vielen Fällen für den Erfolg entscheidend sind. Es werden Hinweise und Bewertungskriterien zur strategischen Wahl von Lehrveranstaltungen bzw. ehrenamtlichen Tätigkeiten gegeben, um während des Studiums relevante Kompetenzen und Persönlichkeitsmerkmale gezielt zu entwickeln, auszubauen und zu perfektionieren. Des Weiteren wird Studierenden anhand von Beispielen gezeigt, wie man selbst bescheinigte Kompetenzen, die in der Regel schlichte Behauptungen darstellen, in plausible und glaubhafte gezielt umwandelt. Dadurch erzielen Studierende wichtige Alleinstellungsmerkmale.

Wichtige Alleinstellungsmerkmale umfassen freiwillige, *additive Fachaktivitäten.* Im Bereich der hochschulinternen werden HiWi- und Tutorentätigkeit sowie Auslandssemester detailliert betrachtet, analysiert und bewertet. Alle drei Fachaktivitäten bescheinigen Studierenden eine eigenständige und bewusste Entscheidung und Handlungsfähigkeit. Es werden Studierenden vor dem Hintergrund des späteren Vorstellungsgesprächs grundsätzliche Ziele, Inhalte und Methodiken für die gezielte Gestaltung und Bewertung aufgezeigt, die eine Art verständlichen Leitfadens abbilden.

Im Element *Fachpraktikum,* das zu den externen, additiven Fachaktivitäten gehört, werden in erster Reihenfolge Prioritäten, Denkweisen und Bewertungskriterien der Industrie- und Dienstleistungsunternehmen aufgezeigt und verständlich gemacht. Mit diesem Wissen wird anschließend der Nutzen, die Organisation sowie die erfolgreiche Durchführung eines Fachpraktikums erläutert. Angrenzende Aspekte werden mit zahlreichen Beispielen untermauert, um einen möglichst hohen Vorteil für sich selbst zu gewinnen.

Es ist allgemein bekannt, dass Abschlussarbeiten in Bewerbungsunterlagen sowohl inhaltlich als auch bezüglich der Note von zentraler Bedeutung sind. Sie sind auch immer ein vereinfachtes Abbild der Leistungsfähigkeit, fachlichen Kompetenz, des Wissens und Fleißes von Hochschulabsolventen. Des Weiteren geht auch die erreichte Note für die Abschlussarbeit mit hohem Anteil in die Studienabschlussnote ein. Vor dem Hintergrund dieser Faktoren stehen als Richtschnur im Fokus des Kapitels *Abschlussarbeiten* die Bereiche der Themenfindung, -wahl und -eingrenzung, die strukturiert und verständlich dargestellt sind. Es folgt die wichtige Problematik der Bedeutung und des Umgangs mit dem Betreuer. Schließlich wird eine detaillierte Auseinandersetzung und Bewertung von externen Abschlussarbeiten einschließlich der möglichen Risiken durchgeführt. Für Studierende dienen praxisorientierte Empfehlungen als fundierte Grundlage für die zu treffenden Entscheidungen und stellen Kernvoraussetzungen für eine erfolgreiche Abschlussarbeit dar.

Präsentation und Präsentieren sind grundlegende Fertigkeiten im Studium, die bei Seminar-, Projekt- und Abschlussarbeiten eingesetzt werden. Sich gut verkaufen zu können, wirkt bei Beurteilungen neben der erforderlichen ausgezeichneten Leistung in vielerlei Hinsicht förderlich. Im Ratgeber wird am Beispiel der Abschlussprüfung strukturiert und verständlich erklärt, mit welchen Methoden, Strategien und Mitteln man das optimale Ergebnis bei der

Präsentation und beim Präsentieren erreicht. Konkrete Angaben hinsichtlich des zeitlichen Rahmens für die Vorbereitung, der Strukturierung und inhaltlichen Gestaltung der Präsentation runden die Problematik ab. Die vorgestellten Empfehlungen, Ratschläge und Hinweise zeichnen sich durch einen allgemeingültigen Charakter aus, sodass Studierende sie auch mit Erfolg im späteren Berufsleben einsetzen können.

Die innere Verbundenheit aller Elemente und ihre intrinsische Ergänzung bilden einen klaren roten Faden, der alle Bereiche des studentischen Denkens und Handelns durchzieht. Im Wettbewerb um eine Stelle entscheiden nicht Merkmale, die alle Wettbewerber aufweisen, sondern Alleinstellungsmerkmale.

Im Zentrum des Leit-Sechsecks stehen *Bewerbungsunterlagen* und das *Vorstellungsgespräch* als das zentrale Ziel aller Bemühungen. Der Ratgeber vermittelt ein Konzept der glaubwürdigen Selbstdarstellung, das das Herz-Kreislauf-System der Bewerbung und des Vorstellungsgesprächs darstellt. Es zeichnet sich durch einen ausgesprochen integralen Charakter aus und umfasst alle Phasen des betrachteten Bewerbungsvorgangs und des Vorstellungsgesprächs. Studierende profitieren hier von zahlreichen, praxisorientierten und -erprobten Empfehlungen und Ratschlägen, die ihre Effizienz und Erfolgschancen erhöhen.

Zusammenfassend kann folgendes festgehalten werden. Das ausgearbeitete Konzept stellt eine bewusste Reduzierung aller möglichen Elemente auf eine pragmatische Menge vor dem Hintergrund der praktischen Umsetzung und der zur Verfügung stehenden Zeit im Studium dar. Im Vordergrund stehen praxisrelevante Elemente mit Alleinstellungsmerkmalen. Das verfolgte Ziel ist, Studierende mit praxiserprobten und wissensbasierten Empfehlungen, Ratschlägen, Tipps und Tricks zwischen Immatrikulation und Vorstellungsgespräch zu begleiten und zu unterstützen. Das Ganze ist konzipiert wie eine Palette mit Farben und Formen, aus der man sich wie ein Maler bedienen kann, um neue Denkanstöße bzw. spannende Einsichten zu generieren. Am Ende sollen Hochschulabsolventen im Vorstellungsgespräch den Charme der Einzigartigkeit einer Schneeflocke versprühen.

Es stellt sich nun die Frage: Muss man im Studium alles umsetzen? Da bleibt doch kaum Luft zum Atmen? Die Umsetzung aller aufgeführten Elemente innerhalb der Konzeptkoordinaten stellt den Idealzustand dar. Es besteht jedoch kein Zwang und alles ist natürlich das Ergebnis eigener, freiwilliger Entscheidung. Studierende können also bequem alle Zustände zwischen zwei Grenzfällen *volle Ablehnung* und *volle Umsetzung* wählen. Vom ersten Grenzfall wird allerdings dringend abgeraten. Bei der langfristigen und vorausschauenden Planung sowie entsprechenden Entscheidungen spielen persönliche Neigungen und Interessen, Leistungs- und Handlungsbereitschaft eine wichtige Rolle.

Man kann den Ratgeber vollständig lesen, um einen umfassenden Überblick zu erhalten. Man kann aber auch zu dem Teil springen, der momentan aus persönlicher Sicht eine hohe Aktualität aufweist.

Insgesamt richtet sich der Ratgeber an Macher und visionäre Geister, die Freude daran haben, ihre eigene Zukunft zu gestalten. Der Ratgeber ist also für diejenigen gedacht, die mit wachem Auge etwas tun wollen, bevor es leider u. U. zu spät ist. Er bietet einen klaren Wegweiser über mehrere Zwischengipfel zum

Hauptgipfel (Vorstellungsgespräch), um die eingangs eingeführte Analogie noch einmal zu bemühen. Nach gefällten Entscheidungen sollte die eigene Priorität gemäß dem Satz von M. Draghi (ehemaliger Präsident der Europäischen Zentralbank) aus 2012 *Whatever it takes* konsequent verfolgt werden.

1.3 Zielgruppen

Welche Zielgruppen spricht der Ratgeber an und welche pragmatischen Vorteile bietet er ihnen? Primär richtet er sich an Studierende, die umfassende und verständliche Lösungen für Studienalltagsprobleme suchen. Diese Lösungen basieren auf einem klar definierten, ganzheitlichen Ansatz und strukturierten Leitfaden. Mit einer Fülle von Empfehlungen, Tricks und Tipps mit ausgeprägtem Hintergrundwissen werden wissens- und erfahrungsbasiert blinde Flecken im Auge sicher erkannt. Das wiederum gewährleistet, dass man an Kreuzungen während der Studienzeit relevante Stoppschilder gesichert erkennt und immer richtig abbiegt. Dadurch wird das Gebäude der eigenen Zukunft souverän und in Eigenverantwortung präzise entworfen und sicher gebaut.

Weitere Zielgruppe sind junge Leute, die ein Studium erst aufnehmen möchten. Eine besondere Betonung verdienen in diesem Zusammenhang Ausführungen im Kapitel *Leistungsnachweise,* die sich mit den Herausforderungen beim Übergang vom Pausenhof zum Hochschul-Campus auseinandersetzen. Diese schwierige Phase muss im Studium zunächst einmal überstanden werden. Hierzu sind für diese Zielgruppe grundlegende Hinweise und Ratschläge ausgearbeitet worden, denn es gilt nach D. Lange: *Sieger erkennt man am Start – Verlierer auch.* Der Ratgeber vermittelt allgemeingültige Spielregeln an der Hochschule und unterbreitet anwendungsorientierte Hilfen und Unterstützungsmaßnahmen, die beim Setzen richtiger Prioritäten und bei der Bewältigung von Herausforderungen unterstützend wirken. Grundlegende Tücken und Stolperfallen werden aufgedeckt. Dadurch wird vermieden, dass man im Gegensatz zu Majestix keine Angst bekommt, dass einem der Himmel auf den Kopf fällt (gemäß der Asterix-Serie von A. Uderzo und R. Goscinny).

Die dritte Zielgruppe bilden Hochschulabsolventen. Genau genommen gehören sie nicht mehr zu den Studierenden. Für diese Zielgruppe sind Ausführungen im Kapitel *Bewerbung und Vorstellungsgespräch* sowie *Präsentation und Präsentieren* von enormer praktischer Bedeutung. Über das entwickelte Konzept der glaubwürdigen Selbstdarstellung werden sowohl die Bewerbungsunterlagen als auch das Vorstellungsgespräch so gestaltet, dass die im Studium ausgearbeiteten Alleinstellungsmerkmale im Vergleich zu Wettbewerbern besonders effektiv und erfolgreich zur Geltung gebracht werden. Die Folge ist ein optimales persönliches Ergebnis in Form eines attraktiven Arbeitsvertrags.

Die letzte Zielgruppe stellen zentrale Beratungseinrichtungen an Hochschulen dar, die sich zum Ziel setzen, studienvorbereitende und -begleitende Beratung, Unterstützung und Fortbildung für Studierende und Studieninteressierte anzubieten. Zu dieser Zielgruppe gehören auch Career Centers, die sich als Schnittstelle zwischen Hochschule und Arbeitsmarkt definieren und Beratungen sowie Workshops über berufliche Orientierung und den Berufseinstieg auf die Fahne schreiben. Diese Zielgruppe profitiert von einer spannenden Mischung aus Hintergrundwissen, breiter Erfahrung sowie zahlreichen Empfehlungen mit hohem Anwendungsbezug.

1.4 Strukturelle Elemente

Neben den beschriebenen sachlichen Elementen enthält der Ratgeber zahlreiche strukturelle Elemente. Dazu gehören am Ende von jedem Kapitel die folgenden Abschnitte:
- Aus eigener akademischer Praxis
- Aus eigener industrieller Praxis
- Take-Home Messages.

Sie bilden zusammen mit Abbildungen und Tabellen eine klare Struktur des Ratgebers und dienen der leichteren Lesbarkeit und dem Verständnis der Ausführungen seitens der Studierenden. Durch präzise Erklärung der verwendeten Begriffe und das Aufzeigen einer „Landschaft" um die einzelnen Ausführungen soll vermieden werden, dass der Ratgeber lediglich eine verdichtete Sammlung von Ratschlägen, Tricks und Tipps darstellt. Vielmehr geht es im Rahmen eines integralen Ansatzes darum, mittels zahlreicher Erklärungskomponenten den Lern- und Verständnisprozess bei Studierenden nachhaltig zu unterstützen.

Leistungsnachweise

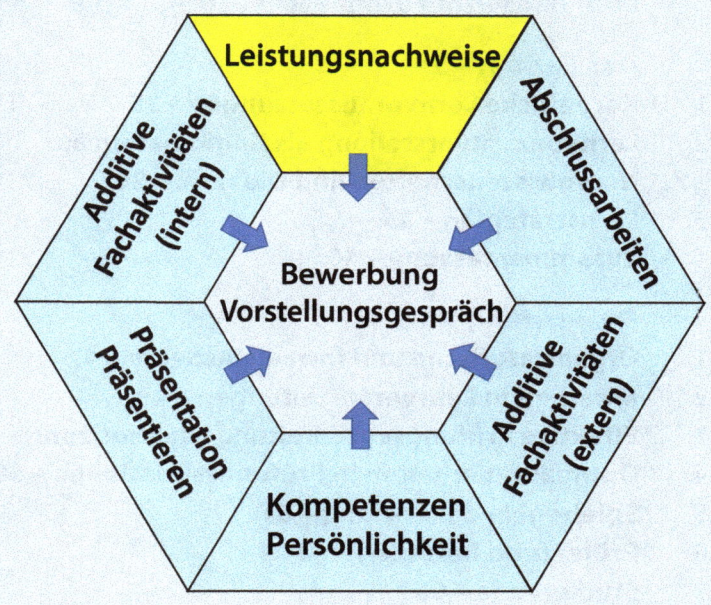

Inhaltsverzeichnis

2.1	Bedeutung der Leistungsnachweise im Kontext der Bewerbung	– 13
2.2	Herausforderungen und Hilfen beim Übergang vom Pausenhof zum Hochschul-Campus	– 15
2.3	Das Lernen	– 24
2.3.1	**Körperliche Lernvoraussetzungen**	**– 25**
2.3.2	**Lernkonzeptvorstellung als Kombination aus Neurowissenschaften und Didaktik**	**– 30**
2.3.3	**Lernstrategien**	**– 33**
2.3.4	**Zusammenfassung**	**– 46**
2.4	Die Prüfung	– 46
2.4.1	**Organisatorische und formale Aspekte**	**– 47**
2.4.2	**Mitarbeit in Lehrveranstaltungen**	**– 49**
2.4.3	**Effektive Prüfungsvorbereitung (Nahhorizont)**	**– 57**
2.4.4	**Optimales Verhalten in Prüfungssituationen**	**– 60**
2.4.5	**Spielregeln der Prüfung**	**– 61**
2.4.6	**Prüfer (und Beisitzer)**	**– 63**
2.4.7	**Studierende**	**– 66**
2.5	Erfahrungen aus der Praxis	– 73
2.6	Take-Home Messages	– 73
	Literatur	– 74

2.1 Bedeutung der Leistungsnachweise im Kontext der Bewerbung

Der zentralen Idee des Ratgebers folgend, werden nun Leistungsnachweise näher analysiert und mit praxisorientierten Empfehlungen begleitet. Sie gehören zum erwähnten Konzept der systematischen Erweiterung der fachlichen und persönlichen Kompetenzen im Studium vor dem Hintergrund des späteren Vorstellungsgesprächs.

Der Begriff Leistungsnachweise im Studium umfasst eine ganze Palette an Möglichkeiten, wie z. B. schriftliche (Klausuren, Hausarbeiten, Abschlussarbeiten), mündliche (Referate, mündliche Prüfungen) und praktische Leistungsnachweise (Durchführung von Experimenten). Im folgenden Kapitel wird der Fokus vor dem Hintergrund der Bedeutung für den späteren Bewerbungsprozess ausschließlich auf schriftliche Klausuren und mündliche Prüfungen und damit auf Prüfungsnoten gelegt.

Gleich am Anfang des Kapitels steht die folgende essenzielle Feststellung: Zu den zweifelsohne grundlegendsten und bedeutungsvollsten Bestandteilen der Bewerbungsunterlagen von Hochschulabsolventen (!) gehören Prüfungsnoten. Einige Leser werden an dieser Stelle nicht nur einen erhöhten Blutdruck verspüren, sondern es werden u. U. auch Emotionen hochkochen. Die üblichen Begründungen für durchschnittliche Prüfungsnoten sind schlechter Umgang mit Prüfungsstress, kein optimales Abrufen gespeicherter Inhalte im Gehirn oder ähnliche. Weiterhin wird aufgeführt, dass Prüfungsnoten nicht alles sind, viel wichtiger ist das, was man sonst noch anzubieten hat. Alle diese Argumente sind mehr oder weniger nachvollziehbar, sie weisen aber leider einen gravierenden Denkfehler auf. In sehr vielen Fällen kommt man – besonders in ausgezeichneten und damit auch begehrtesten Unternehmen – überhaupt nicht in den Genuss, diese Argumente im Vorstellungsgespräch vorzuführen, da man leider …keinen Termin für ein Vorstellungsgespräch bekommt. Aus diesem einfachen Grund ist es viel relevanter, die vorhandene Kraft und die intrinsische Motivation frühzeitig Strategien zu widmen, mit denen man die durchschnittlichen Prüfungsnoten bemerkenswert verbessern kann, anstatt an zusätzlichen Argumenten als Begründung für durchschnittliche Prüfungsnoten zu „arbeiten". Diesen Strategien ist das folgende Kapitel gewidmet.

Damit wir uns aber nicht falsch verstehen, soll an dieser Stelle mit zwei Vorurteilen aufgeräumt werden. Erstens, Hochschulabsolventen mit durchschnittlichen Prüfungsnoten finden natürlich einen Arbeitsplatz, nur leider nicht in den begehrtesten und attraktivsten Unternehmen. Um dieses zu erreichen, müssen sie mit vielen anderen Elementen auftrumpfen, die im Leit-Sechseck zusammengestellt und analysiert werden. Einfach wird es allerdings bei durchschnittlichen Noten nicht!

Gegen die Bedeutung von Prüfungsnoten vor dem Hintergrund üblicher Gesetze des Arbeitsmarktes und der Leistungsgesellschaft, der Bewerbungsunterlagen und des Vorstellungsgesprächs zu kämpfen, ist genauso sinnlos, wie der Kampf von Don Quichotte gegen die Windmühlen. Bleiben wir dabei ehrlich. Es ist schon tendenziell so, dass ausgezeichnete Prüfungsnoten, bescheinigt durch 20–30 Professoren im Studium, irgendwie auch überzeugend auf mehr berufsspezifische Inhalte und Kompetenzen hinweisen bzw. mit diesen korrelieren. Auf der anderen Seite gilt aus eigener industrieller Praxis, dass man in der ersten Phase der Beurteilung von Bewerbern möglichst einfache und übersichtliche Ansatzpunkte eindeutig bevorzugt. Man benötigt schnell wenigstens eine Richtgröße, einen klaren Kompass zwecks erster grober Einschätzung der beruflichen Eignung eines Hochschulabsolventen im Vergleich zu Wettbewerbern. Hierfür sind Prüfungsnoten in erster Näherung sehr behilflich. Das tut man wohlwissend, dass Prüfungsnoten nur vermeintlich objektive Auswahlkriterien darstellen.

Zweitens, ausgezeichnete Prüfungsnoten sind lediglich ein notwendiger, aber kein hinreichender Bestandteil der Bewerbungsunterlagen. Sie müssen unbedingt durch weitere Elemente begleitet werden, denen im vorliegenden Ratgeber deshalb so viel Aufmerksamkeit gewidmet wurde. Alles in allem sind alle Elemente Bestandteil des im Ratgeber entwickelten Konzepts der systematischen Erweiterung von fachlichen und persönlichen Kompetenzen im Studium. Lassen wir uns aber nicht täuschen. Die absolut erforderliche Basis für den Erfolg am *Ende* stellt eine konsequente, zielorientierte und harte Arbeit während des gesamten Studiums dar. Es gilt leider uneingeschränkt das Sprichwort: *Von nichts kommt nichts* (Ovid, 43 v. Chr. bis 17 n. Chr.).

Schnörkellos und lakonisch kann also festgehalten werden, dass Prüfungsnoten die Herzkammer des Studiums sind. Sie öffnen am *Ende* die Tore für eine ganz spezifische berufliche Zukunft, wodurch sich die folgende dringende Empfehlung ableiten lässt: Man sollte sich während des Studiums rechtzeitig aus der Komfortzone katapultieren, sich selbst ehrgeizige Ziele setzen und die im Gehirn vorhandenen anatomischen Ressourcen intensiv nutzen. Der angestrebte Erfolg kommt in einer Leistungsgesellschaft nicht von ungefähr, sondern er verlangt von Studierenden überdurchschnittlichen Einsatz. Damit hilft man tatkräftig der nach der Evolution vorgegebenen, zufälligen Verteilung der Gene im Körper und den u. U. brachliegenden Potenzialen auf die Sprünge. Denn es gilt sowohl im Studium als auch im ganzen Leben das lateinische Sprichwort: *Quidquis agis, prudenter agas et respice finem,* was frei übersetzt bedeutet: Was auch immer Du tust, handele klug und bedenke das *Ende* (Herodot). Mit einfachen Worten: Man sollte stets die Verantwortung für das eigene Studium übernehmen und hart daran arbeiten! Als bildhaftes Synonym für den erforderlichen Zeit- und Arbeitsbedarf könnte man den Teiltitel des Dokumentarfilms von Ron Howard (2016) *Eight Days a Week* zutreffend benutzen.

Neben dem angesprochenen Zugang zu den attraktivsten Arbeitsstellen direkt nach dem Studium gibt es noch eine weitere, viel wichtigere Begründung für ausgezeichnete Prüfungsnoten. Sie liegt in Kompetenzen und Persönlichkeitsmerkmalen, die im Laufe des Studiums erworben, täglich geprüft und optimiert werden. Darunter werden z. B. Lern- und Leistungsbereitschaft sowie Ziel- und Ergebnisorientierung verstanden, um nur einige wenige stellvertretend zu erwähnen. Diese ausgearbeiteten und erprobten Kompetenzen "wirken" nämlich ein Leben lang und sind nicht nur (wie die Prüfungsnoten) für den späteren, beruflichen Startpunkt relevant. Sie stellen ein besonders belastbares Fundament für das gesamte berufliche Leben dar. Damit haben vor diesem Hintergrund 5–6 Jahre Studium und harte Arbeit maßgeblichen Einfluss auf die anschließenden 40–45 Jahre beruflicher Aktivitäten. Dieser Ertrag ist atemberaubend und im späteren Leben kaum noch zu überbieten.

2.2 Herausforderungen und Hilfen beim Übergang vom Pausenhof zum Hochschul-Campus

Bevor der Schwerpunkt der Betrachtungen auf die Prüfungsnoten und Strategien zu ihrer Optimierung gelegt wird, soll im Folgenden die Aufmerksamkeit insbesondere auf die Studienanfangsphase gelegt werden. Sie umfasst nach eher willkürlicher Wahl die ersten zwei Semester, da in dieser Phase eine besondere Anhäufung von potenziellen Problemstellungen stattfindet. Sie müssen dabei in erster Reihenfolge erfolgreich bewältigt werden, sodass die im Fokus stehende Optimierung der Prüfungsnoten oft zwangsläufig in den Hintergrund verschoben wird. Es geht eher um das „pure Überleben".

Das Studium stellt im Leben jedes Studierenden einen neuen, identitätsprägenden und anspruchsvollen Lebensabschnitt dar. Dieser eigenständige Lebensabschnitt kann bildhaft mit einer mehrjährigen Reise verglichen werden, bei der im Folgenden in erster Näherung zwei Unterabschnitte definiert werden. Der Einstieg in den „Reisezug" umfasst die ersten zwei Semester. Sie unterscheiden sich aufgrund der völlig neuen Herausforderungen und fehlenden Erfahrungen der Studierenden grundlegend von den restlichen Semestern. Das ist auch der Grund, warum in diesem Unterkapitel zuerst der Einstieg in den „Reisezug" behandelt wird. Dieses Unterkapitel fokussiert sich also auf die im Kapitel *Einleitung* erwähnte Zielgruppe der Studienanfänger und versucht, praxisorientierte Ratschläge und Empfehlungen fürs optimale „Überleben" abzuleiten. Auf der anderen Seite sollten auch allen Studienanfängern einige prinzipielle Aspekte unbedingt bewusst werden.

Ausgangspunkt der Betrachtungen ist die Berechnung des erforderlichen, studentischen Arbeitsaufwands (workload, ◘ Abb. 2.1) für eine beliebige Lehrveranstaltung, dessen Grundlage das European Credit Transfer System (ECTS) darstellt. Ein ECTS-Punkt entspricht 30 h studentischen Arbeitsaufwands. Dabei ist unbedingt zu berücksichtigen, dass der Arbeitsaufwand nicht nur die Präsenzstunden während der Lehrveranstaltungen (Anwesenheitszeiten), sondern vor allem den Arbeitsaufwand in Stunden bedeutet, den Studierende außerhalb der Lehrveranstaltungen inkl. Prüfungszeiten aufbringen müssen (Selbststudiumszeiten) (TUM, 2010; DAAD a, 2021 und Koch, 2020). Damit wir uns im Klaren sind, wird im Folgenden der konkrete Arbeitsaufwand für eine Lehrveranstaltung mit z. B. 6 ECTS-Punkten und vier Stunden Präsenzzeit berechnet. Gemäß dem o.g. Zusammenhang ergeben sich für den Arbeitsaufwand: $6 \times 30\,h = 180\,h$. Bei typischen 15 Wochen im Semester folgen daraus 60 h Präsenzzeit. Im Klartext bedeuten die beiden Zahlen (180 h und 60 h), dass Studierende im Hinblick auf

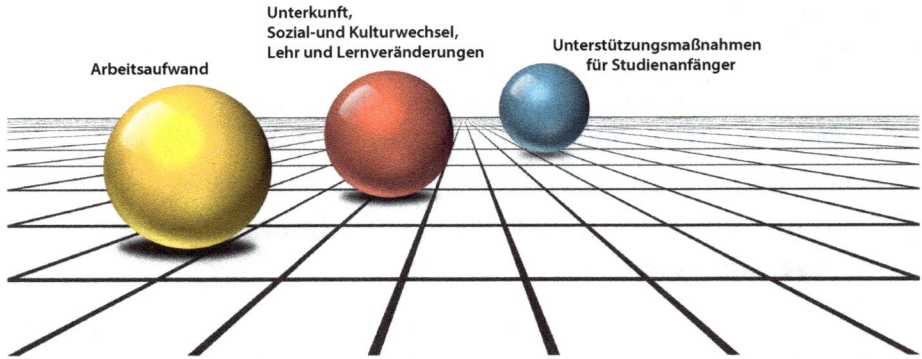

Abb. 2.1 Herausforderungen und Hilfen beim Übergang vom Pausenhof zum Hochschul-Campus

die betrachtete Lehrveranstaltung bemerkenswerte 120 h an Selbststudium aufwenden müssen. Das entspricht dem Faktor 2 im Vergleich zur Präsenzzeit und stellt eine anspruchsvolle Herausforderung dar. Aber was umfasst eigentlich das Selbststudium? Es betrifft zahlreiche Aktivitäten, wie z. B. die Vor- und Nachbereitung der Lehrinhalte aus der Lehrveranstaltung, ihre Vertiefung anhand der empfohlenen bzw. gefundenen Literatur, Anfertigung von Hausarbeiten und Referaten, Prüfungsvorbereitung sowie weitere, ähnliche Aspekte.

An den o.g. beispielhaften Zahlen erkennt man sehr deutlich den ersten gravierenden Unterschied zwischen Studium und Schule. Die zentrale Herausforderung im Studium stellt das offensichtlich umfangreiche Lernen im Selbststudium dar. An den o.g. Zahlen erkennt man deutlich, weshalb das lateinische Wort „*studere*" in der Übersetzung „*sich um etwas bemühen*" bedeutet. Man kann es beliebig drehen und wenden, das Ergebnis ist immer das gleiche. Erfolgreiches Studieren bedeutet schlicht harte Arbeit und hohe Anstrengung. Diese abgeleitete Feststellung sollten alle Studierenden in den ersten zwei Semestern mit höchstem Ernst verinnerlichen, weil sie über den Erfolg am Anfang und im ganzen Studium entscheidet. Das Dilemma dabei ist jedoch, dass diese Herausforderung leider mit dem Duft der neu gewonnenen Freiheit direkt konkurriert. Es wird allen Studierenden empfohlen (insbesondere in den ersten zwei Semestern), eine tief durchdachte Schwerpunktsetzung konsequent zu verfolgen. Man sollte stets das große, selbst gewählte Ziel im Fokus behalten und sich nicht von vermeintlichen guten „Freunden" inspirieren lassen. Nur so können Studienerfolg gesichert und optimale Prüfungsnoten erzielt werden. Die guten „Freunde" mit suboptimaler Schwerpunktsetzung trifft man übrigens später wieder, leider ziemlich oft ohne einen Studienabschluss. Wenig Weitblick und viel Ignoranz zahlen sich selten aus.

Neben dem betrachteten Arbeitsaufwand ist beim Übergang von der Schule an die Hochschule gemäß Abb. 2.1 die Unterkunft als weitere Herausforderung für Studierende zu erwähnen. Statt der gewohnten Bequemlichkeiten des Elternhauses sind in Eigenverantwortung im Hinblick auf die neue Unterkunft (Abb. 2.1) übliche Herausforderungen, wie Behördengänge, Versicherungen, Haushalt, Umzug, Mietverpflichtungen u. ä. zu erledigen. Viele Studierende begeben sich dabei bezüglich des eigenen Wissens und der vorhandenen Erfahrung auf absolutes Neuland. Ausgeprägte intellektuelle Leistungen sind hier nicht notwendig. Fleiß, konsequente Fokussierung und Sorgfalt mit einer Spur Gelassenheit sind in der Regel völlig ausreichend. Es wird empfohlen, eine gewisse Toleranz gegenüber Herausforderungen zuzulassen, die zwangsläufig mit vielen Unsicherheiten behaftet sind.

Des Weiteren kommt es aufgrund des betrachteten Übergangs von der Schule an die Hochschule zu einer starken Umweltveränderung. Sie stellt für alle Studierenden die Triebfeder für den sozialen und kulturellen Wandel dar und erfordert eine entsprechende Anpassung (◘ Abb. 2.1). Sie findet tagtäglich Umsetzung über vielfältige Interaktionen z. B. mit Kommilitonen bzw. akademischem Lehrpersonal und wird durch die familiäre Herkunft sowie Persönlichkeitsmerkmale wie optimistische Grundeinstellung, Offenheit und Zuversicht nachhaltig unterstützt. Geisler spricht in diesem Zusammenhang von einer Person-Umwelt-Passung (Geisler, 2020). Alle erwähnten Aspekte stellen bedeutende Voraussetzungen für die kulturelle und soziale Integration im akademischen Bereich dar. Sie sind auch gleichzeitig Bestandteil des persönlichen Reifeprozesses von Studierenden in einer weitgehend unbekannten Umgebung.

Im Zusammenhang mit dem Einstieg in den „Reisezug" sollen noch im Folgenden die Lehr- und Lernveränderungen (◘ Abb. 2.1) unter das Brennglas gestellt werden, die Studierende beim Übergang von der Schule an die Hochschule zwangsläufig erleben. Vorweg der zentrale Hinweis, dass diese Änderungen und die entsprechenden studentischen, teilweise ängstlichen Reaktionen darauf völlig normal sind. Sie sollen an dieser Stelle lediglich Eingang ins Bewusstsein aller Studierenden finden. Das verhindert später unnötige Verwunderung, Überraschung bzw. Stress. Diese Lehr- und Lernveränderungen ergeben sich direkt aus dem Bildungsauftrag der beiden Institutionen. Der Bildungsauftrag für Schulen umfasst die Vermittlung von Wissen, Können, Erziehung und Werten durch Schullehrer mit pädagogisch-didaktischer Ausbildung an Kinder und Jugendliche. Aus Sicht der Schüler ist der Tagesablauf über die zur Verfügung gestellten Stundenpläne detailliert ausgearbeitet und vorstrukturiert. Das sieht an Hochschulen anders aus. Der Bildungsauftrag der Hochschulen besteht darin, dass Studierende auf ein berufliches Tätigkeitsfeld vorbereitet werden. Dies geschieht nach dem gültigen Hochschulrahmengesetz über die Vermittlung der dafür im betrachteten Studiengang erforderlichen fachlichen Kenntnisse, Fähigkeiten und Methoden (Hochschulrahmengesetz, 1976). Deutlich konkreter, verständlicher und aktueller beschreibt den Bildungsauftrag der Hochschulen der Wissenschaftsrat, der 2017 grundlegende Merkmale eines Hochschulstudiums definiert hat. Vor dem Hintergrund der hier betrachteten Unterschiede zwischen Schulen (und beruflicher Ausbildung) und Hochschulen bedeutet ein Studium gemäß dem Wissenschaftsrat u. a. die selbständige Aneignung und die kritische Auseinandersetzung mit wissenschaftlichem Wissen im Rahmen eines Studiums, das selbst gewählt und aus eigenem Antrieb unter Festlegung individueller Schwerpunkte absolviert wird. Als Zielsetzung gilt der Erwerb von Methodenkenntnissen, interdisziplinärem Arbeiten und Problemlösungsstrategien (Behrenbeck, 2018). Daraus sind weitere Lehrunterschiede zwischen Schulen und Hochschulen abzuleiten. Schullehrer geben an Schüler gesichertes Wissen weiter. Dagegen vermitteln Hochschullehrer neben gesichertem Wissen auch Wissen mit Vorläufigkeitscharakter (Webler, 2007). Das letzte wird als Ergebnis von Forschungsarbeiten gewonnen, befindet sich im ständigen Entstehungs- bzw. Änderungsprozess und ist damit noch nicht endgültig gesichert. Dieses Merkmal impliziert gleichzeitig auch weitere Lehrunterschiede. Hochschullehrer leiten Studierende aufgrund eigener Forschungsarbeit zu wissenschaftlichem Arbeiten und zum Erwerb wissenschaftlichen Wissens an (Behrenbeck, 2018). Sie verfügen dabei sehr selten (bis auf wenige Ausnahmen bei speziellen Studienfächern, z. B. Pädagogik) – im Gegensatz zu Schullehrern – über die bereits erwähnte pädagogisch-didaktische Ausbildung.

Im Gegensatz zum erwähnten vorstrukturierten Tagesablauf der Schüler wird von Studierenden an der Hochschule erwartet, dass sie die Lehrbestandteile ihres Studiums weitgehend in Eigenverantwortung durch die Wahl entsprechender Lehrveranstaltungen (in Form von Lehrmodulen), die Einhaltung der hierfür geltenden Fristen und Termine sowie des erforderlichen Zeitbedarfs proaktiv selbst gestalten. Leider wurde dies durch das sehr verschulte Bachelorstudium teilweise stark aufgehoben. Sesink stellt sogar fest, dass „die heutige Universität keine Bildungs-, sondern eine Ausbildungsinstitution sei" (Sesink, 2012).

Im Vergleich zur Schule werden Studierende an Hochschulen noch mit einer weiteren Lehrveränderung konfrontiert. In Unterschied zu Schulen erfolgt an Hochschulen die Aufteilung der Lehrveranstaltungen – bis auf einige wenige Ausnahmen – traditionell in Semester. Ein Semester besteht – wie bereits erwähnt – aus ca. 15 Wochen akademischer Lehre, die in zahlreiche Lehrmodule heruntergebrochen und z. B. mit Prüfungsnoten am Ende abgeschlossen werden. Zwischen den Semestern liegt die vorlesungsfreie Zeit. Diese vorlesungsfreie Zeit wird oft durch einige Studierende in Anlehnung an Schulferien, insbesondere in der Einstiegsphase, teilweise falsch interpretiert und wahrgenommen. Es handelt sich auf keinen Fall um Semesterferien. Auf diese Problematik wird später noch detailliert eingegangen.

Nun kommen wir gemäß ◘ Abb. 2.1 zu den Lernunterschieden. Der wichtigste Unterschied zwischen Schule und Hochschule besteht darin, dass an der Hochschule bei den erwähnten Lehrmodulen mit abschließender Prüfung weitgehend keine Kontrollinstanz in Bezug auf den Lernfortschritt vorhanden ist (von Übungen mal abgesehen). Somit sind typische, die Schuldidaktik begleitende Elemente, wie überprüfen, erinnern bzw. ermahnen seitens des Hochschullehrpersonals äußerst selten vorhanden. Was bedeutet aber diese Tatsache in letzter Konsequenz für Studierende? Es bedeutet zunächst einmal die konsequente Übernahme der Verantwortung für die eigene Bildung und das Lernen. Diese Verantwortung äußert sich darin, dass die Wissensakquise über Eigeninitiative organisiert und strukturiert wird. Dazu gehören weiterhin selbständiges Lernen, das mit hoher Selbstdisziplin und strikter Zeitplanung verfolgt werden muss. Hier wird in der Einstiegsphase empfohlen, sich nicht zu viel vorzunehmen und richtige Prioritäten zu setzen. Die Ressourcen Zeit und Energie müssen durchdacht verwaltet und vorausschauend geplant werden. Das Studium ist eben kein Hobby, dem man sich widmen kann, wenn es einem danach ist. Es ist ein Lebensabschnitt, den man mit Willen und Motivation, mit Ausdauer und Ehrgeiz begleiten sollte. Dies erfordert die Entwicklung und Umsetzung einer bestimmten Haltung zum Studium.

Im Gegensatz zu Schulen müssen Studierende weiterhin im eigenen Interesse die allgemeingültigen Spielregeln an der Hochschule unbedingt kennenlernen und möglichst tagtäglich einhalten. Die Minimalanforderungen in diesem Bereich umfassen die Studien- und Prüfungsordnung, die man bequem von der entsprechenden Website der Hochschule herunterladen kann. Des Weiteren wird empfohlen, dass man besonders den Semesterstart ernst nehmen sowie möglichst viele Lehrveranstaltungen unter Abwägung aller Pros und Cons persönlich wahrnehmen soll. Als klare Empfehlung gilt, dass man versäumte Inhalte von Lehrveranstaltungen nicht schleifen lassen soll, sondern im Gegenteil, insbesondere in der Einstiegsphase, zeitnah selbst Initiative ergreifen und diese Lehrinhalte in Eigendisziplin aufarbeiten und lernen muss. Zu diesem Themenkomplex gehören auch die zeitnahe und sorgfältige Vor- und Nachbereitung der Lehrinhalte und kein Aufschieben von Prüfungsvorbereitungen. Die konsequente Nutzung der Sprechstunden des Lehrpersonals sollte bei Schwierigkeiten in Anspruch genommen werden, wobei hier eine gute Vorbereitung als absolute Voraussetzung erforderlich ist. Auf diese Thematik wird später noch detailliert eingegangen.

Auf der anderen Seite ist jedem Studierenden bewusst, dass das Studierendenleben voller Tücken und Stolperfallen steckt und oft extrem verführerisch sein kann. Eigentlich ist es ein Leben im Widerspruch; auf der einen Seite Genuss der neu gewonnenen Freiheit und auf der anderen hartes und konzentriertes Arbeiten, das im Endeffekt dazu führt, dass man dann doch unfrei ist. Dennoch wird im Lichte der vorgeführten Tatsachen empfohlen, auf das intensive Nachtleben insbesondere in der Einstiegsphase möglichst zu verzichten. Das Gleiche betrifft auch einen parallelen Nebenjob. Beide gefährden leider den Studienerfolg nachhaltig. Ein Verlagern auf spätere Semester stellt hier einen tragbaren und effektiven Kompromiss dar.

Nun soll noch ein Phänomen angesprochen werden, das Griffiths et al. als *learning shock* bezeichnen (Griffiths et al., 2005). Auch hier geht es darum, Studierenden ins Bewusstsein zu bringen, dass dieses Phänomen durchaus normal ist und viele Kommilitonen trifft. Wie bereits ausgeführt, ist der Übergang von Schule an die Hochschule mit gravierenden Herausforderungen und Änderungen vielfältiger Art verbunden. Ehrfürchtig wirkende, allwissende Professoren, hohe Anonymität und Fremdheit, ständige Veränderungsprozesse, sehr viele prüfungsrelevante Studieninhalte, schnelleres Lehr- und Lerntempo und (noch) fehlende soziale Integration führen sehr oft zu akuten Frustrationserlebnissen, Hilflosigkeit und Ängsten. Man ist einfach *lost,* um das Jugendwort des Jahres 2020 zu bemühen. Die Folge sind u. U. Motivationsprobleme und das Gefühl der Verunsicherung, Überforderung und Überrumpelung in Bezug auf Leistungsanforderungen.

Die bisherigen Ausführungen verfolgen eine klare Zielsetzung. Sie halten klassische Herausforderungen beim Übergang an den Hochschul-Campus fest, zeigen Differenzen zwischen Schule und Hochschule auf und dienen zunächst einmal der Information und Verinnerlichung der wichtigsten Aspekte sowohl im Leistungs- als auch im organisatorischen, sozialen und persönlichen Bereich durch Studierende. Dieses Wissen ist gleichzeitig als belastbares Fundament zu verstehen, um von unerwarteten und scheinbar unlösbaren Herausforderungen nicht überrascht zu sein. Es soll Studierenden das Gefühl der „Normalität" verleihen, die im Übrigen auch alle anderen Kommilitonen erleben.

Des Weiteren halten wir fest, dass trotz der sehr großen Umstellung beim Übergang von der Schule an die Hochschule jedes Studium Studierenden eine einmalige Chance bietet, sowohl persönlich als auch beruflich schnell zu wachsen und sich enorm zu entfalten. Das haben bereits Generationen an Studierenden erfahren.

Auf der anderen Seite versteht sich der Ratgeber als wirkungsvolle Orientierungs- und Entscheidungshilfen. Sie sind auf Studierende zugeschnitten und sichern, dass gezielt und methodisch fundiert eine ganze Reihe von erwähnten Herausforderungen und Wendepunkten erfolgreich gemeistert werden. Hierzu werden im Folgenden problemvorbeugende Aktivitäten und proaktives Handeln als praxisbasierte Empfehlungen vorgeschlagen. Denn es muss jedem Studierenden klar sein: Für so gut wie jede Herausforderung gibt es immer eine passende Lösung.

Aber was bedeutet das konkret? Die Antwort auf diese Frage setzt sich aus mehreren, möglichen Elementen zusammen. Zum einen kann man psychische und körperliche (natürliche) Reaktionen durch den Einsatz von guter Ernährung, Bewegung und Entspannungsübungen mildern. Eine weitere Unterstützung liefern gezielte Lern- und Gedächtnisstrategien. Auf beide Problematiken wird noch später detailliert eingegangen. Besonders wichtig ist in diesem Zusammenhang auch der im Kapitel *Präsentation und Präsentieren* besprochene innere Dialog. Die Kraft positiver Gedanken als wertschätzender Verstärker sollte man nicht unterschätzen. Eine besondere Bedeutung erfährt in diesem Zusammenhang auch die frühzeitige Bildung eines eigenen sozialen Netzwerks, dessen Aufgabe in der gegenseitigen Unterstützung, im gemeinsamen Lernen und in der Vorbereitung auf Prüfungen besteht. Aus eigener akademischer Praxis und aus zahlreichen Gesprächen mit Studierenden ist bekannt, dass sehr viele Studierende ohne eine Unterstützung im sozialen Netzwerk ihr Studium niemals erfolgreich beendet hätten.

Des Weiteren sollte man als Studierender in Situationen, in denen man aufgrund der Häufung von Problemen und offenen Fragen den Eindruck gewinnt, dass man langsam zusammenbricht, die folgende Strategie umsetzen. Sie besteht in einem einfachen Perspektivenwechsel. Anstatt sich von einer elend langen Aufzählung von Problemen mental beeinflussen zu lassen, sollte man gelegentlich den Fokus auf die Menge der bereits erledigten Fragestellungen und der gewonnenen Erfahrungen legen. Darauf sollte man zurecht stolz sein. Das stärkt wiederum die eigene Zuversicht und gibt Kraft für die Lösung der noch ausstehenden Fragestellungen. Hier gilt nämlich das elfte Gebot: Nie aufgeben! Dieses Gebot symbolisiert die letzte Folie aus eigener Erst-Semester-Vorlesung „Einführung in die Verfahrenstechnik und Bioverfahrenstechnik" (◘ Abb. 2.2). Unterstützend sollte auch das Musikstück von Rodgers und Hammerstein II: *You'll Never Walk Alone* sowie der wissensbasierte Inhalt des vorliegenden Unterkapitels wirken.

○ Abb. 2.2   Das elfte Gebot: Nie aufgeben! (Fieg, 2019)

Eine ganz andere Gruppe stellt eine ehrliche Auseinandersetzung mit dem eigenen Verhalten dar. Sie umfasst z. B. die kritische Analyse des eigenen Zeitmanagements sowie die schonungslose Identifikation von unnötigen „Zeitfressern". Nicht zuletzt wird dringend empfohlen, von Beginn an Gas zu geben, richtige Prioritäten zu setzen, nichts schleifen zu lassen, um nicht später ins Hintertreffen zu geraten. Bei der Selbstreflexion des eigenen Verhaltens ist es noch sehr wichtig, jegliche Leistungsvergleiche mit Kommilitonen tunlichst zu vermeiden. Sie sind nicht zielführend und setzen einen nur unnötig unter einen gewaltigen Leistungsdruck. Des Weiteren sollte das eigene Verhalten ausschließlich durch persönliche Ziele und Visionen geprägt sein. Erwartungen und Ansprüche dritter Personen (Eltern, Geschwister, Verwandte u. ä.) sowie übertriebener Perfektionismus sind in dieser Phase des Studiums ausnahmslos kontraproduktiv.

Die oben aufgeführten Herausforderungen zeichnen sich dadurch aus, dass sie leider fast immer zum gleichen Zeitpunkt auftreten. Das verschlimmert tendenziell die ohnehin angespannte Lage in der Einstiegsphase zusätzlich. Vor diesem Hintergrund sollte allen Studierenden bewusst sein, dass man die Anforderungen und Erwartungen an sich selbst insbesondere in der Einstiegsphase in den „Reisezug" nicht zu hochschraubt. Man hat üblicherweise schon genug Probleme und muss nicht 150 % geben (Urbatsch & König, 2017).

Des Weiteren steht Studierenden beim Übergang von der Schule an die Hochschule erfreulicherweise noch eine weitere Palette an Hilfen und Förderungen zur Verfügung. Somit kommen wir zum letzten Aspekt der in ○ Abb. 2.1 dargestellten Hilfen beim Übergang vom Pausenhof zum Hochschul-Campus. Es handelt sich um den Komplex der Unterstützungshilfen für Studienanfänger. Die klare Empfehlung lautet hier: Diese Unterstützungsmaßnahmen sollte man unbedingt in Anspruch nehmen, da sie den studentischen Lehr- und Lernalltag insbesondere in der Einstiegsphase effektiv erleichtern. Aber was versteht man unter den Unterstützungsmaßnahmen, wer organisiert sie und wie kommt man schließlich an diese ran? Die treibende Kraft in diesem Bereich sind die Hochschulen selbst, da sie die grundlegende Aufgabe – neben der Forschung – in der Lehre sehen. In den letzten Jahren hat sich sogar ein ausgeprägter Konkurrenzkampf der Hochschulen um Studierende als Kunden herauskristallisiert, da diese mittlerweile eine kostbare und vor allem knappe Ressource darstellen (Driesen, 2018). Sehr oft ist dabei die Finanzierung der Hochschulen im gewissen Grad mit der Anzahl der Studierenden eng verknüpft (Stichwort: Kapazitätsauslastung und Zielvereinbarung). Eine ähnliche Problematik betrifft die von politischen Vorgaben dominierte Reduzierung der Abbrecherquoten. Alles im allen sind Hochschulen bemüht, die beiden aufgeführten Kriterien möglichst gut zu erfüllen. Einen besonders effizienten Weg hierzu offenbaren die erwähnten Unterstützungsmaßnahmen, die Studierenden sowohl vor als auch während des Studiums im hohen Maße und großer Vielfalt angeboten werden. In diesem Unterkapitel fokussieren wir uns allerdings nur auf den Erwerb studienrelevanter Kenntnisse, die beim betrachteten Einstieg Relevanz aufweisen.

Von besonderer Bedeutung sind alle Unterstützungsmaßnahmen *vor* dem Anfang des Studiums. Hierzu gehören z. B. Informationsveranstaltungen, allgemeine Studienberatung, girls' und boys' days, Workshops und Vortragsreihen zum Studium. Hier liegt der Fokus auf zentralen Themenschwerpunkten, wie z. B. Studienwahl und -entscheidung, Bewerbung und Studienbeginn, Studienvorbereitung und -anforderungen, Studienbedingungen, -inhalte und -ablauf. Des Weiteren zeigen Mentoring-Programme mit erfahrenen Studierenden auch das tagtägliche Studierendenleben auf. Weitere, interessante Unterstützungsmaßnahmen bilden Schülercampus (Nachwuchscampus), Vorkurse, das Schnupperstudium bzw. Vorlesungen für Besucher, in denen man bereits *vor* dem Studienbeginn echte Vorlesungen miterleben und handfest bewerten kann.

Neben den Präsenzveranstaltungen werden auch digitale Formate, wie z. B. Studieninfotage, Podcasts, Infotalks, Videomitschnitte, Tutorials, Video-Meetings, Online-Erfahrungsberichte, virtuelle Campustouren und Infotheken sowie Sprechstunden über Videocalls (Zoom, Skype...) angeboten. Insgesamt ist die Bedeutung dieser Unterstützungsmaßnahmen enorm, da man bereits *vor* der Aufnahme des Studiums viele erforderliche Details in Erfahrung bringen kann. Des Weiteren können auf dieser Grundlage fundierte, nachvollziehbare und vor allem wissensbasierte Entscheidungen bezüglich Studienwahl, und -vorbereitung getroffen werden. Damit reduziert man weitgehend emotionsbeladene Elemente bei diesen Entscheidungen. Mehr noch, eine starke intrinsische Motivation bezüglich des Studiums ist eminent wichtig, gibt sie doch felsenfeste Haltung bei eventuellen Problemen und korreliert direkt mit späteren niedrigen Abbruchquoten (Geisler, 2020; Heublein et al., 2017; Ebert & Heublein, 2017; Zimmermann, 2008; Gensch & Sandfuchs, 2007). Aus diesem Grund wird Studierenden und Abiturienten empfohlen, dieser Problematik eine sehr hohe Aufmerksamkeit zu widmen. Fehler an dieser Stelle bedeuten in der Regel einen hohen Zeit-, Arbeits- und Geldverlust.

Eine weitere Möglichkeit, die ersten zwei Semester effizient zu entlasten, sind Kurse, mit denen man die im Studium benötigte Standardsoftware, wie z. B. Word, Excel, Power Point und Mind Mapping im Vorfeld lernt. Ein entsprechender Kurs im Zehnfingersystem unterstützt diese Bemühungen. Diese Aktivitäten kommen einem später zugute und müssen nicht mehr parallel zum zeit- und arbeitsraubenden Studium erst erlernt werden.

Zusammenfassend kann an dieser Stelle festgehalten werden, dass zwischen Pausenhof und Hochschul-Campus, zwischen Schule und Studium Welten liegen. Die sich daraus ergebenden Herausforderungen sind extrem zahlreich, vielfältig und komplex. Studierende werden mit einer wahren Flut an Anforderungen förmlich zugeschüttet, die von ihnen alles abverlangt. Die Lage wird noch komplexer, wenn man berücksichtigt, dass die Mehrzahl an Herausforderungen näherungsweise zum gleichen Zeitpunkt auftritt und dadurch schwer zu bewältigen ist. Wie soll man also vor diesem Hintergrund noch ausgezeichnete Prüfungsnoten erzielen? Hier geht es doch eher ums pure Überleben. Die vorgeschlagene Strategie bietet hierzu auf der Verständnisebene eine praxisorientierte, pragmatische und leicht umsetzbare Vorgehensweise. Die Kernidee besteht darin, dass man zukunftsorientiert versuchen sollte, die einzelnen Herausforderungen auf der Zeitachse bewusst, geschickt und konsequent zu verschieben und damit möglichst zu entzerren. Im Klartext bedeutet das, dass man alle Herausforderungen, die man *vor* dem Studienbeginn in Angriff nehmen kann, sorgfältig und flächendeckend identifiziert und umsetzt. Damit nutzt man nicht nur optimal die Zeit, sondern entlastet die ohnehin schwierige Phase der beiden ersten Semester deutlich. Als Ergebnis sind somit beim Studienbeginn sehr viele Aspekte erfreulicherweise bereits bekannt und müssen nicht erst parallel zu den anspruchsvollen Lehrveranstaltungen und Lernbemühungen umgesetzt werden. Dieser Strategie sollte man eine hohe Bedeutung beimessen, die mit der Höhe eines Mammutbaums zu vergleichen ist. Leider ist aus eigener Erfahrung und vielen Gesprächen mit Erstis bekannt, dass viele Studierende die Bedeutung dieser Strategie eher mit Bonsaibäumen verbinden. Es herrscht nicht selten die geradezu beängstigende und wenig verantwortungsvolle Haltung, die mit *es wird schon irgendwie gehen* zu beschreiben ist. Diese Logik lässt das Blut in den Adern und den Mauscursor auf dem Bildschirm erstarren. Diese Haltung kann auch u. U. gelingen, allerdings überlässt man dem Faktor Glück eindeutig zu viel Raum.

Im Kontext der bisherigen Ausführungen ist noch ergänzend folgendes festzuhalten. Der bekannte Werbeslogan eines Automobilherstellers („Vorsprung durch Technik") finden an dieser Stelle des Ratgebers Ausdruck in Form von „Vorsprung durch Vorausschau". Damit werden zwei Zielgruppen in den Fokus gestellt. Die erste umfasst, wie im Kapitel *Einleitung* erwähnt, alle jungen Leute, die vorhaben, ein Studium erst aufzunehmen. Sie erzielen bei der Lektüre des Ratgebers im Lichte der obigen Ausführungen zwei Vorteile. Sie können bereits vor Beginn des Studiums vorausschauend die verbleibende Zeit effektiv nutzen und zielführend handeln. Hierzu sind entsprechende Empfehlungen ausgearbeitet worden. Des Weiteren ist durch die zusammengestellten Herausforderungen beim Übergang vom Pausenhof zum Hochschul-Campus der Praxisschock deutlich gemildert, da zahlreiche Sachverhalte beschrieben, erklärt und damit bekannt sind.

Die zweite Zielgruppe bilden Erstis. Für die Erstis sollen die angegebenen Hinweise und Empfehlungen dazu dienen, den Anschluss nicht zu verlieren, um dem Universum des Studiums auch noch im 3. Semester weiterhin anzugehören. Das gewährleistet bei ihnen auch eine intrinsische Motivation, übrige Kapitel des Ratgebers mit Interesse zu lesen.

Zur Beruhigung beider Zielgruppen gilt die Feststellung, dass alle zusammengetragenen Herausforderungen bereits Generationen an Studierenden erfolgreich bewältigt haben. Das stimmt zuversichtlich! Dabei wird es mit jedem Semester einfacher sein, da man durch einen enormen Zuwachs an herausgearbeiteten Erfahrungen und festem Glauben an sich selbst begleitet wird.

2.3 Das Lernen

Um im Studium hinsichtlich der angestrebten ausgezeichneten Prüfungsnoten erfolgreich zu sein, müssen neben der analysierten Einstiegsphase und den erwähnten Spielregeln noch zwei grundsätzliche Komponenten näher betrachtet werden. Es handelt sich auf der einen Seite um Lernstrategien und auf der anderen Seite um den anschließenden Themenkomplex der Prüfung sowie der angrenzenden Aspekte. Im Folgenden versuchen wir beide Komponenten näher zu beleuchten, um auf einer wissens- und erfahrungsbasierten Ebene in Anlehnung an Asterix einen Zaubertrank zu mischen (Abb. 2.3), der uns hilft, das Studium mit ausgezeichneten Prüfungsnoten erfolgreich zu meistern. In chronologischer Reihenfolge stellt das Lernen den Startpunkt der Betrachtungen.

Im Verständnisprozess bahnen wir unseren Weg zwischen den folgenden drei grundlegenden Schwerpunkten:
1. Körperliche Lernvoraussetzungen,
2. Lernkonzeptvorstellung als Kombination aus Neurowissenschaften und Didaktik,
3. Lernstrategien.

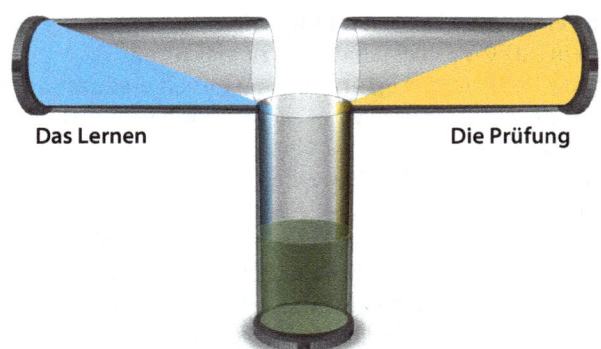

Abb. 2.3 Der Zaubertrank aus Lernen und Prüfung

2.3.1 Körperliche Lernvoraussetzungen

Der menschliche Körper fußt bekanntlich auf Stoffwechselprozessen. In dieser Hinsicht ist er mit einem ausgeklügelten Verbund unzähliger Einheiten zu vergleichen. Die Evolution hat intelligent Zellen und Organe als Produktionsanlagen miteinander vernetzt, sie mit Energie- und Materialflüssen über eine komplexe Logistik verbunden, um alle Ressourcen möglichst effizient zu nutzen. Mathias verwendet hierfür den bildhaften Begriff der chemischen Fabrik (Mathias, 2012), in der ununterbrochen Millionen fein aufeinander abgestimmter Prozesse stattfinden. Das Gehirn mit seinen zahlreichen Untersystemen nimmt in diesem Verbund eine Sonderrolle ein. Mit ca. 1,1–1,3 Litern Volumen ist es für alle grundlegenden Kontroll- und Steuerfunktionen im Körper verantwortlich. Hinzu kommt die sehr wichtige Fähigkeit des Lernens als Vorgang der Informationsaufnahme, -verarbeitung und -speicherung. Obwohl die Masse des Gehirns nur etwa 2 % des Körpergewichts ausmacht, beansprucht es gut die Hälfte der täglich mit der Nahrung aufgenommenen Kohlenhydrate, wobei es unter Normalbedingungen bis zu 66 % der Blutglucosemenge als Energieträger aufnimmt (Stangl, 2021). Das macht ca. 18 % des Grundumsatzes aus (Mathias, 2012) und unterstreicht seinen ausgeprägten, energetischen Hunger.

Jede verfahrenstechnische Produktionsanlage (dieser Begriff ist einem gelernten Verfahrensingenieur mit industrieller Erfahrung doch lieber als die erwähnte chemische Fabrik) muss ununterbrochen mit Material- und Energieflüssen versorgt werden. Werden sie unterbrochen und z. B. die Rohstoff- bzw. Zwischenprodukttanks sind leer, muss die Anlage abgefahren werden. Neben der grundlegenden Versorgung ist eine kontinuierliche Instandhaltung aller Maschinen und Apparate für die einwandfreie Funktionsweise jeder Produktionsanlage von essenzieller Bedeutung.

Beide erwähnten Aspekte (Versorgung und Instandhaltung) gelten auch für das betrachtete Gehirn. Fehlen wichtige Nährstoffe (Vitamine, Mineralien, Glucose, Proteine, Wasser, Sauerstoff u. ä.), wird auf die körpereigenen Reserven („Tankinhalte") umgeschaltet. Besteht der Mangel fort, wird priorisiert und weniger relevante Prozesse werden verlangsamt bzw. sogar gestoppt (Stichwort: *egoistisches Gehirn,* Peters, 2010a, b). Das kann eine Verlangsamung des Stoffwechsels hervorrufen und schließlich sogar zu einer Beeinträchtigung der Gehirnleistung hinsichtlich Informationsaufnahme, -verarbeitung und -speicherung führen. Dieser Zustand ist mit einem geknickten Gartenschlauch zu vergleichen. Egal, wie der Vordruck gestaltet wird, es kommt nichts an. Treibt man diesen Vorgang mit Gewalt weiter, kommt immer noch nichts an. Am Ende platzt der Schlauch.

Aus dem beschriebenen Vorgang sind für Studierende in Bezug auf effizientes Lernen zwei sehr wichtige körperliche Lernvoraussetzungen abzuleiten. Sie betreffen – wie bei der Produktionsanlage – die Versorgung des Gehirns mit Nährstoffen und seine Regeneration (Instandhaltung). Beide sind als *conditio sine qua non* zu verstehen. Es sind unabdingbare Voraussetzungen bzw. notwendige Bedingungen, die definitiv zu erfüllen sind. Ansonsten sollte man sich während des Lernprozesses …den geknickten Gartenschlauch plakativ vor Augen halten.

Aber was konkret sind die körperlichen Lernvoraussetzungen, wie erkennt man ihr Fehlen und mit welchen Maßnahmen kann man sie schließlich erfüllen? Beginnen wir mit dem Erkennen des Fehlens von Lernvoraussetzungen. Typische Begleiterscheinung beim intensiven Lernen sind körperliche Verspannungen, angeschlagene Gesundheit, Rücken- und Kopfschmerzen, Konzentrations- und Schlafstörungen sowie allgemeine Antriebslosigkeit und Gereiztheit bis hin zur Aggression. Man hat den Eindruck, dass man sich in einem Hamsterrad befindet und aus diesem nicht mehr rauskommt. Der effektive Lernfortschritt ist sehr überschaubar und das trotz eines erheblichen Zeit- und Arbeitsaufwands. Das körperliche und psychische Wohlbefinden ist nicht mehr gewährleistet, sodass gemäß dem eigenen Stimmungsbarometer ein klares Leistungstief feststellbar ist. Deutliche Alarmglocken seitens des Körpers sind unüberhörbar. Der erwähnte Gartenschlauch ist geknickt!

Was kann dagegen getan werden? Die Antwort umfasst zwei prinzipielle Aspekte. Der erste Aspekt betrifft die Versorgung des Gehirns mit Sauerstoff und Nährstoffen. Diese essenzielle Versorgung geschieht über unser Blut. Damit die Versorgung konstant und effizient funktioniert, sollte das Blut niedrige Viskositäten aufweisen. Für Studierende bedeutet diese Bedingung, dass man viel Wasser trinken sollte. Die optimale Wassermenge wird gemeinhin im Bereich zwischen 1,5–2,5 L/Tag angegeben. Dabei gilt die folgende Regel: Trinken, bevor der Durst kommt! Denn Durst ist eine Art Alarmglocke, die durch das Gehirn in Bewegung gesetzt wird. Wer bereits Durst verspürt, liegt schon im Wassermangelbereich und somit im kognitiven Leistungstief. Eine vor Augen stehende Wasserflasche sollte für alle Studierenden zur unabdingbaren Gewohnheit beim Lernen werden.

Die angesprochene Bedingung des Wassertrinkens ist eine notwendige, aber keine hinreichende. Es müssen noch weitere Aspekte mitbetrachtet und umgesetzt werden. Das Gehirn benötigt, wie bereits erwähnt, eine möglichst konstante Versorgung mit Sauerstoff und Nährstoffen. Ähnlich hoch wie beim Energiebedarf benötigt das Gehirn ca. 20 % des gesamten vom Organismus aufgenommenen Sauerstoffs. Für Studierende bedeutet dies eine regelmäßige Lüftung des Arbeitszimmers. Auf Aktivitäten im Outdoor-Bereich (Spaziergänge, sportliche Aktivitäten) kommen wir später zu sprechen. Ferner wird empfohlen, den zweiten Aspekt – Nährstoffe – über eine ausgewogene, abwechslungsreiche und vollwertige Ernährung (Hüttmann, 2016; Litzcke & Linssen, 2007) mit ausreichend Proteinen, Kohlehydraten, Vitaminen, Mineralien und Spurenelementen über einen persönlichen Rhythmus zu sichern.

Nach der Problematik der Versorgung des Gehirns mit Nährstoffen und Sauerstoff wird im Folgenden der zweite angesprochene Bereich, die Regeneration (Instandhaltung), unter das Brennglas gestellt. Lernen während des Studiums ist mit sehr viel Energieeinsatz verbunden. Unzertrennlich damit hängt die Organisation des eigenen Körpers zusammen, da die zur Verfügung stehenden körperlichen wie geistigen Kräfte begrenzt sind. Beachtet man diese Feststellung nicht, so kann im Extremfall, insbesondere in der Einstiegsphase des Studiums sogar Burn-out drohen. Es ist ein gefährlicher Irrweg zu glauben, dass man nur mit entsprechendem Arbeitseinsatz alles bewältigen kann. Vielmehr gilt hier das Credo *früh erkennen, schnell reagieren und ggfs. die Lernkoordinaten verändern*. Man sollte also dem Zitat *Die Kunst des Ausruhens ist ein Teil der Kunst des Arbeitens* von J. Steinbeck folgen, um anschließend wieder kognitive Topleistungen abrufen zu können. Aber warum ist es so und was ist die Ursache dafür? Die Beantwortung dieser Frage liegt in der Funktionsweise des Gehirns während eines Lernvorgangs. Die absolut essenzielle Lernvoraussetzung stellen hier Aufmerksamkeit und Konzentration dar. *Aufmerksamkeit ist das Allerwichtigste* stellt G. Roth in seiner Rede an der FU Berlin fest. Sie ist nämlich ein besonderer Aktivitätszustand von Synapsen (Roth, 2002). Dieser Zustand wiederum sorgt dafür, dass Wissen im Gehirn neu geschaffen wird (Roth, 2004). Aufmerksamkeit und Konzentration als Ressourcen verbrauchen sich allerdings sehr schnell. Sind sie verbraucht, so haben wir es mit dem geknickten Gartenschlauch zu tun. Es ist ein Kippmoment erreicht und eine Fortsetzung des Lernvorgangs ist, wie das Aufhören zu altern, nicht durchführbar. Aber was benötigen wir an dieser Stelle, um den „Tank" aufzufüllen? Die einfache Antwort lautet: Unbedingt regelmäßig eine (schöpferische) Regenerationspause einlegen! Daran schließt sich jedoch eine weitere Frage an: Mit welchen Maßnahmen erreicht man dann den erforderlichen Ausgleich?

Im Folgenden fokussieren wir uns, ohne Anspruch auf Vollständigkeit auf drei Möglichkeiten:
- Sport und Fitness
- Schlaf
- Techniken der Kurzentspannung.

Sport und Fitness

Sport und Fitness bringen den Kreislauf in Schwung und machen im Volksmund den Kopf frei. Hier wird Studierenden empfohlen, regelmäßige Aktivitäten im z. B. Sportverein oder Fitnesscenter je nach Neigungen und Interessen aufzunehmen. Eine weitere ausgezeichnete Möglichkeit besteht darin, dass man das qualitativ hochwertige und kostengünstige Angebot des Hochschulsports in Anspruch nimmt. Neben der angestrebten Bewegung und der Pause vom Lernalltag kommt dabei vorteilhaft hinzu, dass man neue und interessante Leute mit ähnlichen Interessen und Lebenslagen kennenlernen kann. Darüber hinaus kann man mittlerweile auch bequem auf zahlreiche Online-Kurse des Hochschulsports zugreifen. Diese Möglichkeit ist besonders in der vorlesungsfreien Zeit interessant, in der man vorwiegend zu Hause im Hinblick auf nahende Prüfungen lernt. Letztendlich bleiben auch noch alle individuellen Outdoor-Aktivitäten, wie Schlittschuhlaufen, Radfahren, Joggen, Wandern, Squash, Freiklettern u. ä.

Schlaf

Schlaf stellt eine essenzielle Voraussetzung für die erforderliche Regeneration dar. Roth stellt fest, dass Menschen, die wenig schlafen, am nächsten Morgen nicht ausgeruht sind. Mehr noch, sie können sich auch nicht konzentrieren (Roth et al., 2020), was – wie bereits erwähnt – eine essenzielle Voraussetzung fürs Lernen darstellt. Es wird daher allen Studierenden empfohlen, einem guten nächtlichen Schlaf eine sehr hohe Bedeutung beizumessen, ihn an feste Rituale zu knüpfen und auf keinen Fall zu versäumen. Pohl erhebt warnend, aber zurecht den Zeigefinger und stellt fest:

> **Hinweis**
>
> *Wer ohne Rücksicht Schlafschulden aufnimmt, wird von seiner Gesundheit bald zur Kasse gebeten* (Pohl, 2015).

Neben der Körpererholung und -regeneration, die über im Schlaf schneller ablaufende Selbstheilungsprozesse durchgeführt werden, nutzt das Gehirn den Tiefschlaf noch in einer anderen Hinsicht effektiv aus. Das im Laufe des Tages Gelernte wird reorganisiert, sortiert und konsolidiert (Diekelmann & Born, 2010). Diese Übertragung der Gedächtnisinhalte ist auf die Interaktionen zwischen dem Hippocampus und dem Langzeitgedächtnis zurückzuführen, worauf wir später noch detaillierter eingehen werden.

Eine ausgesprochen wirksame Möglichkeit, insbesondere in der vorlesungsfreien Zeit sowie an Feiertagen und Wochenenden, (schöpferische) Regenerationspausen einzulegen, besteht im Power Nap. Es werden bewusst die Begriffe *Nickerchen* und *Mittagsschlaf* nicht verwendet, da sie in deutscher Sprache negativ belegt sind und mit Faulheit bzw. Ineffektivität assoziiert werden. Wer kennt es nicht? Vormittags ist die Konzentrationsfähigkeit bei den meisten am höchsten. Lernen geht, wie am Schnürchen. Am Nachmittag sinkt die Leistungsfähigkeit stark ab und viele sind kaum in der Lage, kognitive Höchstleistungen zu vollbringen. Das Lernen wird zur Qual mit äußerst niedrigem Wirkungsgrad. Ein Power Nap verankert im persönlichen Biorhythmus zwischen 12–15 Uhr ermöglicht eine effiziente Regeneration, eine Erfrischung des Geistes, steigert die Konzentrationsfähigkeit um 54 % (NASA, 1995) und sichert das Aufladen des Energiespeichers (Kampmann, 2020).

- **Techniken der Kurzentspannung**

Bevor wir uns auf die Entspannungstechniken fokussieren, versuchen wir in erster Reihenfolge ihre Grundlagen zu verstehen und greifen zunächst die bereits angesprochene Problematik der Versorgung des Gehirns mit Sauerstoff auf. Sie ist bekanntlich unzertrennlich mit der Atmung und dem Transport des Sauerstoffs von der Lunge ins Gehirn verbunden. Nach Morschitzky spielt Atmung eine Schlüsselrolle bei allen Entspannungstechniken (Morschitzky, 2009). Doch warum ist es eigentlich so und was sind die Folgen einer Fehlatmung? Suboptimale Atmung führt zu zwei Nachteilen, die mit dem thermodynamischen Gleichgewicht zwischen Blut und Atemluft in der Lunge verbunden sind. Auf der einen Seite kommt es bei z. B. flacher Atmung zu Unterversorgung des Gehirns (Körpers) mit Sauerstoff über seine unzureichende physikalische Absorption im Blut. Auf der anderen Seite erfolgt auch gleichzeitig keine vollständige Desorption des Kohlendioxids aus dem Blut, was wiederum zu seinem Überschuss und damit zu leichten Vergiftungserscheinungen führt. Die Folge sind sowohl gehirnphysiologische Veränderungen, wie z. B. eine Reduktion der fürs Lernen erforderlichen Aufmerksamkeit und Konzentration als auch körperliche Erscheinungen wie Kopfschmerzen, Müdigkeit und schließlich muskuläre

Verkrampfungen. Die letzten werden noch zusätzlich durch falsches, einseitiges bzw. langes Sitzen beim Lernen verstärkt.

Zusammenfassend stellen wir fest, dass Atmung und Muskulatur hinsichtlich betrachteter kognitiver Leistungsfähigkeit essenziell wichtig sind. Aus diesem Grund sind sie auch grundlegende Bestandteile fast aller Entspannungstechniken. In ◘ Abb. 2.4 ist eine Unterteilung der Entspannungstechniken nach Bensberg und Messer wiedergegeben (Bensberg & Messer, 2014).

Die Wahl der passenden Entspannungstechnik können Studierende nach individuellen Neigungen durchführen. Hier tickt jeder anders, wodurch keine generelle Empfehlung ausgesprochen werden kann. Aber es gibt noch ein weiteres Wahlkriterium, das sich nach der Lernumgebung richten sollte. Und so kann man zu Hause z. B. Yoga mit entsprechenden Asanas absolvieren. Sie würden allerdings in der Hochschulbibliothek bzw. während einer Lehrveranstaltung (z. B. Vorlesung) zum berechtigten Aufsehen führen. Aus diesem Grund wird im Folgenden der Schwerpunkt auf die Techniken der Kurzentspannung gelegt. Alle komplexeren Techniken können bequem über Internet (YouTube, Yoga Vidya, 2021 u. a.), Hochschulbibliothek und -sport sowie Buchhandlung beschafft werden.

Die Techniken der Kurzentspannung bestehen weitgehend aus einer Kombination von Atmung und Muskelan-/Muskelentspannung. Da der Fokus auf die Praktikabilität gesetzt wird, können sie ausnahmslos auch im Sitzen durchgeführt werden (während einer Lehrveranstaltung, in der Hochschulbibliothek, in der Pause zwischen Lehrveranstaltungen u. ä.). Die Dauer liegt bei ca. 5–10 min.

Das Grundmuster besteht in kontrollierter und systematischer Prozedur der An- und Entspannung (anspannen, halten, loslassen, nachspüren) von vier Muskelbereichen (Hände/Arme, Gesicht/Nacken, Brust/Nacken/Rücken/Bauch und Beine/Füße). Dabei geht man alle Muskelbereiche von unten nach oben durch. Diese Prozedur wird durch gezielte Atemübungen ergänzt. Dabei legt man die Hände auf den Bauch und atmet durch die Nase bewusst in den Bauch ein, sodass man die Wölbung des Bauches spürt. Anschließend lässt man den Atem aus dem Bauch wieder über die Nase ausströmen, und zieht den Bauchnabel

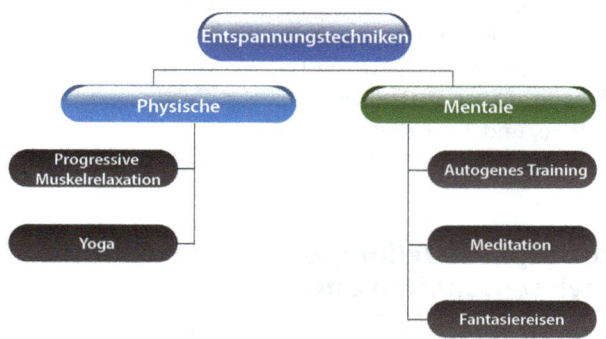

◘ **Abb. 2.4** Entspannungstechniken (nach Bensberg & Messer, 2014)

leicht nach innen und oben. Dann legt man die Hände auf den Brustkorb und atmet durch die Nase bewusst in die Brust hinein, sodass man die Hebung des Brustraumes spürt. Es folgt Ausatmen aus der Brust über die Nase mit Senkung des Brustkorbs.

Aufgrund vorliegender eigener Erfahrungen kann hier Studierenden besonders die Tiefenentspannung in der Interpretation von Yoga Vidya empfohlen werden. Sie ist in ◘ Abb. 2.5 im Grenzbereich zwischen den mentalen und physischen Entspannungstechniken angesiedelt. Hier wird die Prozedur der An- und Entspannung noch durch Autosuggestion und Visualisierungen erweitert (Yoga Vidya, 2021). Die Positionierung einer passenden App. für die Tiefenentspannung z. B. auf dem Smartphone erleichtert die tägliche Anwendung deutlich und erlaubt, sie regelmäßig durchzuführen. Sie führt zur körperlichen Regeneration, signifikanten Reduktion stressbedingter körperlicher Symptome und Wiedererlangung der kognitiven Leistungsfähigkeit. Dadurch wird der „Mühlstein" um den Hals weggeworfen, man kommt aus der Lernnische ins Licht der Entspannung, tankt Energie und schöpft neue Kräfte für die anstehenden Lehrveranstaltungen bzw. Prüfungen. Alle Aspekte sind also für das Lernen sehr förderlich.

Zum Abschluss ist zusammenfassend folgendes festzuhalten: Ein Auto ohne Kraftstoff wird sich in der Waagerechten nicht freiwillig fortbewegen. Ansonsten wären wir unmittelbar im Besitz vom Perpetuum mobile und das ist thermodynamisch unmöglich. Ähnliches gilt in der Waagerechten eines Flugzeugs in der Luft, allerdings sind hier die Folgen des fehlenden Vorschubs deutlich dramatischer. Um effizient zu lernen, müssen bestimmte Voraussetzungen erfüllt werden. Im vorliegenden Unterkapitel haben wir zuerst mit körperlichen Lernvoraussetzungen für ein effizientes Lernen begonnen. Auf der Verständnisebene sind für Studierende diese Voraussetzungen hinsichtlich Umfangs, Heterogenität und drohender Konsequenzen aufgrund der fehlenden Erfüllung aufgelistet. Eine zentrale Rolle spielt hier das Gehirn. Daraus sind für Studierende bewusst einfache, leicht nachvollziehbare und vor allem umsetzungsorientierte Möglichkeiten abgeleitet, die es gewährleisten, dass man in wiederkehrenden Krisensituationen beim Lernen wieder volle kognitive Leistungsfähigkeit erlangt und der Lernprozess effizient fortgesetzt werden kann. Mit dem vorgestellten Konzept bekommen Studierende also eine Art eines einfachen Richtungskompasses mit dem unwiderstehlichen Charme der jeweils neu gewonnenen Lernkräfte.

Neben den körperlichen gibt es noch persönlichkeitsbezogene Lernvoraussetzungen (z. B. intrinsische Motivation, Anstrengungsbereitschaft, Zielklarheit und -strebigkeit) (Beer & Benischek, 2018). Sie werden vor dem Hintergrund einer durchdachten und freiwilligen Entscheidung für ein Studium als gegeben bzw. als vorausgesetzt angenommen und damit bewusst nicht näher betrachtet.

2.3.2 Lernkonzeptvorstellung als Kombination aus Neurowissenschaften und Didaktik

Das didaktische Fundament für das betrachtete Lernen besteht in einer Kombination aus den neuesten Erkenntnissen der Neurowissenschaften und praxisorientierter Didaktik. Der Schwerpunkt ist bei beiden ein anderer. Während sich die Neurowissenschaften auf das Gehirn und Gedächtnis fokussieren, stellt die Didaktik Erfahrungen des Lehr -/Lernalltags in den Vordergrund.

Vor dem Hintergrund der effizienten Anwendung von gezielten Lernstrategien ist es für Studierende von Bedeutung, zunächst einmal ein Verständnis für die skizzenhafte Funktionsweise des Gehirns hinsichtlich der Informationsaufnahme, -verarbeitung und -speicherung während des Lernens zu entwickeln.

In Anlehnung an (Spitzer, 2002; Winteler, 2008; Seel & Hanke, 2010) ist Lernen ein längerfristiger, aktiver Vorgang, in dessen Verlauf sich Veränderungen im Gehirn der Studierenden abspielen, die sie befähigen, etwas zu unternehmen, zu wissen, zu entscheiden bzw. zu denken. Die zeitliche Abfolge setzt sich dabei aus dem Erwerb von Informationen (Aufnahme, Verarbeitung und Speicherung im Gedächtnis) und deren Abruf und der Anwendung (Einsatz im Kontext einer Aufgabenstellung, z. B. einer anstehenden Prüfung oder später im Berufsleben) zusammen. Alle aufgelisteten Elemente bilden das Fundament des Lernerfolgs.

Das Gehirn stellt dabei ein hoch komplexes System mit diversen Untersystemen dar, die beim Lernen miteinander intensiv interagieren. Der Fokus wird auf die beteiligten Mechanismen gelegt, um sie später zielführend zu beeinflussen und zu optimieren.

Die modellhafte Vorstellung der erwähnten Informationsverarbeitung im Gehirn kann bildhaft anhand des sog. Mehrspeichermodells (Atkinson & Shiffrin, 1968; Roth, 2006) erklärt werden, obwohl hier in letzter Zeit einige neue Fragen entstanden sind und die Vorstellung eine ziemlich grobe ist.

Der von der Außenwelt mittels Sinnesorgane aufgenommene sensorische Input (akustisch, visuell, haptisch) gelangt ins sensorische (Ultrakurzzeit-) Gedächtnis (◘ Abb. 2.5, Roth, 2006). Die zentrale Aufgabe besteht hier in der Filterung der Lawine von Informationen mittels des ersten „Siebes" (◘ Abb. 2.5),

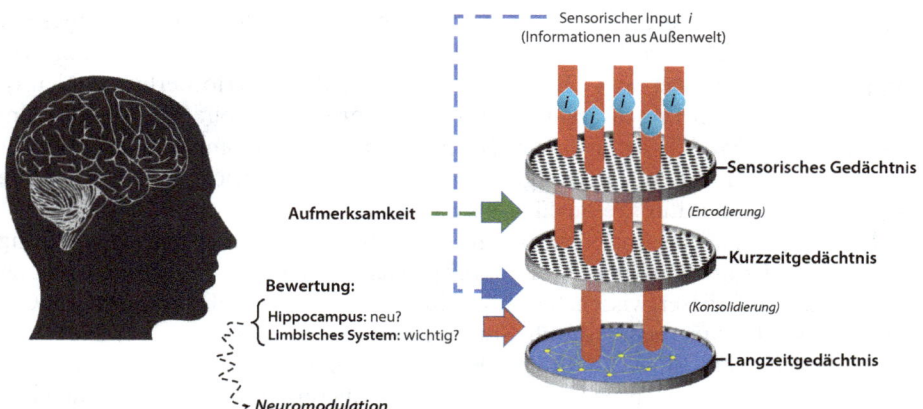

◘ **Abb. 2.5** Mehrspeichermodell (in Anlehnung an Atkinson & Shiffrin, 1968; Roth, 2006)

dessen Maschenweite durch die Kriterien Aufmerksamkeit, Relevanz bzw. Neuigkeitscharakter definiert wird. Anschließend folgt die Weitergabe so ausgewählter Inhalte an das Kurzzeitgedächtnis (Arbeitsgedächtnis). Das Kurzzeitgedächtnis ist auf 7 ± 2 Informationseinheiten (z. B. eine Telefonnummer, ein langer, komplexer Satz) begrenzt. Aufgrund der physiologisch basierten Speicherung ist das Kurzzeitgedächtnis stressanfällig und wenig belastbar (Roth, 2013). Die Zeitspanne liegt bei 2–30 s. Ferner ist wichtig festzuhalten, dass Informationen im Kurzzeitgedächtnis für eine weitere Verarbeitung bereitgestellt werden. Hierfür ist eine aktive Aufrechterhaltung (z. B. Rehearsal und visuelle Vorstellungen) förderlich.

Aus Sicht von Studierenden ist hinsichtlich des Lernens vor allem das Langzeitgedächtnis (◘ Abb. 2.5) in der Großhirnrinde von grundlegender Bedeutung, da hier prüfungsrelevante Zusammenhänge, Faktenwissen u. ä. gespeichert werden. Die Grundlage der Informationsspeicherung im Langzeitgedächtnis sind Veränderungen in der Struktur neuronaler Netzwerke (verteilte Speicherung), was sichert, dass die Informationen dauerhaft zur Verfügung stehen. Allerdings sind für den Zugang und den sicheren Abruf dieser Informationen zusätzliche Aktivitäten erforderlich bzw. förderlich (z. B. assoziative Vernetzung mit vorhandenem Wissen).

Eine absolut zentrale Bedeutung beim Lernen spielt die Konsolidierung von Gedächtnisinhalten, also der Transport der Information (z. B. Lerninhalte) aus dem Kurz- in das Langzeitgedächtnis. Sie entscheidet nämlich zusammen mit dem Abruf über den Lernerfolg und exzellente Prüfungsnoten. Die aktuell herrschende Meinung in diesem Zusammenhang überträgt dem Hippocampus eine entscheidende Rolle. Dabei wird der Hippocampus – vereinfacht dargestellt – unter bestimmten Voraussetzungen angeregt, Informationen an die Assoziationsareale der Großhirnrinde zu senden, wodurch sie im Langzeitgedächtnis gespeichert werden (Schandry, 2016). Die Voraussetzungen dafür stellt das zweite „Sieb" dar (◘ Abb. 2.5). Dieses Sieb wird definiert über die Relevanz der Informationen, die durch das Limbische System (Amygdala) festgestellt sowie den Neuigkeitscharakter der Informationen, der wiederum durch den Hippocampus bewertet wird. Beide sind Bestandteile der erforderlichen Neuromodulation. Sie wird noch ergänzt um den sensorischen Input (◘ Abb. 2.5). Im beschriebenen Modell ist also der Hippocampus der Organisator und Architekt der Speicherung im Langzeitgedächtnis und er stellt gleichzeitig eine Brücke zwischen Kurz- und Langzeitgedächtnis dar.

Der skizzenhaft beschriebene Prozess entlang der Informationsverarbeitung bis hin zur Konsolidierung im Langzeitgedächtnis soll im Folgenden genutzt werden, um auf dieser wissensbasierten Grundlage eine möglichst optimale Gestaltung des Lernprozesses durch Studierende zu gewährleisten. Aus Sicht der Studierenden stellt sich die Frage: Was sind die wesentlichen Implikationen für den eigenen Lernprozess, die sich aus diesen Betrachtungen ableiten lassen und wie kann man diese im nächsten Schritt über entsprechende Lernstrategien erfolgreich umsetzen? Wir folgen dem betrachteten Prozess entlang der Informationsverarbeitung und legen in Anlehnung an del Monte (del Monte,

2010) insg. drei relevante Bereiche für die Lernpraxis fest, die hier aus Sicht der Studierenden im Fokus stehen. In ▶ Abb. 2.6 sind Lernvoraussetzungen für diese Bereiche aufgeführt. Eine konkrete Umsetzung dieser findet abschließend in den nachfolgenden Lernstrategien statt.

2.3.3 Lernstrategien

Wie bereits betont, erfolgt im Studium die Bewältigung von Lernherausforderungen in der Regel in Eigenverantwortung. Diese wird durch die Eigenschaften selbstbestimmt, selbstorganisiert und selbstgesteuert gekennzeichnet. Des Weiteren haben wir bereits festgestellt, dass diese Lernherausforderungen hinsichtlich des Umfangs, des Schwierigkeitsgrades und der didaktischen Aufarbeitung durch das Lehrpersonal der Hochschule im Vergleich zur Schule deutlich komplexer sind. Vor dem Hintergrund des angestrebten Studienerfolgs und der anvisierten herausragenden Prüfungsnoten in Bezug auf zukünftige Vorstellungsgespräche wird gezielten Lernstrategien eine besonders hohe Bedeutung beigemessen.

In diesem Kontext haben Studierende zwei prinzipielle Möglichkeiten. Die erste besteht darin, 5–6 Jahre des Studiums dem Lernen von lernen mit trial und error sowie mit kontinuierlicher, jahrelanger Verbesserung der Lerneffizienz zu widmen. Man kann es leider mit der erneuten Entdeckung des Rades vergleichen, was als wenig effizient einzustufen wäre. Die alternative Möglichkeit umfasst das Lesen und Verinnerlichen der nachfolgenden Ausführungen, wodurch eine hohe Lerneffizienz in kürzester Zeit erreicht wird. Auf die jahrelange Verbesserung

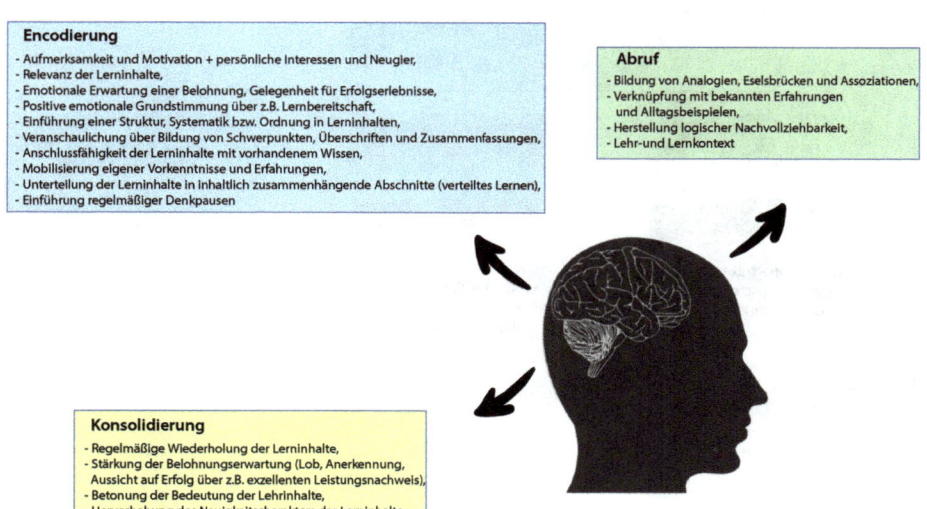

▶ **Abb. 2.6** Lernvoraussetzungen entlang der Informationsverarbeitung im Gehirn (in Anlehnung an del Monte, 2010)

kann leider auch hier nicht verzichtet werden. Man startet allerdings von einem deutlich höheren Wissensniveau bezüglich des Lernens als im ersten Fall.

Was versteht man jedoch unter Lernstrategien und welche stehen Studierenden konkret zur Verfügung? Lernstrategien (erste Frage) umfassen in Anlehnung an Wild zielgerichtete Vorgehensweisen, mit denen Informationen ausgewählt, aufgenommen, verarbeitet (organisiert, elaboriert und verstanden) und ins vorhandene Vorwissen integriert (gespeichert, behalten und abrufbar) werden (Wild, 2005). Die dabei verfolgte Zielsetzung besteht darin, zum gegebenen Zeitpunkt alle erforderlichen Leistungsnachweise zu erbringen (z. B. in Form von Prüfungen) und später im Berufsleben gezielt abzurufen sowie spezifisch anzuwenden. Auf die Gefahr, dass es ein bisschen altmodisch klingt, soll dennoch betont werden, dass hier bewusst neben der Studienzeit das spätere Berufsleben betont wird. Damit soll intentional der häufigen, 2-stufigen Strategie:
1. absolut unmittelbar vor anstehenden Leistungsnachweisen mit extremer Intensität „lernen",
2. sofortige Einleitung des Vergessens nach erfolgreichem Leistungsnachweis

kein Raum gewährt werden. Lernstrategien gelten erfreulicherweise als erlern- und trainierbar (Geisler, 2020). Ferner zeigen sie durch ihre methodische Konstruktion einen bewiesenen, positiven Einfluss auf Studienleistungen.

Nun zu der zweiten Frage. In Anlehnung an Geisler 2020 und Wild, 2005 ist in ■ Abb. 2.7 eine Übersicht der Lernstrategien wiedergegeben. Es fällt dabei sofort auf, dass Studierende neben den klassischen kognitiven Lernstrategien (an die man üblicherweise in erster Reihenfolge denkt) noch ergänzend metakognitive und ressourcenbezogene Strategien beim Lernen berücksichtigen sollen, wodurch

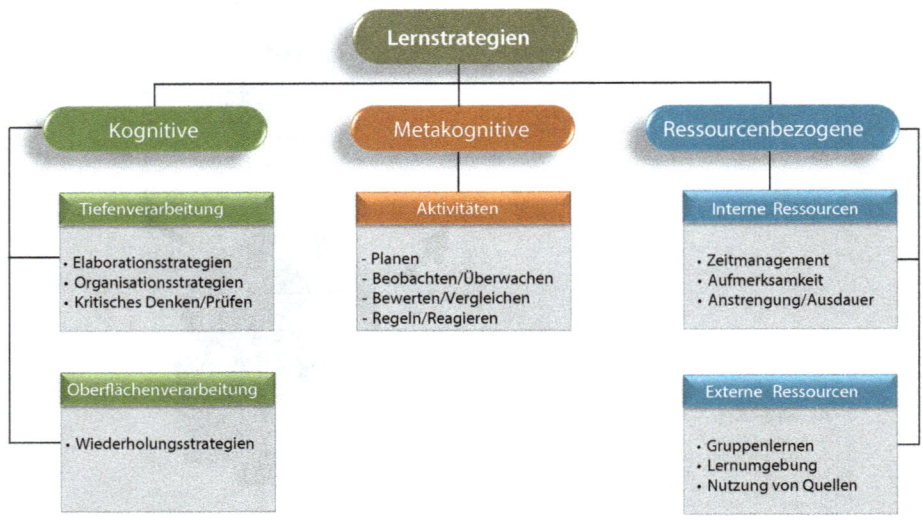

■ **Abb. 2.7** Übersicht der Lernstrategien (in Anlehnung an Geisler 2020 und Wild, 2005)

2.3 · Das Lernen

eine ganzheitliche und damit sehr effiziente Umsetzung des Lernens gewährleistet wird.

❗ Kognitive Lernstrategien (◘ Abb. 2.7)

Kognitive Strategien dienen hauptsächlich der Informationsaufnahme, -verarbeitung und -speicherung im Gedächtnis mit der Gewährleistung des sicheren Abrufens zwecks Nutzung (z. B. in der Prüfung oder später im Beruf). Sie müssen von Studierenden in der Regel selbst gewählt, erarbeitet und gesichert werden.

- **Elaborationsstrategien**

Das Wort Elaboration hat seinen Ursprung im lateinischen Verb *elaborare* und hat die Bedeutung *sorgfältig ausführen*. Das grundlegende Prinzip von Elaborationsstrategien macht sich die besprochenen Eigenschaften des menschlichen Gehirns zunutze und versucht gezielt, das eigene Vorwissen in verteilten Gehirnarealen zu aktivieren, um neues Wissen an diese anzudocken und mit diesen in Verbindung zu setzen. Je vielfältiger, intensiver und ausgefallener diese Bemühungen, desto leichter und sicherer ist das spätere Abrufen während z. B. der Prüfung oder im Berufsleben. Dieser Integrationsprozess auf Basis des bereits verankerten Wissens wirkt in beiden Lebensphasen hinsichtlich der Lern-, Behaltens- und Rekonstruktionsleistung sehr förderlich. Klassische Beispiele, die Studierende leicht, schnell und effizient anwenden können, umfassen die Bildung von Analogien zu eigenen, bekannten Zusammenhängen und Erfahrungen, Verknüpfung neuer Zusammenhänge mit Alltagsbeispielen oder angrenzenden Inhalten (allgemein bekannte Eselsbrücken), Herstellung logischer Nachvollziehbarkeit oder praktischer Nutzbarkeit, Verknüpfung der Lerninhalte mit mentalen Bildern oder Vorstellungen u. ä.

- **Organisationsstrategien**

Organisationsstrategien umfassen praxisbezogene Handlungssequenzen, die die Lerninhalte unter Berücksichtigung des eigenen Vorwissens, der Lernziele und der zur Verfügung stehenden Zeit in eine reduzierte Form transformieren. Das primäre Ziel der Transformation besteht darin, Lerninhalte durch eine neue Organisation in eine verständliche Form zu bringen, die man sowohl leichter verstehen und speichern als auch später sicherer abrufen kann. Durch die Reduktion der inhaltlichen Komplexität und die Fokussierung auf das Wesentliche (aus Sicht z. B. der Prüfung) wird erreicht, dass man im Gehirn weniger Energie und Ressourcen für die Speicherung benötigt. Die hierfür eingesetzten klassischen Organisationsstrategien, die Studierende praxisorientiert leicht nutzen können, umfassen die in ◘ Abb. 2.8 stellvertretend dargestellten Strategien.

- **Kritisches Denken/Prüfen**

Nach Wild (Wild, 2005) handelt es sich beim kritischen Denken/Prüfen um eine Lernstrategie, die das Verständnis für die Lerninhalte durch ein kritisches Hinterfragen von Aussagen und Begründungszusammenhängen, Nachdenken über weitere

Möglichkeiten bzw. zielgerichtete Lösungswege und Suchen nach alternativen Erklärungen bzw. Ursachen fördert. Es erfordert von Studierenden eine gesunde Dosis an Skepsis und Selbstreflexion (Kruse, 2010). Eine unabdingbare Voraussetzung stellt hier fundiertes Wissen dar. Das macht diese Lernmethode als praktikable Lernstrategie in der täglichen Umsetzung von Studierenden so schwierig und ist eher für Studierende in fortgeschrittenen Semestern geeignet. Leider wird die kritische Bewertung durch den in 1999 initiierten Bologna-Prozess behindert, der nach Kruse Studierende oft nur noch zu akademischen Pauschaltouristen mit damit einhergehender Konsumhaltung geführt hat (Kruse, 2010). Dennoch wird allen Studierenden empfohlen, kritisches Denken/Prüfen als elementarste Grundhaltung in der gesamten Studienzeit zu verfolgen, zu üben und zu festigen.

Die bisher unterbreiteten Lernstrategien gehören zu den sogenannten Tiefenverarbeitungsstrategien (Abb. 2.7), da Studierende durch ihre Nutzung Lerninhalte anreichern, verstehen und vertiefen. Das fördert auch ausdrücklich das Abrufen während z. B. einer Prüfung bzw. später im Berufsleben.

- **Wiederholungsstrategien**

Ein bekannter Profigolfer sagte einmal: *Wenn ich viel übe, dann habe ich auch viel Glück.* Diese Aussage hat hinsichtlich der Wiederholung und des Einübens von Bewegungsabläufen sehr viel Sinn. In Bezug auf das Glück muss sie allerdings korrigiert werden. Gemeint ist hier eher die Präzision der Schläge, die im Glück endet. Was bei Sportlern und Bewegungsabläufen gilt und als selbstverständlich angenommen wird, kann man auch auf das Lernen im Studium übertragen, da es sich in beiden Fällen um die Speicherung und Abrufen von Lerninhalten handelt. Aber was versteht man unter Lernstrategien durch Wiederholung (Abb. 2.7)? Um die Vorgänge des Speicherns und des Abrufens zu verstehen, bemühen wir an dieser Stelle die bereits angesprochenen Vorgänge im Gehirn (Abb. 2.5). Durch regelmäßiges Wiederholen von Lerninhalten, wird der Hippocampus periodisch dazu angeregt, Informationen wiederholt an die Assoziationsarealen der Großhirnrinde zu senden. In der Folge wird dadurch neues Wissen im Langzeitgedächtnis gespeichert (Schandry, 2016). Hinzu kommt noch, dass dieses übertragene Wissen dauerhaft gespeichert wird. Ferner wird durch Wiederholung neben dem Speichern auch das sichere Abrufen gewährleistet. Beide Prozesse (Speichern und Abrufen) sind insbesondere bei Studierenden in Bezug auf die zu erzielenden Prüfungsnoten von grundlegender Bedeutung.

Im Rahmen des Ratgebers wird allerdings unter Wiederholung kein passives Repetieren, rein mechanisches Wiederholen und kein schlichtes Auswendiglernen verstanden. Vielmehr wird unter diesem Begriff ein aktiver und intensiver Vorgang verstanden, der neue neuronale Verknüpfungen im Gehirn entstehen und wiederholt festigen lässt. Um das sicherzustellen, wird Studierenden empfohlen, bei Wiederholungen möglichst viele Elemente aus den Elaborations- und Organisationsstrategien zu verwenden. Dadurch wird die Speicherung im Gehirn besonders effizient und dauerhaft. Neben dem Wiederholungseffekt wird noch zusätzlich das tiefe und erforderliche Verständnis für Lerninhalte nachhaltig unterstützt. Zwar gehören Wiederholungsstrategien formell zur Gruppe der

Oberflächenverarbeitung (◘ Abb. 2.7), allerdings in der hier verstandenen Ausprägung ist diese Eingruppierung nur teilweise richtig.

Konkrete Beispiele für Wiederholungsstrategien, die Studierende praxisorientiert leicht nutzen können, umfassen:

> **Hinweis**
>
> - wiederholtes Lesen und Hören (laut, halblaut bzw. still (sog. inneres Sprechen (Rehearsal)),
> - wiederholtes Aufsagen (Lerninhalte frei wiedergeben mit gezielter Orientierung an z. B. möglichen Prüfungsfragen bzw. selbst formulierten Frage- oder Problemstellungen),
> - wiederholtes Lösen von Beispielaufgaben.

Technisch betrachtet, können Studierende die o.g. Wiederholungsstrategien entweder individuell im stillen Kämmerlein, mit einem hypothetischen Sparringpartner oder mit anderen Studierenden anwenden. Hinzu kommen Hilfsmittel, wie z. B. Lernkarteien oder die T-/G-Methode, LOCI- oder Schlüsselwortmethode (Bensberg & Messer, 2014).

Wiederholungsstrategien wirken auch dem natürlichen Prozess des Vergessens von Lerninhalten entgegen. Nach Litzcke und Linssen (Litzcke & Linssen, 2007) erreicht man eine dauerhafte Speicherung meist nach fünfmaligem Wiederholen. Mit optimal platzierten Wiederholungen können Studierende geschickt viel Zeit und Aufwand sparen. Als Faustregel gilt (Kunz, 1986):

> **Hinweis**
>
> - erstmaliges Lernen am ersten Tag,
> - zweites Lernen am zweiten Tag, spätestens am dritten Tag,
> - drittes Lernen nach einer Woche,
> - viertes Lernen nach einem Monat,
> - fünftes Lernen kurz vor der Prüfung.

Alternativ dazu kann noch eine (sichere) Methode einer eigenen (schlagfertigen) Studentin unterbreitet werden. Ihr Credo lautete: Solange wiederholen, bis die eigene Katze alles verstanden hat. Es bleibt noch festzuhalten, dass diese Studentin eine ausgezeichnete war.

Ergänzend soll noch betont werden, dass kurze und häufige Wiederholungen besser sind als lange und seltene. Besonders sinnvoll ist es, die selbst aufbereiteten Lerninhalte in den letzten zwei Wochen vor der Prüfung mehrfach zu wiederholen. Als weiterer Tipp für ein kluges Vorgehen gilt die folgende Vorgehensweise (Litzcke & Linssen, 2007): Die am Abend betrachteten Lerninhalte wiederholt man eine Stunde nach dem täglich wiederkehrenden Kampf, den man auch Aufstehen nennt (praktikabel an Wochenenden, Feiertagen bzw. in der vorlesungsfreien Zeit). Der Wiederholungsaufwand ist dabei minimal, weil man nur wenige Lücken stopfen muss. Diese Vorgehensweise nutzt die bereits angesprochene Tatsache, dass das Gehirn im Schlaf die Lerninhalte reorganisiert, sortiert und konsolidiert. Was allerdings eher extrem selten funktioniert, sind Lehrbücher unter dem Kopfkissen. Sie üben genauso keinen Einfluss auf das Speichern der Lerninhalte wie auf die Qualität des Mobilfunkempfangs aus.

> **Ressourcenbezogene Lernstrategien**

Ressourcenbezogene Lernstrategien stellen die Effektivität und Effizienz des eigenen Lernens in den Fokus. Sie unterbreiten für das optimale Lernverhalten zielorientierte Methoden mit der Zielsetzung des höchstmöglichen Lernerfolgs.

Studierende können in diesem Zusammenhang zwei grundsätzliche Typen von Ressourcen nutzen, die internen und externen (Wild und Schiefele 1994). Die internen Ressourcen umfassen die positive Gestaltung der Lernleistung. Leistung bedeutet definitionsgemäß die aufgewendete Arbeit pro Zeiteinheit. Für die geleistete Arbeit stehen die Ressourcen Anstrengung und Aufmerksamkeit (Konzentration), mit denen die bereits besprochene Funktionsweise des Gehirns Berücksichtigung findet. Für die Minimierung des Zeiteinsatzes und damit Maximierung der erwähnten Lernleistung stehen Methoden des Zeitmanagements zur Verfügung (◘ Abb. 2.7).

Im Gegensatz zu den internen beziehen sich externe Ressourcen auf die lernförderliche Gestaltung der eigenen Lernumgebung, die optimale Nutzung unterschiedlicher Wissensquellen sowie die Organisation der kooperativen Lernaktivitäten über Gruppenlernen während des Studiums. Vor dem Hintergrund des angestrebten eigenen Lernerfolgs (gemessen an exzellenten Prüfungsnoten) wird Studierenden empfohlen, diese Strategien vertieft zu verinnerlichen und in der Studienzeit flächendeckend zu nutzen. Dadurch können viel Zeit und Arbeit gespart und Stress vermieden werden.

- **Zeitmanagement (◘ Abb. 2.7)**

Aufgrund zahlreicher, abgenommener mündlicher Prüfungen und persönlich betreuter Projekt- sowie Abschlussarbeiten (Master- und Bachelorarbeiten) mit anschließenden Klärungsgesprächen können folgende Aussagen von Studierenden bei suboptimalen Noten festgehalten werden:
- Der Umgang mit zur Verfügung stehender Zeit war suboptimal.
- Der Perfektionismus bzw. Vollständigkeitswahn beim Lernen waren nicht hilfreich.
- Es wurden beim Lernen teilweise falsche oder sogar keine Prioritäten gesetzt.
- Lerninhalte wurden bezüglich der Bearbeitung immer wieder verschoben.
- Es mussten parallel zum Lernen noch sehr viele andere Aktivitäten absolviert werden.

Abb. 2.8 Organisationsstrategien

All diese Aussagen unterstreichen die enorme praktische Bedeutung des Zeitmanagements als eine entscheidende ressourcenbezogene Lernstrategie. Im eigenen Lehrmodul *Prozess- und Anlagentechnik II* wurde Leonardo da Vinci (1452–1519) zitiert (Fieg, 2020), der hier in leicht modifizierter Form wiedergegeben wird: *Diejenigen, welche glauben, an der Praxis ohne Zeitmanagement Gefallen zu finden, sind wie Schiffer, die ohne Kompass und Steuer fahren. Sie wissen nie, wohin die Fahrt geht.*

Doch was ist eigentlich Zeitmanagement und aus welchen Elementen besteht es? Laut Wikipedia (Wikipedia, 2021) versteht man unter Zeitmanagement im Rahmen des Selbstmanagements alle Maßnahmen, die zur Verfügung stehende Zeit möglichst produktiv zu nutzen. Vorweg die ermutigende Nachricht. Zeitmanagement ist leicht erlernbar und es wird allen Studierenden empfohlen, über dessen regelmäßige Anwendung, diese Fertigkeit als effektive persönliche Routine zu etablieren. Der Aufwand lohnt sich, da sich dadurch zahlreiche Vorteile ergeben. Zeit gehört mittlerweile zu den wichtigsten persönlichen Ressourcen. Ein gekonnter und effizienter Umgang mit dieser Ressource erleichtert das Lernen, führt sogar zur Zunahme an freier Zeit und stellt damit den entscheidenden Erfolgsfaktor auf dem Weg zu herausragenden Prüfungsnoten dar.

Die grundsätzlichen Elemente des Zeitmanagements können in Form einer einfachen, 3-stufigen Vorgehensweise zusammengefasst werden, die in Abb. 2.9 als drei Handlungssequenzen mit konkreten Schritten und Empfehlungen wiedergegeben wurden.

- **Aufmerksamkeit (Konzentration)**

Eine der wichtigsten internen ressourcenbezogenen Lernstrategien umfasst die Aufmerksamkeit. Sie ist für die Informationsaufnahme und -verarbeitung im Gedächtnis von absolut entscheidender Bedeutung, bestimmt sie doch die Auswahl und Weiterleitung der Informationen vom sensorischen ins Kurzzeitgedächtnis. Diese Feststellung wurde bereits beim besprochenen Mehrspeichermodell (Abb. 2.5) festgehalten, womit wir an dieser Stelle den roten Faden wieder aufnehmen und näher betrachten.

1. Lernziele formulieren
Portionierung der Lerninhalte durchführen
Lerninhalte eingrenzen (Kriterium: Prüfungsrelevanz)
Lerninhalte erinnern (auflisten, benennen, wiedergeben von Fakten)
Lerninhalte verstehen (erklären, abgrenzen, interpretieren, zusammenfassen)
Lerninhalte anwenden (verwenden, um Aufgabenstellung zu lösen)
Lerninhalte analysieren (vergleichen, unterscheiden, zerlegen)
Lerninhalte evaluieren (begründen, bewerten)
Anmerkungen:
Prüfungsaufgaben bzw. Fragemuster (alte) besorgen und bearbeiten
Infos über Prüfungsablauf und Schwerpunkte des Prüfers
Vervollständigung der Unterlagen vom Lehrmodul
Bekannten als „Prüfer" bestellen + Test der Lerninhalte

2. Prioritäten setzen
Dringliche Lerninhalte von wichtigen unterscheiden
(Eisenhower-Entscheidungsprinzip nutzen)
Prioritäten an Zielen orientieren
Prioritätenliste schriftlich erstellen
Anmerkungen:
Kein Vollständigkeitswahn und Perfektionismus
Zeitfresser identifizieren
Nein-Sagen trainieren

3. Zeitpläne entwickeln und umsetzen
Prioritätenliste in Zeitpläne umsetzen
(Tages-, Wochen-, Semesterpläne)
Zeitpläne schriftlich erstellen
Zeitpläne berücksichtigen:
 - Lerninhalte
 - persönlichen Tagesbiorhythmus
 - Hobbys, Familie, Freunde
 - Pufferzeiten
Methoden:
ALPEN-Methode
Gantt-Diagramme
Tages-, Wochen-, Monats- und Semesterplaner

Zusatzbemerkungen
Die Einteilung der Zeit ist das Rückgrat des Lernens
Ein Fortbildungskurs an der Heimatuniversität
wird empfohlen
Zeitmanagement zum alltäglichen Arbeitsprinzip machen
Realistische Zeitpläne reduzieren Frust und Enttäuschung
E in Verschieben der Umsetzung soll vermieden werden
Zeitfresser (quatschen, telefonieren, fernsehen u.ä.),
Internetaktivitäten (surfen, mailen, Instagram,
Twitter, Facebook) gefährden den Lernerfolg
Probleme des Augenblicks haben in der Regel niedrige
Priorität

Abb. 2.9 Grundlegende Elemente des Zeitmanagements

Ohne Aufmerksamkeit läuft im Informationsverarbeitungsprozess nichts, da bereits am Anfang des Prozesses die zentrale Voraussetzung fehlt (Roth, 2013; Hasselhorn & Gold, 2017). Dies kann man auch nicht mit noch so viel Anstrengung und Ehrgeiz wettmachen. Die Kernempfehlung für Studierende lautet also: Man muss beim Lernen unbedingt für entsprechende Aufmerksamkeit sorgen. Über die hierfür behilflichen Strategien, mit denen man im gewissen Grad Einfluss auf die Aufmerksamkeit nehmen kann, wird später berichtet.

Aber was versteht man eigentlich unter der Aufmerksamkeit? Aufmerksamkeit bedeutet die Fähigkeit zum Aufbau und zur Aufrechterhaltung eines Körperaktivierungszustandes, um bedeutsame Informationen wahrzunehmen, zu selektieren und kognitiv zu verarbeiten (in Anlehnung an del Monte, 2010). Der Selektionsprozess wählt aus der Lawine der Informationen nur diese, die definierten Kriterien entsprechen. Die Selektionskriterien sind die Relevanz und der Neuigkeitscharakter, das persönliche Interesse und die emotionale Erwartung einer Belohnung, um nur einige zu erwähnen. Das zweite Element, die kognitive Verarbeitung, bezieht sich auf die Integration neuer Informationen ins bereits bestehende Vorwissen. Für Studierende bedeutet das, dass man sich insbesondere am Semesteranfang nicht entmutigen lassen soll, wenn einem das Lernen u. U. schwerfällt. In der Regel muss man sich erst das notwendige Vorwissen erarbeiten, um die erforderliche Anschlussfähigkeit neuer Lerninhalte im Laufe des Semesters schneller und sicherer aufzunehmen. Nicht ohne Grund heißt es im Volksmund: Aller Anfang ist schwer! Die o.g. Ausführungen liefern dazu eine überzeugende Begründung und die erfreuliche Aussicht, dass im Laufe der Zeit (Semester, vorlesungsfreie Zeit) das Lernen immer schneller und effizienter absolviert wird. Dies sollte auf Studierende bei gelegentlichen Lernschwierigkeiten wie ein Trost wirken.

Es besteht kein Zweifel, dass Aufmerksamkeit und deren Komponente Konzentration eine in der Menge und zeitlichen Dauer begrenzte Ressource darstellt, mit der Studierende äußerst sorgfältig umgehen müssen. Dabei wird die Aufmerksamkeit zahlreichen Einflussfaktoren ausgesetzt, die eine negative Wirkung haben, wodurch sich die Lerneffizienz deutlich verschlechtert. Vor diesem Hintergrund lautet die Empfehlung an Studierende, sich über diese bewusst zu machen und sie konsequent zu beseitigen. Gemeint sind hier akustische (Musik, tickende Uhren, Sprach- und Straßenlärm, Geräusche von Geräten wie z. B. Lüfter von PC, Drucker, u. a.), visuelle (falsche Beleuchtungsverhältnisse, Blendungen (helle Fenster im Blickfeld), zu grelle bzw. kontrastreiche und falsch positionierte Bildschirme im Raum, Tageslicht, künstliches Licht) und klimatische Störungen (Zugluft, Raumtemperatur und -feuchte, Luftqualität). Eine ähnlich schädliche Wirkung auf die Aufmerksamkeit haben auch alle Verlockungen der digitalen Welt, wie z. B. Internet, Messenger-Dienste, Smartphone, Desktop-PC, Tablet u. ä. Fast ausnahmslos sind es technisch-organisatorische und damit leicht zu beseitigende Störfaktoren. Diese Faktoren führen allerdings zu oft unterschätzten körperlichen und seelischen Belastungen, die für das Lernen und die Aufrechterhaltung der Aufmerksamkeit förderlich sind.

Eine weitere Gruppe von Einflussfaktoren umfasst praxisorientierte Methoden bei der konkreten Umsetzung von Lernzielen. Diese Lernziele wurden bereits beim Zeitmanagement formuliert, priorisiert und geplant, wodurch wir eine enge Verbindung und Fortsetzung der dort aufgestellten Aufgaben erzielen und unseren roten Faden konsequent verfolgen. Studierende haben an dieser Stelle zwei prinzipielle Handlungsmöglichkeiten. Das Multi- und Single-Tasking. Auch wenn es u. U. modern oder in ist, ist Multitasking aus Sicht der Aufmerksamkeit und des Lernens Gift. Multi-Tasking verändert ständig die Aufmerksamkeit und belastet damit überproportional den Energiehaushalt des Gehirns. Des Weiteren ist Multi-Tasking hinsichtlich des Lernens vor dem Hintergrund der ständigen Ablenkung der Aufmerksamkeit nicht nur stressig und sehr ineffizient, sondern erzeugt auch das Gefühl der Unzufriedenheit. Man fühlt sich wie im Hamsterrad mit ständig wechselnden Aufgaben und nachlassender Aufmerksamkeit.

Dagegen setzt das hier empfohlene Single-Tasking auf das Prinzip „task-by-task". Die durch das Zeitmanagement herausgearbeiteten Lernziele werden konsequent und systematisch abgearbeitet, ohne dass verlockende „Nebenbaustellen" in Erscheinung treten. Im Endeffekt erreichen dadurch Studierende definierte Lernziele deutlich entspannter, schneller und effektiver. Ein weiterer Vorteil besteht darin, dass Single-Tasking zur Arbeitsgewohnheit und -routine von Studierenden wird, was später im Berufsleben von enormem Vorteil ist.

Damit bilden die aufgestellten Lernziele (Zeitmanagement) und deren konsequente Umsetzung (Single-Tasking) eine in sich geschlossene Einheit, die unter Berücksichtigung der im Fokus stehenden Aufmerksamkeit entscheidend zum Lernerfolg und damit auch zu ausgezeichneten Prüfungsnoten führt.

- **Anstrengung und Ausdauer**

Die bisher beschriebenen Mechanismen des Lernens lassen die folgende Feststellung zu: Lernen ereignet sich nicht, Lernen wird durch Studierende aktiv mitgestaltet. Dabei gilt nach Hasselhorn und Gold uneingeschränkt, dass zu den wichtigsten Determinanten des Lernerfolgs im Studium (und auch später im Berufsleben) die motivationalen Voraussetzungen zählen. Sie umfassen im Wesentlichen die Bereitschaft, sich Lernanforderungen zu stellen, sich diesen gezielt und ausdauernd zu widmen und sich dabei anzustrengen (Hasselhorn & Gold, 2017). Die beiden erforderlichen Voraussetzungen: Anstrengung und Ausdauer sind während eines Master- und Bachelorstudiums mit einer gesamten Regelstudienzeit von 10 Semestern von entscheidender Bedeutung, da wir es hier eher mit einem Marathonlauf als mit einem Sprint zu tun haben. Aus eigener akademischer Praxis ist festzuhalten, dass die beiden Voraussetzungen deutlich wichtiger sind als Talent und Intelligenz, da die letzten zusammen mit einem Hauch an Überheblichkeit sehr oft den Blick auf das Wesentliche und die gesetzten Lernziele verstellen.

Nach T. Carlyle ist Ausdauer konzentrierte Geduld, die man benötigt, um langfristige Ziele mit harter Arbeit zu erreichen. Diese benötigt man auch, wenn das Lernen gelegentlich genauso wenig Spaß macht wie Zahnreinigung. Solche Momente kommen im langen und anstrengenden Studium durchaus vor. Es gilt hier, nicht einzuknicken und nicht aufzugeben, sondern beharrlich, geduldig und fokussiert trotz einiger Stolpersteine und gelegentlicher Misserfolge weiterzuarbeiten. Das Credo lautet: Man muss sich mit im Studium angeeigneter hoher Frustrationstoleranz durchbeißen und von gesetzten Zielen nicht abbringen lassen. Die Ausdauer eines präzisen Uhrwerks sollte in diesem Kontext als Vorbild gelten.

- **Lernumgebung**

Im Folgenden wechseln wir von den bisher besprochenen internen zu den externen ressourcenbezogenen Lernstrategien und beginnen mit der Lernumgebung. Eine optimale Lernumgebung übt einen enormen Einfluss auf Lerneffizienz und -erfolg aus, da sie doch entscheidend für konzentriertes Lernen verantwortlich ist. Auf die strikte Vermeidung von Störfaktoren gehen wir hier nicht mehr ein, weil sie bereits aufgelistet und analysiert wurden. Stattdessen fokussieren wir uns auf zwei weitere Faktoren. Der erste umfasst die technische Ausstattung der Lernumgebung. Erfolgreiches Lernen erfordert in Zeiten der Digitalisierung zunächst einmal entsprechende digitale Werkzeuge wie Laptop, Desktop-PC oder Tablet. Sie sollten idealerweise mit zwei hochwertigen Bildschirmen versehen werden, da mittlerweile der zeitliche Anteil der Bildschirmarbeit für Studierende ziemlich hoch ist und sie tendenziell negativen Einfluss auf die Augen hat. Hinzu kommen noch eine HD-Webcam für Videogespräche, ein passender SSD-Speicher für erforderliche Backups sowie ein schneller Internetzugang. Abseits der traditionellen Kommunikationswege via E-Mail sollen Voraussetzungen für Zoom, Cisco Webex bzw. Skype sowie der Zugang zu Online-Lernumgebungen vorhanden sein.

Der zweite Faktor umfasst die konsequente Struktur und präzise Ordnung in der gesamten Lernumgebung. Beide Faktoren stellen ein belastbares Fundament für die Reduzierung der Zeitverschwendung beim Suchen von Unterlagen. Dadurch werden die Lerneffizienz erhöht und der begleitende Stress deutlich minimiert. Apokalyptische Zustände auf dem Schreibtisch und den Regalen sowie ausufernde sogenannte Zwischenablagen als Dauerlösung stellen klassische Beispiele für einen erforderlichen Handlungsbedarf dar. Als Krönung werden diese Erscheinungen noch mit lockeren Sprüchen, wie z. B. ‚*das Genie beherrscht das Chaos!*' verniedlicht. Praktische Hilfen für Kopien, Mitschriften, Texte, Protokolle Zusammenfassungen bzw. Handouts bieten Ordnungssysteme, wie z. B. Ablagekörbe, Ringordner, Schnellhefter, Karteikästen, deren flächendeckender Einsatz sehr empfohlen wird. Zu der erwähnten Struktur und Ordnung in der *gesamten* Lernumgebung gehört auch die sorgfältige Gestaltung der internen Speichermedien in digitalen Werkzeugen, da Studierende schließlich einen Großteil der Lernaktivitäten mittels z. B. eines Laptops erledigen. Auch hier sind hinsichtlich der Speicherung von Lerninhalten strenge Ordnung und Struktur die halbe Miete auf dem Weg zum Lernerfolg und ausgezeichneten Prüfungsnoten.

- **Einzel- bzw. Gruppenlernen**

Bei dieser ressourcenbezogenen Lernstrategie können sich Studierende entweder für Einzel- oder Gruppenlernen (sogenannte kooperative Lernaktivität) entscheiden. Im Folgenden werden relevante Unterschiede und Vorteile beider Lernstrategien kurz analysiert und diskutiert. Voraussetzungen für erfolgreiches Gruppenlernen werden absichtlich nur punktuell betrachtet, da hierfür eine umfangreiche Literatur zur Verfügung steht.

Die Entscheidung für Gruppen- oder Einzellernen richtet sich nach erzielbarem persönlichem Mehrwert und daraus folgenden Vorteilen. Zu den relevanten Vorteilen von Gruppenlernen gehören u. a.:
- vielfache und unterschiedliche Perspektiven hinsichtlich der Lerninhalte,
- Möglichkeit, Lerninhalte schneller, vertiefter und umfangreicher zusammenzutragen, auszutauschen, zu analysieren, zu diskutieren und zu festigen,
- Synergieeffekte durch Gruppendynamik (Steigerung der persönlichen Lernmotivation) und Lernfortschritt durch arbeitsteilige Aktivitäten,
- Entwicklung erforderlicher Team-, Organisations-, Kooperations- und Kommunikationsfähigkeit.

Insbesondere der letzte Vorteil ist für das spätere Berufsleben von enormer Bedeutung, was ausführlich im Kapitel *Bewerbung und Vorstellungsgespräch* besprochen wird.

Demgegenüber steht das Einzellernen mit dem Vorteil der individuellen Gestaltung des Lernens hinsichtlich der Zeit (Zeitpunkt und -dauer) und Geschwindigkeit sowie der Schwerpunkte und Interessen. Dabei muss man keine Rücksicht auf andere nehmen und auch keine – teilweise sehr nervigen – Absprachen bezüglich des Ortes, der Zeit und der Inhalte treffen.

Oft wird auch ein Misch-Konzept aus beiden verfolgt. Im ersten Schritt wird das Einzellernen bevorzugt, um mit ausreichendem Wissen im zweiten Schritt über Diskussionen in einer Gruppe dieses Wissen zu vertiefen bzw. zu festigen (Langholz, 2022a).

Aus eigener akademischer Praxis ist bekannt, dass einige Studierende das Studium weitgehend nur beendet haben, weil sie am Gruppenlernen konsequent teilgenommen haben. In diesem Zusammenhang muss allerdings ausdrücklich betont werden, dass die Gruppen insgesamt max. 2–4 Studierende umfassten. Entscheidet man sich für Gruppenlernen, so wird angesichts der zahlreichen Voraussetzungen, komplexer Aspekte zwischenmenschlicher Interaktionen sowie technischer Details bei der Organisation, Kommunikation und Durchführung empfohlen, im Vorfeld an der Heimatuniversität einen passenden Workshop zu besuchen. Das spart viel Arbeit und steigert die Effizienz, vermeidet unnötige Frustrationen und Ärger und ist gleichzeitig eine fundierte Basis für spätere berufliche Aktivitäten.

- **Nutzung von Quellen**

Diese Strategie bildet für Studierende eine wichtige Brücke zwischen den Inhalten der klassischen Lehrmodule und der Erbringung von geforderten Prüfungsleistungen. Im Kern geht es um eigenständige, selbstorganisierte und semesterbegleitende Vor- und Nachbereitung von Lehrmodulinhalten. Dieser Prozess erfolgt gegenwärtig dank technischer Möglichkeiten weitgehend orts- und zeitunabhängig. Der Schwerpunkt liegt auf der Vertiefung, Ergänzung bzw. Erarbeitung von Wissensinhalten.

Neben den klassischen Formaten (z. B. traditioneller Gang in die Hochschulbibliothek, Nutzung von Printmedien (Bücher, Fachzeitschriften, Nachschlagewerke, Vorlesungsskripte) sowie eigenen Aufzeichnungen und Notizen u. ä. kommt zunehmend digitalen Formaten eine grundlegende Bedeutung zu. Gemeint sind hier interaktive Übungen, Videos, Simulationen, digitale Plattformen für E-Learning-Prozesse, Online-Datenbanken, E-Books, kommunikative und kooperative Interaktionen mit anderen Studierenden, Online Chats, Foren, Wikis und Trainings, E-Sprechstunden u. ä. Das Angebot ist hier so vielfältig, dass eine persönliche, erfahrungsbasierte Priorisierung durch Studierende zwingend erforderlich ist. Sie wird angesichts der drohenden Gefahr *lost in space* dringend empfohlen.

Eine weitere Empfehlung betrifft die regelmäßige Erstellung von Backups. Aus eigener akademischer Praxis sind gelegentliche (!) Meldungen von Studierenden bekannt, deren Rechner in einer der vielen Pausen den Besitzer gewechselt hat. Es ist ärgerlich genug, dass man einen hochwertigen Rechner verloren hat. Wenn aber dabei noch die Ergebnisse von zwei oder drei Monaten harter Arbeit verloren gegangen sind, dann will man vor Wut u. U. in die Tischkante beißen. Und das nur deswegen, weil man der Problematik des Backup keine ausreichende Bedeutung gewidmet hat. Übrigens bestätigt sich hier auch oft der Spruch: ein Unglück kommt selten allein. Es ist einfach nicht ratsam, der Strategie mit der Bezeichnung *„no risk, no fun"* hohe Begeisterung zu widmen. Es wird empfohlen, bei allen Arbeiten eine SSD-Speichereinheit über die USB-Schnittstelle an den Rechner anzuschließen und nach getaner Arbeit, die neuen Inhalte sorgfältig zu speichern. Es sind gut investierte fünf Minuten! Ergänzend dazu sollte man in regelmäßigen Abständen ein vollständiges Backup erstellen. Es zahlt sich einfach aus!

> **Metakognitive Strategien**

Das Studium gilt als klassisches Beispiel für weitgehend selbstbestimmtes und selbstgeregeltes Lernen mit Freiräumen für Lernentscheidungen. Hierbei spielen metakognitive Strategien eine entscheidende Rolle. Der Grundgedanke ist einfach. Fokussierten sich bisherige Lernstrategien auf den Umgang mit Lerninhalten (Aufnahme, Verarbeitung und Abrufen), so nehmen metakognitive Strategien das eigene Lernen ins Visier und versuchen, dessen Effizienz mit gezielten Handlungskontrollsequenzen möglichst zu erhöhen. Für Studierende bedeutet das, dass diesen Strategien und deren Beherrschung sowie zielgerichteten Umsetzung hohe Bedeutung beigemessen werden soll. Hier können Studierende sehr viel Zeit und Arbeitsaufwand sparen.

Doch was versteht man unter den Handlungskontrollsequenzen und was ist das eigentliche Ziel der metakognitiven Strategien? Metakognitive Strategien sind periodisch ablaufende Vorgänge, die in den Mittelpunkt eine reflektierende Analyse und Evaluierung des eigenen Lernverhaltens stellen und sich dabei näherungsweise der Idee der klassischen Feedbackregelung aus der Regelungstechnik bedienen. Das grundlegende Prinzip ist ◘ Abb. 2.10 zu entnehmen.

Diese Strategien bestehen hinsichtlich des Lernprozesses aus vier grundlegenden Handlungssequenzen: Planen, Beobachten/Überwachen, Bewerten/Vergleichen und Regeln/Reagieren (◘ Abb. 2.10). Im Rahmen der Planung werden durch Studierende Lernziele und Lernschritte, Milestones und Lernstrategien (kognitive und ressourcenbezogene) festgelegt. Im Laufe des Lernens wird der Lernfortschritt periodisch beobachtet und überwacht. Als Gradmesser für Studierende kann hier z. B. als einfaches Bewertungskriterium die Fähigkeit festgelegt werden, Dritten die Lehrinhalte verständlich zu vermitteln. Dabei kann auf die Methode des Nobelpreisträgers R. P. Feynman zurückgegriffen werden, die auf der Erkenntnis aufbaut, dass jeder noch so komplexe Sachverhalt mit *einfachen* Erklärungen Dritten beigebracht werden kann. Das bekannte Credo lautet *easy is beautiful* und kann nur dann erfolgreich umgesetzt werden, wenn die Lerninhalte sehr gut verstanden wurden. Aus eigener akademischer Praxis ist noch eine weitere, einfache Prüfungsmöglichkeit zu empfehlen. Sie besteht darin, zu den gelernten Inhalten passende Fragen zu formulieren. Diese Methode fußt auf der einfachen Regel, dass die Qualität der Fragen mit dem Grad der Beherrschung der Lerninhalte direkt korreliert.

Es folgt (◘ Abb. 2.10) analog zu einem Regler in der Regelungstechnik eine Bewertung und ein Vergleich zwischen definiertem Soll- (festgelegt in der Planung) und erreichtem Ist-Zustand durchgeführt. Bei Abweichung wird das eigene Lernverhalten zielführend verändert. Wie bei einem Regler mit entsprechenden Stellgrößen wird hierbei in der letzten Stufe des Regelkreises auf Stellgrößen zurückgegriffen (◘ Abb. 2.10). Es sind die besprochenen kognitiven und ressourcenbezogenen Lernstrategien, die nach persönlicher Entscheidung unter Berücksichtigung gewonnener Erkenntnisse entsprechend nachjustiert werden und im Endergebnis in ein selbstbestimmtes und selbstgeregeltes Lernen münden.

Auf die Gefahr, dass die dargelegten metakognitiven Lernstrategien durch Studierende u. U. als zu aufwendig bewertet werden, sei angemerkt, dass Studierende in der Regel bereits nach 2- bis 3-maliger Durchführung so viele

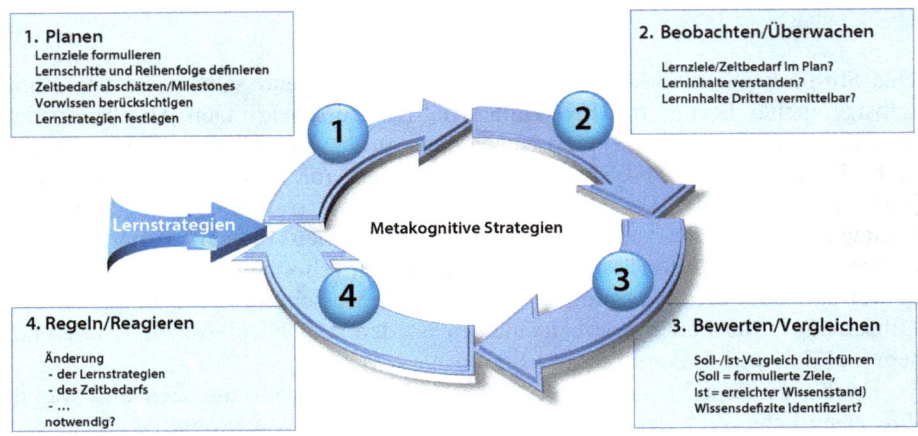

● Abb. 2.10 Grundprinzip metakognitiver Strategien (in Anlehnung an Schütte (Schütte, 2012))

persönliche Erfahrungen gesammelt haben, dass eine weitere Anwendung in der Zukunft nicht mehr erforderlich ist.

2.3.4 Zusammenfassung

Die erläuterten Lernstrategien stellen zusammen mit den analysierten körperlichen Voraussetzungen und den Techniken der Kurzentspannung einen integralen Lernansatz dar. Die verbindenden Kräfte zwischen den einzelnen Bestandteilen haben ihren Ursprung in den beschriebenen Mechanismen und der Funktionsweise des Gehirns. Ein erfolgreiches Lernen, gemessen an den Prüfungsnoten, erfordert daher eine detaillierte Auseinandersetzung mit den beschriebenen Inhalten und eine sorgfältige Umsetzung aller aufgeführten Bestandteile. Dadurch sind Studierende auf der richtigen Spur, biegen nicht falsch ab und werden nicht der Spirale der Mittelmäßigkeit ausgesetzt.

2.4 Die Prüfung

Die dargestellten Lernstrategien sind kein Selbstzweck. Sie dienen im Endeffekt einer exzellenten Vorbereitung auf Prüfungen. Dabei wird auch im Folgenden mit obsessiver Unbeirrbarkeit daran festgehalten, vorausschauend sowie wissens- und erfahrungsbasiert zu handeln. Hierzu werden Ratschläge, Hinweise und Empfehlungen unterbreitet. In geringfügiger Abweichung des Weihnachtsoratoriums von J.S. Bach soll gelten: *Jauchzet, frohlocket, preiset den (Prüfungs-) Tag.* Die folgenden Ausführungen sollen eins unterstreichen: Prüfung ereignet sich nicht, Prüfung kann aktiv durch Studierende über eine zielgerichtete Vorbereitung mitgestaltet werden.

2.4 · Die Prüfung

Abb. 2.11 Goldene Brücke zwischen Prüfung und exzellenter Prüfungsnote

Durch die enge Kopplung zwischen den analysierten Lernstrategien und dem folgenden optimalen Vorbereiten und Absolvieren einer Prüfung wird eine goldene Brücke zur angestrebten, exzellenten Prüfungsnote gebaut (Abb. 2.11).

Üblicherweise sind Prüfungsleistungen in Lehrmodulen des Pflichtbereichs nach dem Semesterende in der vorlesungsfreien Zeit zu erbringen. Im Wahlpflichtbereich können gelegentlich andere Regeln gelten. Es kommt z. B. nicht selten vor, dass hierfür bereits die letzte Semesterwoche in Anspruch genommen wird. Diese Tatsachen stellen die Basis für die konzeptionelle Unterteilung der folgenden Ausführungen in einen Fern- und Nahhorizont. Fernhorizont beginnt mit der ersten Vorlesung (wir fokussieren uns einschränkend auf klassische Präsenzvorlesungen). Die Prüfung ist noch so fern, dass sie Studierenden aus diesem Grund wenig realistisch erscheint. Diesen Sachverhalt beschreibt treffend das Thomas-Theorem, das die Differenz zwischen subjektiver Wirklichkeit (Prüfung sehr weit entfernt) und objektiver Realität (Prüfung wird real stattfinden) in den Fokus stellt. Diesen gedanklichen Fehler im Unterscheiden zwischen Fakten und Wahrnehmung von Fakten darf man allerdings nicht begehen.

Unter dem erwähnten Nahhorizont wird dagegen der Zeitbereich unmittelbar vor der Prüfung verstanden (1–2 Wochen). Dieser Sachverhalt ist in Abb. 2.12 wiedergegeben und zeigt, dass beide Stufen, der Fern- und Nahhorizont, eng miteinander verwoben sind.

2.4.1 Organisatorische und formale Aspekte

Bevor das erste Lehrmodul im Semester beginnt, sind seitens der Studierenden einige organisatorische und formale Aspekte zu beachten. Wegen der ausgeprägten Vielfalt an Lehrformaten (Vorlesungen, Übungen, Labore, Projektarbeiten, Seminare…) können im Folgenden lediglich ausgewählte Aspekte erwähnt werden.

Abb. 2.12 Konzept des Fern- und Nahhorizonts oder in der Nomenklatur der Rockband Led Zeppelin *Stairway to Heaven*

In Zeiten der Digitalisierung sind mittlerweile an allen Hochschulen E-Learning-Plattformen als das zentrale Lern-Management-System mit ausgeprägter kommunikativer und informativer Funktion eingerichtet worden. Sie sind passwortgeschützt und damit hochschulintern. Studierende haben dadurch in Bezug auf die Lehrmodule Zugriff auf z. B. Lehrunterlagen und Begleitmaterialien (Skripte, Testfragen und -übungen, Vorlesungspräsentationen und Audio-/Videoaufnahmen). Auf der organisatorischen Seite müssen sich Studierende als Teilnehmer eines Lehrmoduls mit E-Mail-Adressen eintragen und erzielen dadurch die Möglichkeit, die erwähnten Unterlagen herunter zu laden. Des Weiteren haben Studierende Zugriff auf alle aktuellen Mitteilungen der Hochschullehrer und des übrigen Lehrpersonals. Ferner können Studierende Hinweise auf weiterführende Literatur, empfohlene Fach- und Lehrbücher in Erfahrung bringen. Zu den zusätzlichen organisatorischen Aspekten gehören z. B. erforderliche Vorkenntnisse, der Ort und die Uhrzeit des Lehrmoduls, die Dauer und die vorgesehenen ECTS-Punkte, der Veranstaltungstyp und die zugelassenen Studiengänge. Ferner werden die verantwortlichen Hochschullehrer, die Institute vorgestellt und die Anmelderegeln sowie frühere Lehrevaluationen mitgeteilt. Falls bereits vom Prüfungsamt bekannt, werden auch Termine für die Modulprüfung benannt. Ein Verweis auf die Homepage des verantwortlichen Instituts und die geltenden Studien- und Prüfungsordnungen runden die organisatorischen und formalen Aspekte ab. Alles in allem sind die E-Learning-Plattformen die grundlegende Informationsquelle für Rahmenbedingungen vor dem Beginn jedes Lehrmoduls. Aus diesem Grund wird empfohlen, immer mit dieser Plattform als Startpunkt aller Lernaktivitäten im Semester zu beginnen.

2.4.2 Mitarbeit in Lehrveranstaltungen

❗ Teilnehmen oder nicht teilnehmen, das ist hier die Frage

Die praktische Umsetzung des Bologna-Prozesses erfolgte an den Hochschulen über die Modularisierung von Studiengängen und den prinzipiellen Perspektivenwechsel in der Lehre, der bereits analysiert wurde (Behrenbeck, 2018). Das Ergebnis der Modularisierung ist die Unterteilung eines Studienganges in Lehrmodule mit Lehrformaten, wie z. B. Vorlesung, Übung, Seminar, Projekt, Labor u. ä. Um den Rahmen des Ratgebers nicht zu sprengen, wird im Folgenden vor dem Hintergrund der erfolgreichen Prüfung und der zu erzielenden möglichst exzellenten Prüfungsnote stellvertretend ausschließlich die Frontalvorlesung mit schriftlicher Klausur bzw. mündlicher Prüfung als Leistungsnachweise betrachtet, wie dies bereits erwähnt wurde. Dieses Lehrformat gehört zu den bedeutendsten an Hochschulen, stellt seit Jahrhunderten den Kern der Hochschullehre dar und ist im Hochschulalltag weiterhin unverzichtbar.

Im Unterkapitel *Herausforderungen beim Übergang vom Pausenhof zum Hochschul-Campus* wurde auf die konsequente Übernahme der Verantwortung der Studierenden für das eigene Lernen hingewiesen (Stichwort: Selbständiges Lernen). Wir nehmen diesen Gedanken an dieser Stelle noch einmal auf und stellen fest, dass im Studium diese Selbstlernabschnitte untrennbar eng mit Präsenzvorlesungen verzahnt sind und durch diese bedeutend unterstützt werden. Diese Unterstützung sollte auch durch Studierende konsequent in Anspruch genommen werden. Dabei ergeben sich aus Sicht der Studierenden die folgenden prinzipiellen Fragen, die eine Art eines inhaltlichen Beurteilungskompasses darstellen:
1. Warum sind die Teilnahme und aktive Mitarbeit vor dem Hintergrund der erfolgreichen Prüfung und Prüfungsnote wichtig?
2. Gibt es Kriterien, die Studierenden erlauben, fundiert über die Teilnahme an einer Vorlesung zu entscheiden?
3. Welche Rolle spielen Hochschullehrer bei dieser Entscheidung?

Die Antwort auf die erste Frage kann zusammenfassend wie folgt formuliert werden:
− Vorlesungsinhalte sind für die effiziente und gezielte Vorbereitung auf Prüfungen von enormer Bedeutung.
− Vorlesungsinhalte stellen eine notwendige Ergänzung und Erweiterung von Skripten und PowerPoint-Präsentationen sowie Lehrbüchern dar, die über übliche E-Learning-Systeme Studierenden zur Verfügung gestellt werden.
− Durch mehrfache Wahrnehmungskanäle (hören, sehen, sprechen, tasten, …) während der Vorlesung ist das Lernen, Behalten und spätere Abrufen gemäß den Ausführungen zu Neurowissenschaften und Didaktik besser und vor allem sicherer ausgeprägt und kann während der Prüfung fundierter abgerufen werden.
− Der Zeitbedarf für die effektive Vorbereitung auf die Prüfung ist aufgrund der Teilnahme an Vorlesungen deutlich niedriger als beim einfachen Durch-

arbeiten eines Skripts. Auch die Effizienz der Aufnahme von Lerninhalten sowie deren Verständnis sind im Vergleich zu Skripten deutlich höher.
- Vorlesungen sind eine Begegnungsplattform und weisen damit den Vorteil auf, dass z. B. missverstandene Lerninhalte durch zeitnahe Kommunikation mit Kommilitonen schnell ausgeräumt werden können.
- Die Teilnahme an Vorlesungen trägt dazu bei, dass Studierende die Hochschullehrer und ihre Schwerpunkte (Themen, Theorien, Denkweisen, Methoden, Prioritäten …), persönliche Meinungen, Interessen und Einschätzungen sehr gut kennenlernen. Dies kann insbesondere bei mündlichen Prüfungen von unschätzbarem Wert sein und u. U. vor unangenehmen Risiken und Nebenwirkungen schützen. Trägt man sich mit dem Gedanken, nach dem Masterstudium ein Promotionsvorhaben ans Studium anzuschließen, so tragen die erwähnten Aspekte auch zu einer fundierten Wahl des möglichen Doktorvaters bei. Diese wichtige Tatsache wird oft in persönlichen Planungen überhaupt nicht berücksichtigt.

Stellen wir nun die zweite der gestellten Fragen unter ein Brennglas und betrachten hierzu den erwähnten Perspektivwechsel in der Lehre, der die Lernergebnisse gemäß der Vorgabe *shift from teaching to learning* ins Zentrum von Vorlesungen stellt. Die hier in der Vorlesung verlangte Erfahrungs- und Kompetenzorientierung sowie die Auseinandersetzung mit praktisch relevanten Problemstellungen unter strenger Berücksichtigung theoretischen Wissens muss durch Studierende deutlich sichtbar sein. Dadurch werden Lernen und Behalten prüfungsrelevanter Inhalte erleichtert sowie das Abrufen während der Prüfung gewährleistet. Diese Zielsetzung wurde z. B. in eigener akademischer Praxis konsequent verfolgt. In den Vorlesungen *Prozess- und Anlagentechnik I und II* werden neben der Vermittlung von klassischen Wissensinhalten zahlreiche Beispiele und typische Fragestellungen aus dem industriellen Alltag thematisiert und gemeinsam analysiert. Dadurch wurde auch im Vergleich zu üblichen PowerPoint-Präsentationen ein zusätzlicher Mehrwert für die Vorlesungsteilnehmer generiert. Offensichtlich erfreuen sich die erwähnten Elemente bei Studierenden hoher Beliebtheit, was über Jahre u. a. positive Bewertungen in der Vorlesungsevaluation durch Studierende widerspiegelten. Zusätzlich war noch zu beobachten, dass die Teilnehmerzahl erstaunlich hoch war, obwohl beide Vorlesungen zu wahrhaft unchristlicher Uhrzeit stattgefunden haben (donnerstags um 8.00 Uhr).

Zusammenfassend sollten als Empfehlung für Studierende im Kontext der zweiten Frage die folgenden Kriterien für die zu treffende Entscheidung berücksichtigt werden:
- klar definierte Lehrbestandteile und -struktur,
- zielführende Lehrinhalte als enge Kopplung von Theorie und Praxis (Kompetenzorientierung),
- persönlicher Lernfortschritt und Wissenszuwachs,
- motivierendes Lernklima mit integrierten Kontrollelementen.

2.4 · Die Prüfung

Bei zu fällender Entscheidung wird Studierenden noch empfohlen, die im Kapitel *Tutor* angegebene und analysierte Lernzieltaxonomie sowie die Handlungsorientierte Methodik ergänzend einzusetzen (Bloom et al., 1972 und Anderson et al., 2001).

Abschließend widmen wir uns der dritten gestellten Frage. Aus Sicht der in der Vorlesung anwesenden Studierenden haben Hochschullehrer als Menschen und Wissensträger einen immensen Einfluss auf deren Lernprozess. In diesem Zusammenhang wird Studierenden empfohlen, neben der exakten und verständlichen Wiedergabe der Lehrinhalte, der klaren und übersichtlichen Vorlesungsstrukturierung auch auf die Persönlichkeit und sozialen Kompetenzen der Hochschullehrer zu achten. Begeisterung und Enthusiasmus, spürbares inneres Engagement im sprachlichen Ausdruck, Mimik und Gestik sind enorm wichtige Elemente, die den eigenen Lernprozess nachhaltig unterstützen und somit zum Erfolg bei der Prüfung beitragen. Eine vergleichbare Wirkung erzielen auch noch eine lebendige Darstellung der Lehrinhalte, ein inspirierendes Klima für motiviertes und intensives Lernen während der Vorlesung sowie ein gezielter Wechsel zwischen Wissensvermittlung und studentischen Aktivitäten (z. B. bei Fragestellungen und Beispielen).

Insgesamt bildet die vorgestellte Vorgehensweise ein belastbares Fundament für eine fundierte Bewertung der Teilnahme an Vorlesungen vor dem Hintergrund des effektiven Lernens und der sicheren Vorbereitung auf eine erfolgreiche Prüfung mit exzellenter Prüfungsnote. Es wird Studierenden empfohlen, diese Vorgehensweise sehr sorgfältig zu absolvieren, steht doch ein erheblicher Zeit- und Arbeitsaufwand auf dem Spiel. Er muss mit 15 Semesterwochen mit jeweils 2–3 Wochenstunden Präsenz beziffert werden, was angesichts des notorischen Zeitmangels bei allen Studierenden von großer Tragweite ist. Dennoch wird Studierenden empfohlen, insbesondere bei grenzwertigem Ergebnis, an Vorlesungen eher teilzunehmen. Lediglich in gelegentlich auftretenden Fällen, in denen die Vorlesungsromantik eindeutig leidet und die Vorlesung mit dem Produkt aus einem Heißluftgebläse gleichzusetzen ist, soll auf ein Skript mit weiterführender Literatur konsequent gesetzt werden.

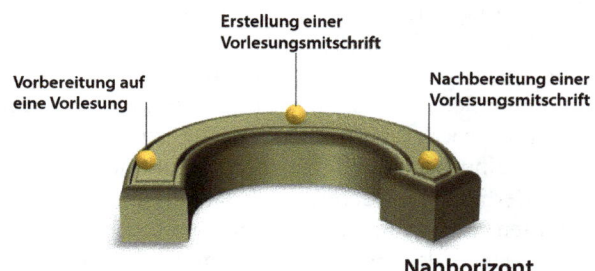

■ Abb. 2.13 Mitarbeit in Lehrveranstaltungen: Bestandteile des Fernhorizonts

> **Vorbereitung auf eine Vorlesung**

Nach der Entscheidung bezüglich der Teilnahme an der Vorlesung betrachten wir gemäß der chronologischen Reihenfolge die Vorbereitung auf eine Vorlesung (◘ Abb. 2.13, Fernhorizont). Es stellt sich die grundsätzliche Frage: Warum sollte man sich auf eine Vorlesung vorbereiten und was ist unter der Vorbereitung gemeint? Vor dem Hintergrund des abgeschätzten, beträchtlichen Zeit- und Arbeitsaufwands fällt ein rein idealistischer Besuch der Vorlesung (d. h. ohne Vorbereitung) angesichts des geringen Wirkungsrades dieses Ansatzes von vornherein weg. Im Gegenteil, man sollte aufgrund einer sorgfältigen Vorbereitung auf eine Vorlesung möglichst stark profitieren, also das Maximale aus dem Möglichen herausholen. Um diese Thematik strukturiert und wissensbasiert anzugehen, rufen wir unsere früheren Ausführungen zum Gehirn und der Informationsverarbeitung bis hin zur Konsolidierung im Langzeitgedächtnis in Erinnerung. Die dort ausgearbeiteten Lernvoraussetzungen (◘ Abb. 2.6) finden nicht nur beim selbständigen Lernen, sondern natürlich auch in Vorlesungen Anwendung. Wir folgen also unserem roten Faden und betrachten zunächst einmal die erwähnte Anschlussfähigkeit neuer Lerninhalte als die grundlegende Lernvoraussetzung.

Diese Anschlussfähigkeit impliziert die Tatsache, dass sich Studierende im Vorfeld einer Vorlesung mit der kommenden Problematik auseinandersetzen sollten. Gemeint ist hier, dass man vor der Vorlesung das bereits vorhandene Vorwissen und die eigenen Vorerfahrungen zusammenstellt (z. B. Inhalt der letzten Vorlesung) und sich auch darüber hinaus vorabinformiert. Hier ist ein Blick ins Skript bzw. in aktuell zur Verfügung gestellten Vorlesungsunterlagen über das E-Learning-System sowie in die von Hochschullehrern empfohlenen Aufsätze zu empfehlen. Wie im vorliegenden Ratgeber bereits mehrfach betont, ist Lernen immer eine Aufgabe der Studierenden, für die persönliche Verantwortung übernommen werden muss. Also, man sollte nicht mit erwähnter, akademischer Konsumhaltung (Kruse, 2010) auf einen Windstoß warten, sondern mit Einsatz das eigene Vorwissen aktivieren, Orientierung und Anknüpfung bezüglich der kommenden Vorlesungsschwerpunkte aktiv herstellen, Wissensreserven mobilisieren und ggfs. Fragen formulieren. Die letzteren können dann bequem während bzw. nach der Vorlesung im Gespräch mit Hochschullehrern erörtert und geklärt werden. Folgt man dieser Strategie nur bedingt, so ergeben sich diese Fragen oft erst in der unmittelbaren Prüfungsvorbereitung (Nahhorizont), mit der Konsequenz, dass die Beantwortung hier schon arg spät oder sogar zu spät ist. Durch die Herstellung der Anschlussfähigkeit für neue Lehrinhalte erfüllt man noch weitere Lernvoraussetzungen (◘ Abb. 2.6). Hierzu gehört z. B. das Erkennen der Relevanz der Lerninhalte in beruflicher und persönlicher Hinsicht, woraus wiederum individuelle Interessen und Neugier geweckt werden. Ferner wird eine begleitende positive emotionale Grundstimmung geweckt, die die erforderliche Lernbereitschaft nachhaltig unterstützt. Schließlich führen alle erwähnten Elemente zu einer nachhaltigen Aufmerksamkeit und Motivation während der Vorlesung, die wiederum die Grundlage für die erforderliche Energie und Antrieb im eigenen Lernprozess darstellen. Sie verhindern auch die in den verborgenen Winkeln der Vorlesung lauernden Verführungen, wie z. B.

mit Handy rumdaddeln bzw. ausführliche „Gespräche" mit den Nachbarn. Erscheinungen dieser Art sind überdeutliche Anzeichen der Respektlosigkeit gegenüber der Institution der Hochschule, den Hochschullehrern und ihrer Leistung. Aus diesem Grund werden sie besonders z. B. durch Hochschullehrer gehasst. Bei mündlichen Prüfungen sind die erwähnten Erscheinungen aus der Vergangenheit u. U. als ein äußerst gefährliches Spiel mit dem Feuer einzustufen. Hochschullehrer sind halt auch nur Menschen mit gelegentlichen Schwächen.

- **Erstellung einer Vorlesungsmitschrift**

Nach der wegweisenden Entscheidung für die Teilnahme an einer Vorlesung folgt nun die Erstellung einer Vorlesungsmitschrift. Sie stellt eine Kombination aus zentralen Aussagen der Hochschullehrer und der eigenen Gedanken während der Vorlesung dar. Die Vorlesungsmitschrift ist eine Art Lerngerüst, das später die finale Vorbereitung auf die anstehende Prüfung in gezielter und effektiver Weise erleichtert und beschleunigt. Bei der Erstellung einer Vorlesungsmitschrift steht also auch der spätere Nahhorizont im Fokus. Des Weiteren weist eine Vorlesungsmitschrift den Vorteil auf, dass während der Erstellung die wesentlichen Lehrinhalte aufgenommen, mit Vorwissen verknüpft und verstanden werden. Das liefert einen wesentlichen Beitrag zum Verstehen, Nachvollziehen und damit zur Konsolidierung im Langzeitgedächtnis. Ferner führt die Erstellung einer Vorlesungsmitschrift sowie die gedankliche Auseinandersetzung mit den Inhalten zum unschätzbaren Vorteil, Lehrinhalte im Rahmen des Fernhorizonts beliebig oft zu wiederholen, was wiederum aufgrund der früheren Ausführungen zur Informationsverarbeitung im Gehirn das sichere Abrufen der Lerninhalte während der Prüfung stark unterstützt.

Im aktuellen Universum der Hochschulen, das durch die fortschreitende Digitalisierung zunehmend dominiert wird, kann man zwei Arten von Vorlesungen unterscheiden. Die erste Gruppe bilden Vorlesungen mit Lehrunterlagen, die von Hochschullehrern zur Verfügung gestellt werden. Hierzu gehören Skripte und/oder z. B. PowerPoint-Präsentationen, die von Studierenden über die erwähnten E-learning-Systeme (wie z. B. Stud.IP an eigener Heimatuniversität) heruntergeladen werden können. Ein ähnlicher Fall ergibt sich bei Vorlesungen, die durch Hochschullehrer anhand von *einem* Lehrbuch gestaltet werden. Im betrachteten Fall sind die Lehrinhalte weitgehend zusammengestellt und deren Struktur ist vorgegeben. Die Aufgabe der Studierenden besteht weitgehend darin, die zur Verfügung gestellten Lehrunterlagen zu drucken und während der Vorlesung passend zu ergänzen.

Ein deutlich komplexerer Fall ist dann gegeben, wenn die einzelnen Vorlesungen im Laufe des Semesters Lehrinhalte aus mehreren Lehr- und Fachbüchern umfassen. Hier ergibt sich für Studierende ein deutlich komplexerer Vorgang. Schließlich können Studierende kaum mit mehreren Büchern (in digitaler auf Datenträger bzw. klassischer Papierform) erscheinen, zeitnah erkennen, aus welchem Buch gerade vorgetragen wird und passende Ergänzungen vorzunehmen. Hier ist man auf die Erstellung eigener Vorlesungsmitschriften angewiesen. Auch wenn die Bedeutung dieser Vorlesungen tendenziell abnehmen wird (Digitalisierung als Treiber), beziehen sich die nachfolgenden Ausführungen vorwiegend auf diesen Fall. Dabei wird von fremden Vorlesungsmitschriften aus der Vergangenheit abgesehen, da diese für den persönlichen Lernprozess unter Berücksichtigung der besprochenen Informationsverarbeitung im Gehirn bis hin zur Konsolidierung im Langzeitgedächtnis und der Prüfungsvorbereitung nur sehr bedingt geeignet sind. Eine Ausnahme würden hier Vorlesungsmitschriften bilden, die alle nachfolgend dargestellten Anforderungen nicht nur erfüllen, sondern auch gleichzeitig den persönlichen Vorlieben, Erfahrungen, Gewohnheiten, Vorwissen vollkommen entsprechen. Ein eher unwahrscheinlicher Fall.

Doch welche prinzipiellen Anforderungen werden eigentlich an die Vorlesungsmitschrift, an ihre technische Gestaltung sowie die Studierenden gestellt?

Die prinzipiellen Anforderungen an eine Vorlesungsmitschrift umfassen die folgenden Eigenschaften. Sie muss auf jeden Fall lesbar, inhaltlich korrekt und jederzeit verständlich sein. Auch deutlich später als nur direkt nach der Vorlesung. Hier ist der Nahhorizont gemeint. Dies kann effektiv unter Berücksichtigung unserer Ausführungen zur Informationsverarbeitung im Gehirn durch die Herstellung logischer Nachvollziehbarkeit, die Verknüpfung mit bekannten Erfahrungen und Alltagsbeispielen sowie die Bildung von Analogien und Eselsbrücken (◘ Abb. 2.6) unterstützt werden. Hinzu kommt noch eine zielführende und auf die eigenen Bedürfnisse sowie Gewohnheiten abgestimmte übersichtliche Strukturierung und klare Ordnung in allen festgehaltenen Ausführungen.

Sehr eng mit diesen Anforderungen ist die technische Gestaltung der Vorlesungsmitschrift verknüpft. Hierzu folgt eine Zusammenstellung von einigen, praxisorientierten Empfehlungen. Es wird empfohlen, ausschließlich einheitliche Papierformate zu benutzen (DIN A4), die eine festgelegte Arbeitsblattaufteilung mit einem linken Rand zum Abheften und rechten Rand für spätere Kommentare aufweist. Die Arbeitsblattrückseite dient der späteren Nachbereitung. Des Weiteren sollte das Arbeitsblatt eher großzügig gestaltet werden. Damit berücksichtigt man nachträgliche, persönliche Strukturierungshilfen, wie z. B. Zusammenfassungen von Kernaussagen und Schlussfolgerungen, Visualisierungsformen (Skizzen, Flussdiagramme, Tabellen, MindMap, Überschriften, Abbildungen) und eigene Kommentare bzw. Erklärungen. Jedes Blatt sollte übliche Details bzgl. Datum, Seite, Bezeichnung der Vorlesung u. ä. beinhalten. Das sorgt für Ordnung und Übersicht, die später, insbesondere gegen Ende des Semesters und in der Phase der Vorbereitung im Bereich des Nahhorizonts von enormer Bedeutung sind. Des Weiteren wird Studierenden empfohlen, eine Schreibfertigkeit zu entwickeln und kontinuierlich zu verbessern. Sie umfasst ein System aus persönlichen Abkürzungen, Akronymen, Initialwörtern und Zeichen, kurzen und prägnanten Formulierungen und ermöglicht, in kurzer Zeit wesentliche Kernaussagen in der Vorlesungsmitschrift mit eigenem Schreibstil präzise festzuhalten.

In diesem Zusammenhang soll noch die Frage nach der Wahl zwischen handschriftlicher bzw. digitaler (Laptop, Notebook) Anfertigung der Vorlesungsmitschrift skizzenhaft beantwortet werden. Eigene Beobachtungen in Vorlesungen lassen die Feststellung zu, dass die Mehrzahl der Studierenden in eigenen Vorlesungen eine handschriftliche Erstellung von Vorlesungsmitschriften bevorzugt. Aktuell ist lediglich nur eine Minderheit feststellbar, die eine Formulierung in digitaler Form als Arbeitsgrundlage in den Vordergrund stellt. In einer Studie von Mueller und Oppenheimer, die mit 151 Studierenden durchgeführt wurde, kam ein sehr interessantes Ergebnis heraus (Mueller & Oppenheimer, 2014). Die Handschrift-Fraktion erzielte deutlich bessere Ergebnisse hinsichtlich der Gedächtnisleistung und Verständnisfragen als die Digital-Fraktion. Der Grund liegt wahrscheinlich in einer effektiveren und intensiveren Informationsverarbeitung in der ersten Gruppe. Mit anderen Worten: Die Handschrift hat immer noch eine Zukunft! Weitere Betrachtung dieses Themas ist bei (Aufenanger & Bastian, 2020) zu finden. Am Ende liegt die Entscheidung nach sorgfältiger Abwägung aller Argumente bei den Studierenden. Hier ist die persönliche, sehr gute Vorbereitung auf die anstehende Prüfung absolut entscheidend.

Zum Abschluss sollen noch die anspruchsvollen Anforderungen an Studierende selbst thematisiert werden. Die Erstellung von Vorlesungsmitschriften ist für Studierende eine sehr herausfordernde Tätigkeit. Man muss synchron aktiv zuhören, Aussagen der Hochschullehrer mit- und überdenken, die Lehrinhalte aufnehmen, verstehen und strukturiert festhalten. Die Schwierigkeit besteht darin, dass alles fast gleichzeitig erfolgen muss. Um diese Aufgabe erfolgreich zu bewältigen, ist es notwendig, vor allem das Relevante von Unbedeutendem zu unterscheiden. Dafür muss förmlich ein Gespür entwickelt werden. Die bereits erwähnte, sorgfältige Vorbereitung auf die Vorlesung unterstützt dieses Gespür sehr effektiv. Hier schließt sich also der Kreis. Des Weiteren darf der rote Faden der Vorlesung nicht verloren gehen. Ferner muss eine passende Balance zwischen der Erstellung der Vorlesungsmitschrift und dem Zuhören gefunden werden. Ein detailversessener Perfektionismus steht hier eindeutig im Wege und sollte vermieden werden. Der empfohlene Grundsatz lautet: In erster Priorität den Ausführungen der Hochschullehrer geistig und mit Verständnis zu folgen anstatt im Vollständigkeitswahn möglichst alles auf Papier oder Speichereinheit festhalten.

Hinsichtlich der Persönlichkeitsstruktur ist hier noch zu betonen, dass Studierende sehr diszipliniert, mit hoher geistiger Anstrengung (wird in der Regel völlig unterschätzt) und überdurchschnittlicher Aufmerksamkeit ständig am Ball bleiben müssen, will man doch am Ende eine Vorlesungsmitschrift mit klarem Inhalt und übersichtlicher Struktur als hervorragende Basis für erfolgreiche Prüfungsvorbereitungen erstellen.

Als Schlussakkord erweitern wir nun die Perspektive und leiten noch die folgende Feststellung ab. Die in den Vorlesungen erarbeitete und mehrfach erprobte Fähigkeit, Wichtiges präzise zu erkennen und kurz schriftlich festzuhalten, hat noch einen zusätzlichen Vorteil. Diese Fähigkeit kann später in der Berufstätigkeit effektiv genutzt werden (z. B. im Gespräch mit Vorgesetzten, in Verhandlungen mit Kunden u. ä.), wodurch die eigene Arbeitsweise deutlich an Professionalität gewinnt. Dieser Aspekt wird sehr selten in Ratgebern behandelt.

> **Nachbereitung einer Vorlesungsmitschrift**

Wer kennt den Fall nicht? Der Lehrinhalt ist extrem komplex oder der Hochschullehrer war bei seinen Erklärungen nicht unbedingt in Höchstform, der Studierende hatte einen kurzen Moment der zerstreuten Aufmerksamkeit oder die Zeit reichte nicht aus, um alles aufzuschreiben. Und schon ist es passiert. Die

Vorlesungsmitschrift ist unvollständig oder sogar fehlerhaft. Was macht man in dieser Situation? Die Vorlesungsmitschrift muss unbedingt nachbereitet werden. Insgesamt gibt es zwei generelle Lösungsrichtungen. Die erste umfasst die Prüfung und die kognitive Auseinandersetzung mit den Inhalten der Vorlesungsmitschrift. Als Ergebnis erfolgen das Ordnen, Strukturieren und Ergänzen bzw. Erweitern der Vorlesungsmitschrift. Definitionen, Formeln und Fremdwörter werden in weiterführenden Fach- /Lehrbüchern nachgeschlagen, offene Fragen werden geklärt und in der Vorlesungsmitschrift (Arbeitsblattvorder- und -rückseite) festgehalten. Hinzu kommen persönliche Formatierungsaktivitäten, wie z. B. unterstreichen, kennzeichnen mit Textmarkern und Ausrufe- /Fragezeichen, einkreisen u. ä. Es wird empfohlen, diese Aktivitäten noch mit z. B. kurzer Zusammenfassung der Kernaussagen oder mit visueller Darstellung relevanter Zusammenhänge in Form von z. B. MindMap oder Flussdiagrammen zu erweitern, um stellvertretend einige wenige zu erwähnen. Hierfür eignet sich die Rückseite der einzelnen Arbeitsblätter sehr gut. Ferner soll ein Abgleich der Vorlesungsmitschrift mit Kommilitonen erfolgen, um falsch verstandene bzw. entgangene Sachverhalte zu dokumentieren. Eine in Anspruch genommene Sprechstunde bei Hochschullehrern ist auch zu empfehlen. Hier wird eine ausgezeichnete Vorbereitung als selbstverständlich vorausgesetzt. Es ist selbsterklärend, dass diese Aktivitäten Zeit- und Arbeitsaufwand bedeuten. Als grober Schätzwert gilt der halbe Zeitaufwand für die Vorlesung. Dieser Aufwand ist jedoch verglichen mit dem erzielten Nutzen überschaubar und stellt eine gute Investition dar.

Die zweite der erwähnten Lösungsrichtungen umfasst den Sachverhalt, dass man zwar Teile der Lehrinhalte verstanden, aber aufgrund der fehlenden Zeit nicht dokumentiert hat. Hier ist man also auf das eigene Gedächtnis angewiesen. Vorweg die absolut essenzielle Empfehlung. Man sollte die Vorlesungsmitschrift innerhalb von 24 h nach der Vorlesung ergänzen. Aber woher kommt diese sehr restriktive Zeitvorgabe? Sie hat etwas mit wissenschaftlichen Ergebnissen zu tun, die seit 1885 bekannt sind. In diesem Jahr hat H. Ebbinghaus einen Zusammenhang zwischen dem Vergessen und der Zeit experimentell bewiesen. Die sog. Ebbinghaus-Kurve (Vergessenskurve) besagt, dass nach 24 h nur noch 34 % der ursprünglichen Wissensinhalte im Gedächtnis vorhanden sind. Hasselhorn und Horn beschreiben drei gängige Mechanismen des Vergessens. Einer der Mechanismen mit der Bezeichnung *Zerfall von Gedächtnisspuren im Langzeitgedächtnis* kann mit der Alltagserkenntnis verglichen werden: Muskeln, die nicht benutzt werden, atrophieren (Hasselhorn & Gold, 2017).

> **Hinweis**
>
> Zusammenfassend kann festgehalten werden, dass die Nachbereitung der Vorlesungsmitschrift den letzten Schliff gibt. Sie hat hinsichtlich der effizienten Vorbereitung auf die anstehende Prüfung eine immens hohe Bedeutung und ist ein unzertrennlicher Bestandteil des hier vorgestellten Konzepts. Gemäß ◘ Abb. 2.13 ist an dieser Stelle der Nahhorizont erreicht worden.

2.4.3 Effektive Prüfungsvorbereitung (Nahhorizont)

Die zahlreichen und anstrengenden Lernaktivitäten, die im Rahmen des Fernhorizonts detailliert beschrieben und analysiert wurden, stellen ein belastbares Fundament für die nächste Stufe, den Nahhorizont, dar. Aber warum ist es so? Die vorlesungsbegleitende, kontinuierliche Auseinandersetzung mit den Lehrinhalten, die Erstellung, Ergänzung und Aktualisierung der Vorlesungsmitschrift sind erforderliche Faktoren für den letzten Schliff im Rahmen des Nahhorizonts. Somit sind beide Stufen (Fern- und Nahhorizont) unzertrennlich miteinander verbunden.

Nach der Bekanntgabe des Prüfungstermins durch das Prüfungsamt und der eigenen Anmeldung zur Prüfung (◘ Abb. 2.12) bekommen die Prüfungsvorbereitungen somit langsam ein Ablaufdatum, die Prüfung wird zu Realität und es beginnt das Wettrennen gegen die Zeit. Für die anstehende Zeit ist es wichtig, die bereits betrachteten Lernstrategien erfolgreich einzusetzen, um den Prüfungserfolg zu sichern. So schließt sich wieder mal der Kreis. Ist der Fernhorizont mit einem Marathonlauf, so ist der bevorstehende Nahhorizont eher mit einem Sprint auf der Zielgeraden zu vergleichen. Die noch zur Verfügung stehende Zeit erweist sich in diesem Zusammenhang als ein äußerst knappes Gut. Dabei haben Studierende in diesem Zeitraum eine feste Leitplanke, die darin besteht, dass der Tag nur 24 h aufweist, in denen drei Säulen (Lernen, Alltagsorganisation und Regeneration (Schlafen und teilweise Freizeit)) synchron gehandhabt werden müssen. Eine anspruchsvolle Herausforderung!

Eine besondere Bedeutung kommt bei diesem Endspurt der vorgestellten Vorgehensweise beim Zeitmanagement zu (◘ Abb. 2.9), stellen doch festgelegte Lernziele und individuelle Prioritäten sowie entwickelte Zeitpläne unter Berücksichtigung persönlichen Tagesbiorhythmus das Rückgrat des Lernens dar. Sie sind damit auch wesentliche Voraussetzungen für den Prüfungserfolg. Trotz der weit verbreiteten Meinung unter Studierenden, dass diese Aktivitäten nur einen hohen Zeitverlust bedeuten, wird dringend empfohlen, in diesem Bereich Zeit aufzuwenden. Es ist eine sehr zielführende Investition.

Das hier verfolgte Ziel, eine möglichst exzellente Prüfungsnote zu erreichen, erfordert an dieser Stelle noch einiger, kritischer Bemerkungen. Lippert führt zutreffend die Bezeichnung „gefährliche Mythen" als ein schmerzhaftes Rendezvous mit der Prüfungsrealität ein (Lippert, 2021). Unter diesem Begriff versteht er Phänomene, wie „Mut zur Lücke", „Pareto-Regel", und „Powerlernen unmittelbar vor der Prüfung". Es sind Glaubenssätze, die sich unter Studierenden leider teilweise eingebürgert haben und die in der Regel durch wenig visionäre Befürworter des schlichten Durchkommens propagiert werden. Im ersten Fall ist diese Strategie jedoch nach seiner Meinung ein riskantes Spiel mit der Eigenschaft, sich dem Zufall auszuliefern. Im zweiten Fall weist er darauf hin, dass Wissen, Qualifikation und Kompetenz fundiert und durchdacht sein müssen, da die relevante Zielsetzung neben der Prüfung vor allem den späteren Beruf umfasst. Aus den früheren Betrachtungen der Funktionsweise des Gehirns geht unmissverständlich hervor, dass z. B. Powerlernen keine belastbaren Gedächtnisspuren erzeugt und damit praktisch sofort vergessen wird.

Übereinstimmend mit Lippert kann festgehalten werden, dass es leider keine Abkürzungen auf dem langen Weg zu einer exzellenten Prüfungsnote gibt. Dieser Weg wurde auch bewusst als steile und mühevolle Leiter (◘ Abb. 2.12) und nicht als hyperschneller Aufzug dargestellt. Low-hanging-fruits sind leider im Kontext einer exzellenten Prüfungsnote eine nicht funktionierende Illusion und in vielen Fällen auch eine schmerzhafte Falle (◘ Abb. 2.14).

Es stellt sich die Frage, welche Ziele beim letzten Schliff der Prüfungsvorbereitungen verfolgt werden? Das Hauptanliegen besteht weitgehend darin, die erlernten Lehrinhalte aus dem Fernhorizont intensiv zu üben und zu wiederholen. Im Vordergrund steht also das Festigen der Lehrinhalte, sodass sie verständlich und sicher abrufbar sind. Weitere, detailliertere Ausführungen beziehen sich im Folgenden getrennt auf die mündliche und schriftliche Prüfung, da in beiden Fällen die Anforderungen unterschiedlich sind.

Ein erfolgreiches Abschneiden in der **mündlichen Prüfung** verlangt neben dem Wissen, der Qualifikation und Kompetenz ein sehr gutes Präsentieren. Etwas im Kopf zu haben, ist bei weitem nicht mit gutem Präsentieren gleichzusetzen. Aus diesem Grund umfasst hier die Prüfungsvorbereitung ein mehrfaches Durchsimulieren der Prüfungssituation. Hierzu sollten ausgehändigte Prüfungsfragen der Hochschullehrer bzw. vorliegende Unterlagen aus der Fachschaft verwendet werden. Notfalls sollte man erfahrene Kommilitonen befragen bzw. alle Hinweise der Hochschullehrer, die während der Lehrveranstaltungen formuliert wurden, fleißig zusammenstellen, sind sie doch in vielen Fällen eine wichtige Unterstützung bei der Vorbereitung auf die Prüfung. Anhand gewählter, beispielhafter Fragen soll anschließend laut (!) die Beantwortung dieser in Angriff genommen werden. Das Durchsimulieren vor dem geistigen Auge ist völlig unzureichend,

◘ **Abb. 2.14** Die Prüfungsvorbereitung: Stolperfallen und Mythen

was zahlreiche Studierende in eigenen durchgeführten mündlichen Prüfungen schmerzhaft bestätigten. Erst mehrfache Beantwortung der Prüfungsfragen in Form von Probeauftritten sichert eine kontinuierliche Verbesserung der persönlichen Fertigkeiten und muss genau so wie die Lehrinhalte erst erlernt werden. Das ist schließlich der tiefe Sinn des Durchsimulierens. Dieser Sachverhalt sollte noch nach Möglichkeit vor Freunden, Bekannten bzw. Verwandten wiederholt werden. Das Feedback hinsichtlich der Verständlichkeit der Ausführungen, der verbalen, nonverbalen und paraverbalen Aspekte ist hier enorm wichtig und verlangt nicht unbedingt Personen, die sich in der Thematik gut auskennen. Dabei sollten auch unbedingt alle Hinweise und Empfehlungen des Kapitels *Präsentation und Präsentieren* berücksichtigt und verinnerlicht werden. Des Weiteren sollten auch erste Versuche gestartet werden, die die aktive Gestaltung der späteren Prüfungssituation unterstützen. Dadurch entwickelt man ein Verhaltensrepertoire, das später verwendet werden kann. Als positiver Nebeneffekt dieses Durchsimulierens ist noch abschließend festzuhalten, dass man neben der sicheren, überzeugenderen und verständlicheren Beantwortung der Prüfungsfragen (Stichwort: Redegewandtheit und rhetorische Überzeugung) auch deutlich an Souveränität und Selbstsicherheit gewinnt. Übung macht einfach den Meister und es ist immer einfacher, während der Prüfung erprobte Lehrinhalte aus dem Gedächtnis abzurufen als diese mühevoll erst in einer Stresssituation zu kreieren.

Des Weiteren gehört zur Prüfungsvorbereitung auch, dass geklärt werden muss, welche Prüfungsleistungen und -anforderungen gefragt sind. Hier kann gemäß der Lernzieltaxonomie, die detailliert im Unterkapitel *Additive Fachaktivitäten Tutor* erläutert werden, zwischen folgenden Anforderungen unterschieden werden (Bloom et al., 1972 und Anderson et al., 2001)

- Kennen/Erinnern,
- Verstehen,
- Anwenden,
- Analysieren,
- Evaluieren,
- Kreieren.

Eine ganz andere Kategorie stellen **schriftliche Prüfungen** dar, auf die im Folgenden näher eingegangen wird. Hier empfiehlt es sich in erster Reihenfolge die während des gesamten Semesters vorlesungsbegleitend erstellte Klausurformelsammlung auf Korrektheit zu überprüfen und ggfs. zu ergänzen (natur- und ingenieurwissenschaftliche Studiengänge). Des Weiteren sollte man sich einen Überblick hinsichtlich der Rahmenbedingungen und des typischen Ablaufs der Prüfung verschaffen. Jegliches Wissen über die Abläufe reduziert das Stressniveau in der Vorbereitungsphase und minimiert auch die Anzahl von unerwarteten Sachverhalten in der Prüfungssituation. Ähnlich, wie bei der mündlichen Prüfung sollte eine Sammlung von Prüfungsfragen, Aufgabenstellungen und ähnlichen Unterlagen in Erfahrung gebracht werden. Die Quellen unterscheiden sich hier nicht von den bereits bei der mündlichen Prüfung erwähnten. Analog zum lauten Präsentieren wird empfohlen, auch für die schriftliche Prüfung eine Probeprüfung mit vorgesehenem Zeitlimit durchzuführen. Etwas im Gedächtnis zu haben, ist die eine Seite der Medaille, dies aber zu Papier zu bringen, ist nur auf den ersten Blick selbstverständlich. Auf den zweiten erweist sich diese Aufgabe insbesondere angesichts der erbarmungslos tickenden Uhr als eine Stresssituation, die man erst im Vorfeld erfahren und mit ihr umgehen muss. Davon profitiert man später, in der konkreten Prüfungssituation ungemein.

> **Hinweis**
>
> Zusammenfassend kann festgehalten werden, dass die beiden erwähnten Simulationen der Prüfungssituation sowohl eine kognitive als auch mentale Komponente beinhalten. Beide führen dazu, dass man Verhaltensoptionen trainiert, die in der Prüfungssituation den Stresslevel reduzieren und gegen Unvorhergesehenes behilflich sind.

Abschließend soll noch ein konkretes Beispiel aus einem ingenieurwissenschaftlichen Studiengang in Bezug auf eine schriftliche Prüfung unterbreitet werden. Ein Interview mit einer Studentin im Masterstudiengang der TUHH in Hamburg führte zum folgenden Ergebnis (Langholz, 2022b). Die Vorbereitung auf eine schriftliche Prüfung erfolgt mindestens 10 Tage vor dem Prüfungstermin. Dieser Richtwert hängt sehr stark mit persönlichen Voraussetzungen, mit der Mitarbeit in der Vorlesung und gekoppelter Übung zusammen und setzt voraus, dass alle Vorlesungen intensiv begleitet und Übungseinheiten eigenständig durchgerechnet wurden. Midterm-Prüfungen bzw. 1–2 Check-points sind in diesem Zusammenhang als sehr behilflich einzustufen. Als praxisorientierte Empfehlung gilt, dass ca. 3 Tage eingeplant werden, um in erster Reihenfolge die Vorlesungsinhalte gründlich durchzugehen und zu verstehen. Dabei werden wichtige Lehrinhalte bei Bedarf schriftlich kurz zusammengestellt.

Im Anschluss folgt innerhalb von zwei bis drei Tagen das Durchrechnen der Übungen. Hinzu kommt ein Tag für das Schreiben einer Formelsammlung. Es wird empfohlen, die Formelsammlung eigenständig mit der Wiederholung der Theorie zu schreiben. Dadurch weiß man in der Prüfungssituation, wo was steht und auch was es bedeutet. Die u. U. zur Verfügung gestellte fertige Formelsammlung ist eher als suboptimal einzustufen, wobei dies immer eine sehr subjektive Einschätzung ist. Die restliche Zeit wird vollständig Altklausuren gewidmet.

Die beispielhaft beschriebene Prüfungsvorbereitung zeigt mit nüchternem Pragmatismus, dass die Vorbereitung keine überambitionierte Herkulesaufgabe ist. Sie ist durchgetaktet, geplant sowie vorausschauend und versucht dabei, konsequent Meinung durch Wissen zu ersetzen.

2.4.4 Optimales Verhalten in Prüfungssituationen

Die sorgfältigen, strukturierten und umfassenden Vorbereitungen auf die Prüfung, die im Rahmen des Fern- und Nahhorizonts durchgeführt wurden, führen dazu, dass Studierende nun mit unerschütterlichem Glauben an eigene

Fähigkeiten und Wissen auf der Zielgerade stehen. Aber, „hintern Horizont geht's weiter", um sich des Schlagers von U. Lindenberg zu bedienen. Somit kommen wir zur Prüfung als finales Element. Hier schließt sich also der Kreis. Im Fokus des Ratgebers stehen die mündliche und schriftliche Prüfung als die wichtigsten und weitverbreitetsten Leistungsnachweise im Hochschulbereich. Der ASPO (Allgemeine Studien- und Prüfungsordnung) eigener Heimatuniversität folgend, versteht man unter einer schriftlichen Prüfung eine unter Aufsicht anzufertigende, eigenständige schriftliche Bearbeitung vor Ort gestellter Aufgaben im vorgegebenen zeitlichen Rahmen. Dagegen ist eine mündliche Prüfung ein geleitetes Prüfungsgespräch, dessen wesentliche Gegenstände (zu prüfende Kenntnisse, Fertigkeiten, Wissen u. ä.) sowie das Ergebnis (Prüfungsnote) in einem Protokoll durch den Beisitzer stichwortartig festgehalten werden. Die Dauer einer mündlichen Prüfung liegt zwischen mindestens 20 und maximal 40 min (ASPO, TU Hamburg).

Die beiden angesprochenen Prüfungsformen sind unangemessen angstbesetzt. Sie stellen jedoch eine Arena der Einsamkeit und das Ende der Illusionen lediglich für diejenigen dar, die dem Ratgeber nur mäßig gefolgt sind. Insgesamt wird allen Studierenden empfohlen, das Zitat des Schriftstellers Max Frisch, in leicht abgewandelter Form anzuwenden: „Prüfung ist ein produktiver Zustand. Man muss ihm nur den Beigeschmack von der Katastrophe nehmen". Durch den kleinen Wechsel der Perspektive leitet man eine effektive Veränderung von einer Drohkulisse zur schöpferischen Kehrseite ein und ändert damit die eigene mentale Einstellung vollkommen. Die Frage an dieser Stelle lautet allerdings: Reicht das schon aus und wenn nicht, was muss noch ergänzend getan werden? Die vorgeführte Änderung ist lediglich eine *conditio sine qua non*. Viele Studierende sind oft der Meinung, dass die erarbeiteten Kompetenzen, Qualifikation und Wissen eine Garantie für den Prüfungserfolg ausreichen. Man muss es nur noch „verkaufen". Leider ist diese Annahme fehlerhaft, da sie weitere, erforderliche Ergänzungen nicht berücksichtigt. Auf diese fokussieren sich die nachfolgenden Ausführungen. Sie sollen helfen, dass am Ende der Anstrengungen eine exzellente Prüfungsnote möglichst sicher erreicht wird.

Eine Prüfung (insbesondere eine mündliche) wird durch drei Elemente mitbestimmt, die in enger Interaktion zueinanderstehen. Diese Elemente sind in ◘ Abb. 2.15 dargestellt und umfassen:
1. Spielregeln der Prüfung,
2. Prüfer (und Beisitzer/Protokollant),
3. Studierende.

Im Folgenden wird mit der mündlichen Prüfung begonnen und die einzelnen Elemente erörtert.

2.4.5 Spielregeln der Prüfung

Eine mündliche Prüfung ist durch intensive Kommunikation und Interaktion zwischen dem Prüfer und Studierenden gekennzeichnet. Studierende sollen un-

Abb. 2.15 Einflussfaktoren auf die Prüfungssituation und -note

bedingt verinnerlichen, dass es sich hier ausnahmslos um ein Fachgespräch handelt, in dem eine optimale Selbstpräsentation verbunden mit eigenen „Verkaufsaktivitäten" im Vordergrund stehen. Man sollte sich unbedingt von der üblichen Ungleichheit zwischen Prüfer (z. B. Hochschullehrer) und der eigenen Person trennen. In eigenen mündlichen Prüfungen wurde immer versucht, Studierenden das Gefühl zu vermitteln, dass sie als Experten auftreten (Gleicher unter Gleichen). Außerdem sollten Studierende versuchen, den Prüfer bezüglich ihrer Qualifikation, Kompetenz und ihres Wissens zu überzeugen. Diese mentale Einstellung stellt eine grundlegende Spielregel bei mündlichen Prüfungen dar. Mehr noch, als Experte ist man glaubwürdiger im Auftreten und überzeugender in den Aussagen.

Die zweite, wichtige Spielregel betrifft den Ablauf der Prüfung. Studierende kommen oft mit der Vorstellung, dass eine Prüfung aus der puren Interaktion Frage-Antwort besteht. Dem ist nicht so. Zwar werden zahlreiche Fragen gestellt, aber extrem kurze Antworten, die noch u. U. den Eindruck des Auswendiggelernten erwecken, werden nicht erwartet. Sie sind langweilig und bergen noch die Gefahr, dass Studierende u. U. als wenig fachkompetent eingestuft werden. Es soll eher ein intensiver Fachaustausch auf einem Themengebiet mit ausgesprochen aktiver Beteiligung des Studierenden stattfinden. Dabei haben Prüfer zwar einen entscheidenden Einfluss auf den Prüfungsverlauf und lenken diesen, dennoch sind Studierende nicht chancenlos in Bezug auf die Gestaltungsmöglichkeiten. Später wird noch auf beide Aspekte detaillierter eingegangen.

Des Weiteren gilt, dass man während der Prüfung durchaus klärende Verständnisfragen stellen kann und Zeit zum Überlegen hat. Denkpausen wirken sogar souverän, weil eine Prüfung nicht nach den Regeln von Fernsehquiz oder Blitzschach ablaufen.

Oft kommt es in Prüfungssituationen vor, dass Studierende mit einer Eröffnungsfrage, wie z. B. *Womit möchten Sie die Prüfung beginnen?* konfrontiert werden. Diese Art der Eröffnung ist in die Kategorie *Gewinn im Eurojackpot* einzustufen. Dies setzt allerdings voraus, dass man sich vorausschauend auf diese Prüfungssituation entsprechend vorbereitet hat. Es wird also empfohlen, einen Themenbereich besonders sorgfältig vorzubereiten. Man weiß nie…Hier kann man bereits am Anfang mit breit gefächertem Wissen und ausgeprägter Qualifikation und Kompetenz glänzen, was zu einer positiven „Einstellung" der Prüfer im weiteren Verlauf der Prüfung fast unweigerlich führt. Auf der anderen Seite gewinnt man selbst an Zuversicht, Souveränität und Selbstsicherheit gepaart mit deutlichem Abbau von Prüfungsanspannung.

Einen immens wichtigen Bereich der Spielregeln umfassen suboptimale sprachliche Formulierungen. Hier muss Studierenden bewusst sein, dass Aussagen, wie:

- „Das weiß ich nicht",
- „Das habe ich in meinen Vorbereitungen ausgelassen",
- „Das liegt schon so weit zurück",
- „Das ist eine gute Frage" (Bewertung statt Beantwortung),
- „Das haben Sie doch so in der Vorlesung dargestellt"

nicht zum sprachlichen Repertoire einer erfolgreichen mündlichen Prüfung gehören. Im Gegenteil, sie führen, insbesondere bei gestressten bzw. müden Prüfern, zum Blutdrucksprung und im Endeffekt zur gestörten Gesprächsatmosphäre. Diese ist anschließend in der Regel sehr schwer zu ändern. Einen ähnlichen Sachverhalt bieten auch alle Arten von üblichen Ausreden. Ein besonders dünnes Eis „sichern" Aussagen der letzten der erwähnten Kategorien. Sie polarisieren und sind felsenfester Anlass zur Polemik, Kritik oder sogar Streit bzw. Konfrontation mit Prüfern, die immer am fast unendlich langen Hebel sitzen. Hier befindet man sich u. U. schlicht im Auge des Taifuns mit klarer Tendenz nach außen. Es wird dringend empfohlen, lieber nichts zu sagen, als sich hinter billigen und durchschaubaren Ausreden zu verstecken bzw. mit polarisierenden Aussagen aufzufallen.

2.4.6 Prüfer (und Beisitzer)

Vorweg die zentrale Aussage: Prüfer sind auch nur Menschen. Die grundlegenden Fragen von Studierenden vor der Prüfung lauten an dieser Stelle: Was und wie wollen Prüfer etwas hören? Was sind ihre Bewertungskriterien? Diese Fragen können aufgrund der empfohlenen Teilnahme an Vorlesungen ziemlich sicher beantwortet werden, weil man Prüfer über die Semesterdauer persönlich kennenlernt, ihre Prioritäten, Bewertungskriterien und Darstellungsweise zur Kenntnis nimmt und sie damit zutreffend einschätzen kann. Darauf kann man sich in der Prüfungssituation fest verlassen. Dies ist auf jeden Fall sicherer als die zahlreichen Untergangspropheten sowie Rufer und Warner in der Wüste, die nach eigener, suboptimaler Prüfung den Prüfer als Gesandten aus der Hölle oder gar als einen Berufssadisten beschreiben, um die eigenen Unzulänglichkeiten zu überdecken. Als Empfehlung gilt, dass man sich konsequent von diesen insbesondere direkt vor der Prüfung fernhalten sollte. Sie erhöhen nur das eigene Stressniveau und bieten keinen inhaltlich verwertbaren Vorteil.

Da Prüfer nur Menschen sind, ist ihr Prüfverhalten am Anfang eines Prüfungstages durchaus anders als gegen Ende. Das sollten Studierende berücksichtigen. Anfänglich dominieren bei Prüfern tendenziell Frische, positive Einstellung, offene Kommunikation und Fragenvielfalt. Das sieht gegen Ende des Tages u. U. vollkommen anders aus. Man ist als Prüfer ausgelaugt, gelangweilt und sogar gestresst. Neue Prüfungsfragen fallen einem nur mit Mühe ein. Das ist also der Zustand, in dem Prüfer sogar dankbar sind, wenn Studierende Themenkomplexe aus eigenem Antrieb „anbieten" bzw. ausführlich Fragestellungen analysieren und beantworten. Es liegt in der Verantwortung der Studierenden, diesen Zustand der Prüfer zu erkennen und geschickt im Sinne einer ansprechenden Prüfungsstimmung, mit Wertschätzung und Sympathiebekundungen zu nutzen. Das schadet Studierenden sehr selten.

Prüfer als Menschen mögen in der Regel in nur sehr eingeschränktem Umfang, wenn Studierende ihre Antworten bevorzugt in mäanderförmigen Gedankengängen und komplexen Sprachstrukturen formulieren, die noch von blühendem inhaltlichem Chaos überlagert werden. Das erinnert an das beliebte ... Beamtendeutsch und ist ... extrem anstrengend. Früher oder später fragen sich Prüfer, ob ihre Aufgabe wirklich darin besteht, den einigermaßen sinnvollen Inhalt aus den Aussagen der Studierenden selbst zu extrahieren. Spätestens jetzt wird die Lage für Studierende suboptimal. Eine Empfehlung dafür, wie man das vermeiden kann, folgt später.

Weiterhin können Studierende im Laufe der Prüfung das Wohlbefinden der Prüfer anhand der aussendenden Signale und ihrer Körpersprache deutlich wahrnehmen. Aber wie gewinnt man einen Einblick in die innere Welt von Prüfern? Hier sind zunächst einmal relevante Signale zu filtern. Signale, wie:

- mit dem Kopf zustimmend nicken,
- lächeln,
- entspanntes Zurücklehnen,
- offene, zugewandte Körperhaltung

sind immer aufbauende Elemente, die auf Bestätigung hindeuten und keinen Grund zur Besorgnis darstellen. Dagegen sind eine unruhige Körperhaltung, runzeln der Stirn, versteinerte Miene (Pokerface), hochgezogene Augenbrauen, wandernder Blick im Raum bzw. notorische Benutzung mobiler Endgeräte schrille Alarmglocken, die man nicht übersehen darf. Hier sind die zwei wichtigsten Eigenschaften der Menschheit während der Evolution: die Flexibilität und schnelle Anpassungsfähigkeit dringend gefragt. Die praktikable Vorgehensweise bei Wahrnehmungen dieser Art besteht darin, das eigene Prüfungsverhalten zu ändern, das Steuer rumzureißen und auf die Prüfungssituation abzustimmen. Spätestens jetzt muss man belastbare Brücken bauen, auf denen sich die aufkommenden Differenzen oder das Desinteresse überqueren lassen, um eine positive Resonanz zwischen Prüfer und Studierenden wiederherzustellen.

2.4 · Die Prüfung

Zum Abschluss wird noch auf einen Sachverhalt näher eingegangen, der aus der Sozialpsychologie stammt und in Prüfungssituationen durch Studierende genutzt werden kann. Er basiert auf der Theorie der kognitiven Dissonanz (Festinger, 1957; Frey & Irle, 2009).

Der intrinsische Inhalt jeder Prüfung setzt sich mindestens aus der Beurteilung der Prüfungsleistung und der Entscheidung bezüglich der Prüfungsnote zusammen. Beide gehören in der Sozialpsychologie zu sogenannten Kognitionen, die neben z. B. Wahrnehmungen, Gedanken, Meinungen u. a. als mentale Ereignisse zu verstehen sind. Zwischen Kognitionen kommt es sehr oft z. B. aufgrund gegenseitiger Widersprüche oder Gegensätze zu Dissonanzen. Diese „Konflikte" stehen im Mittelpunkt der Theorie kognitiver Dissonanzen. Sie besagt, dass diese innerpsychischen Konflikte zu einem unangenehmen Spannungszustand führen, der interessanterweise sogar im Gehirn mittels funktioneller Magnetresonanztomographie physikalisch gemessen werden kann (Izuma, 2018). Diese kognitive Dissonanz ruft als Folge eine starke Motivation hervor, sie zu vermeiden, zu beseitigen bzw. wenigstens zu reduzieren.

Was bedeutet das aber konkret für Prüfer und Studierende? Betrachten wir hierzu in erster Reihenfolge die Prüfer. Jeder Prüfer steht in der Verantwortung, eine Prüfung objektiv, vergleichbar und nachvollziehbar durchzuführen. Diese Anforderungen in der Praxis einwandfrei umzusetzen, ist deutlich anspruchsvoller als z. B. in der Prüfungsordnung zu definieren. Hinzu kommt noch, dass Entscheidungen hinsichtlich der Prüfungsnote in der Regel komplex, bedeutungsvoll und vor allem unwiderruflich sind. Das erhöht auf der einen Seite die kognitive Dissonanz und auf der anderen das Bedürfnis, diese zu reduzieren oder sogar zu vermeiden. Auch wenn es vielen Prüfern nicht bewusst ist, sind Dissonanzvorbeugungs- bzw. -vermeidungsstrategien im Prüfungssituationen sehr oft feststellbar. Aber wie kann dieses Verhalten geschehen? Betrachten wir hierzu z. B. die Bedeutung des ersten Eindrucks, dessen enorme Rolle im Kapitel *Präsentation und Präsentieren* ausführlich beschrieben wird. Man wird vorläufig ausschließlich durch die nonverbalen Aspekte z. B. als sympathisch und wahrscheinlich kompetent eingestuft. Wenn dabei noch die ersten beantworteten Fragen diese Einstufung bestätigen, so verfestigen sich die ursprünglichen Personenwahrnehmungen und -beurteilungen beim Prüfer. Mehr noch, es kommt zu weiteren Wahrnehmungsverzerrungen, weil die ersten Augenblicke dominant sind und alle folgenden Prüfungsleistungen u. U. überstrahlen bzw. unverhältnismäßig stark beeinflussen. Alles wird automatisch mit Wissen, Qualifikation und Kompetenz assoziiert, mittelmäßige Antworten werden als weniger wertig eingestuft (selektive Wahrnehmung von Informationen durch den Prüfer) und es werden sogar die ursprüngliche Annahme „bestätigenden" Fragen formuliert. Dieses Verhalten ist Prüfern sehr oft nicht einmal bewusst und entspricht im Klartext einer kognitiven Voreingenommenheit. Der Studierende bestätigt einfach die ursprünglichen Annahmen des Prüfers, der unbewusst abgestrebte, konsonante Zustand wird erreicht und die Dissonanz wird vermieden. Für Studierende bedeutet dieser Sachverhalt, dass man ihn durch ein positives Selbstbild insbesondere in der ersten Prüfungsphase unbedingt überzeugen sollte.

Kommen wir noch auf einen zweiten Aspekt zu sprechen, der auch durch die Theorie der kognitiven Dissonanz leicht zu erklären ist. Es handelt sich um die soziale Unterstützung. Insbesondere in Fällen, in denen die Prüfungsleistung nicht eindeutig und z. B. zwischen zwei Prüfungsnoten angesiedelt ist, kommt es beim Prüfer vor dem Hintergrund der zu fällenden Entscheidung zur kognitiven Dissonanz. Um diese zu reduzieren, sucht er oft den Dialog mit dem Beisitzer, dem wir im Folgenden unsere Aufmerksamkeit widmen. Seine Hauptfunktion besteht in Protokollieren des Verlaufs der mündlichen Prüfung und in der „Überwachung" der formalen Aspekte. Bei eigenen Prüfungen bekleidete diese Funktion in der Regel der Oberingenieur bzw. ein wissenschaftlicher Mitarbeiter. Aus Sicht der Studierenden wird der Beisitzer durch den übergroßen Schatten des Prüfers fast völlig verdeckt und spielt damit in der ersten Näherung eine untergeordnete Rolle. In der ersten Näherung... Die eingehende Prüfungspraxis zeigt allerdings sehr oft ein anderes Bild. Beisitzer spielen oftmals eine wichtige Funktion bei der Findung der Prüfungsnote, obwohl dies mit der geltenden Prüfungsordnung nicht zu vereinbaren ist. Das praktische Leben zeigt aber, dass der Prüfer nach der Prüfung oft Rücksprache oder Diskussion mit dem Beisitzer anstrebt, um eventuell Beurteilungszweifel bzw. die Gefahr einer zu einseitigen Einschätzung zu bannen. Das entspricht voll der o.g. Theorie der kognitiven Dissonanz. Die kognitive Dissonanz soll hier aus Sicht des Prüfers durch die o.g. soziale Unterstützung reduziert werden. Damit hat der Beisitzer in vielen Fällen zwar keinen entscheidenden, aber dennoch einen gewissen, indirekten Einfluss auf die Prüfungsnote. Vor diesem Hintergrund wird Studierenden empfohlen, z. B. durch Blickkontakt, sympathisches Anlächeln oder einfach eine menschliche Berücksichtigung auch den Beisitzer für sich zu gewinnen.

2.4.7 Studierende

Wie bereits erwähnt, stellt eine **mündliche Prüfung** ein Fachgespräch dar, bei dem eine intensive Kommunikation und Interaktion zwischen dem Prüfer und den Studierenden stattfindet. Aus Sicht der Studierenden steht also im Fokus der geschickte Verkauf erworbenen Wissens sowie der erarbeiteten Qualifikation und Kompetenz mit dem Ziel, eine möglichst exzellente Prüfungsnote zu bekommen.

Die Strukturierung der nachfolgenden Ausführungen lehnt sich an die chronologische Herangehensweise an. Aufgrund der intensiven Vorbereitungen im Rahmen des Nah- und Fernhorizonts sind durch Studierende im Vorfeld wesentliche Voraussetzungen erfüllt worden, die darauf abzielen, den Prüfungserfolg weitgehend von jeglichem Zufall zu befreien. Das führt zum Gefühl der Souveränität, Zuversicht und Selbstsicherheit, das für den bevorstehenden Auftritt von enormer Bedeutung ist und leider sehr oft vernachlässigt wird. Reicht das aus oder gehören zu einem exzellenten Prüfungsauftritt noch weitere Elemente? Im Folgenden wird ein Werkzeugkasten mit einigen nützlichen und erlernbaren Empfehlungen, Taktiken und Tricks unterbreitet.

Im Kapitel *Präsentation und Präsentieren* wird auf die Bedeutung der positiven Grundstimmung über das bewusste Lenken der eigenen Aufmerksamkeit auf positive Inhalte hingewiesen. Diese aktive Steuerung des Unterbewusstseins (◘ Abb. 2.5, Andockstelle 2 im Gehirn) z. B. durch den besprochenen inneren Dialog erzeugt bereits vor der Prüfung selbstwertförderliche Haltung und Selbstvertrauen. Davon profitiert man später in der Prüfung immens.

Kommen wir nun der Chronologie folgend auf die eigentliche Prüfung zu sprechen. Jede Prüfung beginnt nonverbal mit dem ersten Eindruck. Hier werden Leser dringend auf alle detaillierten Ausführungen im Kapitel *Präsentation und Präsentieren* hingewiesen. Sie sollen an dieser Stelle nicht mehr wiederholt werden, sind aber ein enorm wichtiger und unzertrennlicher Bestandteil der positiven Selbstdarstellung während der mündlichen Prüfung. Im Fokus steht hier die Schaffung einer positiven Stimmung sowie der Aufbau von Sympathie und Beziehung über z. B. eine wertschätzende Körpersprache (bewusstes Knüpfen von Blickkontakt, offene Körperhaltung, ansprechende Gestik) oder das äußere Erscheinungsbild. Die positive Selbstdarstellung als Kernelement des angesprochenen Verkaufs eigenen Wissens sowie der erarbeiteten Qualifikation und Kompetenz wird durch gezielte Elemente im verbalen Teil der Prüfung erreicht. Was sind die grundlegenden Elemente dieses Teils und was soll mit ihnen erreicht werden? Das Hauptziel besteht darin, souverän, kompetent und freundlich aufzutreten. Studierende erreichen dieses Ziel durch Begeisterung, Überzeugung und Herzblut bei der Beantwortung der Prüfungsfragen. Hier sind strukturierte Kernbotschaften mit klaren Argumentationslinien, die dabei emotional vorgetragen werden, sehr behilflich. Sie lassen Prüfungsleistungen erkennbar und überzeugend werden. Aber wie macht man das konkret in einer stressigen Prüfungssituation? Hierzu die folgende Vorgehensweise. In der ersten Reihenfolge muss die Prüfungsfrage eindeutig verstanden werden. Ohne Verstehen, kein erfolgreiches Beantworten! Bei jedem Zweifel muss man klärende Verständnisfragen höflich formulieren. Nach der Klärung schreibt man 2–4 Stichworte auf einem Papierbogen. Sie sind das Rückgrat der Antwort. Erst dann beginnt die Beantwortung der Prüfungsfrage. Durch diese Vorgehensweise erfolgt die zeitliche und gedankliche Entkopplung zwischen dem Inhalt (Reihenfolge, Struktur, intrinsische Logik) und der sprachlichen Formulierung. Das erleichtert die Beantwortung der Prüfungsfrage ungemein. Im Gegensatz dazu hat die übliche Beantwortung von Prüfungsfragen gravierende Nachteile. Die gleichzeitige Wahrnehmung beider erwähnter Aufgaben als Antwort auf die Prüfungsfrage ist komplex und führt in der Regel zu elend langen Formulierungen, die durchaus mit dem erwähnten Beamtendeutsch zu vergleichen sind. Die Ursache hierfür liegt darin begründet, dass insbesondere unerfahrene Studierende während der Formulierung der Antwort laufend neue Ideen für den Inhalt generieren, die „unbedingt" zur Sprache gebracht werden sollten. Das führt zum intrinsischen Chaos in der Antwort und zur Ermüdung des Prüfers. Beide Elemente dieser üblichen Vorgehensweise münden aus Sicht der Prüfungsleistung leider in eine suboptimale Antwort.

Der erwähnte Werkzeugkasten für eine erfolgreiche Selbstpräsentation beinhaltet noch eine weitere Empfehlung, die für den Prüfungserfolg von zentraler Bedeutung ist. Es handelt sich um die aktive Gestaltung der Prüfung durch Studierende. Wie bereits erwähnt, ist die Dauer der mündlichen Prüfung begrenzt. Das sollten Studierende zum eigenen Vorteil ummünzen. Im Klartext bedeuten kurze Antworten auf Prüfungsfragen auf der einen Seite die Gefahr, dass man durch den Prüfer u. U. als wenig kompetent eingestuft wird. Auf der anderen Seite tragen kurze Antworten dazu bei, dass der Prüfer weitere Fragen stellen wird, wodurch sich die Wahrscheinlichkeit einer möglichen „Prüfungskatastrophe" deutlich vergrößert. Somit stellen kurze Antworten eine Übergabe der dominierenden Prüfungsgestaltung an den Prüfer. Eine ähnliche Wirkung haben ausgeprägte Pausen im Redefluss, da sie mit einer Aufforderung zum Nachhaken gleichzusetzen sind. Das sind aus Sicht der Studierenden keine optimalen Entscheidungen.

Deutlich effizienter ist die Strategie der aktiven Gestaltung der Prüfung, da sie Studierende von Getriebenen zu Gestaltern katapultiert. Ausführliche und kompetente Antworten mit klarer Struktur gemäß der o.g. Vorgehensweise stellen eine deutlich bessere Alternative dar. Sie tragen nicht nur zum kompetenten Eindruck bei, sondern erlauben Studierenden, den Prüfungsverlauf bezüglich der Zeit aktiv mitzugestalten. Das Gleiche gilt auch für die Inhalte, die durch ausführliche Antworten aktiv geprägt und gelenkt werden. Positioniert man noch geschickt in den Antworten Themenbereiche, auf die man rein *zufällig* momentan nicht näher eingehen kann, die man jedoch im Anschluss an die Antwort gerne aufnehmen könnte, so steuert man geschickt und suggestiv den Prüfungsverlauf in eine gewünschte Richtung. Die Erfahrung besagt, dass dieser Themenbereich mit hoher Wahrscheinlichkeit durch den Prüfer aufgenommen wird. Hier steht also Bequemlichkeit des Prüfers im Vordergrund. Prüfer sind halt auch nur Menschen...

Zum Abschluss noch ein paar Empfehlungen zum Themenkomplex „Was sollte man tunlichst bei der Beantwortung von Prüfungsfragen vermeiden?". Wenig zielführend sind auswendig gelernte Textpassagen, da die Formulierungen in der Regel ziemlich sperrig und damit für den Prüfer erkennbar und anstrengend sind. Sie erzeugen in Prüfern fast automatisch Verdachtsmomente hinsichtlich des tatsächlichen Verstehens und führen zu bohrenden Nachfragen zwecks Bestätigung des Verdachts (gemäß der Theorie der kognitiven Dissonanz). Ferner wirkt auf Prüfer eine enzyklopädische Wiedergabe des Wissens langweilig und ermüdend. Das macht den Prüfer unruhig, zerstört den guten Draht zu ihm und lässt die Kommunikation dauerhaft problematisch erscheinen. Des Weiteren kommt Vollständigkeitswahn niemals gut an, was schon Voltaire über *alles sagen zu wollen ist das Geheimnis der Langeweile* treffend zum Ausdruck gebracht hat. Schließlich sind Antworten im Tempo der europäischen Trägerrakete Ariane suboptimal. Nicht das Tempo, sondern souverän und ruhig vorgetragene Inhalte sind für den Prüfungserfolg entscheidend. Schließlich sind Wiederholung bzw. Bewertung der Prüfungsfragen sowie alle polarisierenden, kritisierenden oder überheblichen Antworten ein Spiel mit dem Feuer, bei dem die Verbrennungsgefahr als außerordentlich hoch einzustufen ist.

> **Hinweis**
>
> Zusammenfassend ist festzuhalten, dass eine mündliche Prüfung eine schonungslose darwinistische Begegnung mit der Realität ist, die jedoch durch ein gekonntes

> Zusammenspiel von persönlichen Charaktereigenschaften, erlernbaren Techniken und Disziplin zusammen mit vorgestelltem Kompass sicher auf Erfolgskurs gehalten werden kann. Ein unerschütterlicher Glaube an eigene Fähigkeiten unterstützt diese Aussage.

Zum Abschluss steht noch die **schriftliche Prüfung** im Fokus. Sie hat im Vergleich zur mündlichen Prüfung die folgenden Vorteile. Studierende haben hier einen deutlich längeren Zeitraum zum Nachdenken, Überlegen und Planen. Es gilt aber gleichzeitig uneingeschränkt, diesen Spielraum effektiv zu nutzen und sich nicht an einer Aufgabenstellung oder Frage festzubeißen. Des Weiteren ist die Benotung in der Regel einheitlicher, nachvollziehbarer und vergleichbarer, stehen doch Studierende und der Prüfer mit ihren persönlichen Merkmalen und ihrer Interaktion neben dem Fachlichen nicht im Zentrum. Der Nachteil besteht allerdings darin, dass Studierende kein direktes Feedback zur erbrachten Leistung bekommen und somit diese auch nicht zielführend verändern können.

Die bereits betrachteten Spielregeln für die mündliche Prüfung werden im Folgenden in Anlehnung an eine chronologische Reihenfolge analysiert, bewertet und in Form von praxisorientierten Empfehlungen präsentiert. Es werden insgesamt drei Phasen einer schriftlichen Prüfung betrachtet:
— die Anfangsphase,
— die Bearbeitungsphase,
— die Abgabephase.

Jede schriftliche Prüfung ist in der **Anfangsphase** üblicherweise durch große Anspannung und innere Unruhe gekennzeichnet. Man ist verständlicherweise onfire. Zwecks Stressreduzierung möchte man sofort mit dem Schreiben auf dem Prüfungsbogen losstarten. Es beruhigt einfach, wenn man schon etwas erarbeitet hat. Nun sind Studierende keine Siberian Huskys, die mit unbändigen Laufwillen, ungeduldig und mit großer Vorfreude darauf warten, endlich loslegen zu können. Im Gegenteil, im Vordergrund steht eine vernünftige und besonnene Nutzung der Prüfungszeit. Aber was bedeutet das eigentlich? Es wird empfohlen, mit einem äußerst sorgfältigen, konzentrierten und ruhigen Durchlesen der Fragen und Aufgabenstellungen zu beginnen. Sind einige Formulierungen unverständlich, so sollte man unbedingt nachfragen und den Sachverhalt eindeutig klären. Eigenen Interpretationen sollte man in der schriftlichen Prüfung keinen Raum geben, da Wissen durch Meinung zu ersetzen, gefährlich ist. Im Gegenteil, präzises Erfassen und lückenloses Verstehen aller Fragen und Aufgabenstellungen stellen eine unabdingbare Voraussetzung für den Prüfungserfolg dar. Des Weiteren sollten Fragen und Aufgabenstellungen hinsichtlich expliziter Hilfestellungen überprüft werden, die oft in den Prüfungsunterlagen positioniert werden. Insgesamt soll in der Anfangsphase ein Gefühl für den Schwierigkeitsgrad einzelner Fragen und Aufgabenstellungen entwickelt werden. Der Vorteil der aufgelisteten Handlungen besteht darin, dass man einen Überblick bezüglich des Prüfungsumfangs, der zur Verfügung stehenden Prüfungszeit und der eigenen

Fähigkeit hinsichtlich der Beantwortung bzw. Lösung gewinnt. Dadurch wird die anschließende Bearbeitungsphase unterstützt. Auf diesem erarbeiteten Fundament wird anschließend das Gebäude der Antworten und Lösungen aufgebaut, sodass hier keine Flüchtigkeitsfehler erlaubt sind. Es gilt also uneingeschränkt: Erst gründlich durchlesen und überlegen, dann ohne Hektik, aber mit spürbarem innerem Engagement losstarten.

In der **Bearbeitungsphase** befinden sich Studierende in einem Dilemma zwischen dem Schwierigkeitsgrad einer Frage (Aufgabenstellung), dem erforderlichen Zeitbedarf, der eigenen Fähigkeit, die Frage zu beantworten und der zu erreichenden Punktezahl. Es stellt sich die praktische Frage, welche Prüfungsfragen (Aufgabenstellungen) und in welcher Reihenfolge vor dem Hintergrund der Zeit optimal zu beantworten (zu lösen) sind? Man sieht schon auf den ersten Blick, dass man die zur Verfügung stehende Zeit unbedingt sehr ökonomisch, ohne unnötig abzuschweifen, nutzen muss. Damit man diesen wichtigen Faktor immer im Auge behält, sollte man eine Uhr auf dem Schreibtisch sichtbar positionieren und die Zeit regelmäßig prüfen. Da Smartphones in der Regel zur Prüfung nicht zugelassen sind, darf man die mittlerweile altmodische Uhr zu Hause nicht vergessen.

Die optimale Reihenfolge der Bearbeitung von Fragen (Aufgabenstellungen) ist die wesentlich komplexere Frage. Hier wird empfohlen, dem Yerkes-Dodson Gesetz zu folgen. Nach Roth liegen die individuell optimalen Bedingungen der Leistungsfähigkeit eines Menschen zwischen jeweiliger Unter- bzw. Überforderung (Roth, 2020). Die Fragen (Aufgabenstellungen) in den Prüfungsunterlagen kann man in leichte, mittelschwere und komplexe unterteilen. Für die Beantwortung leichter Fragen liegt das optimale Erregungsniveau im höheren Bereich (◘ Abb. 2.16), um eine hohe Leistung abzuliefern. Wie bereits erwähnt, wird der Anfang der schriftlichen Prüfung mit hoher Anspannung und innerer Erregung begleitet. Es liegt also nahe, dem Yerkes-Dodson Gesetz folgend, mit leichten Fragen zu beginnen. Da diese jedoch in der Regel mit eher wenigen Punkten versehen sind, sollte die Bearbeitung möglichst zügig vonstattengehen. Beantwortete Fragen (Aufgabenstellungen) reduzieren bedeutend das Er-

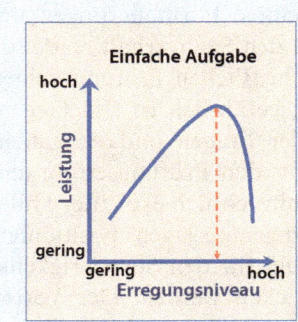 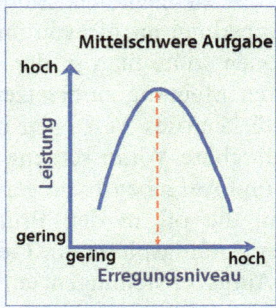 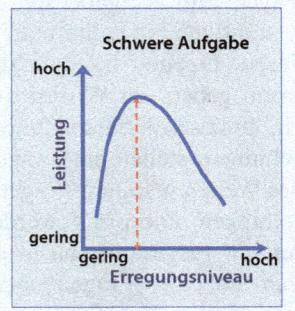

◘ **Abb. 2.16** Das Yerkes-Dodson Gesetz (Goschke, 2013)

regungsniveau, sie beruhigen, da man schon etwas auf der Haben-Seite besitzt. Dieser neue körperliche Zustand ist wiederum bestens geeignet, um mittelschwere Fragen (Aufgabenstellungen) in nächster Reihenfolge zu beantworten (◘ Abb. 2.16). Der kontinuierliche Zuwachs an Prüfungspunkten reduziert weiter das Erregungsniveau, sodass langsam die Zeit und das Gehirn reif sind, um mit kognitiver Kapazität die komplexen Fragen (Aufgabenstellungen) anzugehen.

Nach der entscheidenden Empfehlung bezüglich der optimalen Reihenfolge bei der Bearbeitung sollen im Folgenden noch ergänzend weitere praxisorientierte Aspekte behandelt werden.

Zeit ist während der Prüfung neben dem Wissen, der Qualifikation und Kompetenz ein hochwertiges, aber in eingeschränktem Maße vorhandenes Gut. Daraus folgt ein erforderlicher, ökonomischer Umgang mit ihr. Dieser Umgang umfasst ihre durchdachte Nutzung und optimale Verteilung. Im Rahmen der Verteilung sollte Zeit für die Überprüfung und Korrektur in der Abgabephase vorgesehen werden. Des Weiteren ist es für eine erfolgreiche Prüfung vorteilhaft, wenn Zeit für kurze Denkpausen zwecks Durchschnaufens Berücksichtigung finden.

Hinsichtlich der erwähnten, optimalen Nutzung gilt es, alle Störungen (z. B. üblicher Prüfungslärm durch Straßenbahnen, Flurgespräche, …), die die erforderliche Prüfungsaufmerksamkeit beeinträchtigen, zu reduzieren. Hier sind z. B. einfache Gehörschutzstöpsel oder Otoplastiken zu erwähnen. In diese Kategorie gehört auch kein kompromissloses Verharren bei einer konkreten Frage (Aufgabenstellung), sondern ein flexibles, zeitökonomisches Umschalten auf andere Fragen.

Nicht zuletzt ist ein leserliches und optisch gut strukturiertes Schriftbild, dass den Prüfern die schnelle Korrektur erleichtert, auch von Bedeutung. Hier wird die bereits mehrfach erwähnte Tatsache, dass Prüfer auch nur Menschen sind, berücksichtigt. Zwar ist dieser Aspekt niemals entscheidend, er kann aber auch nicht schaden. Für die Praxis bedeutet das, dass man einfach sehr großzügig mit Prüfungsbögen umgehen sollte, sodass man im Nachhinein die eigenen Ausführungen noch sehr leicht weiter ergänzen kann.

Sollte einem bei der Beantwortung von Fragen die Gedächtnisspur abhandenkommen, kann man zunächst einmal mit einzelnen Stichworten sowie durch Abruf von Assoziationen unterschiedliche neuronale Netzwerke im Gehirn aktivieren. Dies ist eine sehr effektive Methode, aus den einzelnen Aktivierungszuständen im Anschluss dann doch die Gedächtnisspur zu aktivieren und die gesuchte Antwort abzuleiten.

Die Abgabephase erstreckt sich bis zur ersten Sekunde nach der Ankündigung des Endes der Prüfung. Zu diesem Zeitpunkt hat keiner mehr eine Frage, sondern alle haben – hoffentlich – nur Antworten. Das klingt logisch und nachvollziehbar, ist es aber nicht. Es gibt immer einige, die früher fertig sind. Sie können dabei der Versuchung nicht widerstehen, die Prüfungsunterlagen vor den Augen aller anderen, die Fahne des Triumphs schwenkend und das eigene Können demonstrierend, abzugeben. Das ist eine sehr bedenkliche Schlagseite. Aber Vorsicht! Selbstüberschätzung oder sogar Arroganz führen zum Scheitern gemäß der Redewendung *Hochmut kommt vor dem Fall*. Diesen Fehler macht man übrigens nur einmal, es sei, dass man den vorliegenden Ratgeber sorgfältig durchgelesen hat. Die grundsätzliche Regel lautet: Erst am Ende ist die Prüfung aus! Daraus folgt die Empfehlung: Man sollte die gesamte Prüfungszeit nutzen, denn oft ist man überrascht, wie viele (Flüchtigkeits-)Fehler einem unterlaufen sind. Des Weiteren sollte man sich bewusst sein, dass die Abgabe der Prüfungsunterlagen endgültig und irreversibel ist. Damit ähnelt dieser Akt dem Tod bzw. dem 2. Hauptsatz der Thermodynamik. Er muss also sehr gut überlegt sein. Vor diesem Hintergrund wird empfohlen, die noch verbleibende Zeit zum eigenen Vorteil zu nutzen. Aber was soll man jetzt noch tun, wenn alles bereits fertig ist?

Man beginnt mit einer kurzen Entspannung. Drei Mal tief durchatmen, sich schütteln und strecken, im Stuhl zurücklehnen und an einen Urlaubsmoment bzw. den Duft von Cumarin eines Heuhaufens denken. Das Ziel ist, eine psychische und physische Distanz zur Prüfung mit einem Hauch an regenerierter Kreativität zu gewinnen. Hier bewirkt lediglich eine Minute wahre Wunder. Anschließend ordnet man mit neu gewonnenen Kräften alle Unterlagen und überprüft sie auf Vollständigkeit. Danach kontrolliert man sorgfältig alle Fragen (Aufgabenstellungen) und Antworten (Ergebnisse). Mit eventuell neuen Ideen ergänzt man eigene Ausführungen, um den Unterlagen den letzten Schliff zu geben. Die endgültige Zusammenstellung aller Prüfungsunterlagen und deren Abgabe runden die Abgabephase ab.

Abschließend sollen noch kurz sog. Täuschungsversuche zur Leistungserschleichung während einer schriftlichen Prüfung angesprochen werden. Das Spicken (Schummeln, Mogeln) zusammen mit dem Anfangen vor dem offiziellen Start bzw. Weiterschreiben, nachdem der Zeitablauf verkündet wurde, sind eines Studierenden und des späteren Hochschulabsolventen nicht würdig. Es ist auch kein Kavaliersdelikt, sondern wird in der Regel vor dem Prüfungsausschuss behandelt. Der Kollateralschaden in Form der Note 5 ist noch der *best case*. In der Regel führt dieser Vorgang zur Exmatrikulation. Es wird dringend empfohlen, von Täuschungsversuchen die Finger zu lassen. Im Zweifel gilt nach J. Bond aus dem Film Spectre: *Man sollte sich ein Gewissen zulegen* (Wilson et al., 2015).

Zusammenfassend kann folgendes festgehalten werden. Im unüberschaubaren Dickicht aus unterschiedlichen Pfaden im Bereich des Lernens und Lernstrategien, der Prüfungsvorbereitungen und effektiven Verhaltensweisen in Prüfungssituationen wurde ein praxisorientiertes Konzept entwickelt. Das Hauptaugenmerk wurde dabei auf den Fern- und Nahhorizont sowie auf das konkrete Verhalten in Prüfungssituationen gelegt, die als sinnstiftender roter Faden zu verstehen sind. Das Konzept stellt klare Koordinaten auf und zeichnet sich durch ein ganzheitliches Zusammenspiel zahlreicher, ausgearbeiteter Aspekte aus. Alle vorgeschlagenen Elemente sind leicht verständlich, praktisch umsetzbar und stellen fundamentale Weichenstellungen dar. Sie tragen deutlich dazu bei, dass die erwähnte goldene Brücke zwischen Prüfung und exzellenter Prüfungsnote (◘ Abb. 2.11) standsicher ist und hohen Prüfungsbelastungen standhält. Dabei wird vorausschauender Überlegung bei jeder Handlung sowie das Ersetzen jeglicher Meinung durch belastbares Wissen hohe Bedeutung beigemessen.

2.5 Erfahrungen aus der Praxis

Aus eigener akademischer Praxis
1. Studierende sollten sich vor dem Dunning-Kruger-Effekt hüten. Weder eine Über- noch Unterschätzung eigener kognitiver Fähigkeiten ist in Prüfungssituationen vernünftig.
2. Ausgewogene Demut und Zurückhaltung schlagen in mündlichen Prüfungen Überheblichkeit und Arroganz.
3. Es kommt oft vor, dass in mündlichen Prüfungen Studierende Wissen und Kompetenz vorweisen, diese aber suboptimal zum Ausdruck bringen können. Sie sollen auf jeden Fall diesen Ratgeber sorgfältig lesen.

Aus eigener industrieller Praxis
Bei der Bewertung von Bewerbungsunterlagen gilt u. a.: Exzellente Prüfungsnoten weisen zeitlose Schönheit auf und sind Alleinstellungsmerkmale eines Hochschulabsolventen in einer Leistungsgesellschaft. Sie sind durchaus als Empfehlung oder sogar Voraussetzung für die Einstellung zu betrachten.

2.6 Take-Home Messages

1. Das in diesem Kapitel vorgestellte Lern- und Prüfungskonzept ist bezüglich der praktischen Umsetzung durch pragmatische, einfache und nutzbare Elemente gekennzeichnet. Die ausgearbeiteten Empfehlungen und Hinweise sind wissens- und erfahrungsbasiert abgeleitet.
2. Der Übergang vom Pausenhof zum Hochschul-Campus ist eine hoch anspruchsvolle Herausforderung. Das Wissen darüber stellt eine deutliche mentale Entlastung dar und hilft gegen Risiken und Nebenwirkungen in den ersten Semestern. Die Zielgruppe dieses Kapitels sind Abiturienten und Erstis.
3. Effizientes Lernen basiert auf Informationsaufnahme-, Verarbeitungs- und Speicherungsvorgängen im Gehirn, die man kennen und geschickt nutzen sollte. Die Berücksichtigung des restlichen Körpers ist dabei unumgänglich.
4. Lernen wird durch Lernstrategien effektiv unterstützt, es ist aber kein Selbstzweck. Das Ziel sind möglichst exzellente Prüfungsnoten.
5. Mit erhobenem Zeigefinger kann man behaupten, dass exzellente Prüfungsnoten noch kein Garant für die spätere Einstellung sind. Sie helfen aber.
6. Es ist nie früh genug, an später zu denken. Das gilt sowohl für Abiturienten und Erstis als auch für Studierende in fortgeschrittenen Semestern.
7. Nach jeder Prüfung sollte unbedingt eine Anerkennung für sich und das Belohnungszentrum im Gehirn organisiert werden.

Literatur

Anderson, L. W., Krathwohl, D. R., Arasian, P. W., Cruikshank, K. A., Mayer, R. E., Pintrich, P. R., Raths, J., & Wittrock, M. C. (2001). *A taxonomy for learning, teaching, and assessing: A revision of Bloom's taxonomy of educational objectives*. Longman-Verlag.

Atkinson, R. C., & Shiffrin, R. M. (1968). Human memory: A proposed system and its control processes. In K. W. Spence & J. T. Spence (Hrsg.), *The psychology of learning and motivation* (Bd. 2, S. 89–195). Academic.

Aufenanger, S., & Bastian, J. (2020). Handschriftliche versus digitale Mitschriften in akademischen Vorlesungen, ZFHE, 15. *Nr., 1*, 103–125.

Beer, R., & Benischek, I. (2018). Leistungsfreude und Anstrengungsbereitschaft als Voraussetzung für erfolgreiches Lernen und Lehren. *Open Online Journal for Research and Education*, 1–10.

Behrenbeck, S. (2018). Wat is'n Dampfmaschin'?" Oder: Wie der Wissenschaftsrat eine Hochschule definiert, HSW 5+6/2018, S. 127–133.

Bensberg, G., & Messer, J. (2014). *Survivalguide Bachelor*. Springer.

Bloom, B. S., Engelhardt, M. D., Furst, E. J., Hill, W. H., & Krathwohl, D. R. (1972). *Taxonomie von Lernzielen im kognitiven Bereich*. Beltz-Verlag.

DAAD a. (2021). ▶ https://www.Hochschul-frankfurt.de/53743352/workload_arbeitsbelastung_und_credits.pdf. Zugegriffen: 13. Aug. 21.

del Monte, D. (2010). Lernen und Gedächtnis. ▶ https://www.damirdelmonte.de/medien.html. Zugegriffen: 11. Dez. 2021.

Diekelmann, S., & Born, J. (2010). The memory function of sleep. *Nature Reviews Neuroscience, 11*, 114–126.

Driesen, C. (2018). Wenn wir keine Anfänger mehr haben, dann können wir den Laden zu machen, HSW, 1+2, S. 21

Ebert, J., & Heublein, U. (2017). Ursachen des Studienabbruchs bei Studierenden mit Migrationshintergrund. Eine vergleichende Untersuchung der Ursachen und Motive des Studienabbruchs bei Studierenden mit und ohne Migrationshintergrund auf Basis der Befragung der Exmatrikulierten des Sommersemesters 2014, S. 116, DZHW, Hannover

Festinger, L. (1957). *A theory of cognitive dissonance*. Stanford University Press.

Fieg, G. (2019). *Vorlesungsunterlagen zur Einführung in die Bio- und Verfahrenstechnik*. TUHH.

Fieg, G. (2020). *Vorlesungsunterlagen zur Prozess- und Anlagentechnik II*. TUHH.

Frey, D., & Irle, M. (Hrsg.). (2009). *Theorien der Sozialpsychologie*. (Band 1, Kognitive Theorien, S. 275–324). Huber Verlag.

Geisler, S. (2020). Bleiben oder gehen? Eine empirische Untersuchung von Bedingungsfaktoren und Motiven für frühen Studienabbruch und Fachwechsel in Mathematik, Dissertation, Ruhr-Hochschule Bochum

Gensch, K., & Sandfuchs, G. (2007). Den Einstieg in das Studium erleichtern: Unterstützungsmaßnahmen für Studienanfänger an Fachhochschulen, Beiträge zur Hochschulforschung, Heft 2, 29. *Jahrgang*, 9.

Goschke, T. (2013). Vorlesungsunterlagen, Aktivationstheoretische Ansätze, ▶ https://tu-dresden.de/mn/psychologie/ifap/allgpsy/ressourcen/dateien/lehre/lehreveranstaltungen/goschke_lehre/ws_2013/vl_motivation/VL04-Aktivationstheorien.pdf?lang=de. Zugegriffen: 30. Jan. 2022.

Griffiths, D. S., Winstanley, D., & Gabriel, Y. (2005). Learning shock: The Trauma of return to formal learning. *Management Learning, 36*(3), 275–297.

Hasselhorn, M., & Gold, A. (2017). *Pädagogische Psychologie, Erfolgreiches Lernen und Lehren*. Verlag W.

Heublein, U., Ebert, J., Hutzsch, Ch., Isleib, S., König, R., Richter, J., & Woisch, A. (2017). *Zwischen Studienerwartungen und Studienwirklichkeit*, DZHW.

Hochschulrahmengesetz. (1976). ▶ https://www.gesetze-im-internet.de/hrg/. Zugegriffen: 19. Aug. 2021.

Hüttmann, A. (2016). Erfolgreich studieren mit Soft Skills. Die eigene Persönlichkeit wirkungsvoll stärken, Springer Gabler, Wiesbaden

Izuma, K. (2018). Was geschieht bei kognitiver Dissonanz im Gehirn?, ▶ https://www.spektrum.de/frage/was-geschieht-in-unserem-gehirn-waehrend-einer-kognitiven-dissonanz/1492907. Zugegriffen: 8. Febr. 2022.

Literatur

Kampmann, K. (2020). *Schlaf als Erfolgsfaktor für Fach- und Führungskräfte: Wettbewerbsfaktor gesunder Schlaf.* C. H. Beck.

Koch, G. (2020). *Studieren mit Köpfchen: Clever lernen, entspannt planen, leichter punkten.* UTB GmbH, Paderborn [u. a.]

Kruse, O. (2010). Kritisches Denken als Leitziel der Lehre. *Auswege aus der Verschulungsmisere, Die Hochschule, 1,* 77–86.

Kunz, A. (1986). *Der Weg zum erfolgreichen Studium. Studenten lernen studieren – Organisation und Methoden geistiger Arbeit.* Decker Verlag.

Langholz, J. (2022a). *Persönliche Mitteilung.*

Langholz, J. (2022b). *Persönliche Mitteilung.*

Lippert, P. (2021). *Wege zum Prädikatsexamen.* Verlag Ferdinand Schöningh.

Litzcke, S. M., & Linssen, R. (2007). *Studieren lernen. Arbeits- und Lerntechniken, Prüfungen und Studienarbeiten.* Schriftenreihe der FH Bund, Brühl

Mathias, D. (2012). *Fit von 1 bis Hundert. Ernährung und Bewegung. Aktuelles medizinisches Wissen zur Gesundheit.* Springer Medizin Verlag.

Morschitzky, H. (2009). *Angststörungen, Diagnostik, Konzepte, Therapie, Selbsthilfe.* Springer.

Mueller, P. A., & Oppenheimer, D. M. (2014). The pen is mightier than the keyboard – Advantages of longhand over laptop note taking. *Psychological Science, 25*(6), 1159–1168.

NASA. (1995). In ▶ https://www.bbc.com/news/world-us-canada-13232034. Zugegriffen: 5. Nov. 2021.

Peters, A. (2010a). Der selbstsüchtige Energiefresser im Kopf. *Forschung, 35*(Supplement), 60–63.

Peters, A. (2010b). *Das egoistische Gehirn: Warum unser Kopf Diäten sabotiert und gegen den eigenen Körper kämpft?* Ullstein.

Pohl, E. (2015). *Karrierefaktor guter Schlaf. Wie Sie sich zu Höchstleistungen schlummern.* Springer Gabler.

Roth, G. (2002). *Rede von Gerhard Roth anlässlich der Immatrikulationsfeier im Wintersemester 2002/03.* FU Berlin.

Roth, G. (2004). Warum sind Lehren und Lernen so schwierig? *Zeitschrift für Pädagogik, 50*(4), 496–506.

Roth, G. (2006). Wie bringt man das Gehirn der Schüler zum Lernen?, ▶ https://www.hausderwissenschaft.de/Binaries/Binary274/Roth-Lehren-und-Lernen.pdf. Zugegriffen: 11. Dez. 2021.

Roth, G. (2013). Wie funktioniert erfolgreiches Lernen? ▶ https://www.ganztaegig-lernen.de/wie-funktioniert-erfolgreiches-lernen-ein-gespraech-mit-gerhard-roth. Zugegriffen: 11. Dez. 2021.

Roth, G., Heinz, A., & Walter, H. (Hrsg.). (2020). *Psychoneurowissenschaften.* Springer Spektrum.

Schandry, R. (2016). *Biologische Psychologie: Mit Online-Material.* Beltz-Verlag.

Seel, M. N., & Hanke, U. (2010). *Lernen und Behalten.* Beltz Verlag.

Sesink, W. (2012). *Einführung in das wissenschaftliche Arbeiten.* Oldenbourg Verlag.

Schütte, M. (2012). Selbstreguliertes Lernen aus Sachtexten. Modellierung und Erfassung der erforderlichen Teilkompetenzen, Dissertation, Universität Duisburg-Essen

Spitzer, M. (2002). *Lernen. Gehirnforschung und die Schule des Lebens.* Spektrum Akademischer Verlag.

Stangl, W. (2021). Energieverbrauch des Gehirns – arbeitsblätter news. Werner Stangls Arbeitsblätter-News. ▶ https://arbeitsblaetter-news.stangl-taller.at/energieverbrauch-des-gehirns/. Zugegriffen: 2. Nov. 2021.

TUM (2010). Wegweiser zur Berechnung des studentischen Arbeitsaufwands (Workload), Hochschulreferat Studium und Lehre, TUM, München ▶ https://www.lehren.tum.de/fileadmin/w00bmo/www/QM_Handbuch/Dokumente/Wegweiser_zur_Workloadberechnung_2020.pdf. Zugegriffen: 12. Aug. 2021.

Urbatsch, K., & König, E. (2017). *Als Arbeiterkind an die Hochschule. Praktisches für alle, die als Erste/r in ihrer Familie studieren.* Springer Spektrum.

Webler, W.-D. (2007). Geben wir mit der Akkreditierungspraxis das Hochschulniveau unserer Studiengänge preis? Zur Differenz von Schule und Hochschule, *HSW, 1–2007,* 15–20.

Wikipedia (2021). ▶ https://de.wikipedia.org/wiki/Zeitmanagement. Zugegriffen: 2. Dez. 2021.

Winteler, A. (2008). *Professionell lehren und lernen. Ein Praxisbuch,* Wissenschaftliche Buchgesellschaft. Darmstadt

Wilson, M.G., Broccoli, B. (Produzenten), Mendes, S., & (Regisseur) (2015). *Spectre* (Film)

Wild, K.-P. (2005). Individuelle Lernstrategien von Studierenden. *Konsequenzen für die Hochschuldidaktik und die Hochschullehre, Beiträge zur Lehrerausbildung, 23*(2), 191–206.

Wild, K.-P., & Schiefele, U. (1994). Lernstrategien im Studium. Ergebnisse zur Faktorenstruktur und Reliabilität eines neuen Fragebogens. *Zeitschrift für Differentielle und Diagnostische Psychologie, 15,* 185–200.

Yoga Vidya (2021). ▶ https://www.yoga-vidya.de/. Zugegriffen: 9. Nov. 2021.

Zimmermann, S. (2008). Gründe für den Studienabbruch an der ETH Zürich, Masterarbeit, S. 28, ETH Zürich

Kompetenzen und Persönlichkeit

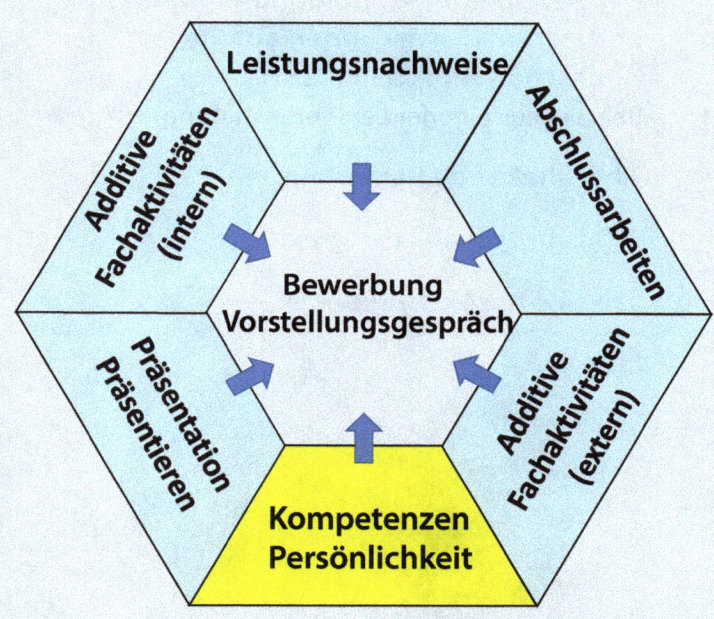

Inhaltsverzeichnis

3.1 Einführung und Bedeutung der Kompetenzen und Persönlichkeit – 79

3.2 Wissen, Qualifikation, Kompetenz und Persönlichkeit – 82

3.3 Einige Aspekte des Bologna-Prozesses und deren Auswirkungen auf die Hochschullandschaft – 85

3.3.1 Beispiel aus eigener Lehrveranstaltung – 87

3.4 Abschließende Bemerkungen – 95

3.5 Erfahrungen aus der Praxis – 95

3.6 Take-Home Messages – 96

Literatur – 97

3.1 Einführung und Bedeutung der Kompetenzen und Persönlichkeit

Der rote Faden des Ratgebers, symbolisiert durch das Leit-Sechseck, fokussiert sich vorausschauend auf die Bewerbungsunterlagen und das zukünftige Vorstellungsgespräch von Hochschulabsolventen. Das entwickelte, praxisorientierte Konzept wird in diesem Kapitel durch Kompetenzen und Persönlichkeitsmerkmale von Hochschulabsolventen sowie durch Strategien zu deren Erweiterung und Festigung während des Studiums weiter ausgebaut.

Analysen und Auswertungen von Vorstellungsgesprächen führen unausweichlich zu folgenden grundlegenden Fragestellungen:
1. Wie kommt es, dass manche Hochschulabsolventen bei Vorstellungsgesprächen erfolgreicher abschneiden als andere?
2. Welche Eigenschaften in Form von Kompetenzen und Persönlichkeitsmerkmalen vermitteln erfolgreiche Hochschulabsolventen in Vorstellungsgesprächen im Vergleich zu anderen besonders überzeugend?
3. Kann man Kompetenzen sowie Persönlichkeitsmerkmale lernen, trainieren und sogar weiterentwickeln oder sind sie angeboren und damit statisch?

Offensichtlich entscheidet über den Erfolg im Vorstellungsgespräch bei Bewerbern, die weitgehend fachliche Gleichheit aufweisen, ein weiteres, bisher noch nicht angesprochenes Element des entwickelten Konzepts. Es handelt sich um Kompetenzen und die Persönlichkeit von Hochschulabsolventen. Sie sind in letzter Zeit zum wichtigen, vielleicht sogar entscheidenden Wettbewerbsfaktor geworden (Klimesch, 2009), sodass wir uns im Folgenden auf diese beiden Aspekte fokussieren. Aber warum sollte das aus Sicht von Unternehmen überhaupt von Bedeutung sein?

Dafür gibt es mehrere nachvollziehbare Gründe. Auf einige wird stellvertretend nun näher eingegangen. Die gegenwärtige Arbeitswelt wird charakterisiert durch in der Regel sehr komplexe Aufgabenstellungen, die einen ausgeprägten fachübergreifenden und interdisziplinären Charakter aufweisen. Dies führt zwangsläufig dazu, dass sie nur Teams aus Experten erfolgreich bewältigen können. Diese Teams sind nur dann erfolgreich, wenn sie zwischenmenschlich auch funktionieren. Die Teamteilnehmer müssen also über bestimmte Kompetenzen sowie Persönlichkeitsmerkmale verfügen (Niermeyer, 2007, 2020). Dies wird noch zusätzlich durch die zur Verfügung stehende, in der Regel begrenzte Zeit verstärkt (Stichwort: *Time-to-Market*, Taguchi et al., 2000). Da diese Aufgabenstellungen noch zunehmend einmaligen Charakter haben, müssen sich die Experten sehr schnell einarbeiten, sie müssen flexibel und äußerst innovativ sein. Ein Abrufen von Erfahrungen aus gleichen oder vergleichbaren Aufgabenstellungen ist leider nur selten möglich.

Einen weiteren Aspekt stellt die fortschreitende Internationalisierung der Arbeit in der aktuell global vernetzten Welt dar. Als Ergebnis erwarten Unternehmen von Hochschulabsolventen sehr häufig u. a. auch interkulturelle Kompetenzen. Sie umfassen Kenntnisse über ausländische Mentalitäten und kulturbedingte Konflikte, respektvollen Umgang mit Menschen unterschiedlicher kultureller Orientierung sowie effiziente kulturelle Kommunikation. Die Vorteile liegen aus Sicht der Unternehmen auf der Hand. Stereotypen, Vorurteile und Missverständnisse werden effektiv vermieden. Durch den respektvollen Umgang und interkulturelle Arbeitsatmosphäre können globale Teams produktiver und gewinnbringender zusammenarbeiten.

Ein zusätzliches Argument für die Bedeutung von Kompetenzen und Persönlichkeitsmerkmalen kommt aus eigener, industrieller Erfahrung. In der Chemischen Industrie sind sehr oft F&E-Abteilungen als Einstiegsstellen (erste Anlaufstellen) für Hochschulabsolventen konzipiert. Diese Abteilungen sind eine Art „Durchlauferhitzer" mit begrenzter Aufenthaltszeit (3–5 Jahre). Das Ziel besteht darin, primäre Kontakte zu knüpfen, Netzwerke zu entwickeln und erste praktische Tätigkeiten in Form von Projekten im Labor-, Technikums- bzw. Produktionsmaßstab durchzuführen. In fast allen großen Unternehmen der Chemischen Industrie gilt dabei als Regel, dass die erforderliche finanzielle Ausstattung dieser Projekte nicht über das Gießkannenprinzip zur Verfügung gestellt, sondern über eine erfolgreiche Akquisition durch die einzelnen Mitarbeiter eingeworben wird. Dies stellt einen wichtigen Bestandteil der Tätigkeit dar und führt zum folgenden Zwangszustand: Man muss mit den Auftraggebern (z. B. Marketing, Betriebsleiter u. a.) hinsichtlich der Finanzakquisition erfolgreich kommunizieren, sie wirkungsvoll überzeugen, man muss über Kooperationsfähigkeit und Kontaktfreudigkeit, Umgänglichkeit und Offenheit, Einfallsreichtum und Zielorientierung u.ä. verfügen, um letztendlich bei der Projektakquisition erfolgreich zu sein.

> **Hinweis**
>
> Zusammenfassend kann also festgehalten werden, dass die gegenwärtige Arbeitswelt geprägt durch Komplexität, Globalisierung und technologischen Fortschritt einem ständigen Wandel unterworfen ist, was wiederum mit wachsenden und anspruchsvolleren Anforderungen an die Hochschulabsolventen untrennbar verbunden ist. Wenn also diese Kompetenzen im Vorstellungsgespräch von mitentscheidender Bedeutung sind, müssen Studierende proaktiv bereits in der Studienzeit ein möglichst breites Repertoire an Kompetenzen aufbauen, sie intensiv trainieren und sicher beherrschen.

Die dritte, gestellte Frage bezieht sich auf das Lernen, Trainieren und Weiterentwickeln von Kompetenzen und Persönlichkeitsmerkmalen. Hier lautet die erfreuliche Antwort, dass Kompetenzen nicht angeboren und statisch sind, sondern dass man sie erlernen, entwickeln und verbessern kann. Das ist auch der Grund dafür, warum wir im Zusammenhang mit der Studienzeit Kompetenzen und Persönlichkeitsmerkmale betrachten und gezielt entwickeln wollen.

An dieser Stelle ergeben sich zwei weitere Fragen:

1. Müssen aus Sicht der Hochschulabsolventen alle möglichen Kompetenzen betrachtet werden oder kann man dieses Feld u.U. auf eine sinnvolle Untermenge reduzieren?
2. Wie überführt man z. B. während des Vorstellungsgesprächs eine schlichte Behauptung hinsichtlich eigener, vorhandener Kompetenzen in eine möglichst glaubhafte Aussage?

In einem Kompetenzatlas listen Erpenbeck und Sauter insgesamt 64 unterschiedliche Kompetenzen auf (Erpenbeck & Sauter, 2013). Das entscheidende Kriterium für die Wahl relevanter Kompetenzen, die im vorliegenden Ratgeber analysiert und betrachtet werden, sind im Kontext der Studierenden nur die Kompetenzen, die im Verlauf des Studiums realistisch gelernt, trainiert, verbessert oder sogar perfektioniert werden können. Alle anderen sind aus Sicht der im Fokus stehenden Hochschulabsolventen zwar interessant, aber nicht relevant. So ist z. B. die Führungskompetenz mit Personalverantwortung zwar interessant, aber für Hochschulabsolventen aufgrund der begrenzten Trainierbarkeit während des Studiums nicht relevant.

Im Gegensatz zu Fachwissen und -qualifikationen, die mit Zeugnissen, Zertifikaten oder einzelnen Noten durch in der Regel neutrale Personen bescheinigt werden und damit einigermaßen überprüf- und vergleichbar sind, sind Kompetenzen und Persönlichkeitsmerkmale stark mit einer ausgeprägten, subjektiven Bewertung und Einschätzung verbunden. Selbsteinschätzungen auf Basis individueller Sicht sind in Bewerbungsunterlagen und im Vorstellungsgespräch in der Regel wenig aussagekräftig. Sie führen fast immer dazu, dass z. B. eine Auflistung angeblich verfügbarer Kompetenzen durch Bewerber sehr oft als schlichte Behauptung erscheint. Sie stellen somit keine Alleinstellungsmerkmale gegenüber Wettbewerbern dar und sind damit fast bedeutungslos. Schließlich ist nachvollziehbar, dass kein Bewerber das Vorhandensein gefragter bzw. erforderlicher Kompetenzen abstreiten wird. Im Gegenteil, die aus Sicht der Stellenanzeige und des Vorstellungsgesprächs erforderlichen Kompetenzen werden sowohl in der Breite als auch in der Tiefe vehement angepriesen.

In Bezug auf die zweite gestellte Frage gilt: Die wirkungsvollste Methode, Behauptungen bezüglich der Kompetenzen oder Persönlichkeitsmerkmale in plausible Aussagen zu überführen, sind glaubhafte Beispiele, die eigene Aussagen belegen und unter Beweis stellen. Wie man dies machen kann, wird im Folgenden anhand einer beispielhaften Lehrveranstaltung detailliert gezeigt. Dabei gilt ausnahmslos, dass die gezielte und bewusste Wahl der Lehrveranstaltungen unter den vorgeführten Aspekten in der Verantwortung der Studierenden liegt. Hier stehen Studierenden u. a. Fallstudien, Hochschulpraktika und -labore, Workshops, Rollen- und Planspiele und innovative Lehrkonzepte (Forschendes Lernen, Simulationen, Project-based Learning u. a.) zur Verfügung.

Neben den Lehrveranstaltungen gibt es auch weitere Möglichkeiten für die Entwicklung von Kompetenzen und Persönlichkeitsmerkmalen. Hier kommen noch folgende Aktivitäten in Betracht: Ein freiwilliges Praktikum, HiWi- und Tutorentätigkeiten sowie ehrenamtliche Aktivitäten und Hobbys. Den ersten drei

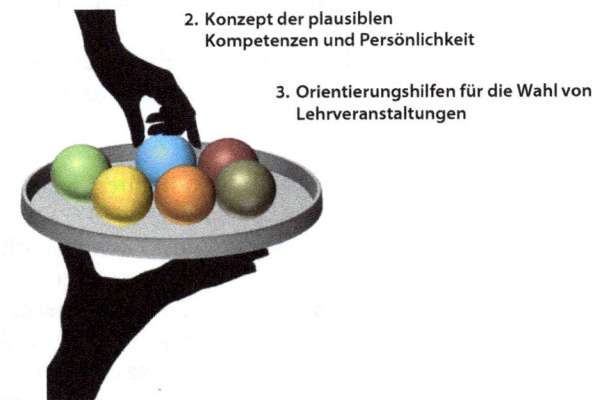

Abb. 3.1 Kompetenzen und Persönlichkeitsmerkmale: Grundlegende Bestandteile

Aktivitäten werden im vorliegenden Ratgeber angesichts ihrer Dimension und Bedeutung jeweils getrennte Kapitel gewidmet. Hobbys finden Berücksichtigung im Kapitel *Bewerbung und Vorstellungsgespräch*.

Die äußerst vielfältige Problematik der Kompetenzen und Persönlichkeitsmerkmale kann plakativ mit zahlreichen Kugeln auf einem Tableau dargestellt werden (Abb. 3.1). Um jedoch den Rahmen der folgenden Ausführungen nicht zu sprengen, werden einfache, verständliche und vor allem pragmatische Aspekte in den Vordergrund gestellt. Damit erfolgt im vorliegenden Kapitel eine konsequente Fokussierung auf lediglich drei grundlegende Bestandteile, die in Abb. 3.1 wiedergegeben sind. Sie umfassen einige allgemeine Aspekte des Bologna-Prozesses und deren Auswirkungen auf die Hochschullandschaft, das entwickelte Konzept der plausiblen Kompetenzen und Persönlichkeitsmerkmale sowie die Ausarbeitung einiger Orientierungshilfen und Hinweise für die gezielte und bewusste Wahl von Lehrveranstaltungen durch Studierende.

3.2 Wissen, Qualifikation, Kompetenz und Persönlichkeit

Bevor wir auf die angesprochenen Bestandteile näher eingehen, sollten der guten Ordnung halber einige in der Einleitung verwendeten Fachbegriffe geklärt werden. Das stärkt das Verständnis für die nachfolgenden Ausführungen. Sichtet man hierzu die Fachliteratur, so stellt man leider schnell fest, dass viele Begriffe sehr unterschiedlich und sogar teilweise widersprüchlich definiert werden. Unterschiedlichen Begriffen wird oft sogar die gleiche Bedeutung beigemessen, was leider zu zahlreichen Verwirrungen führt. Konkret werden die Grundbegriffe, die in Abb. 3.2 dargestellt sind, einer skizzenhaften Beschreibung unterworfen.

3.2 · Wissen, Qualifikation, Kompetenz und Persönlichkeit

❗ Wissen

Zwar verfügen viele über eine intuitive Vorstellung von Wissen, es ist aber für sie schwierig, eine präzise Definition dieses Begriffs zu formulieren. Probst et al. (2012) bezeichnen mit Wissen die Gesamtheit der Kenntnisse, die Individuen zur Lösung von Problemen einsetzen. Dies umfasst sowohl theoretische Kenntnisse als auch praktische Alltagsregeln und Handlungsanweisungen. Wissen stützt sich auf Daten und Informationen, ist aber im Gegensatz zu diesen immer an Personen gebunden. Es wird von Individuen konstruiert und repräsentiert deren Erwartungen über Ursache – Wirkung Zusammenhänge. Neben der Handlungsorientierung ist die o.g. Bindung des Wissens an Personen von grundlegender Bedeutung.

❗ Qualifikation

Qualifikationen stellen eine Verbindung von Wissen, Fertigkeiten und Fähigkeiten dar. Dabei sind Fertigkeiten erlerntes, stereotypes Verhalten, z. B. sprechen, lesen, rechnen. Dagegen sind Fähigkeiten eine Voraussetzung für die Umsetzung von Fertigkeiten sowie für die Anwendung des Wissens. Damit müssen Personen bei der Ausübung z. B. beruflicher Tätigkeiten über Fähigkeiten verfügen, um anforderungsorientiert, erfolgreich und zielführend handeln zu können. Qualifikationen sind also in diesem Zusammenhang handlungs- und anforderungsorientiert (Arnold et al., 2010) und werden typischerweise durch formelle Prüfungen und Zertifikate bescheinigt.

❗ Kompetenzen

Das Wort Kompetenz hat seinen Ursprung im lateinischen Verb *competere* und hat u. a. die Bedeutung „fähig sein". Nach Erpenbeck und von Rosenstiel sind Kompetenzen Fähigkeiten, in ergebnisoffenen und sehr komplexen Situationen kreativ und selbstorganisiert zu denken und zu handeln, ohne weder das Ergebnis zu kennen noch auf bekannte Lösungswege zurückgreifen zu können (Erpenbeck & von Rosenstiel, 2017). Hier schließt sich also der Kreis, weil diese Sachverhalte mit der erwähnten Beschreibung von Projekten in der industriellen Praxis zu vergleichen sind. Kompetenzen erfordern immer Qualifikationen mit den erwähnten Basiselementen Wissen, Fertigkeiten sowie Fähigkeiten, sie schlagen sich in ziel-

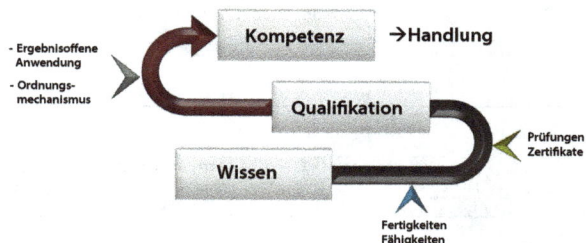

◼ Abb. 3.2   Einige grundlegende Begriffe

orientierten Handlungen nieder und sind im Sinne der o.g. Definition subjektorientiert (Arnold et al., 2010).

Des Weiteren benötigen Kompetenzen nach Haken noch einen Ordnungsmechanismus (Haken, 1996). Hierzu gehören Normen, Werte, Regeln, die man in realen Entscheidungsprozessen in der Praxis (z. B. Forschungs- oder Investitionsprojekte) ableitet und sich für zukünftige Aufgabenstellungen aneignet. Sie ermöglichen das praktische Handeln in unsicheren Situationen bei u. U. unzureichendem Wissen. Wichtig ist, dass Kompetenzen kein fester, sondern variabler Teil eines Menschen sind. Sie können – wie bereits erwähnt – gelernt, verändert und weiterentwickelt werden.

> **Hinweis**
>
> Zusammenfassend kann festgehalten werden, dass Wissen erst durch eine formelle Überprüfung (Zeugnis, Zertifikat) zur Qualifikation und über eine praktische Anwendung in eine Kompetenz umgewandelt wird. Kompetenzen sind immer erst in Handlungen erkennbar, wobei Kompetenzen aus früheren Handlungen einen entscheidenden Einfluss auf zukünftige Handlungen haben.

Erpenbeck und Sauter unterscheiden insgesamt vier Bereiche von Kompetenzen, die in ◘ Abb. 3.3 dargestellt sind (Erpenbeck & Sauter, 2013).

Personale Kompetenzen weisen Personen auf, die sich redlich verhalten und ethisch, glaubwürdig sowie eigenverantwortlich korrekt handeln.

Aktivitäts- und Handlungskompetenz zeigen Personen, die mit Tatkraft, Mobilität und Ausführungsbereitschaft Handlungen initiieren und aktiv vorantreiben.

Fachlich-methodische Kompetenz belegen Personen, deren Handlungen durch vorausschauendes Verhalten unter Berücksichtigung neuesten Fachwissens und fachübergreifender Kenntnisse charakterisiert sind.

Sozial-kommunikative Kompetenz besitzen Personen, die sich in ein Team harmonisch einbringen und gerne sowie erfolgreich mit anderen Mitgliedern kommunizieren und handeln.

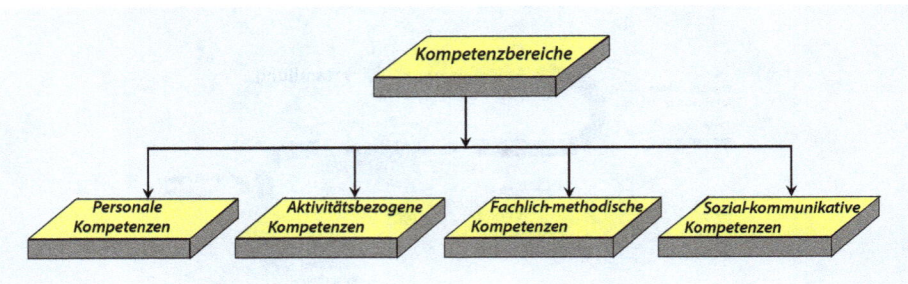

◘ Abb. 3.3 Gliederung der Kompetenzbereiche (Erpenbeck & Sauter, 2013)

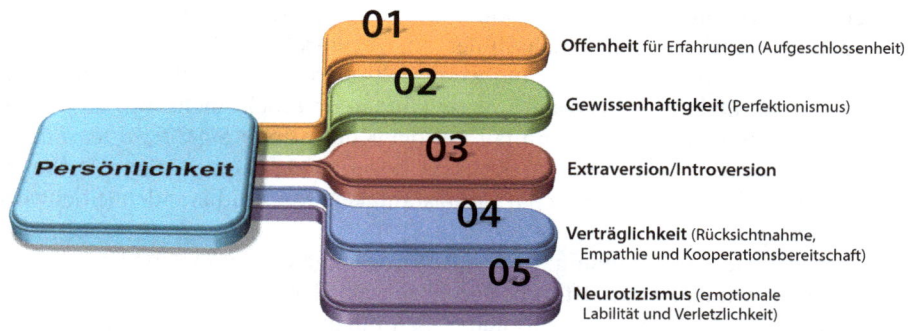

 Abb. 3.4 Persönlichkeit mit Persönlichkeitsmerkmalen

Eine weitere Detaillierungsstufe der Kompetenzbereiche stellt der erwähnte Kompetenzatlas dar (Erpenbeck & Sauter, 2013), der im vorliegenden Ratgeber aus erwähnten Gründen bewusst nicht weiter behandelt wird.

Persönlichkeit

Persönlichkeit umfasst nach Ansicht von Kauffeld relativ zeitlich stabile, individuelle Eigenschaften, die situationsübergreifend Gültigkeit besitzen (Kauffeld, 2005). Zu den bekanntesten Persönlichkeitsmerkmalen, die in unterschiedlichen Ausprägungen auftreten, gehören die *Big Five* (Abb. 3.4).

Diese Persönlichkeitsmerkmale sollten Hochschulabsolventen an dieser Stelle zunächst einmal verinnerlichen und bewusst betrachten. Auf der anderen Seite gilt, dass man während der Studienzeit trotz der o.g. scheinbar schwierigen Beeinflussbarkeit versuchen sollte, dieser Problematik eine hohe Bedeutung beizumessen. Darauf wird später näher eingegangen.

Abschließend betrachten wir noch die Sicht des zweiten Kontrahenten im Vorstellungsgespräch, die Sicht des Unternehmens. Nach Ansicht von Hossiep und Mühlhaus sind die stabilen Persönlichkeitsmerkmale für Unternehmen weniger interessant als die in der Regel veränderbaren und trainierbaren Handlungsfähigkeiten in Form von Kompetenzen (Hossiep & Mühlhaus, 2005). Aufgrund eigener industrieller Erfahrung muss allerdings diese Bewertung der Bedeutung von Persönlichkeitsmerkmalen zumindest stark relativiert werden.

3.3 Einige Aspekte des Bologna-Prozesses und deren Auswirkungen auf die Hochschullandschaft

Gemäß der Abb. 3.1 nehmen wir nach der Klärung grundsätzlicher Begriffe den roten Faden des Kapitels auf und beginnen mit dem ersten der erwähnten grundsätzlichen Bestandteile. Dadurch sollen Studierende Einblick in die Hintergründe der Hochschullandschaft bekommen, um relevante Zusammenhänge zunächst einmal zu verstehen und einzuordnen.

Einen zentralen Aspekt des Bologna-Prozesses stellt die Forderung nach der Kompetenzorientierung der Hochschulen dar, die durchaus als Kulturwandel einzustufen ist. Vor diesem Hintergrund werden Studierende eindeutig in den Mittelpunkt gestellt. Dabei wird gefragt, was sie können und nicht mehr, was sie wissen. Diesen Paradigmenwechsel kann man mit der Kurzformel: *Shift from teaching to learning* plakativ beschreiben. Im Klartext bedeutet das eine stärkere Betonung von Berufsfeldbezügen und Beschäftigungsfähigkeit von Studierenden (Stichwort: *Employability*).

Die praktische Umsetzung dieser Anforderungen (Kompetenzorientierung, können statt wissen, Beschäftigungsfähigkeit) an Hochschulen ist keine triviale Aufgabenstellung. Das ist auch keine Schönheitschirurgie, das ist eher ein grundlegender Umbau. Die erste Schwierigkeit besteht darin, dass die Umstellung von Diplom- auf konsekutive Studiengänge mit einer deutlichen Verkürzung und vor allem Deckelung der Studienzeit auf zehn (neun) Semester einherging. Dadurch sind zwangsläufig einige Lehrveranstaltungen weggefallen. Ist man nun als Hochschullehrer zusätzlich noch gezwungen, sowohl Wissen als auch Kompetenzen in dargestellter Ausführung zu vermitteln, fehlt in der Regel die dafür erforderliche Zeit innerhalb der erwähnten zehn (neun) Semester. Die gängige Lösung des Problems sind *zusätzliche* Lehrveranstaltungen, die über die üblichen z. B. Labore oder Praktika hinausgehen, die aber schon immer in Curricula von natur- und ingenieurwissenschaftlichen Studiengängen eingebettet waren. Diese zusätzlichen Lehrveranstaltungen umfassen moderne und innovative Lehrformate zur Förderung von Kompetenzen und Persönlichkeitsmerkmalen wie z. B. Forschendes Lernen, Project-based Lerning (PBL) u. ä. Sie werden in der Regel aus erwähnten Gründen (fast) zwangsläufig als freiwillige Wahlpflicht- bzw. Wahllehrveranstaltungen angeboten. Dabei erfordern alle freiwilligen Lehrveranstaltungen von Studierenden bei der Analyse, Bewertung und Wahl klare Orientierungshilfen, möchte man diese Entscheidung angesichts des Zeit- und Arbeitsaufwands fundiert fällen. Mund-zu Mund-Propaganda reicht in diesem multidimensionalen Feld mit vielfältigen Aspekten in der Regel nicht aus, da auch die Kommilitonen den Zusammenhang zwischen einem späteren Vorstellungsgespräch und den erforderlichen Kompetenzen und Persönlichkeitsmerkmalen nicht überblicken bzw. richtig einschätzen, fehlt hier doch die erforderliche Erfahrung.

Die Kompetenzorientierung der Hochschulen stößt noch zusätzlich auf ein weiteres Problem. Es ist für das Lehrpersonal eine komplexe Herausforderung, die durch den Wissenschaftsrat geforderte, sogenannte Dimension der Arbeitsmarktvorbereitung (Wissenschaftsrat, 2015) zielorientiert und passend umzusetzen, wenn das Lehrpersonal selbst mit wenigen Ausnahmen das ganze Berufsleben ausschließlich im Hochschulbereich verbracht hat. Als Konsequenz fehlen zwangsläufig in der erwähnten Dimension prinzipielle Denkweisen, Prioritäten und Kompetenzanforderungen sowie fachliche, ökonomische, ökologische u. a. Bewertungskriterien des Arbeitsmarktes. In diesem Zusammenhang ist also die Forderung des Wissenschaftsrates extrem schwer zu befriedigen. Eine Ausnahme bilden hier Hochschulen für Angewandte Wissenschaften.

Weitere, relevante Aspekte des Bologna-Prozesses und deren Einfluss auf die Hochschullandschaft werden im Kapitel *Leistungsnachweise* diskutiert. Eine zusätzliche Ergänzung erfolgt im Kapitel *Fachpraktikum*.

3.3.1 Beispiel aus eigener Lehrveranstaltung

- **Rahmenbedingungen, didaktisches Konzept und Ziele**

Bezugnehmend auf ◨ Abb. 3.1 sollen im Folgenden die restlichen zwei grundlegenden Bestandteile detailliert analysiert werden. Damit diese Analyse konkret und für Studierende verständlich durchgeführt wird, wird hierzu als festes Fundament der Analyse eine beispielhafte Lehrveranstaltung herangezogen.

Hierfür betrachten wir stellvertretend die Wahlpflichtveranstaltung „Synthese und Auslegung industrieller Anlagen (SAiA)", die durch Dr. Ajmal im eigenen Institut für Prozess- und Anlagentechnik der TU Hamburg (TUHH) entwickelt, umgesetzt und seit Jahren mit Erfolg angeboten wird. Das Konzept und die Entwicklung dieser innovativen Lehrveranstaltung wurden an der eigenen Heimatuniversität im Rahmen der Lehrinnovationsstrategie durchgeführt. Diese Lehrinnovationsstrategie gewährleistet über sogenannte Calls (Aufrufe zu Lehrinnovationen) mit anschließendem Bewerbungsvorgang die erforderlichen finanziellen Ressourcen. Das fachlich-inhaltliche Konzept und die personelle Ausstattung in der nachfolgenden Ausführungsphase (wissenschaftlicher Mitarbeiter und zwei Tutoren) lag in der Verantwortung des eigenen Instituts. Die Entwicklung wurde hinsichtlich der didaktischen Gestaltung durch das Zentrum für Lehre und Lernen der TU Hamburg fachlich intensiv begleitet.

SAiA wird konzeptionell verstanden als Vehikel für die Transformation von Wissensaufnahme (klassische Vorlesungen), über beruflich geprägte Anwendungen bis hin zur Entwicklung von Kompetenzen und Persönlichkeitsmerkmalen von Studierenden. SAiA wird in den Studiengängen Verfahrenstechnik, Bioverfahrenstechnik und Chemical and Bioprocess Engineering der TU Hamburg im 3. Mastersemester als Project-based Learning (PBL) angeboten. Die Entscheidung, diese Wahlpflichtveranstaltung in einem höheren Mastersemester anzubieten, war durchaus gewollt. Es geht darum, das bis dahin im Studium erworbene Fach- und Methodenwissen sowie die entsprechenden Qualifikationen in einer Lehrveranstaltung praktisch möglichst flächendeckend anzuwenden und zu nutzen. Das didaktische Konzept für SAiA fußt auf vorhandenen und absolvierten Bachelor- und Masterlehrmodulen und versucht, diese in einem finalen Schritt zu bündeln. Hierzu sind klassische verfahrenstechnische Lehrmodule wie z. B. Prozess- und Anlagentechnik, Thermische und Mechanische Verfahrenstechnik, Reaktionstechnik und Strömungsmechanik, Bioverfahrenstechnik, Technische Biokatalyse u. a. stellvertretend zu erwähnen. Dabei richtet SAiA den Fokus neben der Entwicklung von Kompetenzen auf problemlösendes Handeln innerhalb eines Projektes, das die erwähnten Vorlesungen des üblichen Typs I (Frontalvorlesung) nicht leisten können (Günther (2012)).

Damit sind die im „Definitionsteil" des Kapitels erwähnten zwei grundlegenden Bestandteile von Kompetenzen berücksichtigt:

- Fach- und Methodenwissen (z. T. extrem fachübergreifend),
- Qualifikation (bescheinigt durch Prüfungen und Zertifikate im Bachelor- und Masterstudium). Sie bilden gleichzeitig die notwendigen Voraussetzungen für die verfolgte Kompetenzentwicklung.

Fachlich betrachtet, besteht die Aufgabenstellung von SAiA im Rahmen des didaktischen Konzepts in der Auslegung einer Bio-Dieselanlage mit einer Jahreskapazität von 200.000 t Biodiesel. In ◘ Abb. 3.5 wird die Struktur von SAiA skizzenhaft dargestellt.

Die Lehrveranstaltung beginnt mit 3 Lerneinheiten, die alle verbindlichen Rahmenbedingungen (zeitliche, organisatorische u. a.) sowie fachliche Vorgaben für die Durchführung der Lehrveranstaltung festlegen. Es werden Projektteams unter den Studierenden gebildet. Bewusst wird dabei darauf geachtet, dass jedes Team aus max. 4 Studierenden besteht. Die Begründung hierfür besteht darin, dass man folgendes, häufiges Phänomen vermeiden möchte. In größeren Teams arbeiten tatsächlich 2 bis 3 Teammitglieder am Projekt und bilden die „Lokomotive", der Rest hängt sich lediglich bequem dran. Die Problemanalyse, -bearbeitung und -lösung, zeitliche und inhaltliche Milestones, Arbeits- und Informationsabstimmung und alle weiteren Aspekte des Projektes bleiben vollkommen den Teams überlassen. Es folgen neun selbstgesteuerte und -organisierte PBL-Lerneinheiten mit jeweils einem PBL-Meeting pro Woche mit dem Betreuerteam. Am Ende der Lehrveranstaltung (14. Woche, ◘ Abb. 3.5) müssen die er-

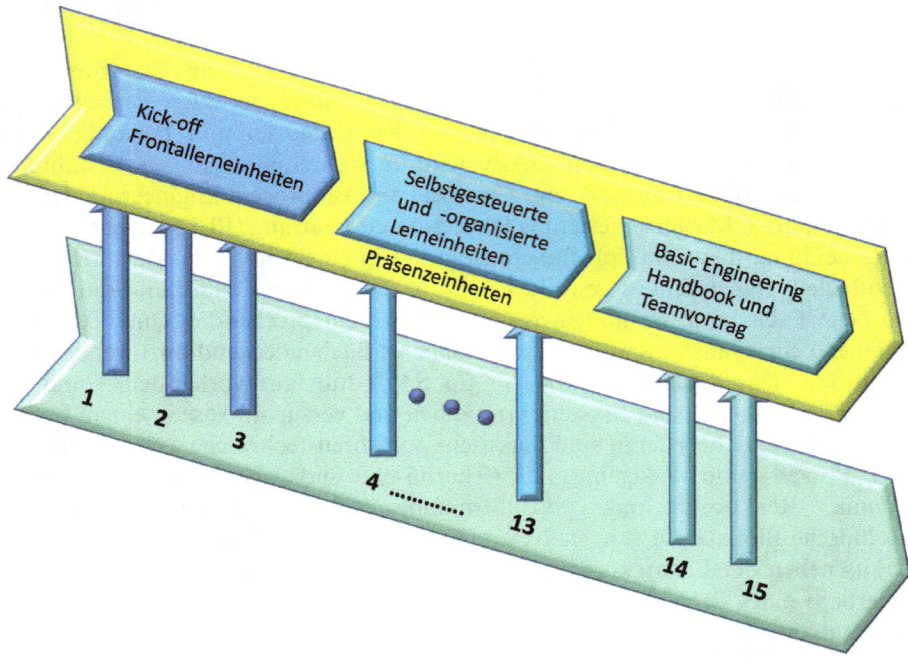

◘ Abb. 3.5 Struktur von SAiA

arbeiteten Projektergebnisse als sog. Basic Engineering Handbook schriftlich dem Betreuerteam zur Verfügung gestellt werden. Dabei wird das Format hierfür präzise vorgegeben. Ein konkretes Beispiel für das Basic Engineering Handbook ist ◘ Abb. 3.6 zu entnehmen.

Die aufgelisteten fachlichen und didaktischen Bestandteile von SAiA lehnen sich weitgehend an die typischen Anforderungen bezüglich klassischer Investitionsprojekte (basic engineering) an, wie sie in Ingenieurbüros bzw. Unternehmen aus dem Bereich der Anlagenplanung und des Anlagenbaus durchgeführt werden. Hier sind umfangreich eigene industrielle und akademische Erfahrungen ins didaktische Konzept von SAiA eingeflossen. Die erwähnte Anlehnung stellt einen wichtigen Aspekt dar, da ein beträchtlicher Teil von Absolventen (ca. 30 %) der erwähnten Studiengänge einen Arbeitsplatz in diesem Bereich finden (◘ Abb. 3.7). Eigene Umfragen unter Teilnehmern bestätigen, dass sich daraus die intrinsische Motivation zahlreicher Studierender ergibt und als ein enorm wichtiges Kriterium für die Analyse, Bewertung und Entscheidung für SAiA dient.

Durch die enge Verknüpfung mit dem späteren Beruf erhoffen sich Studierende bei Vorstellungsgesprächen fachliche Alleinstellungsmerkmale im Vergleich zu Absolventen anderer Hochschulen.

Die Lösung der beschriebenen Aufgabenstellung erfordert die geschickte Nutzung zahlreicher IT-Werkzeuge wie z. B. CAD-Software und Fließbild-Simulatoren, Google Websuche, Online-Wörterbücher, gedruckte und elektronische Lehrbücher bzw. Institutsskripte u.ä. Damit bedient sich SAiA bei der Verfolgung und Umsetzung fachlicher Inhalte zahlreicher, sogenannter fachintegrierter Ansätze (Möller-Holtkamp, 2007).

Das erwähnte Handbook bildet den ersten Teil der Projekt- und Teambewertung. Den zweiten Teil stellt eine Teampräsentation in Vortragsform dar (15. Woche). Im Raum befinden sich dabei nur ein Projektteam, das Betreuungsteam und schließlich der Autor des Ratgebers. Dieses Format bildet einen extrem wichtigen Teil der Abschlussveranstaltung, da dies nach eigenen industriellen Erfahrungen von grundlegender Bedeutung ist und vollkommen der industriellen Praxis entspricht. Dabei wird vor jeder Präsentation dem Team mitgeteilt, dass es die anwesenden Personen als potenzielle „Investoren" (in Analogie zu z. B. Marketing, Betriebsleiter in der Industrie) für die konzipierte Produktionsanlage betrachten soll. Es steht also im Fokus der Präsentation nicht nur das Fachliche wie Apparate, Anlage, technische Lösungen, Kosten u.ä. Genauso wichtig ist auch die klar formulierte Forderung, die „Investoren" mit allen verbalen, nonverbalen und paraverbalen Kommunikationsbestandteilen und anderen Elementen aus dem Kapitel *Präsentation und Präsentieren* glaubhaft bezüglich der anstehenden Investitionsentscheidung zu überzeugen. Diese Forderung ist bei Studierenden aufgrund vorliegender Erfahrungen immer mit einem klaren „Aha-Effekt" verbunden, da sie überraschend und vollkommen neu ist, standen doch im bisherigen Studium weitgehend technische Aspekte im Vordergrund.

So viel zu den organisatorischen und fachlichen Rahmenbedingungen, dem didaktischen Konzept und den verfolgten Zielen.

```
Abbildungsverzeichnis ............................................................................................. 3
Tabellenverzeichnis ................................................................................................ 4
1.   Auslegungsdaten ............................................................................................ 5
     1.1   Anlagenkapazität ..................................................................................... 5
     1.2   Rohstoffe und ihre Eigenschaften ............................................................ 5
     1.3   Produkte und Nebenprodukte ................................................................. 6
     1.4   Bedarf an Energie und Hilfsstoffen ........................................................... 7
     1.5   Abfall, Abwasser und Abgase .................................................................. 7
2.   Prozess ........................................................................................................... 8
     2.1   Grundlagen ............................................................................................. 8
     2.2   Prozessbeschreibung ............................................................................... 8
     2.3   Betriebsparameter ................................................................................. 12
     2.4   Prozessflussdiagramm ........................................................................... 12
3.   Massen- und Energieströme ......................................................................... 14
4.   R&I-Fließschema ........................................................................................... 26
     4.1   Methanol-Kolonne K-001 ...................................................................... 26
     4.2   Triolein-Tank T-004 ............................................................................... 28
5.   Equipmentliste .............................................................................................. 30
6.   Datenblätter und Zeichnungen ..................................................................... 31
     6.1   Reaktoren ............................................................................................. 31
     6.2   Wärmeübertrager .................................................................................. 31
     6.3   Kolonnen .............................................................................................. 32
     6.4   Trenneinheiten ...................................................................................... 33
     6.5   Mischer ................................................................................................. 33
7.   Aufstellungsplan ........................................................................................... 34
8.   HAZOP- und LOPA-Studie für den Triolein-Tank ......................................... 35
     8.1   HAZOP für den Triolein-Tank ............................................................... 35
     8.2   LOPA-Studie für den Triolein-Tank ....................................................... 41
9.   Kostenrechnung ............................................................................................ 44
     9.1   Investitionskosten ................................................................................. 44
     9.2   Produktionskosten ................................................................................ 51
Literatur .................................................................................................................. 57
```

Abb. 3.6 Fachliche Bestandteile von SAiA (Basic Engineering Handbook für eine Biodieselanlage, Attarbachi et al., 2019)

Konzept der plausiblen Kompetenzen und Persönlichkeitsmerkmale

Eine der erwähnten Voraussetzungen bei der Entwicklung von Kompetenzen umfasst das Vorhandensein definierter Fähigkeiten. Die erste äußert sich im kreativen und selbstorganisierten Denken und Handeln in spezifischen Sachverhalten. Diese Sachverhalte zeichnen sich dadurch aus, dass sie – wie z. B. bei dem betrachteten Investitionsprojekt innerhalb von SAiA – oft unvollständig definiert, ergebnisoffen und in der Regel sehr komplex sind. Des Weiteren ist für diese Sachverhalte charakteristisch, dass sie meistens einen einmaligen Charakter haben, mehrere Lösungsalternativen aufweisen und man weder die beste Alternative kennt noch auf bekannte Lösungswege zurückgreifen kann. SAiA als Kombination von erwähnten, fachübergreifenden Elementen und erforderlichen, zielorientierten Handlungen erfüllt diese Voraussetzungen vollkommen. Damit trägt SAiA bedeutend zur intrinsischen Entwicklung von zahlreichen Kompetenzen bei Studierenden bei.

Aber welche Kompetenzen und Persönlichkeitsmerkmale können Studierende am Beispiel von SAiA eigentlich ableiten und später im Vorstellungsgespräch plausibel als vorhanden angeben? Hierzu gehören zweifellos Kompetenzen, die in ◘ Abb. 3.8 dargestellt sind. Sie sind miteinander eng verbunden und mittlerweile über langjährige Erfahrungen nachweislich bestätigt.

Auf zwei Aspekte soll im Hinblick auf ◘ Abb. 3.8 hingewiesen werden. Die Auflistung in ◘ Abb. 3.8 ist verhältnismäßig ausführlich und kann sogar fast beliebig fortgesetzt werden. Die Absicht an dieser Stelle besteht weniger im Ausloben der Vorteile von SAiA, als in der Bemühung, Studierenden eine möglichst breite Palette an beispielhaften und plausiblen Kompetenzen zur Wahl zu stellen. Dabei muss Hochschulabsolventen bewusst sein, dass sie im Vorstellungsgespräch in der Regel eher eine sehr begrenzte Zeit von ca. 4–10 min für das Anpreisen im Studium erworbener Kompetenzen haben. Jordan et al. schränken in diesem Zusammenhang die Problematik auf sogenannte Kernkompetenzen (Jordan et al., 2013) ein. Vor diesem Hintergrund ist es strategisch sinnvoll, auf eine eventuelle lückenlose und damit u. U. elend lange Auflistung aller verfügbaren Kompetenzen und Persönlichkeitsmerkmale zu verzichten. Es ist deutlich geschickter, diese Liste vor dem Hintergrund der vom Unternehmen geforderten Kompetenzen und Persönlichkeitsmerkmale (Grundlage: Stellenanzeige) einfach auf lediglich relevante zu reduzieren, diese aber möglichst glaubhaft unter Beweis

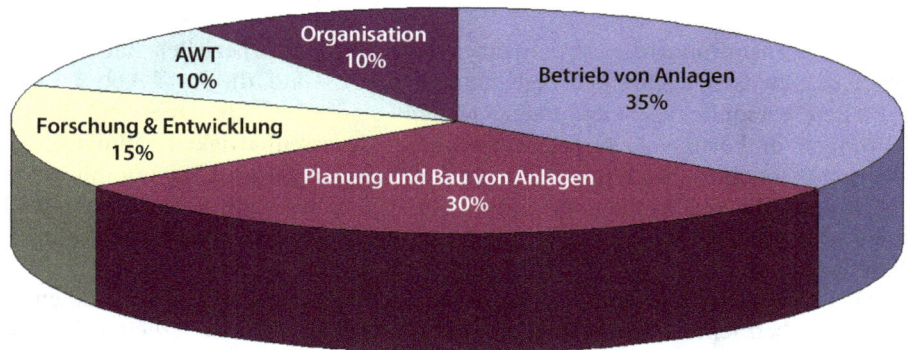

◘ **Abb. 3.7** Arbeitsplätze von Verfahrens- und Bioverfahrensingenieuren

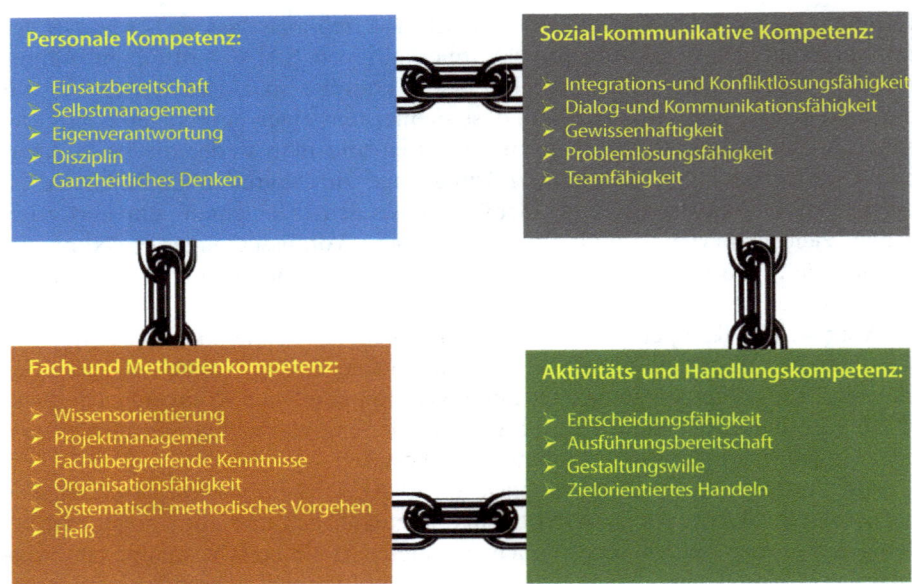

Abb. 3.8 SAiA und die erlernten bzw. verfestigten Kompetenzen (in Anlehnung an Erpenbeck & Sauter, 2013 und Erpenbeck & Sauter, 2015)

zu stellen. Im Kontext dieser Ausführungen geht es also eher um eine plausible und weniger um eine vollständige Aufstellung.

In diesem Zusammenhang soll noch ein zweiter Aspekt der Auflistung in Abb. 3.8 hervorgehoben werden. Betrachtet man SAiA ein bisschen detaillierter, so fällt sofort auf, dass eine der zentralen Begründungen für die Auflistung und damit auch für die Plausibilität der Kompetenzen weitgehend in der organisatorischen Struktur und den interdisziplinären, fachlich-inhaltlichen Bestandteilen von SAiA besteht. Eine besondere Bedeutung wird hier vor allem dem Projektcharakter dieser Lehrveranstaltung beigemessen. Daraus können näherungsweise alle Kompetenzen der Auflistung in Abb. 3.8. abgeleitet werden.

Lehrveranstaltungen im Allgemeinen und SAiA im Speziellen haben neben den Kompetenzen auch einen bedeutenden Einfluss auf die in Abb. 3.4 dargestellten Persönlichkeitsmerkmale. Gemeint sind hier z. B. Offenheit für Erfahrungen in Form von Aufgeschlossenheit, Gewissenhaftigkeit, allmählichem Übergang von Intro- in Extraversion und Verträglichkeit im Umgang mit Teammitgliedern. Dieser Einfluss bedeutet zwar nach der Lehrveranstaltung noch keine vollständige Ausprägung, aber wenigstens eine positive Entwicklung in diese Richtung.

Das entwickelte Konzept der plausiblen Kompetenzen kann in der Studienzeit neben den betrachteten gezielten Lehrveranstaltungen noch zusätzlich auf ehrenamtliche Tätigkeiten angewandt werden. In zahlreichen Gesprächen mit eigenen

Doktoranden bzw. Masteranden und Bacheloranden stellte sich häufig heraus, dass sie viele Ehrenämter:
- an der Hochschule (Mitarbeit in der akademischen Selbstverwaltung wie z. B. StuPa (Studierendenparlament), AStA (Allgemeiner Studierendenausschuss) und Fachschaftsräte sowie Mitwirkung im Akademischen Senat, Fakultätsrat, Prüfungsausschuss, in der Kommission für Lehre und Studium, in Berufungskommissionen u. a.)
- im Sportverein (Trainer und Übungsleiter, Schiedsrichter u.ä.),
- im Technischen Hilfswerk

bekleiden, um nur einige wenige anzugeben. Die sich daraus ergebenden Kompetenzen gelten im Lichte der o.g. Ausführungen als plausibel und können damit überzeugend in Bewerbungsunterlagen und im Vorstellungsgespräch zum Ausdruck gebracht werden. Es wird dringend empfohlen, diese Aktivitäten nicht unter den Tisch zu kehren bzw. außer Acht zu lassen, sondern im Vorstellungsgespräch im Kontext der verfügbaren, plausiblen Kompetenzen unbedingt auf der Haben-Seite mit Nachdruck zu verbuchen.

Einen besonderen Stellenwert genießt in zahlreichen Unternehmen die bereits in der Einführung erwähnte interkulturelle Kompetenz. Es stellt sich allerdings aus Sicht der Studierenden die Frage: Wo kann man diese Kompetenz im Studium praktisch erwerben und damit auch später plausibel begründen? Die überzeugendste Möglichkeit stellt natürlich ein Auslandssemester oder -praktikum dar. Diese Problematik wird ausführlich im Kapitel *Auslandssemester und -praktikum* behandelt und soll an dieser Stelle nicht wiederholt werden. Es gibt aber noch weitere Möglichkeiten. Einige Studierende sind bei der Betreuung internationaler Studierender aktiv tätig. Diese Aktivitäten umfassen z. B. individuelle Beratung und Hilfe bei der Vernetzung und Sprache, Teilnahme bei der Organisation und Durchführung von Workshops, Vorträgen und ausländischen Festen (z. B. Indian Day an der TUHH) u.ä.

Eine weitere, wichtige Säule für die Entwicklung und Festigung von Kompetenzen während des Studiums stellen zahlreiche Weiterbildungsseminare mit Präsenzformaten bzw. Webinare dar, die an Hochschulen durch spezialisierte Zentren (z. B. an der TU Hamburg das erwähnte ZLL) häufig angeboten werden. Da hier schwerpunktmäßig eher die „theoretischen" Aspekte der Begriffe Kompetenz und Persönlichkeit behandelt werden, sollten sich Studierende möglichst nur auf eine einzige, „stellvertretende" Weiterbildungsmaßnahme fokussieren. Das reicht in der Regel aus, um später im Vorstellungsgespräch die *bewusst* gewählte Kombination aus Theorie (z. B. Weiterbildungsseminar) und Praxis (Lehrveranstaltungen in Form von z. B. SAiA) geschickt ausloben zu können. Eine eventuelle, breitere Orientierung im Weiterbildungsbereich verlangt Zeit, die im Studium leider in der Regel Mangelware ist. Der Mehrwert aufgrund der Breite kann auch im Vorstellungsgespräch nur sehr begrenzt zur Geltung gebracht werden. Aus diesem Grund wird davon abgeraten.

❗ Orientierungshilfen für die Wahl von Lehrveranstaltungen

Das Konzept der plausiblen Kompetenzen hat gezeigt, dass zahlreiche Kompetenzen über Lehrveranstaltungen trainiert und verfestigt werden können. In der Regel sind es Lehrveranstaltungen mit Projektcharakter und Teamorientierung bei der Durchführung. Dabei zeichnen sich sehr viele Lehrveranstaltungen in diesem Bereich dadurch aus, dass sie zu den Wahl- bzw. Wahlpflichtveranstaltungen gehören. Da, wie bereits erwähnt, Zeit im Studium ein kostbares Gut ist, muss die Wahl der passenden Lehrveranstaltungen mit hoher Sorgfalt und Präzision durchgeführt werden. Hier benötigen Studierende klare und einfache Kriterien als Orientierungshilfen. Somit gelangen wir erneut zum roten Faden, wie er eingangs in ◘ Abb. 3.1 formuliert wurde. Dadurch soll eine zielgerichtete und bewusste Gestaltung der Studienzeit gewährleistet werden. Im Übrigen sollte die erwähnte Freiwilligkeit der Lehrveranstaltung und die bewusst gewählte fachlich-methodische Ergänzung der Pflichtveranstaltungen im Vorstellungsgespräch auch ausgelobt werden.

Ein weiteres Kriterium bei der Wahl und Bewertung stellt eine möglichst umfangreiche Überlappung fachlicher Inhalte mit den zukünftigen Anforderungen des Berufs (siehe hierzu Ausführungen im Kapitel *Fachpraktikum*, ◘ Abb. 4.5) dar. Des Weiteren muss natürlich die Berücksichtigung eigener Interessen und Neigungen immer ausnahmslos angestrebt werden.

Neben den bisher in den Vordergrund gestellten Kriterien für die individuelle Wahl von Lehrveranstaltungen ergibt sich noch die folgende Frage: Gibt es eventuell noch zusätzliche Kriterien, die durch Studierende als Entscheidungshilfen berücksichtigt werden können? Inhaltlicher Ausgangspunkt für die Antwort sind übliche, jährliche Umfragen bei Teilnehmern von SAiA, die im Rahmen der studentischen Bewertung der Lehrveranstaltung durchgeführt werden. Die Aussagen der Studierenden können wie folgt zusammengefasst werden:

- Es ist eine konkrete und „authentische" Aufgabenstellung.
- Die Aufgabenstellung hat einen klaren Anwendungsbezug.
- Es handelt sich um ein komplexes und herausforderndes, technisches Problem.
- Die Lösung muss ganzheitlich im Sinne der Ökonomie und Ökologie betrachtet werden.
- Kein fremdgesteuertes Lernen, sondern selbstorganisiertes und selbstgesteuertes.
- Persönliche Relevanz für Studierende deutlich sichtbar.
- Lernbegleitung und -beratung statt direkter Lehre.
- Teammitglieder haben zwar unterschiedliche Aufgaben, aber alle verfolgen ein gemeinsames Ziel.
- Die Teammitglieder fühlen sich dem Team zugehörig, was durch eine Art „Wir-Gefühl" verstärkt wird.

Alle gelisteten Aspekte stellen für Studierende wichtige Orientierungshilfen dar. Sie können bequem und einfach bei einer Entscheidung für oder gegen eine Lehrveranstaltung genutzt werden.

Zusammenfassend kann festgehalten werden, dass Studierende insgesamt einen bunten Blumenstrauß aus Hinweisen, Ratschlägen und praxiserprobten Entscheidungshilfen bekommen. Aus dem Blumenstrauß können leicht Kriterien pragmatisch gewählt und schnell anwendet werden, um eine individuelle, bewusste und gezielte Studiengestaltung vor dem Hintergrund plausibler Kompetenzen und Persönlichkeitsmerkmale sowie des späteren Vorstellungsgesprächs durchführen zu können.

3.4 Abschließende Bemerkungen

Zusammenfassend kann folgendes festgehalten werden: Im vorliegenden Kapitel ist die Bedeutung von Kompetenzen und Persönlichkeitsmerkmalen vor dem Hintergrund der Bewerbungsunterlagen und des Vorstellungsgesprächs aufgezeigt worden. Die praxisorientierte Strategie zur Erlangung von Kompetenzen und Persönlichkeitsmerkmalen ist zweistufig. In der ersten Stufe ist das Konzept der plausiblen Kompetenzen und Persönlichkeitsmerkmale entwickelt worden. Dieses Konzept stellt anhand einer beispielhaften Lehrveranstaltung die Überführung von Behauptungen über verfügbare Kompetenzen und Persönlichkeitsmerkmale in plausible und glaubhafte Aussagen in den Vordergrund. In der zweiten Stufe sind praxisorientierte Entscheidungshilfen für Studierende abgeleitet und analysiert worden, die die systematische Analyse, Bewertung und Wahl von Lehrveranstaltungen erleichtern. Damit kann eine bewusste, proaktive und wissensbasierte Gestaltung des Studiums und der eigenen beruflichen Zukunft durch Studierende vor dem Hintergrund der Kompetenzen und Persönlichkeitsmerkmale umgesetzt werden.

Die o.g. Ausführungen sind gelegentlich bewusst vereinfacht dargestellt. Die verfolgte Zielsetzung besteht darin, insbesondere dem Verständnis der Ausführungen durch Studierende hohe Bedeutung beizumessen und weniger der wissenschaftlichen Vollständigkeit bzw. Präzision.

3.5 Erfahrungen aus der Praxis

Aus eigener akademischer Praxis
1. Eigene Beobachtungen bestätigen die These, dass die Mehrzahl der Studierenden nach Praxisbezug und modernen Lehrformaten förmlich lechzt.
2. Es macht große Freude zu beobachten, wie sich Studierende in freiwillig gewählten Lehrveranstaltungen mit Projektcharakter und Teamorientierung menschlich eindrucksvoll entwickeln und mit spürbarem, innerem Engagement zu kreativen „Machern" werden.
3. Studierende mit im Studium erworbenen Kompetenzen sind insbesondere bei Abschlussarbeiten ziel- und ergebnisorientiert. Die Zusammenarbeit mit Betreuern gestaltet sich somit vorteilhaft für beide Seiten.

Aus eigener industrieller Praxis
1. Kompetenzen wirken beim Vorstellungsgespräch immer überzeugend, wenn sie mit konkreten Beispielen aus dem praktischen Leben (Studium, ehrenamtliche Tätigkeiten, Hobbys u.ä.) glaubhaft gemacht werden.
2. Hochschulabsolventen mit Kompetenzen und Persönlichkeitsmerkmalen, die den Anforderungen der Stelle entsprechen, weisen deutliche Vorteile gegenüber anderen Wettbewerbern auf. Das kann durchaus zu Glücksmomenten führen.
3. Aus Sicht des Unternehmens zählen Teamfähigkeit und Eigenverantwortung, Zielorientierung und Gestaltungswille zu den wichtigsten Kompetenzen, um später im wettbewerbsgeprägten Umfeld hoch gesteckte Ziele zu erreichen.
4. Ehrenamtlichen Tätigkeiten wurde bei Bewerbungsunterlagen und Vorstellungsgesprächen eigener Mitarbeiter immer eine sehr hohe Bedeutung beigemessen. Es wird davon ausgegangen, dass die Mehrzahl von Industrievertretern diese Bewertungsgrundlage mit höchster Wahrscheinlichkeit weitgehend teilt.

3.6 Take-Home Messages

1. Das in diesem Kapitel vorgestellte Konzept ist bezüglich der Umsetzung im Studium durch pragmatische, einfache und nutzbare Elemente gekennzeichnet.
2. Kompetenzen und Persönlichkeitsmerkmale sind erst dann plausibel und glaubhaft, wenn sie mit Beispielen unter Beweis gestellt werden. Ansonsten sind Kompetenzen und Persönlichkeitsmerkmale, die man sich selbst bescheinigt, lediglich schlichte Behauptungen.
3. Die vorausschauende Planung in der Studienzeit, auch hinsichtlich der eigenen Kompetenzen und Persönlichkeitsmerkmale, stellt eine unabdingbare Voraussetzung für den späteren Erfolg dar. Sie sollte Bestandteil der DNA aller Studierenden sein.
4. Es lohnt sich, die Studienzeit geschickt zu nutzen, um über strategische Entscheidungen bezüglich Lehrveranstaltungen bzw. ehrenamtlicher Tätigkeiten relevante Kompetenzen und Persönlichkeitsmerkmale zu entwickeln, auszubauen und zu perfektionieren. Eine maßgeschneiderte Zahl an Tätigkeiten und Lehrveranstaltungen liegt aus Sicht eines Vorstellungsgesprächs bei 3.5. Ein Übertreffen des Bereichs kann nicht schaden. Es geht aber auf Kosten der erforderlichen Zeit und Arbeit.
5. Kompetenzen und Persönlichkeitsmerkmale sind bei Vorstellungsgesprächen nicht nur wichtig, sondern in vielen Fällen für den Erfolg entscheidend.
6. Der Überlieferung zufolge war am Eingang des Tempels von Delphi (Orakel von Delphi) die Feststellung *Erkenne dich selbst* positioniert. Studierende sollen diese Empfehlung bei der proaktiven und bewussten Wahl von Lehrveranstaltungen berücksichtigen.

Literatur

Arnold, R., Nolda, S., & Nuissl von Rein, E. (2010). *Wörterbuch Erwachsenenbildung*. Verlag Julius Klinkhardt.
Attarbachi, T, Kammler, S., & Schottroff, M. (2019). *SAiA, Basic Engineering Handbook – Biodieselanlagenkomplex*. Interner studentischer Bericht an der TUHH.
Erpenbeck, J., & Sauter, W. (2013). *So werden wir lernen!* Springer-Verlag.
Erpenbeck, J., & von Rosenstiel, L. (2017). *Handbuch Kompetenzmessung: Erkennen, verstehen und bewerten von Kompetenzen in der betrieblichen, pädagogischen und psychologischen Praxis*. Schäffer-Poeschel.
Erpenbeck J., & Sauter, W. (2015). *Wissen, Werte und Kompetenzen in der Mitarbeiterentwicklung*. Springer-Fachmedien.
Günther, K. (2012). Lehre durch Massenvorlesungen? Ein Blick auf neurowissenschaftliche Erkenntnisse. *Forschung & Lehre, 6*, 462–464.
Haken, H. (1996). Synergetik und Sozialwissenschaften. *Ethik und Sozialwissenschaften, 7*(4), 588–594.
Hossiep, R., & Mühlhaus, O. (2005). *Personalauswahl und -entwicklung mit Persönlichkeitstests*. Hogrefe-Verlag.
Jordan, U., Külpp, B., & Bruckschen, I. (2013). *Das erfolgreiche Einstellungs-Interview*. Springer-Fachmedien.
Kauffeld S. (2005). Fachliche und überfachliche Weiterbildung: Welche Investitionen zahlen sich für die berufliche Handlungskompetenz aus? In A. Frey, R. S. Jäger, & U. Renold (Hrsg.), *Kompetenzdiagnostik-Theorien und Methoden zur Erfassung und Bewertung von beruflichen Kompetenzen, Berufspädagogik* (Bd. 5). Verlag Empirische Pädagogik.
Klimesch, S. (2009). Kompetenz, Persönlichkeit und Berufserfolg in Zeiten organisationalen Wandels, Dissertation, Bergische Universität Wuppertal.
Möller-Holtkamp, S. (2007). Fachintegrierte Förderung von Teamkompetenz, Dissertation, TU Darmstadt, Logos-Verlag, Berlin.
Niermeyer, R. (2007). *Motivation: Instrumente zur Führung und Verführung*. Rudolf Haufe Verlag.
Niermeyer, R. (2020). *Teams führen*. Haufe Lexware Verlag.
Probst, G., Raub, S., & Romhardt, K. (2012). *Wissen managen*. Springer-Fachmedien.
Taguchi, G., Chowdhury, S., & Taguchi, S. (2000). *Robust engineering: Learn how to boost quality while reducing costs & time to market*. McGraw-Hill.
Wissenschaftsrat. (2015). *Empfehlungen zum Verhältnis von Hochschulbildung und Arbeitsmarkt, Zweiter Teil der Empfehlungen zur Qualifizierung von Fachkräften vor dem Hintergrund des demographischen Wandels, S. 41*.
Zentrum für Lehre und Lernen, TUHH, ZLL-Broschüre. ▶ https://www.tuhh.de/zll/startseite.

Additive Fachaktivitäten (extern)

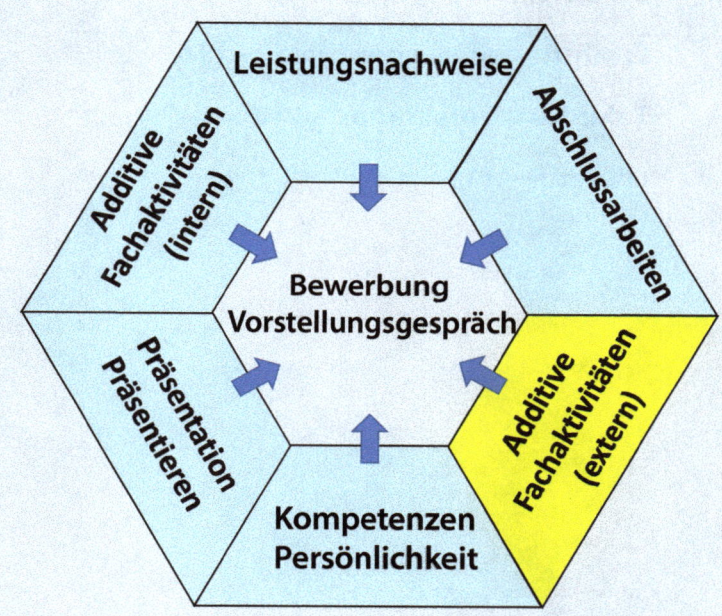

Inhaltsverzeichnis

4.1		Fachpraktikum – 101
4.1.1		**Einführung und Bedeutung des Fachpraktikums – 101**
4.1.2		**Der Nutzen – 106**
4.1.3		**Die Organisation – 109**
4.1.4		**Die Durchführung – 111**
4.2		Erfahrungen aus der Praxis – 116
4.3		Take-Home Messages – 118
		Literatur – 118

4.1 Fachpraktikum

4.1.1 Einführung und Bedeutung des Fachpraktikums

Der zentralen Idee des Ratgebers folgend wird nachstehend das Fachpraktikum detailliert analysiert und mit praxisorientierten Empfehlungen begleitet (siehe Leit-Sechseck). Es gehört zum Konzept der systematischen Erweiterung der fachlichen und persönlichen Kompetenzen im Studium vor dem Hintergrund des späteren Vorstellungsgesprächs. Das hier betrachtete Praktikum ist eine freiwillige Aktivität von Studierenden, die dadurch Alleinstellungsmerkmale im Vergleich zu Wettbewerbern beim Vorstellungsgespräch schafft. Dies stellt einen signifikanten Vorteil dar. Eine weitere externe Fachaktivität ist die Werkstudententätigkeit. Da sich diese inhaltlich nur unwesentlich vom Fachpraktikum unterscheidet, wird im Folgenden der Fokus ausschließlich auf das Fachpraktikum gelegt, wobei die abgeleiteten Ratschläge größtenteils auch auf die Werkstudententätigkeit übertragbar sind.

Das Wort *Praktikum* stammt aus dem mittellateinischen *practica* und bedeutet unter anderem „Ausübung, Tätigkeit, Übung". Laut Wikipedia bezeichnet der Begriff Praktikum*Prak-tikum* eine zeitlich begrenzte Tätigkeit, die im Rahmen eines Studiums (oder einer beruflichen Ausbildung) praktische Erfahrungen im künftigen Beruf vermitteln soll (Wikipedia 2022). Der erwähnte Beruf mündet für alle Hochschulabsolventen üblicherweise in eine Einstellung in einem Industrie- oder Dienstleistungsunternehmen (im Folgenden als Unternehmen abgekürzt) erst über erfolgreiche Bewerbungsunterlagen und Vorstellungsgespräch. Daraus ergibt sich die Bedeutung des Praktikums und der dabei erworbenen Kompetenzen, Erfahrungen und Qualifikationen für die erfolgreichen Bewerbungsunterlagen und das Vorstellungsgespräch. Das bildet die Grundlage für die folgende Auseinandersetzung mit dieser Thematik.

An Hochschulen unterscheidet man üblicherweise zwischen den in ◘ Abb. 4.1 dargestellten Praktikumsformen. Hochschulinterne Praktika, beispielsweise an naturwissenschaftlichen und technischen Studiengängen, fokussieren sich dabei vorwiegend auf die Ergänzung und Vertiefung der gelernten, theoretischen Inhalte durch apparative und experimentelle Versuche. Hierbei stehen das Erlernen der Handhabung und des Einsatzes von Equipment, Anlagen, Apparaten bzw. Softwaresystemen mit begleitender Auswertung eigener experimenteller Befunde im Vordergrund. Dagegen verfolgen das Grund(Vor-)praktikum und das Fachpraktikum weitere essenzielle Ziele. Neben den praktischen Berufserfahrungen umfassen diese Ziele auch einen vertieften Einblick in Unternehmen sowie das Kennenlernen sozialer Aspekte, wie z. B. Führungsverhalten, Leistungsvereinbarungen, materielle, emotionale und informative Unterstützung, Arbeitsbelastung, Unternehmenskultur und menschliche Interaktionen (◘ Abb. 4.1).

In der Regel sind sowohl hochschulinterne Praktika als auch das Grund(Vor-)praktikum fest im Curriculum verankert. Damit sind sie auch über entsprechende Praktikums- bzw. Institutsrichtlinien detailliert definiert und beschrieben. Für

> Praktische Berufserfahrungen

> Einblick in Organisationsstrukturen

> Kennenlernen sozialer Aspekte

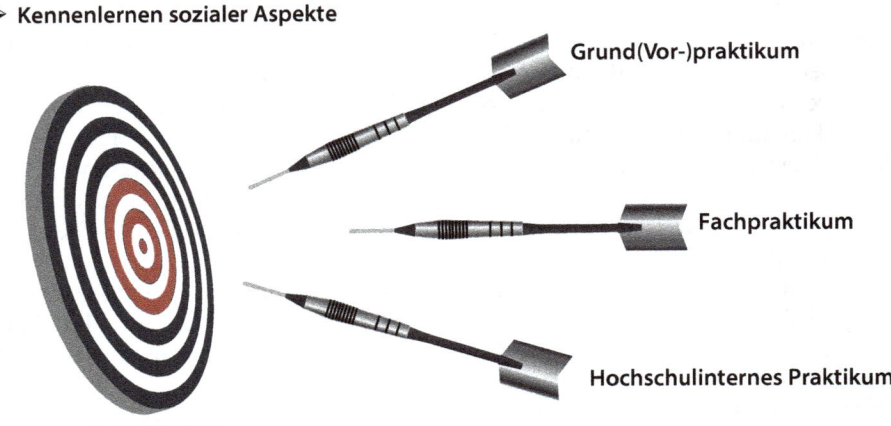

Abb. 4.1 Inländische Praktikumsformen an Hochschulen

Studierende bedeutet das, dass Zweck, Art und Dauer, zeitliche und inhaltliche Gliederung, Praktikumsbescheinigungen und die Anerkennung durch das Praktikantenamt oder betreuende wissenschaftliche Mitarbeiter klar festgelegt sind und befolgt werden müssen. Hier gibt es nur geringe Freiheitsgrade für persönliche Gestaltungsmöglichkeiten.

Als früher der Hochschulkosmos noch in Ordnung war, bezog sich die letzte Feststellung auch auf das Fachpraktikum. Dieses war fester Bestandteil des Curriculums mit den genannten Konsequenzen. Als Ergebnis der umwälzenden Änderungen infolge des Bologna-Prozesses hat sich insbesondere das Fachpraktikum an zahlreichen Hochschulen immens verändert. Warum es zu diesen Änderungen kam und welche gravierenden Konsequenzen der Bologna-Prozess auf das Fachpraktikum hatte, wird im Folgenden erörtert. Studierende sollen dabei einen Einblick hinter die Kulissen der Hochschulen gewinnen und die damit verbundenen aktuellen Mechanismen besser verstehen.

Der in 1999 initiierte Bologna-Prozess hatte zum Ziel, eine Harmonisierung und Angleichung aller Studiengänge und Studienabschlüsse in Europa zu erreichen. Die Grundsäulen umfassen unter anderem:
- zwei berufsqualifizierende Studienabschlüsse (Bachelor- und Masterqualifikation),
- die konsequente Einführung eines European Credit Transfer System (ECTS),
- die Ausrichtung von Studiengängen auf den Arbeitsmarkt und seine Bedürfnisse, in dem der Begriff Beschäftigungsfähigkeit (Employability) das Licht der Welt erblickte (Schindler, 2004). Die beiden Abschlüsse sind zeitlich (in der Regel insgesamt 10 (9) Semester) und inhaltlich (180 ECTS (Bachelorqualifikation) und 120 ECTS (Masterqualifikation)) fest begrenzt.

4.1 · Fachpraktikum

Doch was bedeutete dieser Bologna-Prozess für die Hochschulen? Die Hochschulen mussten einen wahren Balanceakt vollziehen. Einerseits mussten sie das tun, was sie schon immer mit Erfolg gemacht haben: die traditionelle Bildung forschungsbasierter, akademischer Persönlichkeiten auf dem Fundament zahlreicher wissenschaftlicher Fachdisziplinen, die u. a. den eigenen Nachwuchs bildeten. Diese Aufgabe ist für die meisten Professoren aufgrund vorliegender umfangreicher Fachbücher, bekannter Strukturierung des Fachs und eigener, vorhandener Forschungserfahrungen als Routinetätigkeit umsetzbar. Leider wurden sie dabei mit der Tatsache konfrontiert, dass dieser klassischen wissenschaftlichen Förderung einer Minderheit der Studierenden plötzlich weniger Bedeutung beigemessen wurde.

Völlig anders sieht es aus, wenn man die zweite Seite der Bologna-Medaille betrachtet, die über den erwähnten Begriff der Beschäftigungsfähigkeit die berufliche Zukunft der Mehrzahl der Studierenden und die Anforderungen des Arbeitsmarktes in den Mittelpunkt stellt. Es ist absolut unbestritten, dass die Hochschulen durch die erwähnten curriculare Praktika in hochschulinternen Laboren und Einrichtungen, über Übungen, Lehrprojekte, moderne und innovative Lehrformate (problem-based learning, forschendes Lernen), verstärkte Praxisbezüge in Vorlesungen und viele andere Aktivitäten einen bedeutenden Beitrag zur Stärkung der Praxis- und Berufsorientierung des Studiums geleistet haben. Dennoch beklagen Studierende immer noch eine unzureichende Vorbereitung auf den Beruf, ein unausgewogenes Theorie-Praxis-Verhältnis im Studium an Hochschulen (Stichwort: zu „theorielastig") und mangelnde Praxisorientierung sowie Arbeitsmarktrelevanz. Diese Kritik betrifft vor allem Studiengänge an Hochschulen, deren Absolventen einfach das beruhigende Gefühl vermissen, etwas praktisch zu können, zu beherrschen und zu leisten, anstatt nur theoretisches Wissen zu besitzen (Schubarth et al., 2012). Es ist an dieser Stelle zu betonen, dass in dieser Hinsicht Hochschulen für Angewandte Wissenschaften deutlich besser abschneiden.

Es gibt zwei objektive Gründe, die zumindest teilweise den beschriebenen, unbefriedigenden Zustand an Hochschulen erklären. Betrachten wir hierzu die ◘ Abb. 4.2.

Auf der linken Seite sehen wir die beiden Türme Asinelli und Garisenda, die als Wahrzeichen von Bologna bekannt sind. Im Schattenraum der beiden Türme sind die alten und die neuen Studienabschlüsse in Form von Säulen unterschiedlicher Höhe dargestellt. Durch den Bologna-Prozess wurden fast flächendeckend die Diplomstudiengänge durch die berufsqualifizierenden Studienabschlüsse (Bachelor- und Masterqualifikation) ersetzt. Während die durchschnittliche Studiendauer bei den Diplomstudiengängen etwa 11–13 Semester betrug (siehe Höhe der Säule in ◘ Abb. 4.2), wurde sie bei den neuen Studienabschlüssen auf lediglich 10 (bzw. 9) Semester verkürzt. Dieser zeitliche Unterschied ist insbesondere für die Studieninhalte bedeutend, da durch die Verkürzung der Studiendauer und die gleichzeitige Begrenzung über die ECTS-Punkte zwangsläufig viele Lehrveranstaltungen wegfielen. Es ging aber noch weiter. Aufgrund der unsäglichen Modularisierung und der Forderungen der Studierenden (und der Bologna-Reform) nach der Reduzierung der Prüfungslast sind weitere

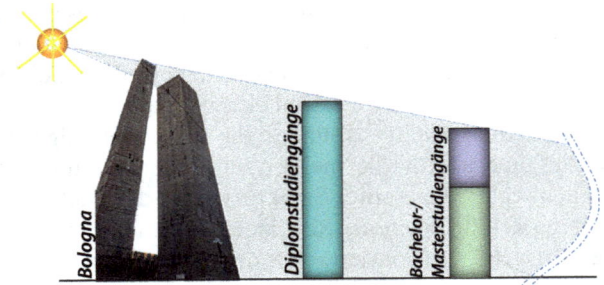

Abb. 4.2 Der lange Schatten von Bologna

Lehrveranstaltungen unter die Räder der Bologna-Walze gekommen. Man sollte niemals Frösche in die Diskussion bezüglich Trockenlegung eines Teichs miteinbeziehen!

In zahlreichen Studiengängen, insbesondere in naturwissenschaftlichen und technischen Studiengängen erfolgte leider als Ergebnis der erwähnten Sachverhalte auch die ersatzlose Streichung des Fachpraktikums aus dem Curriculum. Eine für Studierende fatale, obwohl objektiv gesehen, erzwungene und in vielen Fällen einzig mögliche Entscheidung. ECTS-mäßig war einfach kein Platz mehr für ein Fachpraktikum. Damit ergeben sich für Studierende gravierende Nachteile. Sie umfassen weniger die fachliche Ebene (Fachwissen). Für die ist im Studium weitgehend die Hochschule verantwortlich und setzt sie im Rahmen der verkürzten Studiendauer so gut wie möglich um. Die Nachteile des fehlenden Fachpraktikums bestehen darin, dass Studierende keinen Einblick mehr in die Zielsetzungen in ◘ Abb. 4.1 bekommen. Weiter noch, sie erhalten auch kein Gefühl für die unternehmerischen Denkweisen, Prioritäten, Wertvorstellungen, typischen Herausforderungen des betrieblichen Alltags, lösungsorientierten Vorgehensweisen u. ä. Dies können leider auch nicht Professoren an Hochschulen leisten, weil hier noch eine weitere Entscheidung eine enorm wichtige Rolle spielt. Seit der Umstellung von der C4- auf die W3-Besoldung kristallisiert sich an Hochschulen ein klarer Trend heraus. Hochschulen sind zunehmend finanziell im Vergleich zu z. B. der Industrie nicht mehr wettbewerbsfähig, wodurch seit Jahren die Anzahl der Bewerber mit industriellem Hintergrund für ausgeschriebene Professorenstellen stetig sinkt. Es ist dabei schwierig bis unmöglich, dass auf der anderen Seite Professoren, die ihr ganzes Berufsleben ausschließlich an Hochschulen verbracht haben, die von Studierenden geforderten, beruflichen Inhalte und Praxisbezüge aus den Unternehmen vollumfänglich vermitteln.

> **Hinweis**
>
> Zusammenfassend ergibt sich im Kontext der Ausführungen für Studierende bezüglich eines gestrichenen Fachpraktikums der folgende Sachverhalt. Fehlt im Studiengang ein Fachpraktikum, das im Curriculum verpflichtend verankert ist, so können Studierende damit entweder leben oder ein freiwilliges Fachpraktikum aus

> Eigeninitiative absolvieren. Die zweite Alternative weist mindestens zwei Vorteile auf. Ein freiwilliges Fachpraktikum zeichnet sich aus Sicht des zukünftigen Vorstellungsgesprächs im Unternehmen – im Vergleich zu Wettbewerbern – durch ein äußerst wichtiges und wertvolles Alleinstellungsmerkmal aus und weist aus diesem Grund eine besonders hohe Bedeutung auf.

Die persönliche Entscheidung von Studierenden, ein fehlendes Pflichtpraktikum im Studiengang durch ein freiwilliges zu kompensieren, hat aber auch eine weitere, denkbare positive Seite. Handlungen, die vorausschauend aus Eigenverantwortung und Selbstvertrauen freiwillig initiiert werden, um das eigene Studium und die eigene berufliche Zukunft proaktiv zu gestalten, werden in Vorstellungsgesprächen anerkannt und genießen sehr hohes Ansehen auf der Seite des Unternehmens. Dabei können und müssen Studierende geschickt die eigene Unternehmungs-, Leistungs- und Lernbereitschaft in Bewerbungsunterlagen und beim Vorstellungsgespräch zielführend zum Ausdruck bringen. In einer Leistungsgesellschaft sorgen alle erwähnten Elemente wenigstens tendenziell für sehr gute Karten.

Es müssen aber in diesem Zusammenhang fairerweise auch klare Nachteile dieser Entscheidung angesprochen und analysiert werden. Sie sind auf der einen Seite mit einem nicht unerheblichen Arbeits-, Zeit- und Organisationsaufwand verbunden. Des Weiteren sollte allen Studierenden die folgende Tatsache bewusst sein. Ein freiwilliges Fachpraktikum führt in der Regel dazu, dass sich das eigene Studium zwangsläufig verlängert. Damit verzögert sich leider auch der Startpunkt der beruflichen Karriere und der erfreuliche Zustand des Geldverdienens nach der Abschlussprüfung. Dauert beispielsweise ein Fachpraktikum 6 Monate und wird die erste Einstellung um diesen Zeitraum in die Zukunft verschoben, so „finanziert" man das freiwillige Fachpraktikum quasi selbst. Hierzu die folgende, überschlägige Schätzung. Absolventen verfahrenstechnischer Studiengänge können in Abhängigkeit von Firmengröße mit ca. 45.000–70.000 € Jahresgehalt rechnen. Das ergibt bei der hier betrachteten Verlängerung des Studiums um 6 Monate eine Größenordnung von 22.500–35.000 €. Diese teilweise deprimierende Betrachtung kann man aber durchaus relativieren, indem man sich vor Augen die anvisierten 6 Monate gegenüber späteren ca. 45 Berufsjahren führt.

Der o. g. Sachverhalt hat aber auch einen denkbaren Vorteil. Dieser besteht darin, dass man eine persönliche Entscheidung für ein freiwilliges Fachpraktikum plötzlich wie eine Investition betrachtet. Und jede Investition sollte auf der anderen Seite einen klaren Ertrag bringen. Dieses Bewusstsein beflügelt ungemein die äußerst fundierte Planung der Praktikumsinhalte, die sorgfältige Wahl des Unternehmens und eine möglichst optimale Nutzung der Praktikumsdauer im Sinne der eigenen Interessen und Neigungen. Man lernt dabei ungemein!

Zusammenfassend kann folgendes festgehalten werden. Das Fazit lautet also in Anlehnung an den bekannten Werbeslogan (*Just do it*): *mach's selbst!* Hier ist ausdrücklich darauf hinzuweisen, dass sich der Spruch nicht nur auf die initiale Entscheidung für oder gegen ein Fachpraktikum bezieht. Vielmehr geht es hier um eine integrale Berücksichtigung zahlreicher, grundlegender Aspekte, da es im

Interesse der Studierenden liegt, möglichst viele, fachlich unterschiedliche Aufgabenstellungen in besonders namhaften Unternehmen zu absolvieren. Man muss möglichst viel Kapital aus einem freiwilligen Fachpraktikum schlagen, weil man schließlich beträchtliche „Gelder" in sich selbst investiert.

Im Folgenden wird auf:
- Nutzen,
- Organisation,
- Durchführung

eines Fachpraktikums detailliert eingegangen. Dabei werden praxisorientierte Hinweise herausgearbeitet, analysiert und bewertet. Hier kommt die eigene Tätigkeit in der F&E des früheren industriellen Arbeitgebers und die Verantwortung für die Betreuung von Praktikanten zugute. Dadurch erklärt sich auch, dass sich die inhaltliche Ausrichtung dieser Hinweise und Empfehlungen zwangsläufig auf die Verfahrenstechnik fokussiert, allerdings wird versucht, sie möglichst in einem allgemeingültigen Kontext zu präsentieren. Des Weiteren ist auch die Leitung des Praktikantenamtes an der TUHH bis 2014 zu erwähnen. Diese Verantwortung endete in 2014 durch die Ernennung zum Dekan. Erfahrungen und Insiderwissen aus zwei unterschiedlichen „Welten" ergänzen sich somit hervorragend. Auf diesem Fundament wird versucht, das Phänomen des Fachpraktikums aus beiden Perspektiven zu beleuchten und vertieft zu analysieren, um daraus für Studierende eine Basis für eine fundierte Entscheidung und solide Bewertung auszuarbeiten.

Vor dem Hintergrund des Alleinstellungsmerkmals von freiwilligen Fachpraktika werden in diesem Kapitel keine curriculum-verankerten Lehrformate, wie z. B. das Grundpraktikum bzw. hochschulinterne Praktika näher betrachtet. Der Fokus wird ausschließlich auf das freiwillige Fachpraktikum gelegt.

Betrachten wir noch abschließend den in ◘ Abb. 4.2 gezeigten Garisenda-Turm. Er ist in Natura auffällig schief. Man könnte sich fragen, ob dies vielleicht schon damals ein schlechtes Omen für den Bologna-Prozess war?

4.1.2 Der Nutzen

Der Ausgangspunkt der Betrachtung ist der Nutzen des Fachpraktikums, da überzeugende bzw. unzureichende Argumente in diesem Bereich ausschlaggebend für die Entscheidungsfindung sind.

Ein Fachpraktikum in einem Unternehmen stellt eine Art Investition in die eigene berufliche Zukunft dar. Wie jede Investition muss sie einen klaren Ertrag bringen. Studierenden wird daher dringend empfohlen, das geplante Vorhaben sehr sorgfältig vor dem Hintergrund des persönlichen Nutzens zu planen, zu analysieren und schließlich zu entscheiden.

Doch wie können Studierende, die noch nie ein Praktikum absolviert haben, den möglichen Nutzen einschätzen? Ihnen fehlt oft die Grundlage spezifischen Wissens und praktischer Erfahrung. Um diesem Nachteil entgegenzuwirken, werden im Folgenden einige Aspekte vorgestellt und diskutiert, die bei der Entscheidung berücksichtigt werden können.

Im Allgemeinen kann man sich den Nutzen eines Fachpraktikums wie ein multidimensionales Problem vorstellen. Um dieses Problem strukturiert darzustellen und zu analysieren, sind vier Dimensionen des Nutzens eingeführt worden. Diese Dimensionen umfassen den Nutzen hinsichtlich:
- der Gestaltung des weiteren Studiums,
- des Kennenlernens des beruflichen Alltags,
- des späteren Übergangs in den Beruf,
- unternehmerischer Aspekte (Organisation und soziale Aspekte).

Diese Dimensionen sowie weitere Detailaspekte werden zusammenfassend und ohne Anspruch auf Vollständigkeit in ◘ Abb. 4.3 dargestellt. Es handelt sich allerdings um eine Idealvorstellung, und nicht alle Aspekte können in jedem Fachpraktikum optimal berücksichtigt werden. Die eigentliche Intention der vier Dimensionen liegt darin, den Studierenden die Multidimensionalität des Nutzens zu verdeutlichen. Auf dieser Basis kann eine fundierte Entscheidung bezüglich des Fachpraktikums getroffen werden. Später, während des Praktikums, bieten diese Dimensionen eine wertvolle Hilfe, um den persönlichen Neigungen und Interessen, der zur Verfügung stehenden Praktikumsdauer und der Art des Unternehmens entsprechend Schwerpunkte zu setzen oder anzustreben.

Da die meisten Aspekte in ◘ Abb. 4.3 weitgehend selbsterklärend sind, werden sie nicht näher analysiert. Eine Ausnahme bilden hier die unternehmerischen Aspekte, die insbesondere für Studierende der Natur- und Ingenieurwissenschaften eher abstrakt erscheinen. Es ist oft nicht sofort ersichtlich, wie man Aspekte wie Unternehmensstrategie, -ziele, -organisation u. ä. in Erfahrung bringen kann. Hier können während des Fachpraktikums z. B. unternehmensinterne Organigramme, Gespräche mit langjährigen Mitarbeitern, interne Broschüren und Flyer sowie Teilnahme an einer Betriebsversammlung u. ä. weiterhelfen.

Neben den erwähnten vier Dimensionen ergibt es noch eine weitere zentrale Erkenntnis, die ein Fachpraktikum vermittelt. Diese besagt, dass in der Praxis Herausforderungen häufig nur durch Berücksichtigung angrenzender Fachgebiete und in einem sozialen Umfeld (Teams, Abteilungen) gelöst werden können. Hierfür sind Neugierde und ausgeprägte Teamfähigkeit zentrale Voraussetzungen für den Erfolg. Das gilt auch uneingeschränkt später im Berufsleben.

Um den Nutzen des Fachpraktikums vollumfänglich zu verstehen, ist es notwendig, auch die Sicht des Unternehmens zu betrachten und kurz zu analysieren. Es ist unbestritten, dass hinter jedem Fachpraktikum auch wirtschaftliche Aspekte eine wichtige Rolle spielen.

Praktikanten sind nun mal deutlich kostengünstiger als festangestellte Mitarbeiter bzw. frisch eingestellte Hochschulabsolventen, obwohl zwischen diesen oft nur 1–2 Semester liegen. Für Unternehmen spielen jedoch auch andere Faktoren eine bedeutende Rolle. Dazu gehören das Kennenlernen und längeres Beobachten potenzieller Mitarbeiter im Rahmen einer langfristigen Personalakquisition. Ein weiterer Vorteil für das Unternehmen besteht darin, über einen

... hinsichtlich der Gestaltung des weiteren Studiums:

Feststellung eigener Wissens-, Kompetenz-und Erfahrungsdefizite

Orientierungshilfe bei:
- Wahrnehmung praxisbezogener Lehrveranstaltungen im Wahlpflichtbereich
- Schwerpunktsetzung bezüglich persönlich interessanter, innovativer und berufsrelevanter Fachgebiete im Lehrspektrum
- fundierte Beurteilung der Praxisrelevanz vom Lehrangebot
- Konkretisierung der Lehrinhalte durch gezielte Diskussion und Analyse
- Bewertung, Priorisierung und Wahl von Themen für studentische Abschlussarbeiten

... hinsichtlich des beruflichen Alltags:

Sachgerechte Erfassung, Analyse und Einschätzung betrieblicher Aufgabestellungen
Generierung und Bewertung zielorientierter Alternativen für Lösungen
Wahl und praktische Umsetzung von Lösungen
Förderung persönlicher Entwicklung (Wissen, Kompetenzen, Erfahrungen)
Entwicklung persönlicher Auftretens (Selbständigkeit, Eigeninitiative, Hartnäckigkeit)
Herausbildung einer kritischen Reflexions-und Innovationsfähigkeit

Entwicklung von Teamfähigkeit:
- Einbindung in Arbeitsgruppen und Hierarchien
- Mitarbeit an Teilprojekten
- Eingewöhnung an Spielregeln, Arbeitsabläufe, Erwartungen und Bewertungen
- Umgang mit konstruktiver Kritik
- Beherrschung kompromissorientierter Diskussion
- Sachliche Auseinandersetzung mit Konflikten

... hinsichtlich des späteren Übergangs in den Beruf:

Knüpfung erster beruflicher Kontakte und Netzwerke
Kennenlernen der Anforderungen von Beruf und Arbeitsmarkt
Aufwertung des Lebenslaufs und der Bewerbungsunterlagen
Konkretisierung der eigenen beruflichen Vorstellungen (Art der Tätigkeiten, Inhalte, Arbeitsplatz,...)
Kennenlernen und Bewertung möglicher Karrierewege
Konstruktion einer eigenen Brücke zwischen Hochschule und späterem Beruf
Erarbeitung einer Basis für einen gemilderten Übergang in den Beruf (Vermeidung eines brutalen Praxisschocks)

... hinsichtlich unternehmerischer Aspekte:

Kennenlernen der unternehmerischen Realität/Wirklichkeit
Einblick in ein Unternehmen (Gesamt-und Detailüberblick) und in ablaufende Vorgänge
Unternehmensstruktur und -organisation (Ausführung und Arbeitsweise einzelner Bestandteile, Aufbau-und Ablauforganisation)
Kenntnis der Unternehmensstrategie (Vision und gesetzte Ziele)
Zusammenspiel und Interaktionen unternehmerischer Teilbereiche
Kundenorientierung (intern, extern)
Marktpositionierung (Produkte, Dienstleistungen)
Wertekultur (Wertschätzung, Kommunikation, Feedbackkultur)
Loyalität der Mitarbeiter, Familienfreundlichkeit, Konfliktbewältigung
Wissensmanagement, Lieferantenintegration, Qualitätssicherung

Fachpraktikum Nutzen...

Abb. 4.3 Die vier Dimensionen des Nutzens eines Fachpraktikums. (In Anlehnung an weiterführende Literatur)

Praktikanten Einblicke in neuere wissenschaftliche Entwicklungen zu erhalten. Dies stellt einen Beitrag zum effizienten Wissens- und Technologietransfer dar. Durch die Mitarbeit der Praktikanten bei der Lösung betrieblicher Herausforderungen werden zudem neue, innovative Anregungen und Impulse gewonnen. Dadurch kann die Wettbewerbsfähigkeit gestärkt und eventuell eine verbreitete „Betriebsblindheit" überwunden werden. Darüber hinaus nehmen Unternehmen neben den erwähnten Vorteilen ihre gesellschaftliche Aufgabe wahr, indem sie zur Erhöhung der Ausbildungsstandards beitragen. Durch die Rückkopplung der Praktikanten mit den Hochschulen steigt tendenziell das Niveau der Lehre. Am Ende profitieren die Unternehmen letztlich selber davon, wenn auch verzögert auf der Zeitachse.

4.1.3 Die Organisation

Auf der Grundlage des dargelegten Nutzens kann die Entscheidung über die Durchführung eines freiwilligen Fachpraktikums fundiert getroffen werden. Falls diese Entscheidung positiv ausfällt, sollte umgehend mit der Organisation des Praktikums begonnen werden.

Eine der wichtigsten Entscheidungen für Studierende ist die Wahl des Unternehmens, in dem das Praktikum absolviert werden soll. Grundsätzlich kann zwischen zwei Extremen gewählt werden: ein eher kleines Unternehmen oder eine große Firma. Zur Unterstützung dieser Entscheidung hier einige Empfehlungen:

Es wird empfohlen, eher ein großes und renommiertes Unternehmen auszuwählen. Der Vorteil liegt darin, dass Praktikanten später durch ihre Bewerbungsunterlagen von dem positiven Image des Unternehmens profitieren können. Dies basiert auf einer rein psychologischen Komponente, die oft weniger sachlichen Begründungen folgt. Da entscheidet im ersten Moment die vereinfachende Denkweise: *Wenn ein Bewerber in einem so angesehenen Unternehmen ein Fachpraktikum absolvieren „durfte", dann kann er nicht schlecht sein.* Über diese Bewertung kann man lange streiten, aber tendenziell hilft dem Bewerber ein namhaftes Unternehmen. Auf jeden Fall schadet es nicht.

Ein weiteres Argument für ein eher großes Unternehmen ist, dass hier naturgemäß eine Vielzahl von unterschiedlichen Fachabteilungen vorhanden ist. Damit entspricht ein großes Unternehmen einem bunten Konglomerat von „kleinen Unternehmen", in denen man – wenigstens theoretisch – Teile des Fachpraktikums absolvieren könnte. Theoretisch, da man über die Kostenstelle einer Fachabteilung vergütet wird und diese eher ungerne die Arbeitskraft (Praktikanten) in andere Fachabteilungen ziehen lässt. Wenn man jedoch ein gutes Verhältnis zum seinem Betreuer aufbaut, dann können als unmöglich eingestufte Vorhaben plötzlich realisiert werden.

Es ist zudem wichtig zu betonen, dass das Unternehmen fachlich zum eigenen Studiengang unbedingt „passen" muss. Wenn diese Voraussetzung nicht erfüllt ist, können bei späteren Bewerbungsunterlagen schnell negative Unterstellungen entstehen (z. B. Familienangehörige im Unternehmen haben den Praktikumsplatz verschafft). Während dies bei freiwilligen Fachpraktika aufgrund der Kosten eher unwahrscheinlich ist, kann es bei Pflichtpraktika gelegentlich vorkommen. Eine fehlende fachliche Passgenauigkeit ist sehr schwer zu erklären, wenn man später in einem Vorstellungsgespräch eine Chance auf den Job erhalten möchte.

Die nächste praktische Frage betrifft die konkreten Quellen für Praktikumsanzeigen. Zu den etablierten und bewährten Quellen zählen:
- Websites der Industrie- und Dienstleistungsunternehmen,
- Regionale und überregionale Online-Jobplattformen wie z. B. Stepstone, Indeed, Stellenwerk,
- Hochschulmessen, z. B. TUHH-Career-Forum,
- Fach- und Kontaktmessen,
- Tagungen und Konferenzen,
- Aushänge/Websites der Institute, Studiendekanate (früher bekannt als „Schwarzes Brett"),
- Personalagenturen wie Adecco,
- Postings in Online-Netzwerken wie Xing, Facebook, LinkedIn.

Diese Quellen entsprechen weitgehend denen, die im Kapitel *Bewerbung und Vorstellungsgespräch* behandelt werden.

Im Folgenden sollen noch konkrete Hinweise zur zeitlichen Planung gegeben werden. Ein Richtwert für die Dauer eines Fachpraktikums liegt bei ca. 4 bis 6 Monaten. Der untere Zeitraum wird oft vom Unternehmen vorgegeben, da ein Praktikum mit unerheblichem internem Zeit- und Arbeitsaufwand verbunden ist. Kurze Praktika werden aus Sicht des Unternehmens oft als nicht rentabel angesehen. Eigene Erfahrungen in diesem Bereich bestätigen diese Regel. Auch aus Sicht der Studierenden ist es sinnvoll, eine gewisse Zeit in der neuen Umgebung eines Unternehmens zu verbringen, um sich einzuarbeiten und den vollen Nutzen aus dem Praktikum zu ziehen.

Zusammen mit der Dauer des Praktikums ist der Startzeitpunkt der Vorbereitungen von entscheidender Bedeutung. Zwei wesentliche Aspekte sind zu berücksichtigen: die Wohnungssuche bei auswärtigen Praktika und der notwendige Vorlauf seitens der Unternehmen. Ein grober Richtwert für den Vorlauf beträgt mindestens zwei Monate. Die Wohnungssuche ist stark abhängig vom Immobilienmarkt, weshalb hier kein allgemeingültiger Richtwert genannt werden kann. Ein weiterer wichtiger Punkt ist die zeitliche Einordnung des Fachpraktikums im Studium. Wie bereits mehrfach betont, sollte der persönliche Nutzen konsequent im Vordergrund stehen. Daher gilt die einfache und nachvollziehbare Regel: Je später im Studiums, desto besser – sowohl aus der Perspektive der Studierenden als auch der Unternehmen.

Abschließend sind die Themen der Vergütung und Versicherung von Praktikanten zu erwähnen. Jedes Praktikum bringt selbstverständlich Kosten mit sich (z. B. Miete am Praktikumsort). Ferner erbringen Praktikanten auch Leistungen in den Unternehmen. Der früher übliche Kostenbeitrag wurde weitgehend durch das Mindestlohngesetz ersetzt. Nach diesem Gesetz müssen freiwillige Praktika, die länger als drei Monate dauern, bezahlt werden. Es ist an dieser Stelle zu beachten, dass diese Regel nicht bei Pflichtpraktika gilt (Urteil des Bundesarbeitsgerichts vom 19.01.2022, AZ – 5 AZR 217/21). Ein weiterer besonders wichtiger Punkt umfasst die erforderlichen Versicherungen. Dieser Themenkomplex darf nicht vergessen bzw. verdrängt werden. Er wird im Kapitel *Abschlussarbeiten* ausführlich behandelt und soll an dieser Stelle nicht weiter vertieft werden.

4.1.4 Die Durchführung

Hinweise und Empfehlungen zur konkreten Durchführung und optimalen Gestaltung des Fachpraktikums stehen im Mittelpunkt dieses Unterkapitels. Es ist wichtig zu beachten, dass jedes Unternehmen eine eigene Welt mit vielen, spezifischen Spielregeln darstellt. Diese Spielregeln haben mit den aus Studierendensicht bekannten Verhaltensweisen an der Hochschule nur selten etwas Gemeinsames. Nachfolgend sind einige hilfreiche Tipps aufgeführt, womit sich Fettnäpfchen vermeiden lassen.

Zu den ersten Aufgaben eines Praktikanten gehört es, sich im Voraus 15 bis 30 min Zeit zu nehmen, um Fragen zusammenzustellen, die einem unter den Fingern brennen. Zunächst sollte man sich an andere, erfahrene Praktikanten vor Ort (sofern vorhanden) wenden, bevor man die Mitarbeiter des Unternehmens anspricht. Diese Vorgehensweise ist vorteilhafter als das tagtägliche Generieren an Fragen mit begleitender Klärung. Damit wir uns nicht falsch verstehen: Alle Mitarbeiter eines Unternehmens sind natürlich gerne bereit, Fragen junger Menschen zu beantworten. Dies kann aber bei übertriebener Häufigkeit irritierend wirken, was natürlich durchaus menschlich ist.

Nach Laotse gilt: *Auch der längste Marsch beginnt mit dem ersten Schritt.* Dies gilt besonders für den ersten Tag und die Anfangsphase eines Fachpraktikums. Hierfür ein paar praxisorientierte Empfehlungen aus dem Bereich der Psychologie. Sanchez und Dunning haben herausgefunden, dass insbesondere bei jungen Menschen das folgende Phänomen zu beobachten ist. Sie bezeichnen es als *Anfängerblase* des Übervertrauens und meinen damit, dass bei jungen Menschen das erworbene Wissen oft in eine sprunghafte Selbstüberschätzung mündet (Sanchez & Dunning, 2018, Sanchez & Dunning, 2020). Eigene industrielle Praxis bestätigt diese Beobachtung deutlich. Um Missverständnisse und negative Eindrücke zu vermeiden, sollten Studierende während des Fachpraktikums eine „bescheidene" Haltung einnehmen. Die Haltung *Alleskönner, Allroundgenie bzw. Besserwisser* ist suboptimal, da sich erfahrene Mitarbeiter des Unternehmens vom jungen Studierenden u. U. bevormundet fühlen. Diese Einstellung der Mitarbeiter ist wiederum in der Regel ungünstig für den Verlauf des Praktikums.

Eine besonders hohe Bedeutung kommt dem ersten Tag und dem ersten Eindruck zu. Daher sollte man alles Planbare sorgfältig vorbereiten und umsetzen, einschließlich der Wahl des Outfits (Smart Casual, Casual Chic, Business Casual) und der Pünktlichkeit. Im Zweifel ist es besser, overdressed (als Zeichen der Wertschätzung) zu erscheinen, als verschlissene Jeans, und ausgeblichenes T-Shirt (mangelnde Wertschätzung) zu favorisieren. Nach dem ersten Tag wird man ein besseres Gefühl für die Gepflogenheiten im Unternehmen haben und sich entsprechend anpassen. Zudem sollte man sich eine kurze und prägnante Vorstellung der eigenen Person vorbereiten, da man häufig vorgestellt wird. Ein Notizbuch oder ein Tablet zur Dokumentation von Namen, Arbeitsabläufen, Hierarchien, Teamstrukturen und anderen Details ist ebenfalls hilfreich, da die Menge an Informationen zu Beginn überwältigend sein kann.

Einen enorm wichtigen Komplex bilden die eigene Persönlichkeit und die zwischenmenschliche Interaktion. Es gilt, positive, freundliche und offene Grundhaltung, höfliche Umgangsformen gepaart mit Kommunikations- und Kontaktfreudigkeit im täglichen Umgang konsequent zu pflegen. Gute Kinderstube ist in diesem Fall eindeutig von Vorteil. Für jegliche Form der Hilfe (z. B. beantwortete Fragen, fachliche und organisatorische Hinweise) sollte man immer Dankbarkeit zeigen. Proaktives, fleißiges und motiviertes Auftreten gepaart mit persönlichem Arbeitseinsatz kommen in Unternehmen immer gut an.

Es gibt jedoch auch zahlreiche Stolperfallen, die vermieden werden sollten. Dazu zählen unangebrachte Sprüche bei der Vorstellung am ersten Tag, haltlose Bewertungen und destruktive Kritik an Personen oder Abläufen, private Telefonate während der Arbeitszeit, unangemessenes Duzen, unpassende Vertraulichkeit und die Beteiligung an Gerüchten oder Lästereien. Oft kann man sich selbst im Weg stehen, wenn man diese Verhaltensweisen nicht vermeidet (◘ Abb. 4.4).

Wie bereits erwähnt, stellt ein freiwilliges Fachpraktikum eine beträchtliche Investition dar, die man daher optimal nutzen sollte. Aber was bedeutet das eigentlich? Wie sollte man das Fachpraktikum inhaltlich gestalten, um den Nutzen zu maximieren? Das Schlüsselwort lautet: Vielfalt der Aufgabenstellungen.

Um dieses Schlüsselwort besser zu verstehen, sollten wir uns auf das zukünftige Vorstellungsgespräch und die Erwartungen des potenziellen Arbeitgebers konzentrieren. Arbeitgeber haben in der Regel klar definierte Herausforderungen und suchen nach passenden Mitarbeitern, die diese bewältigen können. Hierfür sind aus ihrer Sicht zahlreiche Kompetenzen, Erfahrungen und Qualifikationen erforderlich. Stellt man sich die Erwartungen des Arbeitgebers als einen blauen Kreis vor, so ergibt sich ein ähnlicher, aber grüner Kreis für den Bewerber, der dessen spezifisches Wissen, Kompetenzen und Qualifikationen darstellt (◘ Abb. 4.5).

◘ Abb. 4.4 Manchmal steht man sich selbst im Wege

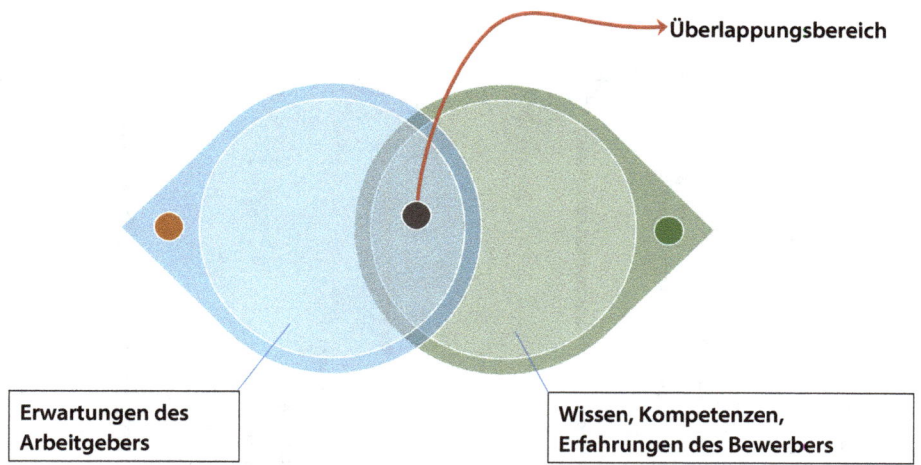

 Abb. 4.5   Die Überlappungsherausforderung

Je größer der Überlappungsbereich (perfect match) zwischen beiden Kreisen, desto höher die Chancen des Bewerbers auf eine Einstellung. In diesem Kontext sollte ein Fachpraktikum als ein äußerst wichtiger Beitrag zur Vergrößerung der Überlappung verstanden werden. Daher wird die angesprochene Vielfalt der Aufgabenstellungen so stark betont. Durch die Überschneidung erlangt der Bewerber entscheidende Alleinstellungsmerkmale im Vergleich zu anderen Wettbewerbern. Dabei ist zu beachten, dass Qualifikationen und praktische Erfahrungen aus der Unternehmenswelt tendenziell höher bewertet werden als solche aus der Hochschulwelt!

In diesem Zusammenhang noch der folgende Hinweis. Die angestrebte Vielfalt der Aufgabenstellungen muss nicht unbedingt mit den Zielsetzungen des Betreuers übereinstimmen. Das wäre ein großer Zufall. Der Betreuer konzentriert sich tendenziell auf die aus seiner Sicht relevanten Aspekte und ist hauptsächlich an konkreten Ergebnissen des Praktikanten interessiert. Dies zu wissen, motiviert Praktikanten dazu, konsequent und proaktiv ihre eigenen Ziele zu verfolgen. Eine ausgeprägte Erwartungshaltung gegenüber dem Betreuer ist hier fehl am Platz und wird nur selten erfüllt.

Nun kommen wir zur zweiten Frage: Wie sollte der Inhalt des Fachpraktikums gestaltet werden? Die Vielfalt der Aufgabenstellungen möchten wir anhand eines beispielhaften „Musterinhalts" näher erläutern. Obwohl die folgenden Ausführungen auf Studierende des Studiengangs Verfahrenstechnik und den eigenen früheren Arbeitgeber bezogen sind, können daraus allgemeingültige Hinweise für andere Studiengänge abgeleitet werden. Die folgenden Gruppen (A–D) an Aufgabenstellungen könnten stellvertretend für den fachlichen Inhalt eines Fachpraktikums in der F&E-Abteilung bzw. in der Anlagenplanung eines Unternehmens in der Chemischen Industrie stehen (Abb. 4.6):

A. Praktische Arbeiten/Tätigkeiten im Labormaßstab (Werkstoff: Glas),

Abb. 4.6 Beispielhafte fachliche Inhalte eines Fachpraktikums im Fachbereich Verfahrenstechnik

B. Praktische Arbeiten/Tätigkeiten im Pilotplant-Maßstab oder Miniplants (Werkstoff: Stahl),
C. Praktische Arbeiten/Tätigkeiten im Produktionsmaßstab
D. Praktische Arbeiten/Tätigkeiten in der Anlagenplanung.

Die zentrale Botschaft für alle Praktikanten, unabhängig vom Studiengang, lautet: Möglichst breitgefächerte Vielfalt an Aufgabenstellungen! Doch wie soll man diese Vielfalt erreichen, ist doch der Betreuer der einzige Entscheidungsträger? Es wird empfohlen, dass Studierende diese Vielfalt proaktiv selbst anstreben. Das mag nicht immer gelingen, dennoch sollte man eine klare Meinung mit präziser Zieldefinition entwickeln und diese in Gesprächen mit dem Betreuer unbedingt (höflich und beharrlich) zur Geltung bringen. Oft lassen sich dadurch mehr Ziele durchsetzen, als wenn man zurückhaltend und schüchtern „nur" die Aufgaben ausführt, die man im Tagesgeschäft üblicherweise bekommt. Der Wille kann viel bewirken, manchmal sogar Berge versetzen! Das Prinzip Hoffnung allein ist hierbei jedoch kein guter Ratgeber.

Abschließend soll noch die Zusammenarbeit mit dem Betreuer erläutert werden. Diese Problematik ist ausführlich im Kapitel *Abschlussarbeiten* beschrieben, da sie dort von herausragender Bedeutung ist. An dieser Stelle wird daher lediglich ein kurzer, praktikumsspezifischer Überblick gegeben.

Alle Studierenden sollten sich zunächst einmal im Klaren darüber sein, dass der Betreuer eine enorm wichtige Informationsquelle ist, sowohl fachlich als auch organisatorisch. Darüber hinaus entscheidet er über alle gestellten Aufgabenstellungen und beurteilt die erzielten Ergebnisse. Schließlich ist er auch für die Ausstellung des Praktikumszeugnisses verantwortlich. Angesichts dieser Tatsachen sollten alle Praktikanten eine enge und vertrauensvolle Zusammenarbeit mit dem Betreuer anstreben. Damit dies gelingt, wird empfohlen, die gewünschte Kommunikation hinsichtlich Form und Häufigkeit zu klären. Eine sorgfältige Vorbereitung der Praktikanten auf Statusgespräche wird als selbstverständlich vorausgesetzt. Dabei sollten mindestens zwei Elemente konsequent vorgesehen werden: Die Erläuterung des erreichten Ist-Zustands und ein eigener Vorschlag für die weitere Vorgehensweise. Eine ähnliche Strategie wird auch bei externen Abschlussarbeiten empfohlen (siehe Kapitel *Abschlussarbeiten*). Besonders der zweite Punkt ist wichtig: Studierende sind oft gewohnt, dass an der Hochschule alles vorgegeben ist und ihre Aufgabe lediglich im sorgfältigen Befolgen besteht. Dies kann zu einer Anspruchshaltung führen, die in der Arbeitswelt nicht realistisch ist. Das Fatale dabei ist, dass sich auf dieser Basis bei Studierenden oft eine Erwartungs- bzw. Anspruchsmentalität *(alles sollte im Vorfeld vorbereitet sein)* entwickelt und leider auch verfestigt. Dem gegenüber stehen die Realitäten der Arbeitswelt in Unternehmen, mit denen Praktikanten (hart) konfrontiert werden. In Bezug auf das Unternehmen weiß z. B. niemand, wie das Endergebnis durchzuführender, experimenteller Untersuchungen aussehen wird. Alle Experimente haben hier einen erstmaligen Charakter und keiner kann den Ausgang voraussagen. Auch nicht der Betreuer! Damit ist der hochschulspezifische Honeymoon im Unternehmen leider vorbei! In diesem Zusammenhang ist also der erwähnte, eigene Vorschlag bezüglich weiterer Vorgehensweise als Basis für eine anschließende Analyse, Diskussion und ggfs. Korrektur zu verstehen. Selbständige Leistung wird an dieser Stelle erwartet und honoriert. Diese Vorgehensweise ist dabei immer besser als die oft praktizierte Einstellung der Studierenden, die man mit *das habe ich gemacht und was soll ich jetzt machen?* umschreiben könnte. In die gleiche Kategorie sind fachliche Fragen seitens der Praktikanten einzustufen, bei denen der Betreuer sofort merkt, dass sich Praktikanten im Vorfeld überhaupt keine Mühe hinsichtlich einer möglichen Antwort gegeben haben. Es ist doch viel bequemer und schneller, andere zu fragen als sich selbst anzustrengen! Grenzwertig bequeme Menschen mag man jedoch nicht, insbesondere wenn man als Betreuer wenig Zeit hat und durchaus gestresst ist. Die beiden letzten Erscheinungen sind für fast alle Betreuer charakteristisch und begleiten sie (fast) jeden Tag.

Die vorgeschlagene inhaltliche Gestaltung des Praktikums und die harmonische Zusammenarbeit mit dem Betreuer münden schließlich im bereits erwähnten Praktikumszeugnis. Dieses ist für Studierende von grundlegender Bedeutung, darf nicht vergessen und sollte immer angestrebt werden. Jeder Praktikant hat einen Rechtsanspruch auf ein Praktikumszeugnis, gemäß § 109 der Gewerbeordnung.

Doch warum sollte ein Praktikumszeugnis so wichtig sein? Um diese Frage zu beantworten, betrachten wir die folgenden zwei Aspekte. Bereits im Kapitel *Kompetenzen, Persönlichkeit* wurde festgestellt, dass Bescheinigungen neutraler Personen glaubhaft und vertrauenswürdig sind. Eigene Angaben im Vorstellungsgespräch werden dagegen hinsichtlich der Glaubwürdigkeit durch zukünftige Arbeitgeber eher mit gesundem Misstrauen bewertet. Der zweite Aspekt besteht darin, dass die Ausstellung eines Praktikantenzeugnisses eine zeitaufwendige Tätigkeit ist, für die der Betreuer oft wenig Zeit hat. Daher ist er dankbar, wenn Praktikanten ihm einen ersten groben Entwurf des Zeugnisses vorlegen. Dabei kennt keiner die Inhalte des Fachpraktikums besser als die Praktikanten selbst. An dieser Stelle zahlt sich auch das erwähnte Notizbuch oder das Tablet aus, in denen alle Tätigkeiten sorgfältig festgehalten wurden. Es wird empfohlen, anhand von Fachbüchern (z. B. Dachrodt & Engelbert, 2013) die Inhalte sowie die Strukturierung eines Praktikumszeugnisses zu erarbeiten. Hierzu noch ein kleiner Hinweis bezüglich der verwendeten Formulierungen im Praktikumszeugnis. Es ist immer vorteilhafter mit Überbegriffen als mit Detailaussagen zu arbeiten. Beispielsweise ist es besser, von „prozessbegleitender Analytik mit beispielhafter Säurezahlbestimmung" als nur von „Säurezahlbestimmung" als Teilaspekt des Fachpraktikums zu sprechen.

4.2 Erfahrungen aus der Praxis

Aus eigener akademischer Praxis
1. Studierende, die ein Fachpraktikum absolviert haben, sind bei der Anfertigung von Abschlussarbeiten tendenziell leistungsfähiger und zeichnen sich durch Zielorientierung, methodisches Vorgehen und vorausschauende Handlungen aus. Offensichtlich haben sie einiges im Fachpraktikum gelernt und verinnerlicht.

2. Führt man als Hochschullehrer ein Gespräch mit einem Hochschulabsolventen nach bestandener Masterprüfung oder später mit einem Doktoranden über ihre berufliche Zukunft durch, so stellt man fest, dass es einen qualitativen Unterschied zwischen denjenigen gibt, die ein Fachpraktikum absolviert haben und denjenigen, die dies nicht vorweisen können. Die Horizonte beider Personengruppen sind sehr unterschiedlich.

Aus eigener industrieller Praxis
1. Studierende liegen immer auf der sicheren Seite, wenn sie dem Satz von J.F. Kennedy aus seiner Antrittsrede im Jahr 1961 folgen: *Ask not what your country can do for you – ask what you can do for your country*. Man sollte lediglich *country* durch *Betreuer* ersetzen. Diese Empfehlung gilt auch in vielen anderen Bereichen des praktischen Lebens.
2. Alle aus Sicht der Studienrichtung „exotischen" Unternehmen als Praktikumsort sollten tunlichst vermieden werden. Bei einem Bewerbungsgesprächs mit einem Hochschulabsolventen fiel auf, dass ein Bewerber (Verfahrensingenieur) ein Fachpraktikum in einem ...Bauingenieurbüro absolviert hatte. Da dies bei einem Verfahrensingenieur auf den ersten Blick keinen roten Faden ergab, hat man nachgebohrt. Es stellte sich heraus, dass das Unternehmen im Besitz der Familie war und sich aus Bequemlichkeitsgründen anbot. Fehlender roter Faden führt oft zu Unterstellungen, die fast immer negativer Natur sind. Das sollte man berücksichtigen.
3. Ausgeprägte Selbständigkeit und Eigenverantwortung, methodisches Vorgehen und klare Zielorientierung in allen Handlungen während des Fachpraktikums werden in Unternehmen besonders anerkannt und geschätzt. Das Erlernen und Festigen dieser Kompetenzen erleichtert auch das spätere Berufsleben.
4. Eine häufig gestellte Frage von Studierenden nach der Regelstudienzeit und deren Bedeutung kann wie folgt beantwortet werden: Eine aufgrund des freiwilligen Fachpraktikums verlängerte Studiendauer ist lediglich eine Randnotiz und stellt kein Problem dar, da das Beenden des Studiums in der vorgeschriebenen Regelzeit für Arbeitgeber keinen hohen Stellenwert hat. Die Regelstudienzeit ist niemals ausschlaggebend bei der Einstellung. Man wird aufgrund des Wissens, der Qualifikationen und Kompetenzen sowie Erfahrungen und der Persönlichkeit eingestellt.
5. Die optimale Fachpraktikumsdauer liegt zwischen 4–6 Monaten. Diese Empfehlung basiert auf einem Kompromiss zwischen der Zuwachsrate an Erfahrung, Wissen und Kompetenz sowie der zwangsläufigen Verlängerung des Studiums.
6. Aus eigener Praxis ist bekannt, dass Studierende gedanklich den Betreuer sehr oft im Bereich der praktikumsbezogenen Serviceleistungen einordnen und eine entsprechende (falsche) Erwartungshaltung während des Praktikums entwickeln. Das ist sehr suboptimal.

7. Ein Auslandspraktikum im deutschen Sprachraum (z. B. Österreich, Schweiz) ist aus Sicht von Unternehmen mehr als fraglich und sollte durch Studierende angesichts des beträchtlichen Zeit- und Arbeitsaufwands ernsthaft überlegt werden.

4.3 Take-Home Messages

1. Ein freiwilliges Fachpraktikum stellt in Bewerbungsunterlagen ein wichtiges Alleinstellungsmerkmal dar und bescheinigt eine eigenständige und bewusste Handlung.
2. Die vorausschauende und sorgfältige Planung des Fachpraktikums ist eine wichtige Voraussetzung für den späteren Erfolg. Ein Gespräch mit dem zukünftigen Betreuer über die Praktikumsinhalte ist im Vorfeld unerlässlich und verringert das Risiko für von Fehlentscheidungen. Ausweichende Antworten des Betreuers und diffuse Vorstellungen sollten von Praktikanten mit gesundem Misstrauen bewertet werden. Ein Betreuer, der vor dem Beginn des Fachpraktikums keine klaren Vorstellungen hat, wird sie höchstwahrscheinlich auch während des Fachpraktikums nicht entwickeln.
3. Die Vorteile eines Fachpraktikums sind ausgesprochen mehrdimensional, allerdings liegt die praktische Sicherung der Mehrdimensionalität auch in der Verantwortung der Praktikanten.
4. Die in diesem Kapitel vorgestellten Aspekte eines Fachpraktikums sind durch pragmatische, einfache und nutzbare Elemente gekennzeichnet. Sie unterstützen wissens- und erfahrungsbasiert den Prozess der Entscheidung und der erfolgreichen Durchführung. Sie tragen auch zur Reduzierung bzw. Vermeidung von potenziellen Fehlern bei.
5. Ein Praktikumszeugnis stellt eine neutrale und damit glaubwürdige Bescheinigung der im Unternehmen absolvierten Aktivitäten dar. Es ist aus Sicht der zukünftigen Bewerbung und des Vorstellungsgesprächs von hoher Bedeutung.

Literatur

Dachrodt, H. G., & Engelbert, V. (2013). *Zeugnisse richtig formulieren: Mit vielen Mustern und Analysen*. Springer-Verlag.

Sanchez, C., & Dunning, D. (2018): Overconfidence among beginners: Is a little learning a dangerous thing? *Journal of Personality and Social Psychology, 114*(1), 10–28

Sanchez, C., & Dunning, D. (2020). Decision fluency and overconfidence among beginners. *Decision, 7*(3), 225–237.

Schindler, G. (2004). Employability und Bachelor-Studiengänge – eine unpassende Verbindung, Beiträge zur Hochschulforschung, 26. *Jahrgang, Heft, 4*, 6–26.

Schubarth, W., Speck, K., Seidel, A., Gottmann, C., Kamm, C., & Krohn, M. (Hrsg.). (2012). *Studium nach Bologna: Praxisbezüge stärken?! Praktika als Brücke zwischen Hochschule und Arbeitsmarkt*. Springer VS-Verlag.

Wikipedia. (2020). ▶ https://de.wikipedia.org/wiki/Praktikum. Zugegriffen: 21. Febr. 2022

Weiterführende Literatur

Bittmann, F. (2018). Über den Nutzen von Pflichtpraktika. Eine Replikation der Studie von Klein & Weiss (2011) mit Daten des Bayerischen Absolventenpanels, Beiträge zur Hochschulforschung, 40. *Jahrgang, Heft, 3*, 78–96.

Koch, G. (2020). *Studieren mit Köpfchen: Clever lernen, entspannt planen, leichter punkten.* Verlag Ferdinand Schöningh.

Lewin K., Heublein U., Teichgräber M., & Sommer D. (2000). *Evaluation der Praxissemester an den Fachhochulen des Landes Nordrhein-Westfallen.* HIS GmbH, Hannover

Sarcletti, A. (2007). Der Nutzen von Kontakten aus Praktika und studentischer Erwerbstätigkeit für den Berufseinstieg von Hochschulabsolventen, Beiträge zur Hochschulforschung, 29. *Jahrgang, Heft, 4*, 52–80.

Schwarzkopf, M. (2019). *Finde deinen Job!* Berufseinstieg für Akademikerinnen und Akademiker: Verlag Ferdinand Schöningh, Paderborn.

Wossidlo, P. R. (1991). *Praktikumskonzepte deutscher Hochschulen: Wissenschaft und Wirtschaft im Ausbildungsverbund.* Gabler-Verlag.

Additive Fachaktivitäten (intern)

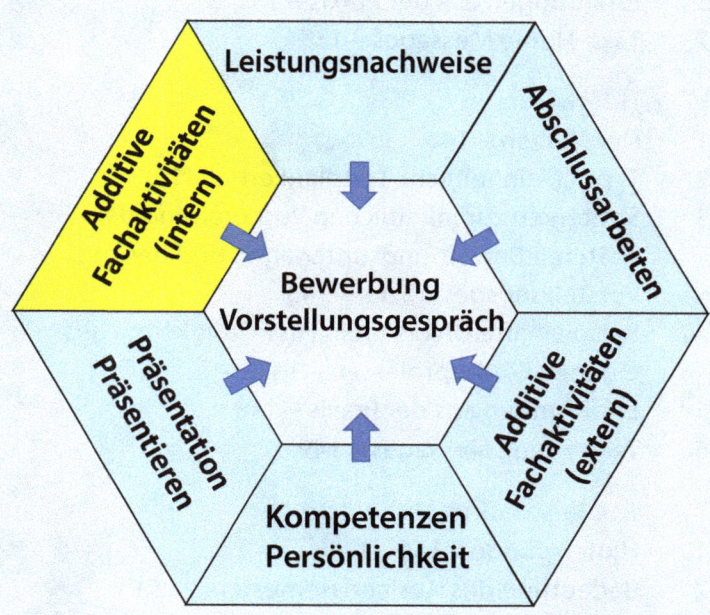

Inhaltsverzeichnis

- 5.1.1 Einführung – 124
- 5.1.2 Hochschulpolitische Zusammenhänge – 125
- 5.1.3 Das didaktische Konzept und angrenzende Aspekte – 127
- 5.1.4 Der eigene Nutzen – 134
- 5.1.5 Zusammenfassung – 136
- 5.1.6 Erfahrungen aus der Praxis – 138
- 5.1.7 Take-Home Messages – 138

5.2 Hilfswissenschaftler – 139
- 5.2.1 Der Nutzen – 140
- 5.2.2 Typische inhaltliche Leitplanken – 141
- 5.2.3 Strategien zur inhaltlichen Vorbereitung der späteren Bewerbungsunterlagen und des Vorstellungsgesprächs – 143
- 5.2.4 Beispielhafte Diversität in HiWi-Tätigkeiten aus eigenen Förderprojekten – 147
- 5.2.5 Erfahrungen aus der Praxis – 148
- 5.2.6 Take-Home Messages – 149

5.3 Auslandssemester – 149
- 5.3.1 Hintergründe – 150
- 5.3.2 Bedeutung des Auslandssemesters – 151
- 5.3.3 Lehre – 152
- 5.3.4 Entwicklung von Kompetenzen und Persönlichkeitsmerkmalen – 154
- 5.3.5 Vorstellungsgespräch und berufliche Karriere – 154
- 5.3.6 Kriterien für die Wahl der Hochschule – 155
- 5.3.7 Organisatorische Aspekte und Planung – 156
- 5.3.8 Rahmenbedingungen – 158

5.3.9	Unterkunft – 159	
5.3.10	Finanzierung – 160	
5.3.11	Sprachkenntnisse – 161	
5.3.12	Anerkennung der Studienleistungen im Ausland – 162	
5.3.13	Kritische Bewertung von Auslandssemestern – 164	
5.3.14	Erfahrungen aus der Praxis – 165	
5.3.15	Take-Home-Messages – 166	

Literatur – 166

© Der/die Autor(en), exklusiv lizenziert an Springer Fachmedien Wiesbaden GmbH, ein Teil von Springer Nature 2025
G. Fieg, *Ungewöhnlicher Ratgeber für Studierende*,
https://doi.org/10.1007/978-3-658-47875-9_5

5.1 Tutor

5.1.1 Einführung

Der zentralen Idee des Ratgebers folgend wird in diesem Kapitel die Tutorentätigkeit näher analysiert und mit praxisorientierten Empfehlungen begleitet (siehe Leit-Sechseck). Sie gehört vor dem Hintergrund des späteren Vorstellungsgesprächs zum Konzept der systematischen Erweiterung der fachlichen und persönlichen Kompetenzen im Studium. Die Tutorentätigkeit ist eine freiwillige Aktivität von Studierenden und trägt somit beim Vorstellungsgespräch Alleinstellungsmerkmale im Vergleich zu Wettbewerbern. Sie ist vor diesem Hintergrund als Vorteil zu bewerten.

Empfehlungen und Hinweise bezüglich der Anforderungen an diese Tätigkeit sowie ihre effektive Umsetzung sind im Folgenden ausgearbeitet, die eine wissens- und erfahrungsbasierte Grundlage für eine fundierte Entscheidung auf der Seite der Studierenden unter Abwägung von Vor- und Nachteilen darstellen. Dabei werden ausschließlich Tutoren betrachtet, die in der Lehre in Lehrveranstaltungen eingesetzt werden. Konsequenterweise werden Hilfstätigkeiten, wie z. B. Ausarbeitung von Vorlesungsunterlagen, Literaturrecherchen u. ä. nicht in Erwägung gezogen. Auch spielt es keine Rolle, ob Tutoren in der Lehre eigenständig oder nur begleitend zu wissenschaftlichen Mitarbeitern fungieren. Diese Einschränkung kann durchaus mit spezifischen, rechtlichen Regelungen an manchen Hochschulen kollidieren. Sie widerspricht diesen nicht, bewertet sie nicht, sondern fokussiert sich lediglich auf Hinweise und Empfehlungen für die oben definierte Gruppe von Tutoren.

Das Wort Tutor hat seinen Ursprung im lateinischen Substantiv *tutor* und hat die Bedeutung *Vormund* bzw. *Beschützer*. Darunter versteht man eine Person, die im Bereich von Hochschulen die Begleitung, Hilfestellung und Unterrichtung von Studierenden im Rahmen von Tutorien wahrnimmt. Tutoren sind in der Regel Studierende im höheren Semester (Bachelor- bzw. Masterstudiengang), die Studierende im niedrigeren Semester aufgrund ihres Wissens und ihrer Erfahrung den Lernprozess – parallel zu klassischen Lehrveranstaltungen – fachlich begleiten. Die sog. Fachtutoren unterscheiden sich dabei von Erstsemester- bzw. Orientierungstutoren. Die letzten werden im Rahmen des Ratgebers nicht behandelt, da sie einen geringen Einfluss auf die hier verfolgte Zielsetzung (Bewerbungsunterlagen und Vorstellungsgespräch, siehe Leit-Sechseck) haben. Arbeitsrechtlich betrachtet, erhalten Tutoren immer einen Arbeitsvertrag und werden für ihre Tätigkeit vergütet. Der Stundenlohn kann zwar variieren, er orientiert sich aber in der Regel am gesetzlichen Mindestlohn, der durch den Gesetzgeber festgelegt wird. In der Regel wird dabei noch der zusätzliche Einsatz in der Vor- und Nachbereitung berücksichtigt. Dienstrechtlich gehören Tutoren zur Gruppe studentischer Hilfskräfte.

Eine fundierte Entscheidung für oder gegen eine Tutorentätigkeit seitens der Studierenden setzt sich in diesem Ratgeber aus drei grundlegenden Elementen zusammen:
- dem Verständnis für hochschulpolitische Zusammenhänge,

- der Betrachtung des didaktischen Konzepts und
- dem eigenen Nutzen.

5.1.2 Hochschulpolitische Zusammenhänge

Damit Studierende die Sachverhalte gut verstehen, korrekt einordnen und präzise bewerten, beginnen wir mit einem breiteren Kontext und betrachten das erste aufgelistete Element aus der Vogelperspektive an. In ◘ Abb. 5.1 ist diese Vogelperspektive mit *Hochschulsicht* gekennzeichnet.

Die grundlegenden Aufgaben einer Hochschule umfassen bekanntlich die Forschung und die Lehre. Im Bereich der Forschung ist festzuhalten, dass Hochschulen untereinander seit Jahrzehnten im harten Wettbewerb um materielle, finanzielle, personelle und räumliche Ressourcen sind. Dieser Wettbewerb wird bewusst durch die Exzellenzinitiative des Bundes, verschiedene Evaluationsverfahren oder Rankings zusätzlich verstärkt (Stichwort: Leistungsorientierte Mittelvergabe). Aber es geht noch weiter: Nicht nur die Hochschulen konkurrieren untereinander, sondern auch Fakultäten, Fachbereiche bzw. Studiendekanate, Departments und Institute innerhalb der eigenen Hochschule. Was bedeutet das für die Professoren, die im Folgenden stellvertretend für das gesamte akademische Lehrpersonal aus Vereinfachungsgründen betrachtet werden?

Um erfolgreich im aufgezeigten Wettbewerb zu bestehen, müssen Professoren neben der Einwerbung der erwähnten Ressourcen auch unermüdlich für ein leistungsfähiges und intrinsisch motiviertes, wissenschaftliches Personal sorgen, denn nur so sind die Aufgaben in der Forschung vor dem Hintergrund des Wettbewerbs erfolgreich zu bewältigen. Die Tutorentätigkeit bietet eine ausgezeichnete Möglichkeit der späteren, gezielten Personalakquisition. In diesem Zusammenhang ist festzuhalten, dass eine Tutorentätigkeit tendenziell durch leistungsfähigere Studierende angestrebt und durchgeführt wird. Des Weiteren bietet aus Sicht der Hochschule bzw. eines Instituts eine Tutorentätigkeit, die sich über mindestens ein Semester erstreckt, eine sehr gute Basis, um Tutoren an ein Institut zu binden und diese über einen längeren Zeitraum sorgfältig zu beobachten und zu bewerten. Damit wird die Wahrscheinlichkeit einer späteren,

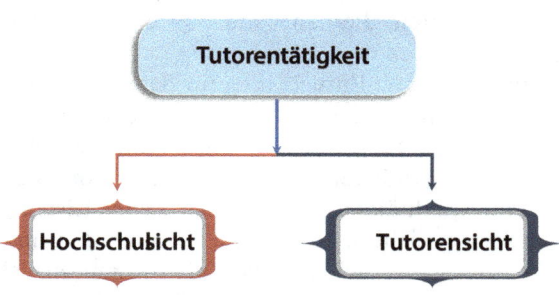

◘ **Abb. 5.1** Unterschiedliche Sichtweisen auf die Tutorentätigkeit

eventuell fehlerhaften Einstellung als wissenschaftliche Mitarbeiter mit dem Ziel einer Promotion auf ein Minimum reduziert. Dabei garantieren die so gewonnenen leistungsfähigen, wissenschaftlichen Mitarbeiter auch noch zusätzlich einen Vervielfältigungseffekt in Form der späteren erfolgreichen Drittmittelakquise und sorgen inhaltlich für ausgezeichnete Forschungsergebnisse.

Zusammenfassend ist aus der betrachteten Hochschulsicht festzuhalten, dass leistungsfähige und engagierte Tutoren später in der Forschung durchaus klare Vorteile für ein Institut und einen Professor darstellen. Daraus ergibt sich folgerichtig ein ausgeprägtes Bemühen, dieser Gruppe studentischer Hilfskräfte als potenzielles, wissenschaftliches Personal lebhaftes Interesse zu widmen. Der beschriebene Sachverhalt sollte engagierten und leistungsfähigen Studierenden, die insbesondere eine ziemlich klare Vorstellung bezüglich der nahen Zukunft haben, zunächst einmal bewusst sein.

Bleiben wir bei der Hochschulsicht (◘ Abb. 5.1), allerdings wird der Kontext verändert. Unter das Brennglas kommt die zweite grundlegende Aufgabe jeder Hochschule, die Lehre. Hier setzt sich die Betrachtung mit einem völlig neuen „Markt" auseinander. Im Gegensatz zum Konkurrenzkampf um materielle, finanzielle, personelle und räumliche Ressourcen in der Forschung, wird in den letzten Jahren im Bereich der Lehre ein klarer und zunehmend verstärkter Wettbewerb um Studierende als Kunden beobachtet. Auch dieser findet mittlerweile – ähnlich wie in der Forschung – auch zwischen Hochschulen sowie intern zwischen Studiendekanaten und Instituten statt. Als Folge hat sich hier ein „Markt" mit ausgeprägtem Angebot (Studiengänge, Studienplätze) und mittlerweile begrenzter Nachfrage (Studierende) herauskristallisiert. Studierende bilden allmählich eine kostbare und vor allem knappe Ressource, die man mit exzellenter, engagierter und innovativer Lehre sowie besten Lehrumgebungen überzeugen muss. In diese Richtung gingen auch tendenziell Hochschulpakte 2011–2015, 2016–2019 und 2020, in denen die dritte Säule – der *Qualitätspakt Lehre* – zur Verbesserung der Studienbedingungen und der Lehrqualität dient (Hochschulpakt, 2020). Mit diesen Mitteln ist der Wettbewerb um die beste Lehre wenigstens finanziell gesichert. Dieser Sachverhalt wird noch durch ein weiteres Element verstärkt. Es handelt sich um eventuelle Überkapazitäten in der Lehre, die die Hochschulen bzw. das akademische Lehrpersonal zumindest nachdenklich stimmen sollten. Sie sind auch ein sehr wirksamer Antrieb für die Verbesserung der eigenen Lehre. Der kategorische Imperativ lautet hier: Überzeugen mit überzeugender Lehre! Die hier betrachteten Tutoren, die näher am Puls der Studierenden sind, tragen dazu effektiv bei.

Was bedeutet aber jetzt diese Entwicklung für das akademische Lehrpersonal? Es ist mittlerweile unbestritten, dass neben den klassischen Lehrformaten (z. B. Frontalvorlesungen) Tutorentätigkeiten in Form von Begleitung, Hilfestellung und Unterrichtung von Studierenden im Rahmen von Tutorien einen bedeutenden Beitrag zur Qualitätssicherung in der Lehre leisten. Ist dabei die erwähnte finanzielle Seite gesichert, so greifen Hochschulen und Professoren im Rahmen der Verbesserung der Lehre gerne auf Tutoren zurück, wobei die beteiligten Akteure entsprechende Anträge zur Gewährleistung der finanziellen Mittel (quasi *Drittmittel für Lehrprojekte*) stellen müssen. Neben der bereits er-

wähnten Personalakquisition für die eigene Forschung ergeben sich aus der Tutorentätigkeit die folgenden, weiteren Vorteile für die Professoren in der Lehre (Hempel et al., 2016):
- bessere und zusätzliche Betreuung der Studierenden,
- verbesserte Lehre und Umgang mit der Heterogenität der Studierenden,
- Arbeitsentlastung für die Professoren selbst,
- tatkräftige Unterstützung bei der Organisation und Dokumentation, bei der Korrektur und bei konzeptionellen Arbeiten (z. B. Erstellung von Lehrmaterialien),
- praktische Tätigkeiten bei der Instandhaltung und Aktualisierung von Medien, Hardware und Software u. ä.

Alle Elemente tragen am Ende dazu bei, dass die Popularität des Professors über spürbares, inneres Engagement in der Lehre ansteigt. Das führt wiederum zum gesteigerten Interesse sowohl bei Studierenden bezüglich angeboteter Lehre als auch bei potenziellen Tutoren sowie später bei Bachelor- und Masterarbeiten.

> **Hinweis**
>
> Zusammenfassend kann festgehalten werden, dass der Stellenwert des Tutors auch aus der Sicht der Lehre tendenziell zunimmt. Daraus folgt eine weitere Motivation für Professoren, geeignete Tutoren zu suchen und einzustellen. Dieser Sachverhalt sollte allen Tutoren vor dem Hintergrund der eigenen Entscheidung für oder gegen eine Tutorentätigkeit bewusst sein.
> Die einleitenden Bemerkungen sind zwar wichtige Bestandteile der zu fällenden Entscheidung von Tutoren, sie reichen aber noch nicht aus. Sie müssen um weitere, essenzielle Aspekte ergänzt und erweitert werden, sollte die Entscheidung der Studierenden möglichst fundiert und belastbar ausfallen.

5.1.3 Das didaktische Konzept und angrenzende Aspekte

Im Folgenden wird die eingeführte Vogelperspektive geändert und der Fokus wird auf die Tutorensicht gelegt (◘ Abb. 5.1). Vorweg die zentrale Mitteilung: Die Tutorentätigkeit ist deutlich komplexer sowie zeit- und arbeitsintensiver als man sich dessen im Normalfall bewusst ist! Diese Feststellung betrifft Tutoren, die den Anspruch erheben, die eigene Tutorentätigkeit möglichst professionell auszuüben. Diese Tutoren beschränken sich also nicht nur auf die einfache Wiedergabe des eigenen, im Studium erworbenen, Wissens an Studierende. Das wäre nämlich die niedrigste Ebene der Tutorentätigkeit, die gegenwärtig oft nicht mehr ausreichend ist und damit auch tendenziell durch Professoren weniger gefragt wird.

Was sind die eigentlichen Aufgabenstellungen von Tutoren und die Anforderungen an ein professionelles Tutorium? Womit müssen Tutoren im praktischen Hochschulleben eigentlich rechnen? Die Antwort auf die erste Frage

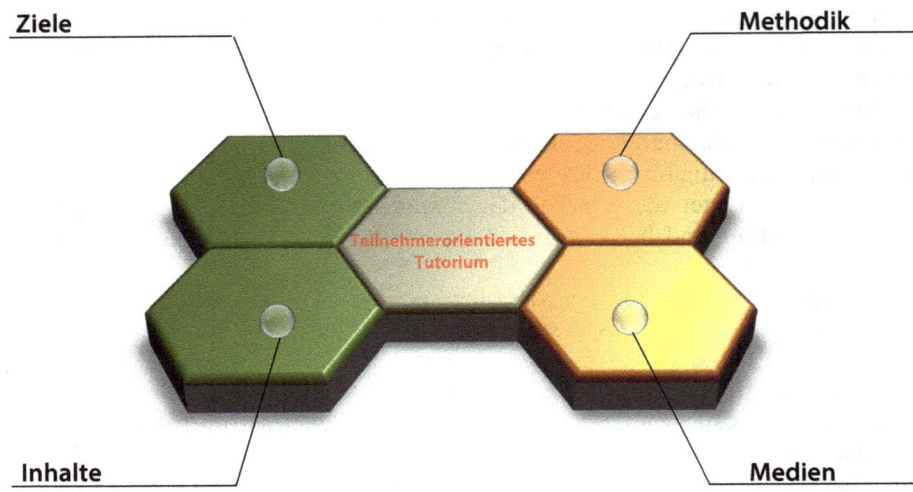

Abb. 5.2 Das didaktische Konzept für ein Tutorium mit seinen Grundelementen

umfasst vielfältige und komplexe Tätigkeiten von Fachtutoren, die Tutorien in Kombination mit Kernveranstaltungen entweder semesterbegleitend oder in Form von Blockveranstaltungen durchführen. Zu den klassischen Lehrformaten gehören in diesem Zusammenhang Workshops, Fallstudien, Praxisübungen, Übungsgruppen, Projekte, Praktika, Seminare u. ä. Hinsichtlich der erwähnten Anforderungen betrachten wir die ◘ Abb. 5.2 näher, in der bewusst ein didaktisches Konzept für ein Tutorium mit relevanten Grundelementen vereinfacht wiedergegeben ist. Hier ist zu betonen, dass im Fokus ein teilnehmerorientiertes Tutorium steht. Auf der linken Seite sind in ◘ Abb. 5.2 Ziele und Inhalte zu sehen, die sich mit der grundlegenden Frage „*Was?*" eines Tutoriums beschäftigen. Auf der rechten Seite ist eine Untermenge der Didaktik, die Methodik, dargestellt. Sie beschäftigt sich mit methodischen Strategien, deren Fokus auf der effizienten Umsetzung der Ziele und Inhalte der Lehre und des Lernens liegt. Somit bildet das „*Wie?*" die Grundlage der Methodik. Die Methodik wird bewusst unterteilt in einen Bereich, der durch Tutoren als Menschen maßgeblich gestaltet wird und in einen Teil, der die technische Unterstützung der Tutoren in Form von Medien darstellt.

Das zentrale Ziel von Tutorien besteht darin (◘ Abb. 5.2), dass Studierende als Teilnehmer auf der Basis von Wissen und Erfahrung eine übergeordnete Handlungsorientierung entwickeln, üben und damit auch festigen. Das Wissen in Form von vier Wissensdimensionen (Fakten- und Konzeptwissen, prozedurales und metakognitives Wissen) wird üblicherweise in der Kernlehrveranstaltung vermittelt. Tutorien fokussieren sich dagegen auf zusätzliche Ziele der Wissensverarbeitung, die über die bekannte Lernzieltaxonomie die folgenden Elemente umfasst (Bloom et al., 1972; Anderson et al., 2001):

- **Kennen/Erinnern:** Wiedergeben von Fakten und Zusammenhängen,

- **Verstehen:** Erklären von Inhalten und Zusammenhängen,
- **Anwenden:** Nutzen von Wissen, um Aufgabenstellungen zu lösen,
- **Analysieren:** Zerlegen einer Aufgabenstellung in ihre Bestandteile, um innere Zusammenhänge und Sachverhalte zu erkennen,
- **Evaluieren:** Analysieren mit überlagertem Bewerten nach festgelegtem Kriterienkatalog,
- **Kreieren:** Zusammenzuführen einzelner Elemente zur Lösung von Aufgabenstellungen als schöpferische Denkleistung.

Diese Lernzieltaxonomie gibt die angestrebte und mittlerweile vom Arbeitsmarkt geforderte Handlungsorientierung der Hochschulabsolventen bei der Lösung von Aufgabenstellungen wieder. Die Aufgabe der Tutoren besteht in diesem Zusammenhang darin, Studierende in die Lage zu versetzen, Wissen wiederzugeben, komplexe Zusammenhänge zu verstehen und erworbenes Wissen zur Problemlösung in neuen Situationen anzuwenden.

Neben den erwähnten, kognitiven Zielen vermitteln Tutoren noch eine weitere, essenzielle Kategorie von Zielen, denen zunehmend eine hohe Bedeutung beigemessen wird. Es handelt sich um affektive Lernziele. Sie umfassen Gefühle, Einstellungen, Interessen sowie Werte der Studierenden und werden innerhalb der Tutorien effektiv durch z. B. Reflexion, Interaktion oder Austausch praktisch geübt und gefestigt. Tutoren spielen dabei eine immens wichtige Rolle, stehen sie doch im unmittelbaren Kontakt zu Studierenden und „ticken" dabei ziemlich ähnlich.

Neben den besprochenen, anspruchsvollen Zielen müssen sich Tutoren sehr sorgfältig auch mit den Inhalten eines Tutoriums auseinandersetzen (◘ Abb. 5.2). Zu den Inhalten zählen solche Aspekte wie Lehrformate, Prüfungsformen, Entwicklung didaktischer Konzepte sowie organisatorische Aufgaben und Rahmenbedingungen. Klassische Lehrformate umfassen Workshops, Seminare, Schulungen, Trainings, Übungen anhand kleiner Projekte, gemeinsames Bearbeiten mit Rechen- und Verständnisaufgaben, Fallbeispiele und Fallstudien, Rollen- und Planspiele, interaktives Analysieren und Lösen anwendungsorientierter Aufgabenstellungen und viele andere.

Da jedes Tutorium in der Regel mit entsprechendem Leistungsnachweis endet, gehört diese Problematik zu den üblichen Aufgaben von Tutoren. Die Leistungsnachweise können in eine schriftliche Form:
- Klausur
- Multiple Choice
- Projektdokumentation
- Hausarbeit bzw. Seminararbeit
- etc.

bzw. eine mündliche Form:
- Einzel- bzw. Gruppenprüfung
- Referat
- Poster-Präsentation
- Kolloquium
- etc.

unterteilt werden. Die Entscheidung bezüglich der Lehrformate und Prüfungsformen treffen übergeordnete Stellen, sodass sie mit keinem zusätzlichen Arbeitsaufwand für die Tutoren verbunden ist. Anders sieht es allerdings hinsichtlich der Entwicklung des erwähnten didaktischen Konzepts und der organisatorischen Aufgaben bzw. der Festlegung der inhaltlichen Rahmenbedingungen aus. In der Regel wird erwartet, dass Tutoren Konzepte bezüglich der Methodik und des Medieneinsatzes erst ausarbeiten, testen und bewerten, um die erwähnten Ziele praktisch und sicher umzusetzen. Die einzelnen Konzepte umfassen inhaltlich die Gestaltung der didaktischen Prinzipien wie minimale Hilfe, Interaktivität (Diskussion, Förderung der Gruppenarbeit), didaktische Beratung, Betreuung, Hilfe (Motivations- und Feedbackhilfen) und konkrete Umsetzung der erwähnten Lernzieltaxonomie u. ä.

Des Weiteren gehören zu den Tätigkeiten von Tutoren auch organisatorische Aufgaben und die Festlegung der Rahmenbedingungen. Beide Elemente sind dabei eng miteinander verwoben und entscheiden häufig über den Erfolg eines Tutoriums. Für den Tutor bedeutet dies das Festzurren beider Bestandteile, wie in ◘ Abb. 5.3 bildhaft dargestellt.

Außerdem verlangt das in ◘ Abb. 5.3 dargestellte didaktische Konzept von Tutoren auch die Umsetzung einer handlungsorientierten Methodik. Dabei müssen Tutoren zunächst einmal für die prinzipielle Voraussetzung jeder didaktischen Tätigkeit Sorge tragen. Es handelt sich um die Motivation und Aktivierung von Studierenden. Allen Tutoren muss bewusst sein, dass diese beiden Pfeiler das Fundament der Methodik darstellen. Sie sind von grundlegender Bedeutung und entscheiden über den didaktischen Erfolg eines Tutoriums. Es wird Tutoren empfohlen, sich mit einer Methodik einschließlich eines Maßnahmenkatalogs hinsichtlich Motivation und Aktivierung sorgfältig und detailliert auseinanderzusetzen. Denn Motivation und Aktivierung von Studierenden sind zwar nicht alles, aber ohne sie ist alles nichts. Aber was bedeutet das eigentlich und was muss der Maßnahmenkatalog beinhalten? In erster Reihenfolge wird die Motivation von Studierenden analysiert. Hierzu wird Tutoren empfohlen, die Perspektive grundlegend zu wechseln und unbedingt in den Vorteilen und im Nutzen für die Studierenden zu denken und zu handeln. Das schließt eine Reihe an Aktivitäten ein, die ein möglichst förderliches Lernklima und eine positive Einstellung zu den

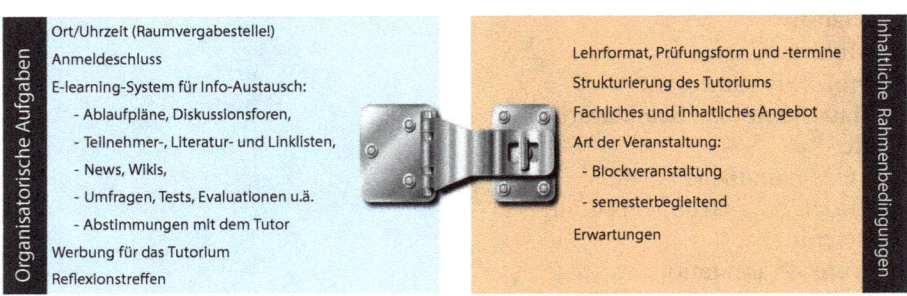

◘ **Abb. 5.3** Organisatorische Aufgaben und inhaltliche Rahmenbedingungen

Lehrinhalten sichern. Dies umfasst z. B. einen respektvollen Umgang miteinander, gegenseitige Wertschätzung und Empathie sowie Vertrauen, Kooperationsbereitschaft und Akzeptanz. Hierzu müssen Tutoren entsprechende Maßnahmen überlegen, bewerten, priorisieren und schließlich im Tutorium praktisch erproben und umsetzen.

Weiterhin wird Tutoren empfohlen, Studierende dahin zu bringen, dass vor allem klare Ziele und ihre Nachvollziehbarkeit über die Inhalte sowie die verwendeten Strategien mitgeteilt werden und im Laufe des Tutoriums immer unmissverständlich erkennbar sind. Der rote Faden muss präzise definiert und konsequent verfolgt werden. Die inhaltlichen Schwerpunkte entlang des roten Fadens sind auszuarbeiten und überzeugend zu formulieren. Ferner wird empfohlen, dass Tutoren auch den praktischen Bezug und Nutzen ihres Tutoriums für die spätere, berufliche Laufbahn der Studierenden im Vorfeld sorgfältig herausarbeiten und im Tutorium umsetzen. Beide Elemente wirken besonders überzeugend auf Studierende, da sie schnell erkennen und schätzen lernen, dass ihre eigenen Vorteile in den Fokus gestellt werden. Schließlich ist doch die Konsequenz jedes Studiums, dass Hochschulabsolventen später einem Beruf nachgehen. Abschließend wird noch empfohlen, für die ausgearbeiteten Maßnahmen intensive und beharrliche Werbung zu betreiben. Der Leitsatz *Tue Gutes und rede darüber* ist hier ein verlässlicher Anker und das Gebot der Stunde. Der Hoffnung, dass alle Aktivitäten der Tutoren schon irgendwie durch Studierende erkannt und honoriert werden, sollte man absolut keinen Raum gewähren.

Ein weiteres, wichtiges Element des betrachteten ersten Pfeilers bilden Ansätze zur Stärkung der intrinsischen Lehrmotivation der Tutoren selbst. Eigene Lehrmotivation und engagiertes Lehrverhalten von Tutoren üben eine extrem motivierende Wirkung auf Studierende aus und spielen eine enorm wichtige Rolle. Schließlich sind Tutoren Vertrauens- und Ansprechpersonen mit überlagerter Vorbildfunktion, an der sich viele Studierende durchaus orientieren. Die persönliche Begeisterung der Tutoren für Lehrinhalte und die eigene Identifizierung mit den Lehrzielen stecken sehr schnell andere an. Persönliches Engagement dokumentiert z. B. durch eigene praktische Erfahrungen, Enthusiasmus und Originalität bezüglich der Lehrinhalte sowie Freundlichkeit und Hilfsbereitschaft übertragen sich auf Studierende und motivieren sie. Wenn dabei noch eine Prise Humor, die den Risorius aller Studierenden aktiviert, Gelassenheit bei eventuellen eigenen Fehlern und authentisches Erscheinungsbild zum Vorschein kommen, dann ist der Erfolg des Tutoriums garantiert. Allerdings sollte dabei nicht vergessen werden, dass alle diese Maßnahmen Tutoren entwickeln, evaluieren und ständig üben müssen. Sie fallen einem leider nur selten in den Schoß. Im Gegenteil, sie bedeuten wirklich harte Arbeit.

Im Folgenden fokussieren wir uns auf den zweiten erwähnten Pfeiler der didaktischen Tätigkeit, die Aktivierung der Studierenden. Da das Lehrformat für Tutoren in der Regel keinen Freiheitsgrad darstellt, sondern vorgegeben ist, wird dieser Aspekt nicht näher betrachtet. Aktivierende Methoden, die Tutoren sich aneignen und üben müssen, haben zum Ziel, das Denken anzuregen und die gegenseitige Kommunikation sowie die Kreativität der Studierenden zu fördern.

Eine zentrale Bedeutung hat insbesondere das Andocken an bestehendes, vertrautes Wissen und vorhandene Erfahrung sowie deren Verknüpfung mit neuen Wissenselementen und spannender Praxis. Dieser Themenkomplex ist sehr detailliert im Kapitel *Leistungsnachweise* behandelt worden und soll an dieser Stelle nicht wiederholt werden.

Des Weiteren wird Tutoren empfohlen, die Aufmerksamkeit und Aktivierung der Studierenden durch den Einsatz von Interaktionselementen effektiv zu fördern. Hierzu gehören z. B. gezielte Fragen (offene, geschlossene, überprüfende, aktivierende...), Zwischenzusammenfassungen und Umfragen (single- und multiple-choice) sowie Abstimmungen und Bewertungen über Clicker. Tutoren wird empfohlen, über das Einbeziehen der Studierenden, ein förderliches Lernklima und regelmäßiges Feedback, eine interaktive Atmosphäre zu schaffen und in der Folge einen hohen Grad der Aktivierung, Neugier und Aufmerksamkeit. Dies kann man durch weitere didaktische Elemente, wie bewusste Wiederholungen, geschickt dosierte Erholungspausen bzw. teilnehmerorientierte Sprache (Sprechtempo und -pausen, Artikulation), Stimme (Betonung, Satzmelodie, Rhythmus und Intonation), Mimik und Gestik noch deutlich verstärken. Diese und weitere Bestandteile sind auch in den Kapiteln *Leistungsnachweise* sowie *Präsentation und Präsentieren* anhand zahlreicher Beispiele detailliert erläutert. Hier schließt sich also der Kreis.

Beide bisher angesprochenen, grundlegenden Voraussetzungen (Motivation und Aktivierung) stehen in ständiger gegenseitiger Interaktion. Sie stellen essenzielle Grundvoraussetzungen für die betrachtete handlungsorientierte Methodik dar. Dabei gilt, dass Aktivierung bei fehlender Motivation praktisch nicht umsetzbar ist.

Abschließend wird der Fokus auf die erwähnte handlungsorientierte Methodik gelegt. Sie sichert die praktische Umsetzung der erwähnten, anspruchsvollen Ziele und Inhalte des didaktischen Konzepts. Dabei wird von der reinen Abfrage bzw. Wiedergabe des Wissens aus der Kernlehrveranstaltung konsequent abgewichen, da sie im Mittelpunkt von eher traditionellen Tutorien stehen. Stattdessen liegen bei handlungsorientierter Methodik im Zentrum bewusste und auf ein Ziel ausgerichtete Tätigkeiten der Studierenden, die einen hohen Grad an selbständigem Denken, verantwortungsvollem Tun, Kreativität, Emotionalität sowie Eigenbeteiligung, Kommunikation und Kooperation erfordert (Stichwort: Teilnehmerorientiertes Tutorium, ◘ Abb. 5.2). Tutoren formulieren also im Rahmen der handlungsorientierten Methodik vorwiegend anspruchsvolle Aufgabenstellungen. Aber wie sehen eigentlich diese anspruchsvollen Aufgaben aus? Sie weisen beispielhaft die folgenden Eigenschaften auf:

— Sie haben klaren Praxisbezug und sind idealerweise mit der zukünftigen Berufsumgebung verbunden.
— Sie sind komplex, interdisziplinär und fachübergreifend, was Studierende dazu verleitet, konstruktiv miteinander zusammenzuarbeiten.
— Es existieren mehrere mögliche Lösungswege, die detailliert analysiert, kommuniziert und diskutiert werden, um die besten Entscheidungen zu treffen.
— Sie sind ergebnisoffen, sodass insbesondere Kreativität und Originalität seitens der Studierenden gefragt werden.

- Sie fordern problemlösende Orientierung und zielgerichtetes Verhalten von Studierenden.

Damit entsprechen sie weitgehend den aktuellen Anforderungen der beruflichen Praxis, die die selbständige bzw. teamorientierte Lösung von Aufgabenstellungen verlangen und erwarten. Des Weiteren unterstützen sie nachhaltig die Entwicklung und Festigung praxisrelevanter Kompetenzen bei Studierenden, auf die im Kapitel *Kompetenzen und Persönlichkeit* bereits detailliert eingegangen wurde. Dabei verlassen Tutoren die klassische Rolle des Wissensvermittlers und Entscheiders und mutieren eher zu Beratern und Moderatoren. Ein klassischer Paradigmenwechsel!

Zugegebenermaßen stellen o. g. Aufgabenstellungen für Tutoren eine anspruchsvolle Herausforderung dar, insbesondere vor dem Hintergrund, dass Tutoren üblicherweise über keine ausgeprägte pädagogisch-didaktische Ausbildung mit entsprechenden Erfahrungen verfügen. Um das nachzuholen, wird hier Tutoren empfohlen, die folgenden vier möglichen, pragmatischen Wege in Erwägung zu ziehen:

- Die Fachliteratur intensiv durchzuarbeiten.
- Eigener Kreativität einen deutlichen Schub zu geben.
- Enge Absprache mit dem Professor abzuhalten.
- An gezielten Fortbildungsmaßnahmen an der Heimathochschule teilzunehmen.

Betrachtet man die o. g. Eigenschaften näher, so erinnern sie an Konfuzius. In ◘ Abb. 5.4 ist ein Teil einer Folie aus eigenem Lehrmodul „Prozess- und Anlagentechnik" dargestellt, die bei der Erläuterung des Lehrkonzepts des Instituts jahrelang verwendet wurde. Zu sehen sind zwei Ebenen, die Wissensebene mit Lehrveranstaltungen in Form von Vorlesungen und Handlungsebene mit der bereits erwähnten Lehrveranstaltung SAiA (siehe Kapitel *Kompetenzen und Persönlichkeit*). Beide Ebenen sind klar auf den Beruf ausgerichtet, womit der angesprochenen Praxisorientierung mit Vorteilen für Studierende Rechnung getragen wird. Ferner ist noch ein Zitat von Konfuzius (551 v. Chr. bis 479 v. Chr.) zu sehen, das ziemlich treffend die o. g. Vorgehensweise und damit auch die angestrebten Zielsetzungen der Lehrveranstaltung wiedergibt. Im Fokus steht hier das bewusste Zusammentreffen von Denken und Tun, die zusammen mit überlagerter, emotionaler Komponente (z. B. Eigeninteresse, Freude beim Lernen, Wechselspiel mit anderen Studierenden) wichtige Voraussetzungen für den im vorliegenden Ratgeber verfolgten didaktischen Erfolg darstellen.

Bei der effektiven Umsetzung des betrachteten didaktischen Konzepts benötigen Tutoren noch ein wichtiges Werkzeug. Es handelt sich um den Medieneinsatz (◘ Abb. 5.4). Neben gebräuchlichen Mitteln wie z. B. Tafel, Whiteboard, Smartboard, Overheadprojektor, Flipchart oder Pinnwand gewinnen flächendeckend insbesondere digitale Formate an Bedeutung. Die Vorteile aus Sicht der Tutoren und Tutorien liegen auf der Hand. In der konzeptionellen Vorbereitungsphase wird empfohlen, die angesprochenen Inhalte, Ziele und die handlungs-

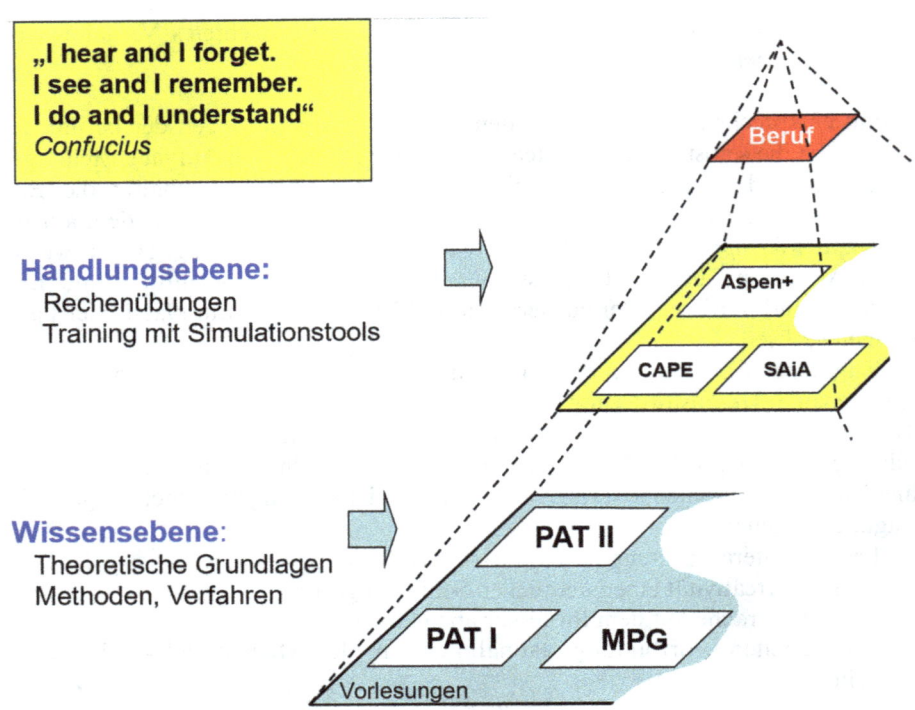

■ Abb. 5.4 Wissens- und Handlungsebene im eigenen Lehrmodul

orientierte Methodik für Studierende in leicht zugänglicher und strukturierter Form aufzubereiten. Aus eigener Praxis ist bekannt, dass dies die Tutorien sehr bereichert und sie aus Sicht der Studierenden spannender macht. Dadurch werden auch die erwähnten, Grundvoraussetzungen (Lernaktivierung und -motivation) bedeutend verstärkt. Es werden sogar im Vorfeld bei Studierenden sowohl Reflexionsprozesse in Gang gesetzt als auch eine Auseinandersetzung und intensive Zusammenarbeit untereinander initiiert. Damit schließt sich auch hier der Kreis. Zwar ist die Erstellung von digitalen Lehrunterlagen anfänglich mit Zeit- und Arbeitsaufwand verbunden, dennoch ergeben sich daraus später bemerkenswerte Vorteile für Tutoren. Sie liegen vor allem im Bereich der zeitsparenden Aktualisierung bzw. Erweiterung oder Vertiefung der Lehrunterlagen. An dieser Stelle wird auf das Kapitel *Präsentation und Präsentieren* verwiesen, in dem diese Thematik mit ergänzenden Elementen ausführlich behandelt wird.

5.1.4 Der eigene Nutzen

Die bisherigen Ausführungen stellen bereits ein belastbares Fundament bezüglich der zu treffenden Entscheidung für oder gegen eine Tutorentätigkeit dar. So kann bereits z. B. der erforderliche Zeit- und Arbeitsaufwand gut abschätzt werden. Nun kommen wir zum letzten Aspekt dieser Entscheidung – dem eigenen Nutzen. Es sollen zwei Dimensionen des eigenen Nutzens behandelt werden. Aus Sicht der im vorliegenden Ratgeber verfolgten zentralen Zielsetzung soll in erster Reihenfolge der Nutzen hinsichtlich des späteren Vorstellungsgesprächs näher analysiert werden. Hier stehen an erster Stelle wertvolle Vorteile im Bereich der Kompetenzen und der Persönlichkeitsentwicklung, wie sie im vorangegangenen Kapitel *Kompetenzen und Persönlichkeit* detailliert erläutert wurden. Aber welche Kompetenzen können im späteren Vorstellungsgespräch als plausibel angegeben werden? Betrachten wir hierzu die Kompetenzbereiche, die in ◘ Abb. 3.2 angeführt wurden, und den Kompetenzatlas von Erpenbeck und Sauter (Erpenbeck & Sauter, 2013). Im Bereich der Fach- und Methodenkompetenz können Fachwissen, Lehr- und Organisationsfähigkeit ausgelobt werden. Sie werden zusätzlich durch Handlungskompetenz in Form des Gestaltungswillens, der Initiative und Belastbarkeit ergänzt. Problemlösungs- und Kommunikationsfähigkeit unterstreichen die sozial-kommunikative Kompetenz von Tutoren. Schließlich können auch z. B. Lern- und Hilfsbereitschaft aus dem Bereich der personalen Kompetenz geschickt genannt werden. Zusammenfassend ergibt sich aufgrund einer Tutorentätigkeit eine ganze Palette an praxisrelevanten Kompetenzen, die im Zusammenhang mit den Anforderungen der Stellenanzeige bewusst und flexibel genutzt werden können. Insgesamt ergeben sich also im Vorstellungsgespräch bemerkenswerte Vorteile im Vergleich zu Wettbewerbern.

Die zweite Dimension des Eigennutzens umfasst das eigene Fachwissen und die Erweiterung der eigenen beruflichen Erfahrungen. Mit der Tutorentätigkeit geht immer ein vertieftes Verständnis für berufliches Fachwissen einher. Hinzu kommt die unschätzbare Fähigkeit, komplexe Sachverhalte verständlich wiederzugeben und zu erklären. Diese Fähigkeit entwickelt sich zwangsläufig durch den Umgang mit Fragen der Studierenden. Sie spielt in der Praxis eine sehr wichtige Rolle und wird immer sehr geschätzt. Insgesamt ergibt sich im Vergleich zu Wettbewerbern ein deutlicher Wissensvorsprung und eine steilere Lernkurve. Beide können und sollen im Vorstellungsgespräch geschickt ausgelobt werden.

An dieser Stelle wird empfohlen, noch die folgenden drei Hinweise zu berücksichtigen. Der erste betrifft den Zusammenhang zwischen der eigenen Studienrichtung und den fachlichen Inhalten des Tutoriums. Hier wird dringend empfohlen, unbedingt für eine strikte Kongruenz zwischen den beiden zu sorgen. Ist sie gesichert, so kann man sie später in den Bewerbungsunterlagen und im Vorstellungsgespräch geschickt als konsequente Zielorientierung und vorausschauende Handlung ausloben. Studiert man dagegen auf der einen Seite z. B. Verfahrenstechnik und entscheidet sich für ein Tutorium im Bereich der Mathematik bzw. Physik auf der anderen Seite, so ist später bei den Mitarbeitern der Personalabteilung (Neudeutsch: Human Ressources (HR)) der rote Faden in den Bewerbungsunterlagen kaum zu erkennen. Im Grenzfall werden dann diese Tutorentätigkeiten u. U. wie Brown'sche Bewegungen bewertet, die sich durch unregelmäßige und ruckartige Bewegungen im Raum auszeichnen. In diesem Zusammenhang wird also die freiwillige Tutorentätigkeit suboptimal wertgeschätzt (Bewertung: *Besser als nichts*). Das ist angesichts des beträchtlichen Zeit- und Arbeitsaufwands kein optimaler Ertrag.

Der zweite Hinweis betrifft die Wahl des Instituts. Hier wird empfohlen, möglichst ein bekanntes Institut mit berühmtem Professor als Institutsleiter zu wählen. Ähnlich, wie bei der HiWi-Tätigkeit oder Abschlussarbeit (Kapitel *Additive Fachaktivitäten* und *Abschlussarbeiten*) bekommt man vom positiven Image des Instituts oder Professors immer etwas Positives ab. Das schadet auf keinen Fall! Weitere Einzelheiten sind den aufgeführten Kapiteln zu entnehmen und sollen an dieser Stelle nicht wiederholt werden.

Der dritte Hinweis bezieht sich auf eine Sondersituation. Diese Sondersituation ergibt sich bei Tutoren, die im Berufsfeld Pädagogik angesiedelt sind. Neben dem erwähnten Fachwissen bescheinigt hier eine Tutorentätigkeit auch erste Berufserfahrungen, was eine günstige Ausgangslage bei Vorstellungsgesprächen sichert. Eine ähnliche Situation ergibt sich bei Tutoren, die mit einer eventuellen Karriere im Hochschulbereich liebäugeln. In einigen Literaturstellen wird die Tutorentätigkeit gelegentlich als wichtiger Baustein im akademischen Berufsweg betont. Aufgrund von zahlreichen Berufungsverfahren mit eigener Beteiligung als Mitglied muss diese Aussage im Bereich der Ingenieurwissenschaften zumindest relativiert werden.

5.1.5 Zusammenfassung

Zusammenfassend kann festgehalten werden, dass die vorgestellte Analyse und Bewertung der Tutorentätigkeit eine strukturierte und inhaltlich leicht nachvollziehbare Vorgehensweise darstellen. Der eingeführte breitere Kontext hat zum Ziel, die Tutorentätigkeit im Lichte der hochschulpolitischen Zusammenhänge einzubetten, um auf dieser Basis ihre Bedeutung einordnen zu können. Das vorgestellte didaktische Konzept mit den aufgeführten Grundelementen umfasst alle praxisrelevanten Ziele und Inhalte sowie die Methodik und die eingesetzten Medien. Dieses Konzept entspricht den Anforderungen eines teilnehmerorientierten Tutoriums. Aus der skizzenhaften Beschreibung kann der erforderliche Zeit- und Arbeitsaufwand gut abgeschätzt werden. Demgegenüber steht auf der Seite des Tutors sein möglicher Nutzen im Kontext der zukünftigen Bewerbungsunterlagen und des Vorstellungsgesprächs. Dieser Nutzen wurde ausgearbeitet, dargestellt und bewertet. Alles in allem ist eine sehr fundierte Basis ausgearbeitet, um zusammen mit zahlreichen Empfehlungen und Hinweisen aus der Praxis eine belastbare Entscheidung bezüglich eines Tutoriums zu treffen. *The bridge into the future* kann also bewusst gebaut werden.

Neben den erwähnten Aspekten spielen natürlich die persönlichen Interessen und Neigungen sowie Freude an dieser Art Tätigkeit eine wichtige Rolle. Hohe Bedeutung hat auch die Tatsache, dass Studierende häufig finanzielle Mittel für die Durchführung ihres Studiums erarbeiten müssen. In diesem Zusammenhang bietet eine Tutorentätigkeit den großen Vorteil, dass man sie problemlos in den laufenden Hochschulalltag einbetten kann. Daraus ergeben sich häufig flexible Arbeitszeiten, kurze Arbeitswege und gesicherte Parallelität zum eigenen Studium.

5.1 · Tutor

Der klare rote Faden muss zum Abschluss noch um drei Aspekte erweitert werden. Oft wird man als Professor gefragt, ob eine mehrfache Tutorentätigkeit sinnvoll ist. Es wird empfohlen, mehrere und vor allem unterschiedliche Tutorien anstatt eines über mehrere Semester anzustreben. Der Zeit- und Arbeitsaufwand ist in diesem Fall immer höher, da sich Tutoren in die jeweilige, neue Umgebung einarbeiten und ihre Spielregeln kennenlernen müssen. Auf der anderen Seite kann und muss man in diesem Fall die gezielte und aktive Vertiefung fachlicher Inhalte, die eigene Flexibilität, Neugierde, Anpassungsfähigkeit und zielgerichtetes Einarbeiten in unterschiedliche, fachliche Bereiche in den Bewerbungsunterlagen und im Vorstellungsgespräch gezielt ausloben. Hinzu kommt, dass man diese unterschiedlichen Tätigkeiten als einen bewussten Entscheidungsakt betonen sollte. Beide Argumentationslinien kommen in Unternehmen immer gut an. Auf jeden Fall besser als ein langes Tutorium in nur einem Institut.

Des Weiteren ist im Zuge der Ausführungen insgesamt zu betonen, dass die Tutorentätigkeit sehr anspruchsvoll ist. Ein Besuch einer Fortbildungsmaßnahme, wie sie an Hochschulen breit angeboten werden, ist nicht nur empfehlenswert, sondern auch sehr oft absolut erforderlich. Dies nimmt allerdings Zeit und Arbeit in Anspruch. Ähnliches gilt für die Durchführung des Tutoriums, die Vor- und Nachbereitung sowie konzeptionelle Entwicklung der Prüfungsinhalte, die Begleitung der Durchführung von Prüfungen sowie Unterstützung bei der Korrektur. Dieser Zeit- und Arbeitsaufwand muss unbedingt vor einer Entscheidung hinsichtlich der Tutorentätigkeit berücksichtigt werden. Hinzu kommen noch eventuelle Beratungen zwischen den einzelnen Tutoren. Demgegenüber stehen unbestritten Vorteile im Bereich der erworbenen, zusätzlichen Kompetenzen (siehe Unterkapitel *Kompetenzen und Persönlichkeit*). Des Weiteren sollte die finanzielle Seite nüchtern und sorgfältig unter die Lupe genommen werden. Hier ergibt sich die grundlegende Frage, ob alle aufgelisteten Tätigkeiten auch bezahlt werden oder nur die Durchführung des Tutoriums selbst.

Bei der Lektüre des Kapitels kann gelegentlich der Eindruck erweckt werden, dass das vorgestellte Konzept extrem zeit- und arbeitsintensiv ist, muss es doch parallel zum eigenen Studium umgesetzt werden. Ein Wechsel der Perspektive relativiert diese Aussage. Das vorgestellte Konzept ist wie eine Farbpalette mit vielen Formen und Farben, die aufzeigen soll, was möglich und erwünscht ist. Denn es gilt: Wenn man schon etwas macht, dann sollte man das richtig machen. Betrachtet man die einzelnen Formen und Farben näher, so stellt man fest, dass zahlreiche Aspekte wie klare Ziele des Tutoriums, inhaltliche Schwerpunkte und ihre Nachvollziehbarkeit, eigene Motivation und engagiertes Lehrverhalten, Einsatz von Interaktionselementen und handlungsorientierte Methodik, um nur einige zu erwähnen, doch mit einem relativ überschaubaren Zeit- und Arbeitseinsatz verbunden sind. Man muss darüber nur Bescheid wissen. Das ist auch die zentrale Intention des Kapitels.

Die in diesem Kapitel aufgezeigten Aspekte einer Tutorentätigkeit umfassen lediglich einige ausgewählte Schwerpunkte. Zahlreiche Aspekte, wie z. B. Umgang mit schwierigen Teilnehmern u. ä. sind nicht einmal angerissen worden. Detailliertere Ausführungen sind in weiterführender Literatur zu finden. Hier sind stellvertretend zu erwähnen: Antosch-Bardohn et al., 2016, Görts, 2011, Gudjons, 2014, Knauf, 2005, Kröpke, 2015, Macke et al., 2012, Danielsiek & Vahrenhold, 2017, Winter, 2012, Winteler, 2008.

5.1.6 Erfahrungen aus der Praxis

Aus eigener akademischer Praxis
1. Die Ausführungen in diesem Kapitel basieren auf eigenem Lehrmodul CAPE (Computer Aided Process Engineering, ◘ Abb. 5.4), in dem alle besprochenen Elemente mit Erfolg seit Jahren umgesetzt und Studierenden erfolgreich beigebracht werden.
2. Das Lehrmodul wird durch zwei Tutoren unterstützt, die durch die Hochschulpaktmittel der TU Hamburg finanziert werden.
3. Der Lehrinhalt ist praxisorientiert und umfasst das Trainieren und Beherrschen eines kommerziellen Flowsheetsimulators, mit dem in der Chemischen Industrie ganze Produktionsanlagen sowie Maschinen und Apparate präzise und kostengünstig ausgelegt werden. Dieser Inhalt ist Bestandteil üblicher Stellenanzeigen zahlreicher Unternehmen, was die Werbung um Studierende enorm erleichtert. Der durch die Teilnahme gewonnene Wettbewerbsvorteil liegt auf der Hand.
4. Die Teilnehmerzahl ist seit Jahren überdurchschnittlich hoch und liegt bei deutlich mehr als 90 % des Jahrgangs, obwohl es sich um eine Wahlpflichtveranstaltung handelt.
5. Die herausgearbeiteten Aufgabenstellungen orientieren sich an eigener, industrieller Praxis, sie sind komplex, interdisziplinär und fachübergreifend, was Studierende dazu verleitet, konstruktiv in Zweiergruppen zusammenzuarbeiten. Die Betreuer fungieren als Berater und Moderatoren.
6. Die eingesetzten Medien umfassen das internetbasierte E-Learning-System der TU Hamburg (Stud.IP) und einen Beamer mit angeschlossenem Laptop.

Aus eigener industrieller Praxis
1. Im Bereich der besonders leistungsfähigen Hochschulabsolventen ist die Entscheidung bezüglich einer Einstellung teilweise sehr schwierig. Manchmal gibt dann eine erfolgreiche Tutorentätigkeit den Ausschlag, da z. B. plausible Kompetenzen in jedem Unternehmen hochgeschätzt werden.
2. Freiwillige und vorausschauende Aktivitäten von Hochschulabsolventen genießen in Unternehmen immer einen besonders hohen Stellenwert. Allerdings müssen sie mit dem Studiengang kongruent sein oder wenigstens eine deutliche, soziale Komponente aufweisen.

5.1.7 Take-Home Messages

1. Tutoren leisten einen signifikanten Beitrag zur Sicherung und Weiterentwicklung der Qualität der Lehre sowie zur Verbesserung der Studienbe-

dingungen, wie sie in der 3. Säule („Qualitätspakt Lehre") vorgesehen sind. Die daraus folgende, tendenzielle Reduzierung der Studienabbrecherquote ist zu betonen.
2. Bezüglich der Entscheidung für bzw. gegen eine Tutorentätigkeit sollte man ausnahmslos sehr sorgfältig überlegen. Die Ressource Zeit ist im Studium sehr knapp, sodass die Entscheidung im Endergebnis eine Gratwanderung darstellt.
3. Angesichts des hier vorgestellten Anspruchs wird allen Studierenden empfohlen, an der Heimathochschule eine passende Fortbildungsmaßnahme zu absolvieren.

5.2 Hilfswissenschaftler

Das Konzept der systematischen Erweiterung der fachlichen und persönlichen Kompetenzen im Studium vor dem Hintergrund des späteren Vorstellungsgesprächs wird im Folgenden auf die Tätigkeiten als studentische und wissenschaftliche Hilfskraft angewandt. Damit folgen wir inhaltlich und strukturell unserem Leit-Sechseck. Diese Tätigkeiten werden analysiert, bewertet und mit praxisorientierten Empfehlungen begleitet. Im Fokus stehen Empfehlungen und Hinweise bezüglich des Nutzens, der typischen inhaltlichen Leitplanken dieser Tätigkeiten und der Strategien zur inhaltlichen Vorbereitung der späteren Bewerbungsunterlagen und des Vorstellungsgesprächs. Ferner werden wissens- und erfahrungsbasierte Grundlagen für eine fundierte Entscheidung auf der Seite der Studierenden unter Abwägung von Vor- und Nachteilen ausgearbeitet.

Es werden konsequent und ausschließlich Tätigkeiten betrachtet, die in den Forschungsaktivitäten der Hochschulinstitute eingebettet sind. Folgerichtig werden keine Tätigkeiten in der Lehre (siehe hierzu Kapitel *Tutor*) sowie Hilfstätigkeiten, wie z. B. Ausarbeitung von Lehrmaterialien, Kopieren von Unterlagen bzw. Aufräumarbeiten betrachtet. Diese Einschränkung stellt keine Bewertung der letzten dar, sie fokussiert sich lediglich auf Tätigkeiten, die vor dem Hintergrund der hier verfolgten Zielsetzung (Bewerbungsunterlagen und Vorstellungsgespräch) von Bedeutung sind. Aus diesem Grund lautet an dieser Stelle die klare Empfehlung: Man sollte sich im Vorfeld sorgfältig sowohl über die praktischen und wissenschaftlichen Inhalte als auch über die Vergütung, Vertragslänge u. ä. der Tätigkeit im Institut informieren, das eine Stelle ausgeschrieben hat.

Des Weiteren werden einige strukturelle und inhaltliche Bestandteile der Betrachtungen sowie Hinweise und Empfehlungen bereits in Kapiteln *Fachpraktikum*, *Tutor* und *Auslandssemester* behandelt. Um Wiederholungen zu vermeiden, wird an einigen Stellen lediglich ein Verweis auf diese Kapitel angegeben.

Die Begriffe „studentische Hilfskraft, wissenschaftliche Hilfskraft, studentische Beschäftigte, Hilfswissenschaftler (HiWi), " weisen im Hochschulumfeld auf eine hohe Diversität hin und zeichnen sich erstaunlicherweise durch teilweise unterschiedliche Definition aus. Diese sind vom Bundesland oder sogar

Hochschule abhängig. Im Rahmen des Ratgebers wird gemäß den Richtlinien der TU Dortmund (Dortmund, 2008) eine Unterscheidung eingeführt, die den im Kapitel *Tutor* erwähnten Elementen des Bologna-Prozesses (Master-, Bachelorabschluss) Rechnung tragen:
- Wissenschaftliche Hilfskräfte mit der Voraussetzung eines abgeschlossenen Hochschulstudiums mit einer Regelstudienzeit von mindestens 6 Semestern,
- Studentische Hilfskraft ohne abgeschlossenes Bachelorstudium.

Im Folgendem wird der Einfachheit halber der Begriff „HiWi" (Hilfswissenschaftler) verwendet, ohne zwischen wissenschaftlichen und studentischen Hilfskräften zu unterscheiden.

Vorweg einige organisatorische Regelungen und Voraussetzungen. Die Grundlage der HiWi-Tätigkeit bildet die Immatrikulation an einer Hochschule in einem Studiengang, der zum berufsqualifizierenden Hochschulabschluss führt. Das Arbeitsverhältnis und der Arbeitsvertrag werden durch das allgemeingültige Bundesrecht (arbeitsrechtliche Regelungen des BGB), die Gewerbeordnung, die Gesetze zum Bundesurlab, Teilzeit und Befristung, Kündigung, Entgeltfortzahlung und Arbeitszeit sowie das Landesrecht (Hochschulgesetze) geregelt. Der Beschäftigungsumfang umfasst monatlich üblicherweise ca. 83 h (wöchentlich ca. 19 h). Dieser Umfang variiert geringfügig von Hochschule zu Hochschule. Die maximale Beschäftigungsdauer von 6 Jahren darf nach dem Wissenschaftszeitvertragsgesetz nicht überschritten werden. Weitere Details im rechtlichorganisatorischen Bereich sind (Tappe, 2005) und (Rompa, 2015) bzw. der aktuell geltenden Studienordnung der eigenen Hochschule zu entnehmen.

Aus Sicht der Studierenden ergeben sich in erster Reihenfolge drei prinzipielle Aspekte, die im Kontext der verfolgten Zielsetzung und der zu treffenden Entscheidung für oder gegen eine HiWi-Tätigkeit näher betrachtet werden:
- der Nutzen für Studierende,
- typische inhaltliche Leitplanken,
- Strategien zur inhaltlichen Vorbereitung der späteren Bewerbungsunterlagen und des Vorstellungsgesprächs.

5.2.1 Der Nutzen

Der Nutzen einer HiWi-Tätigkeit kann bei sorgfältiger Wahl und fundierter Vorbereitung seitens der Studierenden extrem vielfältig und abwechslungsreich sein. Hier gilt als Empfehlung: Eine vorausschauende Überlegung und Eigenverantwortung sollten jede Handlung begleiten.

Um im unüberschaubaren Dickicht aus unterschiedlichen Verästelungen eine geordnete und zugleich verständliche Struktur einzuführen, sind vereinfachend drei Aspekte hervorgehoben worden. Sie stellen eine Art Nutzenkompass dar und umfassen ohne Anspruch auf Vollständigkeit organisatorische Aspekte, das Studium und die zukünftige berufliche Seite. Alle Aspekte sind ◘ Abb. 5.5 zu entnehmen. Da die vorgeführten Elemente selbsterklärend sind, wird auf sie nicht zusätzlich eingegangen. Sie sollen Studierenden lediglich ein grobes Bild über mögliche Facetten des Nutzens einer HiWi-Tätigkeit vermitteln.

Eine weitere wichtige Dimension des erwähnten Nutzenkompasses umfasst die Entwicklung und Festigung praxisrelevanter Kompetenzen und Persönlichkeitsmerkmale. Diese Dimension wird ausführlich im Kapitel *Tutor* behandelt. Wichtig ist an dieser Stelle lediglich, dass sich die Schwerpunkte einer HiWi-Tätigkeit im Vergleich zur Tutorentätigkeit unterscheiden. Das findet auch Ausdruck in den spezifischen Kompetenzen, die im Rahmen einer HiWi-Tätigkeit gelernt und geübt werden können. Zu den teilweise gültigen Kompetenzen aus dem Kapitel *Tutor* kommen neue Kompetenzen wie ergebnisorientiertes Handeln, Entscheidungsfähigkeit, Zuverlässigkeit, Teamfähigkeit, Experimentierfreude und analytisches Denken hinzu. Allerdings gilt an dieser Stelle, dass Studierende nicht auf einen Windstoß warten sollen. Im Gegenteil, Eigenverantwortung und -initiative sind dringend gefragt. Im Klartext bedeutet das, dass man mit spürbarem innerem Engagement eine Haltung an den Tag legen sollte, die aktiv die o. g. Kompetenzen sucht, identifiziert und erfolgreich aneignet.

Eine weitere wichtige Komponente bieten Stellenanzeigen in klassischen Online-Jobplattformen wie z. B. Stepstone, Indeed u. ä. Nach kürzester Zeit gewinnen Studierende bei der Durchsicht ein Gefühl für die vom Arbeitsmarkt geforderten Kompetenzen. Das führt in der Regel zu bewussterer Wahl von HiWi-Tätigkeiten und zielführenderem Verhalten bei der Ausübung dieser Tätigkeiten. Neben dem durch Kompetenzen dominierenden Nutzen der HiWi-Tätigkeiten sollte noch bei der Wahl und Ausführung die fachliche Seite betrachtet werden. Sie ist in ◘ Abb. 5.5.mit *Beruf* gekennzeichnet. Auch hier kommen die o. g. Quellen von Stellenanzeigen zur Geltung und vermitteln einen Eindruck über die fachlichen Aspekte, die aktuell vom Arbeitsmarkt verlangt werden. Zwar sind sowohl Kompetenzen als auch fachliche Aspekte selten ein Freiheitsgrad für Studierende, die sich bereits in einer HiWi-Tätigkeit befinden, dennoch können sie von Studierenden über ein Gespräch dem Betreuer wenigstens angestrebt werden. Beide sind aber auf jeden Fall von hoher Bedeutung bei der wissensbasierten Entscheidung für oder gegen eine HiWi-Tätigkeit.

5.2.2 Typische inhaltliche Leitplanken

Sichtet man die zahlreichen Leitfäden und Richtlinien unterschiedlicher Hochschulen, so stellt man schnell fest, dass die HiWi-Tätigkeit angesichts einer möglichen Fülle an Aktivitäten im akademischen Umfeld zahlreichen inhaltlichen Leitplanken unterworfen wird, die an einzelnen Hochschulen sehr unterschiedlich definiert werden. Die folgenden, stellvertretenden Leitplanken stammen aus der Leitlinie der eigenen Heimatuniversität, der TU Hamburg (Hamburg, 2013):
− Mithilfe bei der organisatorischen und technischen Vorbereitung und Durchführung des Lehr- und Forschungsbetriebs,
− Mithilfe bei der Sammlung und Dokumentation von Forschungsergebnissen,
− Mithilfe bei der Wartung und Ausgabe von Geräten,

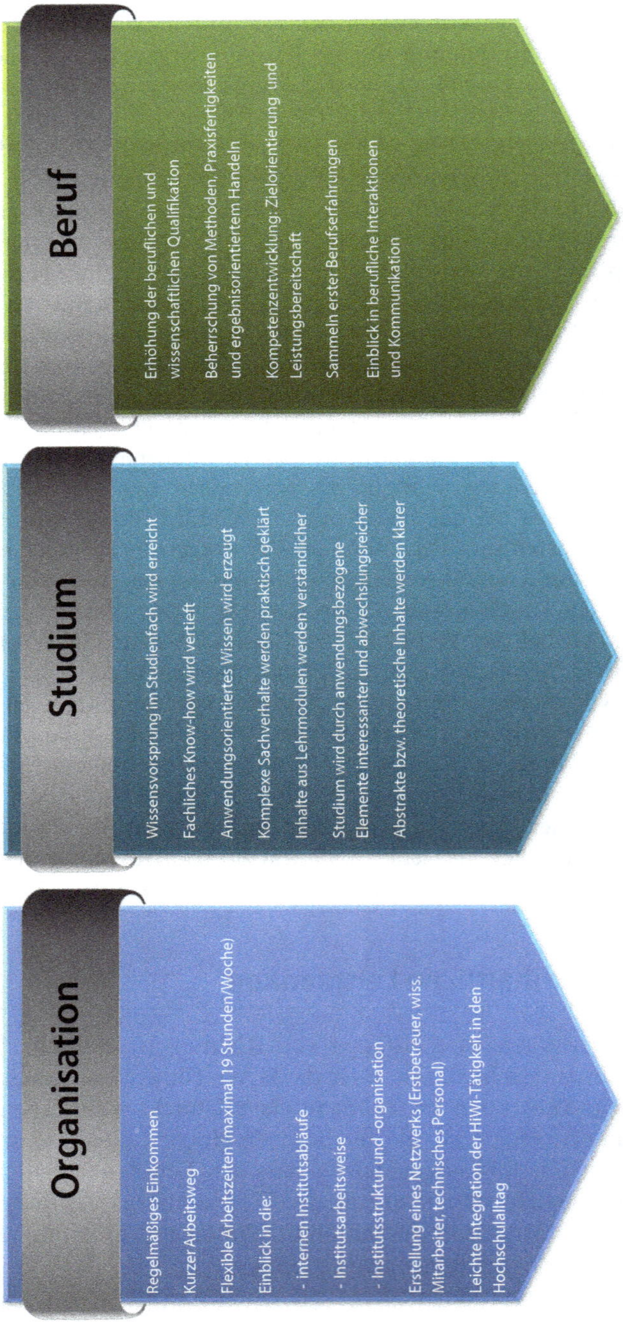

Beruf

- Erhöhung der beruflichen und wissenschaftlichen Qualifikation
- Beherrschung von Methoden, Praxisfertigkeiten und ergebnisorientiertem Handeln
- Kompetenzentwicklung: Zielorientierung und Leistungsbereitschaft
- Sammeln erster Berufserfahrungen
- Einblick in berufliche Interaktionen und Kommunikation

Studium

- Wissensvorsprung im Studienfach wird erreicht
- Fachliches Know-how wird vertieft
- Anwendungsorientiertes Wissen wird erzeugt
- Komplexe Sachverhalte werden praktisch geklärt
- Inhalte aus Lehrmodulen werden verständlicher
- Studium wird durch anwendungsbezogene Elemente interessanter und abwechslungsreicher
- Abstrakte bzw. theoretische Inhalte werden klarer

Organisation

- Regelmäßiges Einkommen
- Kurzer Arbeitsweg
- Flexible Arbeitszeiten (maximal 19 Stunden/Woche)
- Einblick in die:
  - internen Institutsabläufe
  - Institutsarbeitsweise
  - Institutsstruktur und -organisation
- Erstellung eines Netzwerks (Erstbetreuer, wiss. Mitarbeiter, technisches Personal)
- Leichte Integration der HiWi-Tätigkeit in den Hochschulalltag

Abb. 5.5 Nutzen einer HiWi-Tätigkeit

- Mithilfe bei der Erstellung und Beschaffung von Bibliographien und Literaturlisten,
- Mithilfe bei der technischen bzw. verwaltungsmäßigen Abwicklung des Labor- oder Bibliotheksbetriebes,
- Mithilfe bei der Anfertigung von Tabellen und Schaubildern.

Andere Hochschulen stimmen näherungsweise mit den o. g. Aufgaben überein. Interessanterweise definiert die TU Hamburg als eine der wenigen Hochschulen auch die nichtübertragbaren Aufgaben, zu denen u. a. die folgenden gehören:
- Tätigkeiten, die durch Wissenschaftliche Mitarbeiter oder Unterrichtstutoren wahrzunehmen sind
- Tätigkeiten von Korrekturassistentinnen und Korrekturassistenten,
- Tätigkeiten, die als ständige Aufgabe durch Inhaber von (Plan-/Haushalts-) Stellen wahrgenommen werden,
- die Wahrnehmung von Lehraufträgen.

Die erwähnten Leitplanken für die HiWi-Tätigkeit sind natürlich ein durch die Hochschule definierter allgemeiner Rahmen, in dem man sich bewegen sollte. Er ist naturgemäß und bewusst wenig detailliert beschrieben. Dies ist je nach Hochschulstruktur die Aufgabe der Institute, Lehrstühle oder Arbeitsbereiche. Es wird Studierenden in diesem Zusammenhang empfohlen, die geltende Leitlinie für die Beschäftigung von studentischen Hilfskräften der Heimathochschule zur Pflichtlektüre zu machen, damit man Bescheid weiß, worauf man sich einlässt. Es gilt: Zuerst muss man wissen, erst dann kann man entscheiden.

5.2.3 Strategien zur inhaltlichen Vorbereitung der späteren Bewerbungsunterlagen und des Vorstellungsgesprächs

Es ist unbestritten, dass die HiWi-Tätigkeit als eine studienbegleitende Maßnahme zu verstehen ist, die neben den finanziellen Elementen auch der Weiterbildung von Studierenden dienen soll. Sie kann aber noch zusätzliche Aspekte aufweisen, die bei geschickter Gestaltung mit Erfolg in Bewerbungsunterlagen bzw. beim Vorstellungsgespräch verwendet werden können.

Als inhaltliche Ausgangssituation soll hierzu der Sachverhalt in ◘ Abb. 5.6 näher betrachtet werden. In dieser Abbildung weisen die anvisierten Elemente (Bewerbungsunterlagen und Vorstellungsgespräch) eine Schlüsselstellung auf. Sie werden dabei in zweifacher Ausführung dargestellt, da sich die beiden skizzierten Wege bezüglich der Voraussetzungen und Bewertungskriterien bedeutend unterscheiden. Der erste Berufsweg in blau stellt den klassischen Weg von Hochschulabsolventen dar, die sich nach dem Studium (Bachelor- bzw. Masterstudium) auf dem Arbeitsmarkt (z. B. Industrie- bzw. Dienstleistungsunternehmen) bewerben. Der zweite Berufsweg in rot sieht eine Zwischenstation in Institutionen mit Promotionsrecht vor, der schließlich in eine Promotion mündet.

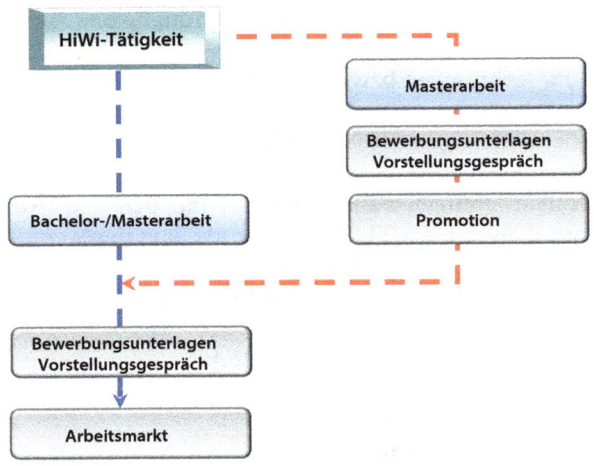

Abb. 5.6 HiWi-Tätigkeit im Kontext möglicher Berufswege

Aus Vereinfachungsgründen wird unter den Institutionen in erster Näherung nur der Hochschulbereich näher betrachtet, da er wegen der geografischen Nähe den wahrscheinlicheren Weg für Hochschulabsolventen mit „HiWi-Vergangenheit" darstellt.

Die Bedeutung der HiWi-Tätigkeit im Berufsweg mit Promotion als Zwischenstation ist deutlich höher als beim klassischen Weg. Dieser Berufsweg soll im Folgenden unter das Brennglas gestellt werden, obwohl er nur durch eine Minderheit von Hochschulabsolventen bestritten wird. Der Vollständigkeit halber ist hier auch die Masterarbeit im gleichen Institut als (fast) unzertrennlicher Bestandteil des hier verfolgten Konzepts eingetragen worden (Abb. 5.6). Die zentrale Idee besteht darin, über eine vorausschauende, bewusst gewählte und erfolgreiche HiWi-Tätigkeit zuerst ausgezeichnete Voraussetzungen für eine optimale Wahl des Themas für die Masterarbeit und des Betreuers zu sichern. Auf dieser Basis erfolgt anschließend eine Bewerbung um ein Promotionsvorhaben. Damit stehen hier vor dem Hintergrund der Bewerbungsunterlagen und des Vorstellungsgesprächs im Institut HiWi-Tätigkeiten in Masterstudiengängen im Zentrum der Betrachtung.

Doch worin liegt eigentlich bei diesem Konzept die Bedeutung einer HiWi-Tätigkeit im Hinblick auf die späteren Bewerbungsunterlagen und das Vorstellungsgespräch? Um diese Frage strukturiert zu beantworten, werden zwei grundsätzliche Betrachtungsebenen eingeführt:
- menschliche Ebene: Mitarbeiter und hierarchische Struktur des Instituts,
- fachliche Ebene: Institutsaktivitäten und Institutsalltag.

In erster Reihenfolge wird dabei die perspektivische Sicht des HiWis bezüglich der Entscheidung für oder gegen eine HiWi-Tätigkeit betrachtet. Anschließend folgt noch die Sicht des Professors bzw. Privatdozenten als klassische Personalentscheider bei Promotionsvorhaben.

Unter der erwähnten menschlichen Ebene wird das *Insider knowledge* im Hinblick auf den Institutsleiter als eventuellen zukünftigen Erstbetreuer des Promotionsvorhabens, die wissenschaftlichen Mitarbeiter und das technische Personal (eventuelle zukünftige Arbeitskollegen) verstanden. Durch die Institutseingliederung von HiWis sind sie schon in der Reichweite des zukünftigen Personalentscheiders und der gleichzeitig wichtigsten Bezugsperson (Doktorvater/-mutter). Damit können HiWis über hervorragende Leistungen mit dem vorsichtigen Aufbau eines Vertrauensverhältnisses beginnen. Des Weiteren nimmt man als HiWi übliche Interaktionen zwischen Doktoranden und Erstbetreuer (Häufigkeit, Art und Weise) sowie unter den Doktoranden selbst wahr (Stichwort: Arbeitsklima). Das wird durch die übliche Institutskommunikation (Besprechungen, Seminare, Frühstücks-, Mittagspausen), die gemeinsamen Freizeitaktivitäten (Betriebsausflüge, Weihnachtsfeier u. a.) und praktizierte Alumni-Einbindung ergänzt und erweitert. Hinzu kommen noch weitere wichtige Aspekte wie Zusammenhalt, Verbundenheit sowie herrschender Führungsstil. Alle Aspekte bilden eine fundierte Grundlage für die zu treffende Entscheidung für oder gegen eine HiWi-Tätigkeit. Auf dieser Grundlage kann auch die spätere Integrierbarkeit der eigenen Person als zukünftigen Doktoranden ins Institut gut eingeschätzt und bewertet werden.

In diesem Zusammenhang ist für HiWis insbesondere die Wahl des Instituts und damit auch des eventuellen Erstbetreuers von enormer Bedeutung. Hier wird empfohlen, den gleichen Hinweisen zu folgen, wie sie im Kapitel *Abschlussarbeiten* und *Tutor* beschrieben sind. Sie sollen an dieser Stelle nicht mehr wiederholt werden. Erweitert man die perspektivische Sicht so können HiWis auch die Bedeutung der erwähnten Elemente für den zukünftigen Arbeitsplatz *nach* der Promotion mitberücksichtigen. Es wird empfohlen, diesen Themenkomplex sehr sorgfältig zu analysieren. Die zweite Empfehlung bei der Entscheidung über die HiWi-Tätigkeit umfasst die wissenschaftliche Reputation des potenziellen Erstbetreuers. Diese Thematik bedient sich der gleichen Mechanismen, die im Kapitel *Fachpraktikum* ausführlich analysiert werden (Stichwort: Namhaftes Unternehmen). Die wissenschaftliche Reputation kann leicht z. B. anhand der Preise, Gremienzugehörigkeit (Bekanntheitsgrad), Anzahl der Doktoranden, Habilitanden, studentischer Abschlussarbeiten, Veröffentlichungen, wissenschaftlicher Vorträge und Bücher in Erfahrung gebracht werden. Aber warum sollte dies aus Sicht des HiWis von Bedeutung sein? Um diese Frage zu beantworten, wird erneut die perspektivische Sicht um die spätere Bewerbung auf dem Arbeitsmarkt erweitert. Ein erfolgreiches Vorstellungsgespräch ist tendenziell umso einfacher, je höher die wissenschaftliche Reputation des Erstbetreuers ist. Auf jeden Fall schadet diese Tatsache nicht.

Die zweite der erwähnten Ebenen, die fachliche Ebene, umfasst die Institutsaktivitäten und den Institutsalltag. Als Institutsangehöriger bekommen HiWis einen Einblick in die Institutsinfrastruktur (Forschungseinrichtungen, Räumlichkeiten (Labore, Büros, IT-Räume, Institutsbibliothek u. a., wissenschaftliche Groß-, Messgeräte und Prüfstände, Apparate, Maschinen und Anlagen). Hinzu kommen materielle und technische Grundeinrichtungen. Letztlich folgen IT-Ausstattung und -netzwerke, vorhandene Software sowie Informations-

und Kommunikationstechnik. Des Weiteren bekommt man als HiWi Kenntnisse über laufende Forschungsaktivitäten (z. B. aktuelle Projekte mit z. B. Anzahl, Themenschwerpunkten, Diversität, Kooperationen mit inländischen und ausländischen Hochschulen, Kooperationen mit Unternehmen) und organisierte Fortbildungsaktivitäten (z. B. Hochschulkurse) sowie vorhandene interne und externe wissenschaftliche Netzwerke. Ferner lernt man den Institutsalltags und das Arbeitsumfeld kennen. Man gewinnt fundierte Kenntnisse über Arbeitsabläufe und herrschendes Arbeitsklima. Außerdem lernt man über z. B. Institutsseminare den zwischenmenschlichen Umgang der Mitarbeiter untereinander kennen. Bei diesen Seminaren wird man nicht nur mit den Forschungsrichtungen und -ergebnissen konfrontiert, sondern gewinnt auch Wissen und Erfahrung über die Art und Weise, wie erfahrene wissenschaftliche Mitarbeiter ihre Vorträge souverän halten und Fragen gekonnt beantworten.

Zum Abschluss dieses Berufswegs wird noch die bereits erwähnte Sicht des Professors bzw. Privatdozenten betrachtet. Sie bekommen auf jeden Fall eine zeitlich ausgedehnte Möglichkeit, einen Kandidaten für ein zukünftiges Promotionsvorhaben einschließlich der Integrationsaussichten sorgfältig hinsichtlich fachlicher und menschlicher Eignung zu beobachten und zu bewerten. Damit werden eventuelle Fehler bei der Personalakquisition von geeigneten wissenschaftlichen Mitarbeitern auf ein Minimum gebracht. Des Weiteren sind aus deren Sicht „eingearbeitete" Hochschulabsolventen im Vergleich zu Neustartern von unschätzbarem Wert, reduzieren sie doch den erforderlichen Einarbeitungs- und Betreuungsaufwand deutlich.

Zusammenfassend kann festgehalten werden, dass Studierende über die erwähnten Betrachtungsebenen eine bunte Palette an unterschiedlichen Ansätzen bekommen. Diese unterstützen sowohl eine prinzipielle Entscheidung bezüglich einer HiWi-Tätigkeit als auch die spätere mögliche Bewerbung um ein Promotionsvorhaben. Es wird empfohlen, all diese Aspekte neben den finanziellen Elementen mit zu berücksichtigen, sichern sie doch eine möglichst optimale Nutzung der HiWi-Tätigkeiten beim betrachteten Berufsweg über die Promotion und die Umsetzung eigener Interessen hinsichtlich einer eventuellen wissenschaftlichen Karriere. Das vorgestellte Konzept einer geschickten Kombination der HiWi-Tätigkeit mit einer Masterarbeit und einem zukünftigen Promotionsvorhaben ist natürlich die Krönung der Bemühungen und ein Idealfall. Es setzt eine sorgfältige Planung, präzise Analyse, hervorragende Leistung und ein Quäntchen Glück voraus. Die Umsetzung des Konzepts gelingt vielleicht nicht immer, kann aber vor dem Hintergrund der verfolgten Zielsetzung wenigstens angestrebt werden.

Abschließend soll noch der in ◘ Abb. 5.6 gezeigte klassische Berufsweg angesprochen und bewertet werden. Wie bereits erwähnt, umfasst dieser Weg die deutliche Mehrzahl der Hochschulabsolventen und die Frage, die sich hier stellt, ist die folgende: Ist der Nutzen einer HiWi-Tätigkeit genauso hoch, wie beim Karriereweg über eine Promotion? Die Antwort lautet: Der Nutzen ist unbestritten vorhanden. Das erworbene Wissen, die gewonnenen Erfahrungen, die erarbeiteten Kompetenzen und vor allem die fachlichen Aspekte einer HiWi-Tätigkeit stellen wichtige Elemente dar, die in Bewerbungsunterlagen und im Vorstellungsgespräch geschickt ausgelobt werden können und sollen. Eine erfolgreiche, fachlich durchdachte und facettenreiche HiWi-Tätigkeit gehört somit zu den wichtigen Alleinstellungsmerkmalen eines Hochschulabsolventen.

5.2.4 Beispielhafte Diversität in HiWi-Tätigkeiten aus eigenen Förderprojekten

In zahlreichen Förderprojekten besteht die Möglichkeit, HiWi-Tätigkeiten zu berücksichtigen und für deren Finanzierung sogar entsprechende finanzielle Mittel zu beantragen. Dies ist auch in zahlreichen eigenen Projekten erfolgreich gelungen, was nicht nur den Förderprojekten, sondern auch der ergänzenden und vertiefenden Ausbildung von HiWis zugutekam. Im Folgenden sollen als Ergänzung zu den o. g. eher grundlegenden Aspekten und Tätigkeiten ein paar weitere, spezifische Beispiele gezeigt werden. Sie sind zwar charakteristisch für die Verfahrenstechnik, dennoch gewinnen Studierende an diesen Beispielen einen Eindruck über die Diversität und Grad der Herausforderung der HiWi-Tätigkeiten. Für die HiWis empfiehlt es sich, diese Diversität im Rahmen der HiWi-Tätigkeit unbedingt aktiv anzustreben. Zwar ist dies in der Regel kein Freiheitsgrad, dennoch sollten sich Studierende darum wenigstens bemühen. Die Motivation hierfür sollte auf der im Kapitel *Fachpraktikum* (◘ Abb. 4.5) dargestellten Überlappung mit den potenziellen Anforderungen zukünftiger Arbeitgeber fußen. Die erwähnte Diversität innerhalb einer HiWi-Tätigkeit unterstützt diese Überlappung nachhaltig. Um in diesem Bereich bei Studierenden wenigstens eine Vorstellung über die konkreten Möglichkeiten zu erzeugen, ist in ◘ Abb. 5.7 eine beispielhafte Übersicht für die folgenden zwei fachlichen, sehr oft eng verknüpften Schwerpunkte wiedergegeben:
a. Versuchsanlagen und Experimente,
b. IT-Aktivitäten.

Als Ergebnis wird HiWis ein Raum zur Erprobung und Festigung des theoretischen Wissens aus Lehrmodulen zur Verfügung gestellt. Daraus ergeben sich wiederum eine anregende fachliche Vielseitigkeit sowie Ziel- und Ergebnisorientierung von HiWis, die in späteren Bewerbungsunterlagen und im Vorstellungsgespräch konsequent zu nutzen sind.

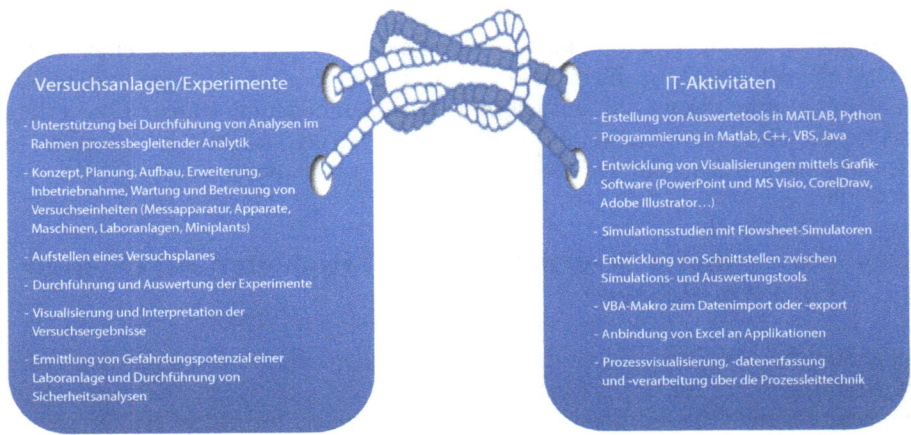

◘ **Abb. 5.7** Beispiele für Diversität innerhalb einer HiWi-Tätigkeit (Verfahrenstechnik)

5.2.5 Erfahrungen aus der Praxis

Aus eigener akademischer Praxis
1. Erfolgreiche HiWi-Tätigkeiten sind ein wichtiger Beitrag zur beruflichen Vertiefung von Studierenden.
2. Es wird empfohlen, eine ausgeprägte Erwartungshaltung seitens HiWis in Richtung betreuender wissenschaftlicher Mitarbeiter tunlichst zu vermeiden. Die Verantwortung für den Nutzen und die Inhalte liegen auch bei Studierenden. Diese durch Eigenverantwortung und klare Zielvorstellungen geprägte Haltung hilft auch später im Beruf.
3. HiWi-Tätigkeiten finden zwischen Lehrmodulen statt. Somit lassen sie sich verhältnismäßig einfach ins Studium integrieren. Daraus ergibt sich auch keine zwingende Notwendigkeit, das Studium zu verlängern, wie dies in der Regel z. B. bei freiwilligen externen Fachpraktika oft der Fall ist.

Aus eigener industrieller Praxis
Hochschulabsolventen, die im Laufe des Studiums eine HiWi-Tätigkeit durchlaufen, unterscheiden sich von anderen Bewerbern durch Zielstrebigkeit, Ergebnisorientierung und Selbständigkeit. Hinzu kommen Erfahrungen bezüglich der Projektbearbeitung, der experimentellen Untersuchungen sowie der Beherrschung von IT-spezifischen Elementen.

5.2.6 Take-Home Messages

1. Alle aufgeführten Ratschläge und Empfehlungen, Strategien und Vorgehensweisen stellen den Idealzustand dar. Studierende können bequem alle Zustände zwischen zwei Grenzfällen *Ablehnung* und *volle Umsetzung* wählen. Vom ersten Grenzfall wird allerdings dringend abgeraten.
2. Eine freiwillige HiWi-Tätigkeit weist ein wichtiges Alleinstellungsmerkmal auf und bescheinigt dem späteren Bewerber eine eigenständige und bewusste Entscheidung.
3. Die vorausschauende und sorgfältige Planung der HiWi-Tätigkeit stellt eine wichtige Voraussetzung für den späteren Erfolg dar, insbesondere bei geplantem Promotionsvorhaben. Das Einholen von z. B. Bewertungen der Kommilitonen über ein Institut reduziert die Wahrscheinlichkeit einer Fehlentscheidung deutlich.
4. Die Vorteile einer HiWi-Tätigkeit sind ausgesprochen mehrdimensional, allerdings liegt die praktische Sicherung der Mehrdimensionalität auch in der Verantwortung des HiWis.
5. Ein HiWi hat einen Rechtsanspruch auf ein Arbeitszeugnis. Vor dem Hintergrund einer neutralen und glaubhaften Bescheinigung absolvierter Aktivitäten sollte es immer angestrebt werden. Es ist aus Sicht der zukünftigen Bewerbung und des Vorstellungsgesprächs von hoher Bedeutung.
6. Erfolgt die Entscheidung für eine HiWi-Tätigkeit aufgrund von persönlichen Neigungen und wissenschaftlichen sowie beruflichen Interessen, so ist diese Tätigkeit in unterschiedlichen Instituten vorteilhafter als eine längere Tätigkeit in nur einem Institut. Der deutlich höhere Zeit- und Arbeitsaufwand kann als bewusster und gewollter Entscheidungsakt des späteren Bewerbers gepaart mit Neugierde und schneller Anpassungsfähigkeit ausgelobt werden. Das kommt in Vorstellungsgesprächen immer gut an! Die Ausnahme bildet hier der analysierte Berufsweg über die Promotion.

5.3 Auslandssemester

Der zentralen Idee des Ratgebers folgend wird nun das Auslandssemester näher analysiert und mit praxisorientierten Empfehlungen begleitet (siehe Leit-Sechseck). Es gehört zum Konzept der systematischen Erweiterung der fachlichen und persönlichen Kompetenzen im Studium vor dem Hintergrund des späteren Vorstellungsgesprächs. Ein Auslandssemester ist eine freiwillige Aktivität von Studierenden, die mit Arbeit und Anstrengung verbunden ist. Es zeichnet sich beim Vorstellungsgespräch im Vergleich zu Wettbewerbern durch ein Alleinstellungsmerkmal aus und stellt damit einen Vorteil dar.

5.3.1 Hintergründe

Das Auslandssemester gehört neben dem bereits erwähnten Auslandspraktikum (siehe Kapitel *Fachpraktikum*) zu sog. studienbezogenen Auslandsaufenthalten. Darunter versteht man gemäß DAAD (DAAD e, 2021) temporäre Studien- oder Praxisaufenthalte im Ausland, die:
- während der Einschreibung in einen Studiengang absolviert wurden, der an einer Hochschule in Deutschland abgeschlossen wird,
- die physische Überschreitung von nationalen Grenzen erforderlich machten,
- vom zuständigen Prüfungsamt für den Studiengang anerkannt worden sind.

Um den Rahmen des vorliegenden Ratgebers nicht zu sprengen, wird im Folgenden ausschließlich das weltweit größte Förderprogramm der Europäischen Union, das Erasmus-Programm, näher betrachtet. Es bildet die organisatorische und finanzielle Grundlage für die erwähnten, studienbezogenen Auslandsaufenthalte und ermöglicht Aufenthalte an Hochschulen bzw. in Unternehmen. Es bezieht sich auf ein Akronym von **EuR**opean **C**ommunity **A**ction **S**cheme for the **M**obility of **U**niversity **S**tudents und wurde im Jahr 1987 gegründet. Die einzelnen Programmgenerationen seit der Gründung sind ◘ Abb. 5.8 zu entnehmen.

Auch wenn mittlerweile das Erasmus-Förderprogramm extrem facettenreich und nicht nur auf die Belange von Studierenden ausgelegt ist, stehen im vorliegenden Kapitel ausschließlich solche Aspekte im Fokus, die für Studierende von Interesse sind.

Für Studierende bedeutet das Erasmus-Förderprogramm, dass sie im Rahmen des vielfältigen Austausches auf alle Mitgliedsstaaten der EU sowie fünf weitere

◘ **Abb. 5.8** Erasmus-Förderprogramm: Programmgenerationen seit der Gründung im Jahr 1987

europäische Länder Zugriff erhalten. Des Weiteren sind für Studierende zwei zusätzliche Grundpfeiler des Erasmus-Förderprogramms von zentraler Bedeutung. Es handelt sich um:

- die Anerkennung von Studienleistungen im Ausland anhand des European Credit Transfer Systems (ECTS)
- die finanzielle Förderung von Austauschstudierenden.

Voraussetzung ist allerdings, dass die entsendende und die aufnehmende Hochschule ein entsprechendes bilaterales Abkommen abgeschlossen haben (Wikipedia, 2021). Es wird interessierten Studierenden empfohlen, im International Office (Akademisches Auslandsamt o. ä.) der Heimathochschule diese Auskunft einzuholen. Die erwähnte finanzielle Förderung wird über den EU-Haushalt anteilig nach den jeweiligen nationalen Studierendenzahlen über die Nationalen Agenturen (DAAD in Deutschland) den teilnehmenden Hochschulen auf deren Anträge zur Verfügung gestellt. Die Höhe des Budgets für die aktuelle Programmgeneration 2021–2027 ist durchaus beträchtlich und beträgt 26 Mio. EUR. An der Anzahl der seit 1987 durch das EU-Bildungsprogramm Erasmus geförderten Studierendenmobilität bezüglich eines studienbezogenen Auslandsaufenthalts liegt bei 686.936 Teilnehmern (einschließlich 2018). Man sieht erfreulicherweise, dass diese Form der Förderung sehr viele Studierende als vorteilhaft erkannt und in Anspruch genommen haben (Johann, 2021).

Aufgrund der verfolgten Zielsetzung des Ratgebers wird im Folgenden vor dem Hintergrund der späteren Bewerbung und des Vorstellungsgesprächs ausschließlich das Auslandssemester näher betrachtet. Hierzu werden pragmatische und praxisbezogene Hinweise ausgearbeitet, zusammengestellt und mitgeteilt. Alle anderen Facetten des Erasmus-Förderprogramms (wie z. B. Vollstudium, binationales Doppelstudium) oder Programme wie summer school, work and travel u. ä. sprengen den Umfang des Ratgebers und werden bewusst aus der Analyse ausgeschlossen.

5.3.2 Bedeutung des Auslandssemesters

Im Vergleich zum Auslandssemester sind die bereits betrachteten additiven Fertigkeiten wie das Fachpraktikum bzw. die Tutoren- oder HiWi-Tätigkeit eher auf kurzfristige Nutzung ausgerichtet. Sie sind enorm wichtig und kommen bereits direkt nach dem Studium im Rahmen des Vorstellungsgesprächs zum Zuge. Ihre Bedeutung nimmt allerdings im Laufe der beruflichen Tätigkeit sehr schnell ab. Dagegen stellt ein Auslandssemester (und auch das erwähnte Auslandspraktikum, siehe Kapitel *Fachpraktikum*) neben der kurzzeitigen Bedeutung (Vorstellungsgespräch) noch eine wichtige Investition in die eigene berufliche Zukunft dar. Im Rahmen der Globalisierung nimmt zwangsläufig die Internationalisierung von Unternehmen zu, die ein ausgeprägtes Spektrum an Aktivitäten auf den weltweiten Märkten betreiben müssen, um im wettbewerbsgeprägten Umfeld den wirtschaftlichen Erfolg zu sichern. Dies erzeugt wiederum eine starke, interne Nachfrage nach Mitarbeitern, die bereit sind, für einen definierten Zeitraum ins Ausland zu gehen. Personalabteilungen dieser Unternehmen berücksichtigen das bereits bei Vorstellungsgesprächen in zunehmendem Maße (Bensberg & Messner, 2014). Hochschulabsolventen, die über Auslandserfahrungen verfügen, weisen im Vergleich zu anderen Bewerbern ein wichtiges Alleinstellungsmerkmal auf. Sie sind später im Unternehmen nicht selten Bestandteil des Talentmanagements mit der strategischen Ausrichtung auf zukünftige Führungskräfte. Hier werden also die sozial-kommunikative und interkulturelle Kompetenz als Einstellungsmerkmale stark gewichtet. Damit stellt ein Auslandssemester einen wichtigen Baustein eines beginnenden internationalen Lebenslaufes und der späteren Karriereentwicklung des Hochschulabsolventen dar.

Doch warum ist das so? Die Antwort auf diese Frage steckt in den Anforderungen, die ein Unternehmen in diesem Kontext stellt und die Hochschulabsolventen mit absolviertem Auslandssemester wenigstens tendenziell erfüllen.

Diese Hochschulabsolventen zeichnen sich durch eine optimistische Einstellung zu allen Herausforderungen aus, da sie über ein erforderliches Selbstvertrauen gepaart mit Spaß an unbekannten Lebenssituationen verfügen. Dass diese Situationen mit vielen Unsicherheiten behaftet sind, macht ihnen nichts aus. Durch ihre ausgeprägte Offenheit für Neues zusammen mit Unternehmungslust sind sie bereit, die gewohnte und damit auch bequeme universitäre Umgebung der Heimatuniversität zu verlassen und völlig neue Herausforderungen in Angriff zu nehmen. Sie weisen damit die Bereitschaft auf, ihre Zukunft in die eigene Hand zu nehmen und aktiv zu gestalten, ohne Rücksicht auf eventuelle Verluste. Dabei werden sie durch intrinsische, umfangreiche Interessen (berufliche, persönliche, kulturelle u. a.), Risikobereitschaft und Leistungsmotivation getrieben. Ihre Lernbereitschaft, Veränderungs- und Problemlösungsfähigkeit sichern die erforderliche interkulturelle Anpassung, was noch zusätzlich durch Persönlichkeitsmerkmale, wie Kontaktfreudigkeit, Offenheit und Gesprächsfähigkeit unterstützt wird. Sie sind einfach durch persönlich angetriggerte Ereignisse und bewältigte Probleme geprägt. In diesem Zusammenhang ist es also nachvollziehbar, warum Hochschulabsolventen mit einem studienbezogenen Auslandsaufenthalt das Interesse von Personalabteilungen wecken.

So viel zur Sicht des Unternehmens. Was ist mit dem Blickwinkel der Studierenden? Es wird der folgenden Frage nachgegangen: Was haben Studierende an Vorteilen von einem Auslandssemester? Die Antwort auf diese Frage wird in drei Dimensionen beleuchtet, die in ◘ Abb. 5.9 wiedergegeben sind.

Im Rahmen der nachfolgenden Bewertung des Auslandssemesters wird bewusst nicht auf *touristische* Erwartungen eingegangen (Seebauer, 2009), da diese sehr individuell und vor dem Hintergrund der hier verfolgten Strategie irrelevant sind.

5.3.3 Lehre

Im Bereich der Lehre bietet ein Auslandssemester die unschätzbare Chance, mit einer anderen universitären Lehrausbildung in Kontakt zu kommen, sodass

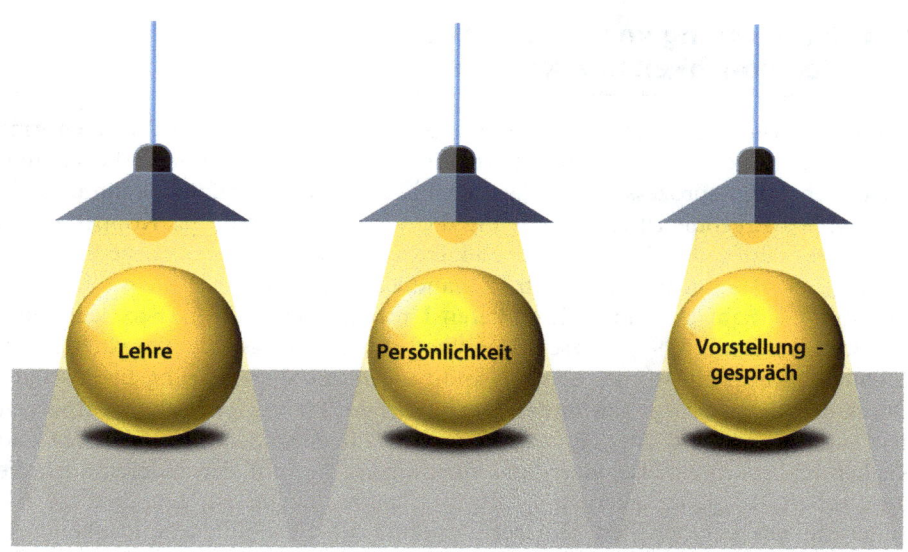

Abb. 5.9 Dimensionen der Vorteile beim Auslandssemester

ein Hauch von einem anderen Lehrsystem nach Rückkehr an der Heimathochschule angewendet werden kann. Ein Auslandssemester ergibt jedoch auch weitere Vorteile für Studierende. Durch (zwangsläufig) sorgfältig und bewusst gewählte Veranstaltungen aus dem Lehrangebot der aufnehmenden Hochschule bekommen Studierende die Möglichkeit, gezielt neue und vertiefende Lehrinhalte aufzunehmen, die die bisherigen fachlichen Inhalte von der Heimathochschule ergänzen, erweitern und vertiefen. Hier werden nicht nur klassische Lehrformate wie z. B. Vorlesungen, sondern auch Seminare, Labortätigkeit, Gruppen- und Projektarbeiten, Selbststudium, Online-Lehren u. ä. verstanden. Zudem gewinnen Studierende aus der ausländischen Perspektive auch Grundlagen für einen Vergleich und eine kritische Bewertung des bisherigen, eigenen Studiengangs und der Studienrichtung mit den festgelegten Schwerpunkten. Vor dem Hintergrund einer verfolgten, möglichst ausgezeichneten beruflichen Qualifizierung, können sie dann nach Rückkehr gezielt neue Lehrangebote ins Curriculum aufnehmen. Damit kann das Master-/ Bachelorstudium bewusst geändert und wissensbasiert optimal gestaltet werden.

Sowohl die Teilnahme an Lehrveranstaltungen und die täglichen zwischenmenschlichen Kontakte zu Kommilitonen als auch die übliche Kommunikation außerhalb der Hochschule ergänzen, erweitern und festigen die Fremdsprachenkenntnisse. Dies umfasst mehrere Bereiche, wie z. B. das Lese- und Hörverständnis sowie Sprach- und Schreibvermögen. Aktuell gilt in Unternehmen, dass die früher weitverbreitete hohe Bewertung der Fremdsprachenkenntnisse heute eher als übliche Erwartung formuliert wird. Dennoch kann es nicht schaden, wenn man mit verhandlungssicherer Sprache über das übliche Maß hinausgeht und damit ein Alleinstellungsmerkmal gegenüber Wettbewerbern aufweist.

5.3.4 Entwicklung von Kompetenzen und Persönlichkeitsmerkmalen

Der Entwicklung der eigenen Persönlichkeit der Studierenden wird eine enorme Bedeutung beigemessen. Sie resultiert aus einem steilen, kontinuierlichen und persönlichen Reifeprozess der Studierenden in einer neuen und unbekannten Umgebung. Als Ergebnis ist eine Festigung der Eigenständigkeit, der Kooperations- und zwangsläufig der Anpassungs- und Durchsetzungsfähigkeit zu beobachten. Brodach et al. sprechen in diesem Zusammenhang von einer Persönlichkeitsentfaltung, die im Umfeld eines späteren Unternehmens von großer Bedeutung ist (Brodach et al., 1993). Diese Eigenschaften werden zusätzlich ergänzt durch Offenheit, Rücksichtnahme, Leistungsmotivation und Veränderungsbereitschaft. Durch das Verlassen der gewohnten Umgebung der Heimathochschule entwickelt man zwangsläufig die unschätzbare Fähigkeit, auf der einen Seite Chancen und Risiken realistisch einzuschätzen und abzuwägen, aber auf der anderen auch die Bereitschaft, Unsicherheiten und Ungewissheiten zuzulassen. Durch diese Erweiterung des persönlichen Horizonts nimmt die Flexibilität in Denken und Handeln, das Vertrauen in eigene Fähigkeiten und schließlich auch die Zuversicht, alle Herausforderungen in verschiedenartigen, sich ständig wechselnden Umgebungen (kulturelle und berufliche Umgebung, Lern- und Lebensumgebung) gewachsen zu sein. Man wird dabei selbstständiger, selbstbewusster und ausdauernder in der Absicht, über die erworbene Problemlösungskompetenz gesetzte Ziele konsequent zu verfolgen und zu erreichen.

5.3.5 Vorstellungsgespräch und berufliche Karriere

Ein studienbezogener Auslandsaufenthalt in Form eines Auslandssemesters, der in Stellenanzeigen verlangt wird, gehört mittlerweile (fast) zu Standardanforderungen an Hochschulabsolventen bei Vorstellungsgesprächen. Damit machen sich Auslandserfahrungen und der "Blick über den Tellerrand" durchaus bezahlt. Für Studierende, die über beide Elemente verfügen, bedeutet das, dass der Lebenslauf aufgewertet wird. Damit entstehen auch tendenziell bessere Aussichten auf einen Bewerbungserfolg. Auch später weisen Hochschulabsolventen mit Auslandserfahrungen ein gutes Fundament für eine berufliche Karriere in international tätigen Unternehmen auf. Nach Mell (Mell, 2014) gilt, dass in der globalisierten Welt beruflich relevante Auslandserfahrungen immer wichtiger werden. Aus eigener Erfahrung und zahlreichen Gesprächen mit eigenen Doktoranden ist bekannt, dass ein Auslandssemester (oder allgemeiner formuliert studienbezogene Auslandserfahrungen) oft als Vorstufe eines späteren beruflichen Auslandsaufenthalts eine wichtige Voraussetzung für bestimmte Karrierestufen im Unternehmen sind.

Wir halten also fest, dass studienbezogene Auslandsaufenthalte eine grundsätzlich positive Wirkung auf die späteren beruflichen Aktivitäten und Weiterentwicklung ausüben. Das nehmen auch 66 % der Studierenden an (Gesslbauer et al., 2012), die sich für einen studienbezogenen Auslandsaufenthalt entscheiden.

93 % der Studierenden könnten sich nach einem studienbezogenen Auslandsaufenthalt vorstellen, im Ausland zu leben und 95.% möchten gerne im internationalen Kontext beruflich aktiv sein (DAAD, 2017).

> **Hinweis**
>
> Zusammenfassend kann festgehalten werden, dass ein Auslandsemester ein aufregendes, spannendes und prägendes Erlebnis darstellt, das maßgeblich zur Entwicklung eigener Kompetenzen und Persönlichkeitsmerkmale beiträgt. Dies wird auch durch die Bildung von Netzwerken und Etablierung von Freundschaften nachhaltig unterstützt. Die gezielte Erweiterung der Studieninhalte trägt bedeutend zur Weiterentwicklung und Festigung der beruflichen Kompetenz und damit zu besseren Chancen auf dem Arbeitsmarkt bei.

5.3.6 Kriterien für die Wahl der Hochschule

Die gezielte und vor allem fundierte Wahl der aufnehmenden Hochschule ist für den Erfolg eines Auslandssemesters von zentraler Bedeutung. Die Wahl entscheidet nämlich über Lehrinhalte und viele andere Aspekte. Aber was bedeutet eigentlich eine gezielte und fundierte Wahl? Welche Kriterien sollte man als Studierender zugrunde legen? Um diese Frage zu beantworten, müssen wir uns im Klaren sein, welche Ziele wir primär verfolgen. Stehen im Vordergrund neben der Erweiterung der Lehrinhalte bessere Chancen auf dem späteren Arbeitsmarkt und beim Vorstellungsgespräch, so gestalten sich die Kriterien anders als bei z. B. touristischen Gesichtspunkten. In der Regel stellt die Wahl einen Kompromiss aus beiden dar, wobei dringend empfohlen wird, eine deutlich höhere Bedeutung der ersten Kategorie zu widmen. Diese steht auch im Vordergrund dieses Kapitels.

Zu den wichtigsten Kriterien für die Wahl gehört ein optimales Lern- und Lehrumfeld. Diese werden durch exzellente Hochschullehrer, erstklassig ausgestattete Labore und Hörsäle sowie einen möglichst niedrigen akademischen Betreuungsschlüssel gewährleistet. Weiterhin ist es wichtig, dass die aufnehmende Hochschule ein hochschulinternes Qualitätssicherungssystem im Bereich von Studium und Lehre aufweist. Eine interne und externe Evaluation aller Studiengänge ist in der Regel ein Garant für hohes und vor allem gleichbleibendes Lehrniveau. Des Weiteren sollte man auf die Studieninhalte und Lehrschwerpunkte achten sowie das Verhältnis zwischen Theorie und Praxis nicht aus den Augen verlieren. Hier sind internationale Forschungsaktivitäten und die sichtbare Präsenz auf Tagungen, Messen und Konferenzen von lehrenden Professoren ein untrügliches Zeichen für hohe Qualität und Aktualität der Lehre. Diese Informationen sind für Studierende in der Regel den Internetauftritten der einzelnen Institute, Dekanate bzw. Fakultäten leicht zu entnehmen, sodass man sich schnell wenigstens ein grobes Bild machen kann. Ferner ist die klar sichtbare internationale Ausrichtung der aufnehmenden Hochschule zu beachten, die z. B. an internationalen Partner-Hochschulen festgestellt werden kann. Von enormer Bedeutung sind noch der Ruf, bescheinigt durch nationale Rankings und internationale Bewertungen (Hochschulrankings) sowie das ausgezeichnete Renommee der Hochschule. Hier wirken die gleichen Mechanismen, wie die bereits angesprochenen namhaften Unternehmen beim Fachpraktikum. Obwohl es sachlich völlig unbegründet und wenig fundiert ist, bekommt man als Studierender vom „Glanz" der Hochschule immer etwas ab und das sollte man bei der Wahl der Hochschule unbedingt berücksichtigen. Es stellt auch ein wichtiges Argument bei Vorstellungsgesprächen dar. So bietet z. B. die eigene Heimatuniversität seit über 20 Jahren Austauschprogramme u. a. mit der University of California, Berkeley, an, einer der führenden amerikanischen Universitäten. Diese Tatsache, die im Lebenslauf unbedingt positioniert werden muss, „wirkt" in späteren Bewerbungsunterlagen und beim Vorstellungsgespräch, da sie ein Alleinstellungsmerkmal im Vergleich zu Wettbewerbern darstellt.

Neben den bisher aufgelisteten Kriterien, die vorwiegend die Lehre und das Studium berücksichtigen, sollte man natürlich auch „übliche" Bestandteile des täglichen Lebens im Ausland nicht außer Acht lassen. Darunter werden der Campus und das Campusleben (Kunst-, Musik-, Freizeit- und Sportangebote, Uni-Kino u. a.), die Bibliothek, studentische Wohnheime, Mensa, Cafés, Sportanlagen, Verkehrsverbindungen und Anbindung mit öffentlichen Verkehrsmitteln, Parks, Grünflächen oder Seen in unmittelbarer Nähe, die Attraktivität des Standortes u. a. verstanden. Um dabei bei allen aufgeführten Wahlkriterien die Wahrscheinlichkeit einer eigenen Fehleinschätzung zu minimieren, wird zur Sicherheit dringend empfohlen, vorliegende Berichte der Studierenden in Erfahrung zu bringen. Hier sind das International Office bzw. die Fachschaften an der Heimathochschule behilflich. In die gleiche Richtung gehen direkte Gespräche mit Kommilitonen, die Auslandssemester bereits in Anspruch genommen haben und eine ziemlich sichere Quelle für aktuelle Informationen und praxisbezogene Tipps darstellen.

5.3.7 Organisatorische Aspekte und Planung

Bei allen zusammengestellten Vorteilen ist zu erwarten, dass man im Vorfeld für den Erfolg eine Menge an organisatorischen Vorarbeiten unbedingt leisten muss. Die positive Nachricht in diesem Zusammenhang besteht darin, dass man zwar als Studierende alles in Eigenregie vorausschauend und mit entsprechendem zeitlichem Vorlauf planen, priorisieren und umsetzen muss, allerdings stehen einem zahlreiche Institutionen, wie das International Office, Dekane oder der DAAD mit Wissen, Erfahrung, Rat und Tat zur Seite. Sie stellen eine enorme Erleichterung dar. Die dringende Empfehlung lautet an dieser Stelle: Studierende sollten auf diese Institutionen und Personen unbedingt zurückgreifen. Das spart Zeit- und Arbeitsaufwand, es reduziert auch die Anzahl von üblichen Fehlern, die man als Neuling zwangsläufig macht. Die erneute Entdeckung des Rades ergibt wenig Sinn und wird später an keiner Stelle honoriert.

Aber was muss eigentlich und in welcher zeitlichen Reihenfolge organisiert werden? Um diese Frage zu beantworten, fokussieren wir uns im Folgenden weitgehend auf die Empfehlungen des DAAD (DAAD a, 2021). Ein Anspruch auf Vollständigkeit wird angesichts der vielfältigen, teilweise sehr persönlichen Voraussetzungen und Randbedingungen nicht erhoben.

In erster Reihenfolge muss generell entschieden werden, ob das Auslandssemester im Bachelor- oder Masterstudium absolviert werden soll. Aufgrund vorliegender eigener Erfahrungen und zahlreicher Gespräche mit eigenen Doktoranden und Masteranden sollte es möglichst im Masterbereich positioniert werden. Hier gelten zwei grundlegende Argumente: Das erste betrifft die eigene Persönlichkeit, die im Masterbereich deutlich reifer ist als im Bachelorbereich. Ferner gilt, dass man im Masterstudium fachlich weiter ist als im Bachelorstudium. Betrachtet man beide vorgeführten Argumente, so erkennt man sofort, dass hier im Vordergrund der klare persönliche Eigennutzen steht. Wenn man schon alle Vorbereitungen durchführt und den erforderlichen Zeit- und Arbeitsaufwand investiert, so sollte dabei wenigstens ein maximaler Nutzen herausspringen.

Nach den Empfehlungen des DAAD (DAAD a, 2021) sollen erste Überlegungen bereits 18 Monate vor Beginn des Auslandssemesters angestellt werden. Dabei müssen zwei Aspekte berücksichtigt werden. Das 4. Mastersemester umfasst die Anfertigung der Masterarbeit. Angesichts der Bedeutung der sorgfältigen Wahl des Masterarbeitsthemas (siehe Kapitel *Abschlussarbeiten*) wird empfohlen, das 3. Mastersemester u. a. dieser Problematik zu widmen. Damit ergibt sich der optimale Zeitpunkt für das 2. Mastersemester. Berücksichtigt man die o. g. Empfehlung des DAAD, so sollten erste Überlegungen bezüglich des Auslandssemesters mit dem Beginn des vorletzten Bachelorsemesters in Angriff genommen werden. Diese Überlegung gilt unter der Annahme, dass beide Studienabschlüsse an der gleichen Hochschule absolviert werden. Die in Anlehnung an DAAD (DAAD a, 2021) sowie in Wurster und Hagen (Wurster und Hagen, 2013) vorgeführten Checklisten stellen einen sehr guten Leitfaden für die vorausschauende Planung und umfassende Organisation dar. Sie sind weitgehend selbsterklärend und werden aus diesem Grund hier nicht näher analysiert. Stattdessen liegt der Fokus auf die in ◘ Abb. 5.10 dargestellte Strukturierung, die mit praxisorientierten Empfehlungen begleitet wird.

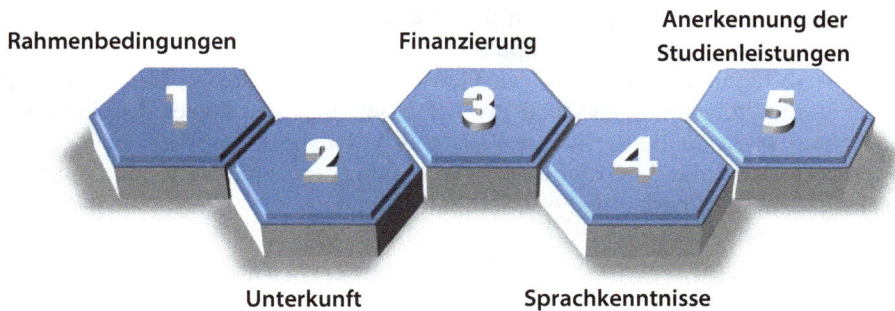

◘ **Abb. 5.10** Strukturierung der Betrachtung

5.3.8 Rahmenbedingungen

Die grundlegende Voraussetzung für ein Auslandssemester stellt – wie bereits erwähnt – ein rechtsgültiger Vertrag zwischen der Heimat- und der aufnehmenden Hochschule dar. Er sichert, dass Studierende das ERASMUS-Förderprogramm mit seinen zahlreichen Vorteilen nutzen dürfen, und macht den Aufenthalt insbesondere bezüglich der Anerkennung der im Ausland erbrachten Studien- und Prüfungsleistungen relativ unkompliziert.

Da die Studienplätze durch die gebilligten, finanziellen Mittel der Heimathochschule sowie durch das Aufnahmevolumen der aufnehmenden Hochschule begrenzt sind, muss eine Bewerbung um einen Studienplatz rechtzeitig eingereicht werden. Die erforderlichen Bestandteile der Bewerbung (z. B. Lebenslauf, Motivationsschreiben, Kopie des Bachelorabschlusses, gültige Notenbescheinigung u. a.) können der Homepage des International Office an der Heimathochschule entnommen werden. Die Entscheidung wird – wie fast immer im praktischen Leben – auf der Basis von Studienleistungen (bisher erreichte Prüfungsnoten, Studiendauer, bisher absolvierte studienbezogene Auslandsaufenthalte u. ä.), vorhandenen Sprachkenntnissen sowie fachlichen Aspekten der angestrebten Lehrinhalte an der aufnehmenden Hochschule gefällt. Dabei sollte man hohe Aufmerksamkeit den hochschulspezifischen Bewerbungsfristen sowohl an der Heimat- als auch an der aufnehmenden Hochschule widmen. Ähnliches gilt für den Beginn des Auslandsaufenthaltes, da der Semesterzyklus im Vergleich zu den Semestern an der Heimathochschule durchaus unterschiedlich sein kann. Nicht zu vergessen ist nach der Nominierung und Platzvergabe der Heimathochschule die konkrete Umsetzung des „Learning Agreement" und weiterer geforderter Unterlagen von der aufnehmenden Hochschule (z. B. „transcript of records", Sprachnachweise, ect.).

Bezüglich der Dauer des Auslandssemesters wird empfohlen, lediglich ein Semester zu wählen, obwohl Aufenthalte bis 12 Monate/Studienphase möglich sind. Diese Empfehlung wird dadurch begründet, dass nach einem Semester der spezifische („ausländische") Wissenszuwachs und die zusätzlichen Auslandserfahrungen lediglich inkrementell sind und im Laufe der Zeit noch geringer werden. Hier gelten für die restliche Zeit: Wissens- und Erfahrungskrümel sind nicht mehr erstrebenswert. Da sich zahlreiche Aspekte einfach wiederholen, stellen sie im Grenzfall sogar einen unmittelbaren Kristallisationspunkt für Unmut bezüglich fehlender neuer Impulse dar. Die Crux liegt hier also in der sorgfältigen Abwägung, in der richtigen Gewichtung (Studium vs. Tourismus) und in der daraus folgenden ehrlichen Prioritätensetzung. Die Dauer des Auslandsaufenthalts spielt auch aus Sicht des späteren Vorstellungsgesprächs eine absolut untergeordnete Rolle. Viel wichtiger ist in diesem Zusammenhang, dass man ein Auslandssemester überhaupt absolviert hat.

5.3.9 Unterkunft

Eine geeignete Unterkunft vor Ort gehört zu den zentralen Voraussetzungen für einen gelungenen studienbezogenen Auslandsaufenthalt. Die klassische und einfachste Lösung besteht im Studierendenheim der aufnehmenden Hochschule. Hier muss aber jedem bewusst sein, dass die Anzahl dieser Unterkünfte in der Regel nicht ausreichend ist und sie sogar oft aus diesem Grund verlost werden. Dieser Sachverhalt zwingt zahlreiche Studierende, auf andere Unterkunftsarten wie z. B. Wohnung bzw. Haus als Wohngemeinschaft, Zimmer als Privatwohnung, Hotel, Pension und Gästehaus auszuweichen. In diesem Fall ist eine sorgfältige und vorausschauende Planung ein sicheres Mittel, um ausgeprägtem Stress mit dem Vermieter aus dem Wege zu gehen. Aber wie findet man heraus, ob eine Unterkunft geeignet und der Vermieter vertrauenswürdig ist? Diese äußerst komplexen Fragen werden noch in der Regel dadurch überlagert, dass Studierende, die unter Stress stehen, u. U. viele Fakten einfach (unbewusst) ausblenden und vieles mit einem vereinfachenden Tunnelblick betrachten. Hinzu kommt, dass eine persönliche Besichtigung der Unterkunft im Ausland aus nachvollziehbaren Ursachen schwierig ist. Aus diesem Grund werden zunächst einmal klassische Alarmsignale bei der Unterkunftssuche ausgearbeitet und anschließend einige praxisorientierte Empfehlungen ausgesprochen.

Zu den erwähnten Alarmsignalen gehören alle extrem verlockenden Angebote, Unterkünfte mit ungewöhnlich großzügiger Ausstattung und Fotos, die wie aus einem Werbekatalog für Apartment-Anlagen herauskopiert, aussehen. In der Regel sollte hier auch überprüft werden, ob die angebotene Unterkunft überhaupt in die Wohngegend „passt". Dies kann in erster Näherung bequem über Google-Maps mit der *street view* Komponente durchgeführt werden. Eine weitere Absicherung besteht darin, dass man sich mit Kommilitonen austauscht, die auch vor diesem Problem stehen. Vier Augen sehen mehr als zwei!

In Bezug auf die Anbieter sollten alle Glocken schrillen, wenn der Anbieter angibt, dass er auf der einen Seite eine gesellschaftlich herausgehobene Stellung hat (z. B. in Form eines angesehenen Berufs als Arzt, Professor u. ä.) und auf der anderen Seite nicht einmal über eine Recherche im Internet zu finden ist. Diese vorgetäuschte Seriosität sollte mit gesundem Menschenverstand scharf analysiert werden. Man sollte auch Vorsicht walten lassen, wenn die Kontaktdaten (z. B. Email-Adresse, Kontonummer u. ä.) auf ein Land hindeuten, das vom Zielland abweicht bzw. unvollständig sind. Des Weiteren wird dringend empfohlen, anstatt einer üblichen telefonischen Kontaktaufnahme noch zusätzlich eine Videokonferenz mit *Zoom, Cisco Webex* bzw. *Skype* durchzuführen. Eine Begleitung durch eine erfahrene Person mit guten Menschenkenntnissen (Eltern, Verwandte) wird hier favorisiert, um die subjektive (Über)Macht des ersten Eindrucks zu relativieren und die Vertrauenswürdigkeit des Vermieters korrekt einzuschätzen. Diese Vorgehensweise verhindert, dass durch den erwähnten Tunnelblick Fakten ausgeblendet werden und die Entscheidung aufgrund von Emotionen gefällt wird. Als eiserne Regel bei der Unterkunft gilt, dass alle Formen von Vorkasse, Vorab-Vermittlungsgebühren bzw. Mietkautionen o. ä. möglichst abzulehnen sind.

Doch wie gelingt man dann in diesem Zusammenhang zu einer Unterkunft? Im Folgenden wird eine praxisorientierte und pragmatische Vorgehensweise unterbreitet, die die erwähnten Fallstricke zu vermeiden versucht. Eine verhältnismäßig sichere Methode besteht darin, dass man versucht, in erster Reihenfolge an Unterkunftsanschriften über das International Office bzw. Kommilitonen mit Auslandserfahrungen an der aufnehmenden Hochschule heranzukommen. Zwar besteht hier noch keine absolute Sicherheit, aber Unterkünfte, die in der Vergangenheit „funktionierten", werden auch in Zukunft mit hoher Wahrscheinlichkeit klappen. Aufgrund zahlreicher Gespräche mit Studierenden hat sich noch eine weitere Option für die Suche nach einer geeigneten Unterkunft herauskristallisiert. Diese pragmatische und erfahrungsbasierte Alternative umfasst die Suche über soziale Netzwerke, wie z. B. Facebook. Weitere Möglichkeiten umfassen den örtlichen Mieterverein bzw. die aufnehmende Hochschule, die in vielen Fällen über entsprechende Links behilflich sein können. In letzter Reihenfolge greift man auf übliche Online-Portale (z. B. Portal, 2021) zu. Hat man eine Unterkunft gefunden, so wäre eine persönliche Besichtigung vor Ort der nächste Schritt. Da dies im Ausland – wie bereits erwähnt – schwierig ist, sollte die Besichtigung wenigstens durch Video-Streaming im Rahmen der erwähnten Videokonferenz durchgeführt werden. Das ist technisch mit jedem Smartphone bzw. Laptop sehr leicht durchzuführen und vermittelt wenigstens einen verhältnismäßig sicheren ersten Eindruck. Eine parallele Aufzeichnung des Video-Streaming kann im Streitfall nicht schaden. Ist der erste Eindruck positiv, man aber dennoch auf Nummer sicher gehen möchte, so kann noch versucht werden, vom Vermieter die Kontaktdaten der Vorgängerperson zu bekommen, um die letzten Details zu klären. Vor dem Anfertigen des Mietvertrags sollten noch einmal abschließend alle eigenen Unterkunftsanforderungen sorgfältig durchgegangen werden (insbesondere WLAN als absolut erforderliche Voraussetzung für digitale Lehrformate!). Das Unterschreiben des Mietvertrags schließt die Vorgehensweise ab.

> **Achtung**
> Zum Abschluss noch ein Hinweis bezüglich Wohngemeinschaften. Die Fairness der geplanten Maßnahme erfordert die ehrliche Feststellung, dass Unterkünfte mit vorwiegend deutschen Studierenden als suboptimal einzustufen sind. Hier sollte man sich unbedingt auf das angestrebte, sprachliche Ziel des Auslandssemesters besinnen.
> Ein letzter Hinweis betrifft die bisherige Unterkunft an der Heimathochschule. Hier sollte man sich möglichst frühzeitig Gedanken darüber machen, ob man diese zwischenvermieten oder sogar kündigen möchte.

5.3.10 Finanzierung

Teilnehmer des Erasmus-Förderprogramms genießen zunächst einmal den unschätzbaren Vorteil einer Befreiung bezüglich der Entrichtung von Studiengebühren an der aufnehmenden Hochschule. Des Weiteren kommen sie in den Genuss von Mobilitätszuschüssen (Erasmus-Förderung). Im Folgenden stehen

5.3 · Auslandssemester

Tab. 5.1 Beihilfen für ein Auslandssemester. (Stand: 2021, in Anlehnung an DAAD (DAAD f, 2021))

Gruppe	Zielland	Betrag/Monat
Gruppe 1 (höhere Lebenshaltungskosten)	Dänemark, Finnland, Irland, Island, Liechtenstein, Luxemburg, Norwegen, Schweden	450 EUR
Gruppe 2 (mittlere Lebenshaltungskosten)	Belgien, Deutschland, Frankreich, Griechenland, Italien, Malta, Niederlande, Österreich, Portugal, Spanien, Zypern	390 EUR
Gruppe 3 (niedrigere Lebenshaltungskosten)	Bulgarien, Estland, Kroatien, Lettland, Litauen, Polen, Republik Nordmazedonien, Rumänien, Slowakei, Slowenien, Serbien, Tschechische Republik, Türkei, Ungarn	330 EUR

Mobilitätsbeihilfen für Studierende, die ein Auslandssemester in Programmländern durchführen möchten (Tab. 5.1).

Nach einer Studie von Gesslbauer et al. (Gesslbauer et al., 2012) wurden aufgrund der Studierendenbefragung ca. 865 EUR/Monat während des Auslandsaufenthalts ausgegeben. Dieser Betrag setzt sich aus Kosten der An- und Abreise, Unterkunft und Verpflegung sowie aus Ausgaben für Lehrbücher und -materialien zusammen. Vergleicht man den resultierenden Betrag mit den o. g. Beihilfen (Tab. 5.1), so ist eine klare Finanzierungslücke festzustellen. Diese muss jedem Studierenden mit Ambitionen für ein Auslandssemester bewusst sein und wird in der Regel über die Familie (79 %), eigene Ersparnisse (76 %), nationales Stipendium, Job und private Kredite (2 %) kompensiert (Gesslbauer et al., 2012). Aufgrund der mittleren jährlichen Inflation (realistisch 2–3 %) muss der erwähnte Betrag von 865 EUR/Monat fairerweise über den Verbraucherpreisindex hochgerechnet und entsprechend an das betrachtete Jahr angepasst werden. Zur Deckung der dadurch abgeschätzten realistischen, finanziellen Diskrepanz können auch zahlreiche private und leistungsbezogene Stipendien in Deutschland eingesetzt werden, die über politische, religiöse bzw. sportliche Organisationen beantragt werden können. Eine ausgezeichnete Übersicht hierzu ist in (DAAD b, 2021) zu finden. Eine weitere pragmatische Möglichkeit besteht in Studienkrediten, die sowohl in Deutschland als auch in den Zielländern beantragt werden können. Ferner sind in einzelnen Zielländern noch weitere staatliche Förderungen für Studierende möglich (z. B. Wohngeld CAF in Frankreich). Auch hier gilt, bestehende Fördermöglichkeiten frühzeitig und vorausschauend zu eruieren und entsprechend zu nutzen.

5.3.11 Sprachkenntnisse

Zu den absoluten Kernbestandteilen eines erfolgreichen Auslandssemesters gehören gute Sprachkenntnisse. Sie umfassen sowohl die Sprache des jeweiligen Landes (Grundkenntnisse sind sehr hilfreich) als auch (und vor allem) die

Arbeitssprache. Sie stellen den Schlüssel zur täglichen Kommunikation an der Hochschule und im Alltag dar. Dabei sollte man keineswegs annehmen, dass die Arbeitssprache überall Englisch ist. Insbesondere im Bereich der romanischen Länder kann diese leichtfertige Annahme sehr oft zu bösen Überraschungen führen. Um dies zu verhindern, verlangen einige aufnehmende Hochschulen einen entsprechenden Sprachnachweis. Spätestens jetzt erfährt man die Arbeitssprache. Alle Studierenden sollten im eigenen Interesse das Niveau B1 oder B2 in der Arbeitssprache beherrschen, egal, ob es verlangt oder sogar geprüft wird. An eigener Heimathochschule muss die Bewerbung obligatorisch einen Sprachnachweis auf Niveau B1 beinhalten.

Doch was soll man tun, wenn man sprachlich nicht ganz sattelfest ist? Die Antwort lautet: Frühzeitig und vorausschauend dafür sorgen, dass man sich sprachlich entsprechend weiterentwickelt. Frühzeitig deutet dabei unmissverständlich darauf hin, dass jede Sprache vor allem viel Zeit zum Lernen erfordert, und dass dieser Vorgang leider nicht beliebig verkürzt werden kann. Aus diesem Grund ist die durch das Erasmus-Programm gewährleistete Sprachenförderung an der aufnehmenden Hochschule (Sprachkurse in der Arbeits- bzw. in der Landessprache) leider zu spät. Sie kann bestenfalls nur der Weiterentwicklung im fortgeschrittenen Stadium bzw. dem endgültigen sprachlichen Schliff dienen. Anders sieht das Problem in Deutschland aus. Hier wird auf jeden Fall empfohlen, die durch das Erasmus-Programm geförderten Online-Sprachtests und -sprachkurse in der Arbeitssprache wahrzunehmen. Ferner ist es ratsam, das Lehrangebot der Heimathochschule über das Lehrmodulverzeichnis hinsichtlich der Fremdsprachenkurse zu durchforsten und bezüglich der rechtzeitigen Anmeldung zur Einstufung zu überprüfen.

> **Hinweis**
>
> Zusammenfassend ist festzuhalten, dass Studierende der sprachlichen Qualifikation eine besondere Aufmerksamkeit beimessen müssen. Sie entscheidet mitunter über die optimale Nutzung und den Erfolg eines Auslandssemesters. Sie stellt damit eine essenzielle Voraussetzung für die wirtschaftliche und soziale Integration am Zielort dar.

5.3.12 Anerkennung der Studienleistungen im Ausland

Der essenzielle Aspekt und der zentrale Vorteil eines Auslandssemesters besteht in der Anerkennung der im Ausland erbrachten Studien- und Prüfungsleistungen. Die Grundlage hierfür bildet die sog. Lissabon-Konvention, die im Jahr 2007 ratifiziert und ins Bundesrecht aufgenommen wurde. Die obige Bezeichnung „im Ausland" umfasst alle Unterzeichnerstaaten der Konvention. Die erwähnte Anerkennung findet praktischen Ausdruck in den Prüfungsordnungen der Hochschulen und kann somit durch Studierende leicht in Erfahrung gebracht werden. Der große Vorteil der Anerkennung für Studierende besteht darin, dass keine bzw. lediglich geringfügige Zeitverluste aufgrund eines Auslandssemesters entstehen, da Hochschulen in Vertragsstaaten verpflichtet sind, Studien- und Prüfungsleistungen anzuerkennen. Die einzige Ausnahme bilden sog. „wesentliche Unterschiede" zu den geforderten Leistungen der Heimathochschule, wobei hier die Beweislast einer Ablehnung bei der Hochschule liegt. Eine Befragung des DAAD von 6000 Studierenden, die im Zeitraum 2017–2019 einen Auslandsaufenthalt absolviert haben, hat gezeigt, dass die Anerkennung mittlerweile gelebte Wirklichkeit darstellt und mit 93 % unter Berücksichtigung der Anerkennungsfähigkeit von ECTS-Punkten bestätigt wurde (DAAD d, 2020).

Das erwähnte Recht auf Anerkennung wird allerdings durch festgelegte Pflichten auf der Seite der Studierenden begleitet. Hier schließt sich also der Kreis. Das grundlegende Dokument für die Anerkennung *vor* dem Auslandsaufenthalt stellt das „Learning Agreement" (◘ Abb. 5.11) als Auflistung der geplanten Lehrmodule (geplanten Studienleistungen) dar, die im Ausland belegt werden. Die Lehrmodule können Studierende anhand von course catalogue (kommentiertes Lehrmodulverzeichnis) unter Berücksichtigung eigener Interessen und Neigungen zusammenstellen (30 ECTS/Semester). Das „Learning Agreement" muss durch beide Hochschulen unterschrieben werden. Aufgrund eigener Erfahrungen wird dringend empfohlen, an der Heimathochschule über Modulverantwortliche bzw. Fachvertreter die Anerkennungsfähigkeit der geplanten Studienleistungen anhand von z. B. Modulbeschreibungen äußerst sorgfältig zu prüfen und abzustimmen. Hohe Sorgfalt an dieser Stelle sichert, dass man sich später Enttäuschungen und Ärger erspart.

Das zweite essenzielle Dokument für die Anerkennung umfasst das „Transcript of Records" (◘ Abb. 5.11). Es stellt eine Datenabschrift dar, die alle erworbenen Kompetenzen einschließlich der Lernergebnisse, Lehrformen, Inhalte, erbrachten Studien- und Prüfungsleistungen oder sonstigen Leistungsnachweisen sowie des Notensystems umfasst. Es wird im eigenen Interesse dringend empfohlen, alle erbrachten Studienleistungen akribisch und lückenlos zu dokumentieren sowie die entsprechenden Nachweise eifrig zu sammeln. Diese Nachweise gehören nämlich zu den essenziellen Pflichtaufgaben der Studierenden. Nach der Rückkehr müssen zwecks Anerkennung alle Dokumente (Immatrikulationsnachweis, anzuerkennende Leistungs- und Prüfungsnach-

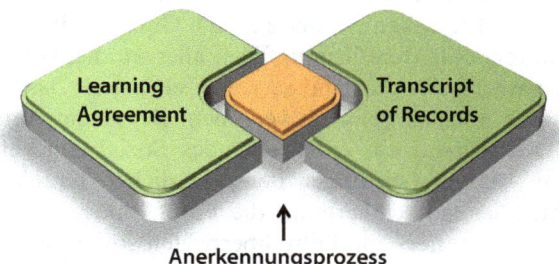

◘ **Abb. 5.11** Essenzielle Bestandteile der Anerkennung von im Ausland erbrachten Studien- und Prüfungsleistungen

weise, „Transcript of Records", „Learning Agreement" und schließlich Modulbeschreibungen) der Heimathochschule vorgelegt werden. Sie sind Bestandteil des Antrags auf die Anerkennung der Studien- und Prüfungsleistungen. Hier ist der anschließende organisatorische Aufwand seitens Studierender gering, da der ganze Vorgang durch die Heimathochschule routinemäßig durchgeführt wird.

5.3.13 Kritische Bewertung von Auslandssemestern

Reichel verwendet im Hinblick auf Auslandssemester die folgenden Bewertungen (Reichel, 2021): „Ein riesiger Batzen Organisation", „organisatorische Hürden", „bürokratische Stolperfallen" und „Anerkennungsprozesse an der Heimathochschule". Es lässt sich nicht leugnen, dass das im vorliegenden Kapitel betrachtete Auslandssemester mit Arbeits- und Zeitaufwand, Organisation und Planung eng verknüpft ist. Es ist nun mal so im praktischen Leben, dass die Erreichung bzw. Umsetzung von Zielen in der Regel (oder fast immer) mit Schweiß verbunden sind. Wir erinnern uns an die bereits erwähnte Redensart: *Vor den Erfolg haben die Götter den Schweiß gesetzt.*

In diesem Zusammenhang ist jedoch zu betonen, dass die Abläufe bei der Organisation und Umsetzung von Auslandssemestern mittlerweile eingespielt sind, routinemäßig durchgeführt werden und längst nur eventuell punktuelle Kinderkrankheiten aufweisen. Hinzu kommen noch das International Office, der DAAD, das Career Center und ähnliche Organisationseinheiten, die über fundiertes Wissen, umfangreiche Erfahrungen und Kontakte verfügen. Sie stehen mit tatkräftiger Hilfe bei zahlreichen Fragen oder Spezialfällen allen Studierenden zur Seite. Die bereits erwähnte, sehr hohe Anzahl von Studierenden, die ein Auslandssemester erfolgreich absolviert haben, bestätigt diese Feststellungen.

Die Ausführungen in diesem Kapitel sollen so verstanden werden, dass Studierenden durch das Beleuchten zahlreicher Facetten eines Auslandssemesters ein breites und belastbares Fundament für die persönliche Entscheidung zur Verfügung gestellt wird. Dies soll Voraussetzungen für eine möglichst fundierte Entscheidung gewährleisten. Es gilt, wie bereits mehrfach erwähnt: Entscheidung fällen und Konsequenzen tragen.

Zu guter Letzt noch eine immens wichtige Empfehlung, die die Gesundheit der Studierenden betrifft. Bekannterweise ist die Gesundheit das wertvollste Gut und damit ein unverzichtbarer Grundpfeiler aller studienbezogener Auslandsaufenthalte. Ein sorgenfreies Auslandssemester erfordert, dass Studierende der Gesundheitsvorsorge höchste Priorität verleihen. Bei einem Aufenthalt im Ausland, mit dem Deutschland ein entsprechendes Sozialversicherungsabkommen abgeschlossen hat, werden Leistungen der gesetzlichen Krankenkasse auch im Ausland erbracht. Hier lautet allerdings die Empfehlung, dass man bereits vor Antritt des Auslandssemesters sorgfältig überprüfen soll, welche Leistungen und in welcher Höhe übernommen werden und welche nicht. Stellt man eine Versorgungslücke fest, so kann man z. B. über eine Auslandskrankenversicherung für einen ausreichenden Krankenschutz sorgen.

5.3.14 Erfahrungen aus der Praxis

Aus eigener industrieller Praxis
1. Aufgrund eigener industrieller Erfahrungen ist beim Vergleich zwischen einem Auslandssemester und einem Auslandspraktikum (Kapitel *Fachpraktikum*) folgendes festzuhalten. Aus Sicht des Unternehmens und damit auch vor dem Hintergrund der späteren Bewerbungsunterlagen und des Vorstellungsgesprächs erfährt das Auslandspraktikum eine deutlich höhere Wertschätzung als das Auslandssemester. Das hat etwas mit der sehr hohen Wertung von beruflichen Erfahrungen und beruflicher Weiterentwicklung zu tun, denen eine deutlich wichtigere Bedeutung beigemessen wird als Lehrinhalten an einer ausländischen Hochschule. Diese eigene Erfahrung wird durch die durchgeführte Studie des DAAD und des Instituts der Deutschen Wirtschaft (DAAD-IW-Studie, 2019) bestätigt. Es wird empfohlen, diese Feststellung bei der Betrachtung, Analyse und Wahl studienbezogener Auslandsaufenthalte mit zu berücksichtigen.
2. Ein Auslandssemester hat oft direkten Einfluss auf das Anfangsjahresgehalt von Hochschulabsolventen. Das bestätigen Kratz und Netz (Kratz & Netz, 2018) und Raupach-Siecke (Raupach-Siecke, 2014).
3. Ein Auslandssemester im deutschen Sprachraum (z. B. Österreich, Schweiz) ist aus Sicht von Unternehmen mehr als fraglich und sollte durch Studierende angesichts des beträchtlichen Zeit- und Arbeitsaufwands ernsthaft überlegt werden.

Aus eigener akademischer Praxis
1. Im Laufe der Jahre haben Studierende oft die Bitte geäußert, ein Empfehlungsschreiben für ein geplantes Auslandssemester aufzusetzen. Die Motivation dabei war, sich hervorzuheben und durch dieses Alleinstellungsmerkmal die eigenen Aussichten auf Erfolg zu erhöhen. Dieses Vorgehen kann Studierenden mit Sicherheit nicht schaden. Da diese Studierenden in der Regel zu den leistungsfähigeren gehören, ergibt sich auch für den Professor und seine Doktoranden ein denkbarer Vorteil. Die Erfahrung lehrt, dass diese Studierenden später bei der Suche nach einem Thema für ihre Masterarbeit, den Professor und sein Institut tendenziell bevorzugen.
2. In zahlreichen Fällen erfolgte in eigenen Vorlesungen ein Hinweis ausländischer Austauschstudierender auf ihren Status. Ein weitergeleiteter Hinweis an die wissenschaftlichen Mitarbeiter führte in der Regel dazu, dass man diesen Studierenden bei Übungen, Seminaren u. ä. mehr Hilfe, Verständnis und Aufmerksamkeit gewidmet hat. Dies stellt u. U. auch eine gute Idee für Studierende aus Deutschland dar, die im Ausland ein Auslandssemester absolvieren.
3. Im eigenen Institut strebten Studierende oft im Vorfeld eine Diskussion der Modulbeschreibungen von ausländischen Hochschulen vor dem Hintergrund der Anerkennung studienbezogener Leistungen an. Dieses Vorgehen ist – wie

bereits erwähnt – zu empfehlen, um frühzeitig gemeinsam eventuelle Probleme bezüglich der Anerkennung studienbezogener Leistungen zu identifizieren, zu analysieren und nach Lösungen zu suchen. Das verfolgte, praxisorientierte Motto lautet hier: Probleme erkennen, bevor sie entstehen.

5.3.15 Take-Home-Messages

1. Die in diesem Kapitel vorgestellten Betrachtungen und Bewertungen sind bezüglich der praktischen Umsetzung durch pragmatische, einfache, und nutzbare Elemente gekennzeichnet.
2. Ein Auslandssemester gehört neben einem Auslandspraktikum zu den einzigartigsten Erlebnissen, vielleicht sogar zu den prägendsten im Studium. Beide sind allerdings im Endeffekt das, was man daraus macht. Es ist also essenziell bedeutend, vor Ort proaktiv Initiative zu ergreifen.
3. Ein Auslandssemester trägt unfassbar stark zu Persönlichkeitsbildung und persönlichem Reifeprozess bei und führt zum Erwerb sowie zur Festigung grundlegender Kompetenzen.
4. Ein Auslandssemester wird nicht en passant absolviert, um sich eines Begriffs aus dem Schachspiel zu bedienen. Im Gegenteil, diese Art der Investition in das eigene Humankapital erfordert viel Zeit und Arbeit. Sie bildet aber ein belastbares Fundament für deutlich verbesserte Chancen im Bewerbungsprozess.
5. Es ist immer gut, die eigene Zukunft proaktiv in die Hand zu nehmen, um dem Leben ein neues Kapitel hinzuzufügen.

Literatur

Anderson, L. W., Krathwohl, D. R., Arasian, P. W., Cruikshank, K. A., Mayer, R. E., Pintrich, P. R., Raths, J., & Wittrock, M. C. (2001). *A taxonomy for learning, teaching, and assessing: A revision of Bloom's taxonomy of educational objectives.* Longman-Verlag.

Antosch-Bardohn, J., Beege, B., & Primus, N. (2016). *Tutorien erfolgreich gestalten.* Ein Handbuch für die Praxis, Verlag Ferdinand Schöningh GmbH & Co. KG.

Bensberg, G., & Messner, J. (2014). *Survival guide bachelor* (S. 250). Springer-Verlag

Bloom, B. S., Engelhardt, M. D., Furst, E. J., Hill, W. H., & Krathwohl, D. R. (1972). *Taxonomie von Lernzielen im kognitiven Bereich.* Beltz-Verlag.

Brodach, H. G., Kreklau, C., & Oehm-Peschel, C. (1993). *Wege ins Ausland. Ein Ratgeber für Ausbildung, Beruf, und Freizeit im Ausland.* Weltforum

DAAD. (2017). *30 Jahre Erasmus, fact sheets.* DAAD. ▶ https://eu.daad.de/30-jahre-erasmus-2017

DAAD a (2021). ▶ https://static.daad.de/media/daad_de/pdfs_nicht_barrierefrei/im-ausland-studieren-forschen-lehren/checkliste_neu.pdf. Zugegriffen: 21. Juli 2021.

DAAD b (2021). ▶ https://www.daad.de/de/im-ausland-studieren-forschen-lehren/stipendien-finanzierung. Zugegriffen: 22. Juli 2021.

DAAD d (2020). ▶ https://eu.daad.de/medien/eu.daad.de.2016/Bilder/service/factsheet_anerkennungsstudie_2019.pdf. Zugegriffen: 27. Juli 2021.

Literatur

DAAD e (2021). ▶ https://www.daad.de/de/der-daad/was-wir-tun/fortbildung-expertise-und-beratung/datenerhebung-von-studienbezogenen-auslandsaufenthalten/anerkennung-und-credit-mobility. Zugegriffen: 28. Juli 2021.

DAAD f (2021). ▶ https://eu.daad.de/infos-fuer-hochschulen/projektdurchfuehrung/mobilitaet-mit-programmlaendern-ka103/dokumente-zur-projektdurchfuehrung/de/64888-festlegung-der-foerderraten-im-projekt-2018-2019-und-2020. Zugegriffen: 28. Juli 2021.

DAAD-IW-Studie (2019). ▶ https://eu.daad.de/service/auswertung-und-statistik/studien-und-auswertungen-der-na-daad/daad-iw-studie-2019/de/78483-daad-iw-studie-2019. Zugegriffen: 9. Juni 2021.

Danielsiek H., & Vahrenhold, J. (2017). *Kompetenzerwerb von Tutorinnen und Tutoren in der Informatik*. Schlussbericht der Westfälischen Wilhelms-Universität Münster

Dortmund. (2008). Richtlinien für die Beschäftigung und Vergütung wissenschaftlicher Hilfskräfte und studentischer Hilfskräfte an der Technischen Universität Dortmund, 07. Febr. 2008

Erpenbeck, J., & Sauter, W. (2013). *So werden wir lernen!* Springer-Verlag.

Gesslbauer, E., Volz, G., & Butscher, M. (2012). *Mit Erasmus durch Europa*. StudienVerlag.

Görts, W. (2011). *Tutoreneinsatz und Tutorenausbildung: Studierende als Tutoren, Übungsleiter, Mentoren, Trainer, Begleiter und Coaches-Analysen und Anleitung für die Praxis*. UVW UniversitätsVerlag Webler

Gudjons, H. (2014). *Handlungsorientiert lehren und lernen: Schüleraktivierung – Selbsttätigkeit – Projektarbeit*. Klinkhardt.

Hamburg (2013). Leitlinie für die Beschäftigung von studentischen Hilfskräften an der Technischen Universität Hamburg, 1. Febr. 2013

Hempel A., Seidl T., & Genuchten E. (2016). Erhebung des Einsatzes von Tutorinnen und Tutoren als Grundlage für zielgerichtete Organisationsentwicklung, die hochschullehre. *2*(1), 4/5.

Hochschulpakt. (2020). WD 8 – 3000 – 036/16. ▶ https://www.bundestag.de/resource/blob/428154/0e-65201a9c4d1c886c3da610e112f6b9/WD-8-036-16-pdf-data.pdf

Hochschulrankings. ▶ https://www.alumniportal-deutschland.org/studium-weiterbildung/studium-ausbildung/hochschulrankings. Zugegriffen: 22. Juli 2021.

Johann, M. (2021). Persönliche Mitteilung (Quelle: DAAD-Daten bis einschließlich 2018)

Knauf, H. (2005). *Tutorenhandbuch. Einführung in die Tutorenarbeit*. UVW UniversitätsVerlag Webler

Kratz, F., & Netz, N. (2018). Which mechanisms explain monetary returns to international student mobility. *Studies in Higher Education*, *43*(2), 375–400

Kröpke H. (2015*)*. *Tutoren erfolgreich im Einsatz. Ein praxisorientierter Leitfaden für Tutoren und Tutorentrainer*. Verlag Barbara Budrich, Opladen & Toronto

Macke, G., Hanke, U., & Viehmann, P. (2012). *Hochschuldidaktik. Lehren-vortragen-prüfen-beraten*. Beltz-Verlag.

Mell, H. (2014). *Erfolgreiche Karriereplanung. Praxistipps für Bewerbung, Beruf und Karriere vom erfahrenen Personalberater*. Springer Vieweg

Portal. (2021). ▶ https://www.lass-andere-schreiben.de/blog/kategorie/wohnen/ohne-zimmerstress-ins-ausland. Zugegriffen: 22. Juli 2021.

Raupach-Siecke, A. (2014). *Das perfekte Vorstellungsgespräch. So überzeugen Sie zielgerichtet mit Ihren Stärken* (S. 53). Verlag Franz Vahlen

Reichel, P. (2021). ▶ https://www.spiegel.de/start/auslandssemester-was-dagegen-spricht-im-studium-ins-ausland-zu-gehen-a-0f873cf2-9530-436d-9b4b-674b21069a7c?sara_ecid=soci_upd_wbMbjhOSvViISjc8RPU89NcCvtlFcJ.

Rompa, R. (2015). *Karriere am Campus: Traumjobs an Uni und FH*. Springer Gabler-Verlag.

Seebauer, R. (2009). *Auslandssemester- Eine Chance zur Konfiguration bestehender Interpretationsmuster*. LIT.

Tappe, J. (2005). *Praxiswissen: Beschäftigung von Hilfskräften im Wissenschaftsbereich*. Dashöfer-Verlag.

Wikipedia. (2021). ▶ https://de.wikipedia.org/wiki/Erasmus-Programm. Zugegriffen: 8. Juni 2021.

Winteler, A. (2008). *Professionell lehren und lernen*. Wissenschaftliche Buchgesellschaft

Winter, M. (2012). Wettbewerb im Hochschulwesen. *die hochschule, 2,* 17–45

Wurster, M. T., & Hagen, S. (2013). *Die Karriereschmiede. Karrieren sind kein Zufall – sie werden gemacht* (S. 142–143). GABAL, Offenbach

Präsentation und Präsentieren

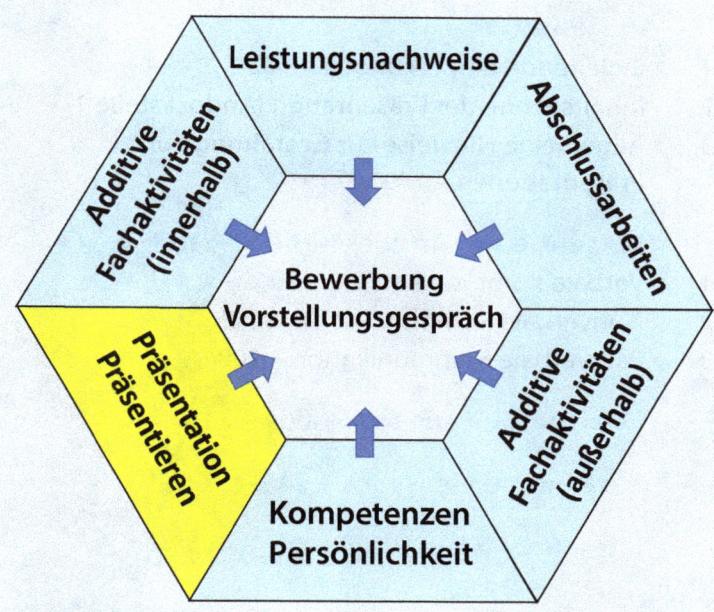

Inhaltsverzeichnis

6.1	Kommunikation und Kommunikationsmodelle – 174	
6.2	Entwicklung der Präsentation und angrenzende Aspekte – 178	
6.2.1	Zeitlicher Rahmen bis zum Präsentieren – 178	
6.3	Präsentation – 182	
6.3.1	Einleitende Bemerkungen – 182	
6.3.2	Inhaltsebene der Präsentation (Andockstelle 1) – 184	
6.3.3	Allgemeine Hinweise zur Gestaltung von Präsentationen – 189	
6.4	Präsentieren (Andockstelle 2) – 193	
6.4.1	Verbale Kommunikation – 199	
6.4.2	Nonverbale Kommunikation – 205	
6.4.3	Paraverbale Kommunikation – 208	
6.5	Erfahrungen aus der Praxis – 216	
6.6	Take-Home Messages – 219	
	Literatur – 219	

Der rote Faden des Ratgebers fokussiert sich vorausschauend auf die Bewerbungsunterlagen und das zukünftige Vorstellungsgespräch von Hochschulabsolventen. In diesem Kontext stellt das Konzept der systematischen Erweiterung der fachlichen und persönlichen Kompetenzen im Studium eine fundierte Basis dar. Präsentation und Präsentieren gehören sowohl im Studium als auch später im Beruf zu den herausragenden Bestandteilen zahlreicher Aktivitäten. Beide Elemente sind auch Teil der berufsqualifizierenden Abschlussprüfungen im Bachelor- und Masterbereich. Präsentation und Präsentieren stellen dabei neben der eingereichten Abschlussarbeit die zentralen Bestandteile der abschließenden, hochschulöffentlichen Aussprache innerhalb der Abschlussprüfung dar. Somit üben sie einen unmittelbaren und bleibenden Eindruck auf die Prüfer aus. Das hat schon in vielen Prüfungen einen unerwartet positiven (bzw. negativen) Einfluss auf die Abschlussnote gehabt. Dies ist sachlich nicht gerechtfertigt, da die Abschlussarbeit aufgrund des Umfangs und der erbrachten Leistung im Vergleich zur Abschlussprüfung eine höhere Bedeutung haben muss. Dass es geschieht, bestätigt, dass Professoren als Prüfer gelegentlich auch nur …Menschen sind. Vor dem Hintergrund dieser Ausführungen widmen wir der Thematik „Präsentation und Präsentieren" ein eigenes Kapitel und behandeln sie nicht als Bestandteil des Kapitels *Abschlussarbeiten*. Angesichts der Tragweite dieser Thematik (Stichwort: Gewichtung der Abschlussprüfung) ist hier eine sehr sorgfältige, vorausschauende Planung sowie auf Wissen basierende Entwicklung und Umsetzung beider Elemente sehr zu empfehlen.

Der Fokus wird im Folgenden auf die Abschlussprüfung als Präsentieren der Ergebnisse der Master- bzw. Bachelorarbeit mit anschließender hochschulöffentlicher Aussprache gelegt, wie dies an der eigenen Heimatuniversität TU Hamburg der Fall ist. Das kann an anderen Universitäten durchaus abweichend ablaufen.

Unter *Präsentation* versteht der vorliegende Ratgeber alle Aspekte der hard- und softwaretechnischen Mittel, die das Präsentieren vielfältig unterstützen. Klassische Beispiele stellen hier z. B. PowerPoint-Folien, ein hergestelltes Produktmuster, Poster, Katalog, Film o.ä. dar. Unter *Präsentieren* werden Rhetorik (Redekunst mit verbalen (sprachliche Gestaltung, Wortwahl), paraverbalen (Lautstärke, Sprechtempo, Tonhöhe und Intonation) und nonverbalen Aspekten (Körpersprache, also Körperhaltung, Mimik, Gestik, Blick- bzw. Augenkontakt)) sowie Dialektik (Überzeugen mit Argumenten) verstanden. In diesem Sinne sind Präsentation und Präsentieren absolute Basiskompetenzen, die miteinander sehr eng verbunden sind.

Die eher ungewöhnliche Unterteilung in Präsentation und Präsentieren wurde bewusst gewählt, um die intrinsischen Unterschiede beider Elemente deutlich zu machen. Dies ist vielen Studierenden leider nicht bewusst, sodass sie sich überwiegend auf die Präsentation fokussieren und dabei dem Präsentieren wenig Bedeutung und Übung beimessen.

Das folgende Konzept wurde weitgehend für Abschlussprüfungen konzipiert und ausgearbeitet. Natürlich können aber viele der vorgestellten Bestandteile auch bei anderen Formen der Studienaktivitäten wie z. B. bei Projektarbeiten, Seminararbeiten u.ä. verwendet werden, da sie sich erfreulicherweise durch einen allgemeingültigen Charakter auszeichnen. Fehlt noch etwas? Richtig, es fehlen noch zwei wichtige Aspekte. Der erste besteht darin, dass bis zur Durchführung der Abschlussprüfung Studierenden ein klar vorgegebener Zeitraum zur Verfügung steht. Er ist hochschulspezifisch und kann somit unterschiedlich ausfallen. An eigener Heimatuniversität, der TU Hamburg, wird er durch die ASPO (Allgemeine Bestimmungen der Studien- und Prüfungsordnung für die Bachelor- und Master-Studiengänge) bestimmt und beträgt 6 Wochen nach Abgabe der Abschlussarbeit. Damit ist der Zeitraum für die Entwicklung der Präsentation und die Durchführung der Abschlussprüfung eindeutig definiert und eingeschränkt. Hochschulspezifisch ist auch der zeitliche Rahmen für die Durchführung der Abschlussprüfung. Er liegt an der TU Hamburg bei ca. 30 Min, ohne anschließende hochschulöffentliche Aussprache.

Der zweite Aspekt umfasst den Anspruch und die verfolgte Zielsetzung. Der Anspruch der Abschlussprüfung besteht in der erfolgreichen Vorstellung und Verteidigung der wissenschaftlichen Forschungsergebnisse und der eigenermittelten Zusammenhänge als entscheidende Qualifikationsmerkmale vor den Prüfern, dem Betreuer und Zuhörern. Aus Sicht der Studierenden besteht die Zielsetzung in der Überzeugung der Prüfer und des direkten Betreuers hinsichtlich der erbrachten Leistung. Die restlichen Teilnehmer der Prüfung (Kommilitonen, Familie, Gäste) haben in diesem Kontext eine geringere Bedeutung, obwohl sie über Fragen in der hochschulöffentlichen Aussprache die Abschlussnote durchaus beeinflussen können.

Da man hinsichtlich der Abschlussprüfung keine Alternative hat und diese absolvieren muss, sollte man wenigstens das Möglichste bezüglich der Abschlussnote herausholen. Präsentation und Präsentieren sind dabei immer eine Art des geschickten und erfolgreichen Verkaufsgesprächs. Studierende sollen sich darüber unbedingt im Klaren sein. Diesen Bestandteilen und dieser Zielsetzung widmet sich das folgende Kapitel.

Es stellen sich dabei zwei grundsätzliche Fragen:
1. Was charakterisiert hinsichtlich der Anforderungen einen optimalen Auftritt?
2. Mit welchen Methoden, Strategien und Mitteln erreicht man das optimale Ergebnis?

Bei der Beantwortung dieser Fragen wird auf umfangreiche Erfahrungen aus der Betreuung von ca. 380 Master-, Bachelor-, Diplom-, Studien- und Projektarbeiten zurückgegriffen, die im Zeitraum 2003–2020 betreut wurden. Hinzu kommen noch ca. 30 studentische Arbeiten während eigener industrieller Tätigkeit sowie ca. 380 wissenschaftliche Vorträge eigener Doktoranden auf Tagungen, Konferenzen und Messen.

Die Antwort auf die erste Frage ist essenziell, da wir dadurch eine erste Vorstellung über das Ziel gewinnen, das wir wenigstens näherungsweise anstreben. Die hierfür eingesetzte Strukturierung umfasst zwei grundlegende Dimensionen und ist in ◘ Abb. 6.1a und b ohne Anspruch auf Vollständigkeit wiedergegeben.

Da die aufgeführten Elemente in beiden Dimensionen selbsterklärend sind, wird auf eine detailliertere Analyse bewusst verzichtet.

Um die zweite Frage zu beantworten, muss allen Studierenden klar sein, dass ein Auftritt im Rahmen der Abschlussprüfung immer eine intensive

a/ Beziehungsdimension

Hinsichtlich Prüfer, Betreuer und Zuhörer:

- Persönlichen Kontakt aufgebaut
- In Ausführungen miteinbezogen
- Deren Orientierung mittels einer Einführung erleichtert
- An das Vorwissen angeknüpft
- Deren Interesse geweckt, deren Aufmerksamkeit wachgehalten und gelenkt
- Deren Aufnahmekapazität berücksichtigt und gesteuert

Hinsichtlich der Ergebnisdarstellung:

- Anpackend, pragmatisch, ergebnisorientiert, verständlich,
- Eigene Einschätzungen überzeugend und mit Begeisterung vertreten

Hinsichtlich des Auftritts :

- Sympathisch, offen, glaubwürdig, verbindlich
- Fachkompetenz, Ruhe und Vertrauen ausgestrahlt
- Wesentliche rhetorische Aspekte (Körpersprache, Augenkontakt, Mimik, Gestik, …) gekonnt eingesetzt

b/ Inhaltliche Dimension

- Präsentationsstruktur wissenschaftlich präzise, logisch und verständlich dargestellt
- Forschungsfrage und -nutzen gut hervorgehoben, Motivation, Herausforderungen, Problembewusstsein vermittelt
- Fachlichen Inhalt und Erkenntnisgewinn sachlich richtig, verständlich, mit klarem, rotem Faden verdeutlicht
- Das Wesentliche über prägnante Kern-und Nutzenaussagen vermittelt
- Redundanz eingesetzt, um die Verständlichkeit zu steigern
- Argumentationskette zielgerichtet und überzeugend aufgebaut
- Visuelle Hilfsmittel gut eingesetzt
- Frei und souverän präsentiert
- Folien zuhörergerecht und verständlich gestaltet, Folienübergänge gemeistert, Animationen einleuchtend eingesetzt
- Fragen fachkompetent und souverän beantwortet, Reservefolien vorausschauend vorbereitet
- Vorgegeben Zeitrahmen eingehalten

Abb. 6.1 Anforderungen an optimale Präsentation und optimales Präsentieren: a/ Beziehungsdimension b/ Inhaltliche Dimension

Kommunikation zwischen Studierenden und allen Anwesenden darstellt. Möchten Studierende in diesem Bereich erfolgreich sein, so ist es grundsätzlich notwendig, in erster Reihenfolge in die Grundlagen der Kommunikation und der grundlegenden Kommunikationsmodelle einzusteigen. Dies bildet die wissensbasierte Basis für die später vorgestellten Methoden und Strategien. Sie sollen bei Studierenden das Verständnis für diese spezielle Thematik deutlich erleichtern. Als Folge wird eine Voraussetzung für die anschließende, erfolgreiche Umsetzung geschaffen.

6.1 Kommunikation und Kommunikationsmodelle

Das Wort Kommunikation hat seinen Ursprung im lateinischen Substantiv „communicatio" und hat die Bedeutung „Mitteilung" (Wikipedia, 2020). In der Literatur sind in Abhängigkeit von getätigten Grundannahmen unzählige Definitionen und Interpretationen für Kommunikation zu finden. Im Folgenden erfolgt eine Beschränkung auf eine Definition, die für die fokussierte studentische Abschlussprüfung besonders zutreffend ist. In diesem Zusammenhang ist Kommunikation die Übertragung von Informationen zwischen Studierenden und Prüfern, Betreuer sowie Zuhörern (Kommunikationsteilnehmer). Dabei wird eine interne Information von Studierenden zuerst in Sprache verschlüsselt (encodiert) und in Form von Schallwellen an das Innenohr der Kommunikationsteilnehmer übertragen. Es folgt eine Konvertierung in Nervenimpulse sowie Weiterleitung ins Gehirn der Kommunikationsteilnehmer, wo sie als Sprache mit zugehörigen Interpretationsstrukturen erkannt (decodiert) werden. Diese Übertragung erfolgt also an dieser Stelle verbal.

In der Regel verfügen Studierende über eine softwaretechnische Präsentation, die begleitend zur erwähnten Sprache verwendet wird. Sie beinhaltet z. B. Diagramme, Tabellen, Texte und Bilder. Diese werden als elektromagnetische Wellen (Licht) ins Auge der Kommunikationsteilnehmer übertragen und im Gehirn decodiert. Sollten Studierende Anschauungsmaterial verwenden (z. B. Produktproben), so werden u. U. zusätzlich noch Hände (Haptik) und weitere Sinnesorgane (Nase) eingesetzt. Das wird noch ergänzt durch nonverbale Elemente wie z. B. Gestik, Mimik, Körperhaltung sowie paraverbale wie z. B. Stimme und Intonation. An dieser Stelle ist erfahrungsgemäß festzuhalten, dass bei Studierenden insbesondere die letzten Informationsstrukturen erstaunlicherweise sehr wenig Beachtung finden.

Zusammenfassend kann festgehalten werden, dass Kommunikation als ein Vorgang zu betrachten und zu analysieren ist, bei dem näherungsweise der ganze Körper der Kommunikationsteilnehmer beteiligt ist (Kesseler, 2004). Das ist für Studierende eine besonders wichtige Feststellung. Darüber sollte man sich beim Präsentieren bewusst sein und es geschickt nutzen. Angesichts der grundlegenden Bedeutung dieser Thematik werden wir später noch darauf detailliert eingehen.

Abschließend soll betont werden, dass eine grundsätzliche Voraussetzung für eine erfolgreiche Übertragung darin besteht, dass die Zielpersonen im Ge-

6.1 · Kommunikation und Kommunikationsmodelle

hirn über in der Vergangenheit gespeichertes Vorwissen (Informationen und Vorstellungen) verfügen. Mit diesem Vorwissen können also die neuen Informationen vernetzt und damit auch verstanden werden. Davon ist hinsichtlich der Prüfer auszugehen.

Um die erwähnten Vorgänge bei der Kommunikation zu beschreiben, wurden im Laufe der Jahre zahlreiche Kommunikationsmodelle entwickelt. Natur- und Geisteswissenschaftler sowie Ingenieure lieben Modelle, da man durch deren Einsatz Sachverhalte und Probleme einfach, schnell und treffend verstehen, analysieren und vorhersagen kann. Ausgangspunkt hierfür ist die allgemeine Definition eines Modells, die Minsky in 1965 formuliert hat (Minsky, 1965). Diese Definition ist eigener Vorlesung *„Prozess- und Anlagentechnik II"* entnommen. Sie lautet:

To an observer B, an object A* is a model of an object A to the extent that B can use A* to answer questions that interest him about A.

Der eben beschriebene Sachverhalt zwischen Studierenden und den Kommunikationsteilnehmern entspricht dem mittlerweile klassischen Sender-Empfänger-Modell von Shannon und Weaver und wurde ursprünglich in der Nachrichtentechnik entwickelt, um Probleme bei der Nachrichtenübertragung aufzuklären (Shannon & Weaver, 1949). Es ist ein reines Vorstellungsmodell, aus dem sich leider keine praktischen Handlungen und Strategien für die zwischenmenschliche Kommunikation im Alltag ableiten lassen. Der zweite Nachteil besteht darin, dass dieses Modell die an der zwischenmenschlichen Kommunikation teilnehmenden Personen nicht berücksichtigt. Klar, es wurde auch für andere Anwendungen entwickelt. Auf dieser Basis konnten jedoch im Laufe der Jahre sog. psychologische Kommunikationsmodelle entwickelt werden, die die Perspektive auf Interaktionen zwischen beteiligten Menschen und die dabei eventuell entstehenden Störungen (z. B. Prüfer zeigt während der Prüfung kein Interesse) legen. Von grundlegender Bedeutung ist hier das Modell von Watzlawick et al. zu nennen (Watzlawick et al., 2017). Es ist ein heuristisches, auf Erfahrungen und Beobachtungen basierendes Modell, das sich durch einen ausgeprägten Praxisbezug auszeichnet. Es beruht auf insgesamt fünf *„pragmatischen Axiomen"*, also Annahmen, die keinen Beweis aufweisen. Im Rahmen des Kapitels werden lediglich die ersten zwei betrachtet:
1. Axiom zur Unmöglichkeit, nicht zu kommunizieren
2. Axiom zum Inhalts- und Beziehungsaspekt von Kommunikation.

In Bezug auf das erste Axiom gilt: Auch wenn Studierende im Prüfungsraum in den letzten Minuten unmittelbar vor der Abschlussprüfung nichts sagen, kommunizieren sie immer nonverbal (z. B. über Körpersprache, wie Körperhaltung, Mimik, Gestik, Augenkontakt). Das zweite Axiom besagt bezogen auf die von uns betrachtete Abschlussprüfung, dass hier – wie bei jeder Form der zwischenmenschlichen Kommunikation – immer zwei Aspekte von Bedeutung sind:

Der erste Aspekt umfasst die fachlich-sachlichen Inhalte (Informationen), die über verbale Sprache und Bestandteile der softwaretechnischen Präsentation übertragen werden. Mit diesem Aspekt ist immer unzertrennlich der Beziehungs-

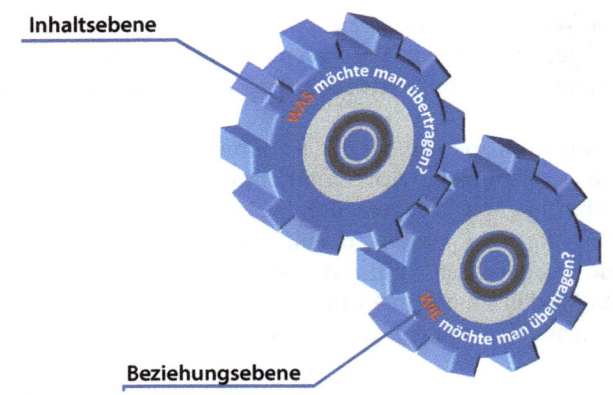

Abb. 6.2 Gegenseitige Beeinflussung der Inhalts- und Beziehungsebenen

aspekt verbunden (◘ Abb. 6.2). Sie sind im engen Kontakt zueinander und beeinflussen sich gegenseitig. Der Beziehungsaspekt wird über die erwähnten verbalen, nonverbalen und paraverbalen Elemente übertragen und sollte durch Studierende niemals vernachlässigt werden. Der Beziehungsaspekt beeinflusst die Inhaltsaspekte insofern, als er beispielsweise über Zuneigung (Interesse) oder Ablehnung (Weghören) dieser entscheidet. Beziehungsaspekte haben immer einen Einfluss auf die Abschlussnote, auch wenn es rein sachlich kaum begründet ist.

Wir konstatieren also: Eine erfolgreiche Präsentation und ein überzeugendes Präsentieren erfordern sowohl exzellente Inhalte als auch eine wirksame Bedienung der Beziehungsebene. Die gegenseitigen Interaktionen sind bildhaft in ◘ Abb. 6.3 dargestellt. Sie beantworten prinzipiell zwei grundsätzliche Fragestellungen:
- Was möchte man übertragen? (Inhaltsebene)
- Wie möchte man übertragen? (Beziehungsebene)

Aus diesem Grund sind in ◘ Abb. 6.2 die Anforderungen an eine optimale Präsentation und ein optimales Präsentieren unter dem Aspekt der Inhalte und der Beziehung strukturiert.

Im Lichte der o. g. Ausführungen stellen sich jedoch neue Fragen, wie z. B.: Warum sind die beiden Ebenen vorhanden, warum beeinflussen sie sich und warum sind sie bei der betrachteten Abschlussprüfung von Bedeutung? Aus den bisherigen Ausführungen kann abgeleitet werden, dass Kommunikation zwischen Menschen und ihren Gehirnen stattfindet. Um hierfür eine Erklärungskomponente einzuführen, die die experimentell festgestellten Phänomene begründet, werden hierfür Erkenntnisse der Neurowissenschaften bemüht (Roth, 2015, Roth et al., 2020, Bear et al., 2018, Wiest, 2009). In den letzten 25 Jahren haben Neurowissenschaften im Bereich des menschlichen Gehirns enorme Fortschritte erzielt. Sie ergänzen, erweitern und erklären die erwähnten heuristischen Ausführungen, was zum besseren Verständnis der ablaufenden Vorgänge führt.

6.1 · Kommunikation und Kommunikationsmodelle

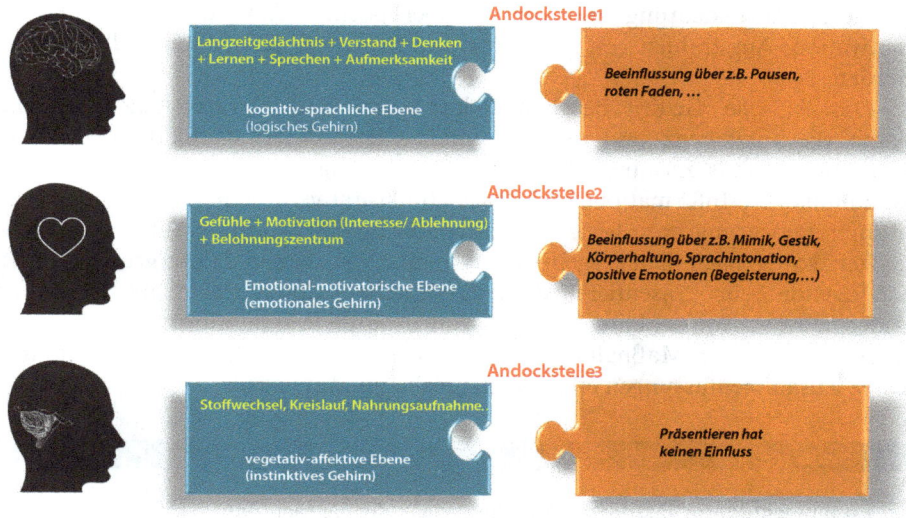

Abb. 6.3 Funktionelle Gehirnstruktur in Anlehnung an (Roth, 2015)

Das folgende Modell für ein Gehirn ist absichtlich grob dargestellt, da im Fokus nicht die Vollständigkeit der Beschreibung, sondern das Aufzeigen und Verstehen relevanter Mechanismen stehen. In einer ersten Näherung setzt sich das Gehirn in Ergänzung zu Ausführungen im Kapitel *Leistungsnachweise* aus drei Funktionseinheiten zusammen (Abb. 6.3). Es sind quasi drei Gehirne, die miteinander eng verbunden sind und sich gegenseitig ergänzen und beeinflussen. Das **instinktive** Gehirn (Hirnstamm, Reptiliengehirn) ist evolutionsgeschichtlich betrachtet der älteste Teil des Gehirns. Es überwacht u. a. Reflexe, Instinkte, Triebe und grundlegende Funktionen, die unser Überleben sichern. Aus Sicht des Präsentierens ist das instinktive Gehirn hinsichtlich der Prüfer bedeutungslos, da hier kein Zugriff auf die Andockstelle 3 möglich ist.

Das **emotionale** Gehirn beinhaltet nach Roth das Erkennen und Bewerten von kommunikativen Signalen der Studierenden, wie z. B. Körpersprache, also Körperhaltung, Mimik, Gestik, Augenkontakt, Stimme, Sprachmelodie. Daraus wird weitgehend unbewusst und unfassbar schnell die Glaubhaftigkeit, Vertrauenswürdigkeit und Sympathiewerte der Studierenden während der Abschlussprüfung eingeschätzt (Roth, 2015). Des Weiteren wird beim Präsentieren prognostiziert, ob Studierende die Inhalte beherrschen, sich mit diesen identifizieren und ob sie begeistert sind. Das Belohnungszentrum und Motivationssystem werden durch das Präsentieren massiv beeinflusst und entscheiden sehr schnell über Interesse oder Ablehnung. Da das Gehirn aufgrund der Minimierung des Energieeinsatzes extrem opportun ist, wird es nur etwas tun, wenn eine Belohnung in Form von körpereigenen Opiaten zu erwarten ist. Alle erwähnten Elemente können beim Präsentieren durch Studierende über die Andockstelle 2 beeinflusst werden. Somit sind sie für das erfolgreiche Präsentieren von enormer Bedeutung und können über positive Emotionen, hohe Eigenmotivation, Ausstrahlen von Sicherheit und Souveränität wirkungsvoll gesteuert werden.

Das **logische** Gehirn beinhaltet das Lang- und Kurzzeitgedächtnis und damit die Intelligenz und den Verstand. Hier werden Aufmerksamkeit und Konzentration als Zustand erhöhter Wahrnehmung erzeugt, sodass das Gehirn kommunikative Informationen mit hoher Intensität verarbeiten kann. Sie werden in ihrer Bedeutung decodiert, mit vorhandenem Vorwissen verbunden und verglichen sowie nach Denkregeln umgedeutet. Vor diesem Hintergrund können Studierende beim Präsentieren die Andockstelle 1 durch z. B. klare Strukturen und einen nachvollziehbaren roten Faden in ihrer Präsentation sowie aufmerksamkeitssteigernde Maßnahmen wie Pausen, auflockernde Bemerkungen und kurze Zusammenfassungen effektiv ansprechen und steuern.

> **Hinweis**
>
> Zusammenfassend lässt sich festhalten, dass die Betrachtung der funktionellen Struktur des Gehirns einen wichtigen Beitrag zum wissensbasierten Verständnis der heuristischen Kommunikationsmodelle liefert. Der Hauptvorteil besteht darin, dass wichtige und pragmatisch umsetzbare Hinweise zur optimalen Gestaltung der Präsentation sowie zum optimalen Präsentieren während der Abschlussprüfung ausgearbeitet und verstanden werden können. Auf die konkrete Umsetzung wird detailliert später eingegangen.

Vor dem Hintergrund des erworbenen Wissens und der in ◘ Abb. 6.3 postulierten Unzertrennlichkeit wird im Folgenden der Fokus auf zwei Schwerpunkte gelegt:
1. Entwicklung der Präsentation,
2. Präsentieren während der Abschlussprüfung.

6.2 Entwicklung der Präsentation und angrenzende Aspekte

6.2.1 Zeitlicher Rahmen bis zum Präsentieren

Die Problematik der Entwicklung einer Präsentation wird strukturell in zwei grundlegende Schritte unterteilt. Der erste umfasst die grobe Abschätzung des erforderlichen Zeitbedarfs für die Erstellung der Präsentation. Das ist wichtig, da nach der Abgabe der Abschlussarbeit – wie bereits erwähnt – bis zur Durchführung der Abschlussprüfung ein klar vorgegebener Zeitrahmen zur Verfügung steht. Der zweite Schritt beschäftigt sich mit der „technischen" Entwicklung der Präsentation.

Wie ◘ Abb. 6.4 zu entnehmen ist, wird der Zeitraum zwischen der Abgabe der Abschlussarbeit auf dem Prüfungsamt und dem Tag der Abschlussprüfung be-

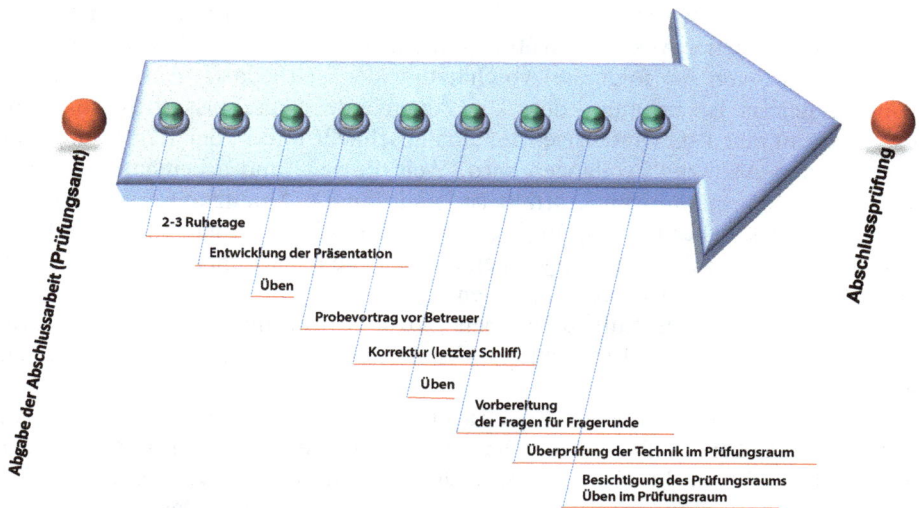

Abb. 6.4 Abschätzung des zeitlichen Rahmens

trachtet. Das Ziel besteht zunächst einmal darin, den aus Sicht der Studierenden und der durchzuführenden Arbeiten frühestens möglichen Termin für die Abschlussprüfung grob abzuschätzen. Ein zu kurzfristig festgelegter Termin führt nur zu unnötigem Stress, suboptimaler Vorbereitung und im Endeffekt zu einer mäßigen Abschlussnote. Begleiterscheinungen dieser Art sollen tunlichst vermieden werden. Bevor jedoch auf diesen Zeitraum eingegangen wird, sollte es klar sein, dass man vorausschauend gemäß dem Motto *früher an später denken* noch einige Aufgaben vor dem Start der Entwicklung der Präsentation zu erledigen hat. Gemeint ist hier die Teilnahme an jeweils 1–2 Abschlussprüfungen, die in den Instituten der beiden Prüfer stattfinden. Dies ist kein Problem, da alle Abschlussprüfungen hochschulöffentlich sind. Aber was ist das eigentliche Ziel der Teilnahme an immerhin fremden Abschlussprüfungen und wo liegen die Vorteile dieser Maßnahme? Die verfolgte Zielsetzung besteht darin, möglichst viele Informationen über die beiden Prüfer zu sammeln, um später bei der eigenen Abschlussprüfung vorbereitet und nicht überrascht zu sein. Strukturell handelt es sich bei dieser Aufgabe um die bereits erwähnten Inhalts- und Beziehungsebenen. Im ersten Fall stehen im Zentrum z. B. die Art der gestellten Fragen (theoretische bzw. praktische, detaillierte bzw. allgemeine, Wissens- bzw. Praxisabfragen, Lieblingsfragen, thematische Schwerpunkte), Gedankenspiele mit überlagertem Test der Problemlösungsfähigkeit („gesetzt der Fall…") u. ä. Auf der Beziehungsebene wird der Fokus auf die Persönlichkeit des Prüfers (z. B. unsicher, chaotisch oder strukturiert, aufgeregt, ungeduldig, freundlich, aufmerksam, wohlgesonnen und hilfsbereit) und auf den Prüfungsstil (z. B. Kooperation oder Konfrontation mit sogar persönlicher Auseinandersetzung) gelegt.

Der Zeitaufwand für diese vorbeugenden Maßnahmen ist überschaubar und liegt im Bereich von 2,5–5 h. Sie sind angesichts des Wissenszugewinns als gut investierte Zeit zu bewerten und stellen einen Beitrag zur Erhöhung der Selbstsicherheit bei eigener Abschlussprüfung dar (Motto: *Man weiß, was kommt*).

Gemäß ◘ Abb. 6.4 folgt die Abschätzung des Zeitbedarfs. Aus eigener Erfahrung heraus ist bekannt, dass die Abgabe der Abschlussarbeit auf dem Prüfungsamt einen sehr intensiven Bereich abschließt und in der Regel quasi mit „dem letzten Atemzug" vollzogen wird. Weil die zeit- und arbeitsintensive Abschlussarbeit ein gewaltiger Kraftakt ist, sind danach Abnutzungserscheinungen und ein intellektueller Erschöpfungszustand fast erreicht worden. Alles ist schlaff und schlapp. Es wird daher dringend empfohlen, sich 2–3 Ruhetage im Anschluss an diesen „Vollstreckungsakt" zu gönnen.

Man muss einfach Luft schnappen, Abstand gewinnen und neue Kräfte sammeln, um sich der Entwicklung der Präsentation mit frischem Elan zu widmen.

Nach zahlreichen, eigenen Rückfragen schätzen die meisten Studierenden den erforderlichen Aufwand für die Entwicklung eines ersten Entwurfs der Präsentation auf ca. 14–17 Tage. Im letzten Abschnitt dieses Zeitbereichs sollte die Entwicklung durch intensives Üben begleitet werden. Das Üben sollte, wie bereits mehrfach betont, laut (!) durchgeführt werden. Durchsimulieren von Präsentationen vor dem geistigen Auge ist absolut nicht ausreichend und wird auf keinen Fall empfohlen. Der Vorteil des lauten Übens besteht darin, dass man so nah wie möglich, beim späteren, echten Präsentieren liegt. Ein weiterer Vorteil umfasst alle erwähnten verbalen, nonverbalen und paraverbalen Kommunikationselemente, denen man bereits beim Üben eine erhöhte Aufmerksamkeit widmen sollte. In Zeiten von Smartphones mit leistungsfähigen Kameras sollte der eigene Auftritt aufgenommen und anschließend hinsichtlich der aufgelisteten Elemente sorgfältig analysiert werden. Man wird dabei leider feststellen, dass viele inhaltliche Elemente (roter Faden, Übergang zwischen den Folien u.ä.) und sprachliche (keine passenden Bezeichnungen, elend lange Erklärungssätze u.ä.) noch nicht ganz ausgereift sind. Das ist völlig normal! Das ist schließlich der tiefere Sinn der Übung. Durch die Probeauftritte werden die Präsentation und das Präsentieren kontinuierlich verbessert. Ein weiterer Vorteil des Übens lebt von der Tatsache, dass man aufgrund der Übung immer ausgereifter, souveräner und überzeugender den Präsentationsinhalt wiedergeben kann. Übung macht den Meister und es ist immer einfacher, während der Abschlussprüfung Inhalte aus dem Gedächtnis abzurufen als mühevoll in einer Stresssituation diese erst zu kreieren. Um Missverständnissen vorzubeugen, wird eindeutig Wert daraufgelegt, zu betonen, dass das Abrufen nichts mit Auswendiglernen zu tun hat. Es gilt ein ausdrückliches Plädoyer für eine freie Rede!

Gegen Ende dieser Übungen kann man durchaus einen Freund oder Familienmitglied beim Präsentieren hinzuziehen, um dabei eine Bewertung über die folgenden Fragen zu bekommen:

Inhaltsebene
− Werden Präsentationsziele und -motivation präzise formuliert und erreicht?
− Gibt es unverständliche Teile in der Präsentation?
− Welche Aspekte bedürfen einer Korrektur bzw. Überarbeitung?

— Sind eingesetzte Medien/Hilfsmittel ansprechend, unterstützend und ausreichend?

Beziehungsebene
— Wie war die Körpersprache, also Körperhaltung, Mimik, Gestik, Blick- bzw. Augen kontakt in Verbindung mit den Präsentationsinhalten?
— Wie hat sich die Präsentation angefühlt?

Gemäß ◘ Abb. 6.4 folgt nun der Probevortrag vor dem Betreuer (Tag 17–20). Auf diesen Vortrag sollte man schon ausgezeichnet vorbereitet sein. Zwar kann man davon ausgehen, dass der Betreuer dem Studierenden gegenüber in der Regel positiv gesonnen ist. Man sollte aber dabei nicht vergessen, dass dieser Probevortrag auch einen (kleinen) Einfluss auf die Abschlussnote haben könnte. Man sollte den Betreuer also nicht unnötig mit halbgarem Präsentieren herausfordern. Wird dieser Probevortrag ernstgenommen, so wird sich daraus dennoch mit Sicherheit noch eine Reihe von Verbesserungsvorschlägen ergeben. Das ist völlig normal und stellt einen Grund zur Freude dar. Je mehr Verbesserungsvorschläge zu diesem Zeitpunkt, desto geringer die Wahrscheinlichkeit für eventuelle „Probleme" während der Abschlussprüfung! Nach eigener Erfahrung beziehen sich die Verbesserungsvorschläge von erfahrenen Betreuern sowohl auf die inhaltlichen Aspekte der Präsentation als auch auf die beziehungsmäßigen Aspekte des Präsentierens. Nach dem Probevortrag erfolgt die Korrektur und der letzte inhaltliche Schliff der Präsentation (Tag 18–21). Parallel zum nachfolgenden Üben sollen noch als wichtige Aufgabe Fragen zusammengestellt werden, die nach dem Präsentieren seitens der Prüfer, des Betreuers oder der Zuhörer kommen könnten (Tag 21–23). Diese Empfehlung geht auf ein eigenes Präsentieren als junger Mitarbeiter der Henkel KGaA an einer wissenschaftlichen Tagung zurück. Ein interner Probevortrag vor dem Bereichsleiter mündete in folgender (damals überraschender) Frage:

Haben Sie sich schon 10 Fragen überlegt, die nach Ihrem Präsentieren kommen können?

Der tiefere Sinn dieser Frage wurde erst deutlich später verstanden. Aus der heutigen Perspektive ist festzuhalten, dass diese Fragen ein unzertrennlicher Bestandteil der Auseinandersetzung mit den Inhalten und der Vorbereitung auf beliebige Auftritte (Abschlussprüfung, Seminar, Projektarbeit, Vortrag u.ä.) sind. Hierzu wird empfohlen, entsprechende Reservefolien vorzubereiten. Die können durchaus aus der Abschlussarbeit entnommen werden, denn an dieser Stelle zählt vorwiegend der Inhalt und weniger das fortgeschrittene Folienlayout. Wenn man sich dann bei dem Fragesteller bedankt und mit dem Hinweis auf die erste Reservefolie die Frage fundiert beantwortet, sammelt man mit Sicherheit Pluspunkte (Anerkennung in Form: *Hat sich gut vorbereitet*). Wenn man diese Vorgehensweise noch u. U. mehrfach wiederholt, gewinnt man ein Alleinstellungsmerkmal und erntet sehr viele Pluspunkte (Anerkennung in Form: *hat sich exzellent vorbereitet*).

Die in ● Abb. 6.4 vorgeschlagene Vorgehensweise runden die Überprüfung der Technik (Beamer in Kombination mit eigenem Laptop), der Raumakustik und Beleuchtung, des Raumklimas sowie ein letzter Probevortrag im Prüfungsraum ab (Tag 24). Damit sollen später bei der Abschlussprüfung die Raumwahrnehmung und die Eingewöhnung in die Raumakustik vertraut erscheinen.

Die beschriebene Vorgehensweise setzt voraus, dass der betrachtete Zeitraum dem Studierenden im vollen Umfang zur Verfügung steht. Sie berücksichtigt nicht eventuelle begleitende Veranstaltungen wie Vorlesungen, Übungen, Praktika u. ä. In solchen Fällen müssen diese Veranstaltungen in der betrachteten Zeitabschätzung unbedingt Berücksichtigung finden. Zusammenfassend ist also festzuhalten, dass der früheste Zeitpunkt für die Abschlussprüfung näherungsweise erst 3 bis 3,5 Wochen nach der Abgabe der Abschlussarbeit stattfinden sollte. In dieser Abschätzung sind keine zeitlichen Pufferzonen berücksichtigt. Natürlich ist das jeweilige Arbeitstempo stark abhängig von persönlichen Neigungen, individueller Arbeitsgeschwindigkeit und Diszipliniertheit. Eine Anpassung unter Berücksichtigung dieser Einflussgrößen wird deshalb an dieser Stelle wärmstens empfohlen.

6.3 Präsentation

6.3.1 Einleitende Bemerkungen

Nach der groben Abschätzung des zeitlichen Rahmens steht nun im Mittelpunkt der Betrachtung die Entwicklung der Präsentation. Die Bezeichnung *Präsentation* wurde bewusst gewählt, obwohl sie sprachlich nicht ganz zutreffend ist. Durch den mittlerweile fast flächendeckenden Einsatz von z. B. PowerPoint-Präsentationen hat sich die Bezeichnung *Präsentation* als fester Bestandteil der Umgangssprache eingebürgert, obwohl das Wort *Visualisierung* deutlich zutreffender wäre. Nach Wikipedia stammt *Visualisierung* von lateinischem Wort *visualis* und bedeutet „zum Sehen gehörig". Unter Präsentation wird nachfolgend in Analogie zur Visualisierung die Veranschaulichung abstrakter Inhalte (z. B. Texte, Daten) und komplexer Zusammenhänge in Form graphischer und visuell erfassbarer Elemente verstanden. Damit wird die erwähnte verbale, nonverbale und paraverbale Kommunikation durch einen weiteren Bestandteil erweitert, ergänzt und unterstützt, die visuelle Kommunikation. Dadurch erreichen Studierende während der Abschlussprüfung im Hinblick auf die Kommunikationsteilnehmer einen Zugriff auf weitere Sinne (z. B. Sehsinn), wodurch das Verstehen und Speichern im logischen Gehirn (● Abb. 6.3) nachhaltig unterstützt werden. Somit schafft eine gelungene und gekonnt gestaltene Präsentation günstige Voraussetzungen für den Erfolg einer Abschlussprüfung. Der Übergang von „komplex und abstrakt" hin zu „anschaulich und verständlich" ist hier ausschlaggebend. An dieser Stelle sollen allerdings lediglich einige grundlegende Elemente der Präsentation angesprochen und diskutiert werden, bevor im Anschluss eine detailliertere Betrachtung folgt.

Im Fokus jeder Präsentation stehen sachlich-fachliche Inhalte. Sie bilden den inhaltlichen Kern der Präsentation. Die zu entwickelnde Präsentation greift vorwiegend die Inhaltsebene der Abschlussarbeit auf und muss diese in strukturierter, verständlicher und überzeugender Form an die Prüfer, den Betreuer und die Zuhörer bringen. Das geschieht über die kognitiv-sprachliche Ebene (logisches Gehirn (◻ Abb. 6.3)) und die Andockstelle 1. Der Zugriff auf die Beziehungsebene (◻ Abb. 6.3, Andockstelle 2) ist hier zwar möglich, erfolgt aber eher in geringem Maße. Diese enorm wichtige Funktion wird durch das Präsentieren umgesetzt. Auf die Andockstelle 2 wird später detaillierter eingegangen, wodurch frühere Betrachtungen hinsichtlich des funktionellen Gehirnaufbaus auch in diesem Kapitel konsequent verfolgt werden.

Es stellt sich zunächst einmal die Frage: Durch welche prinzipiellen Elemente wird das erwähnte logische Gehirn besonders effektiv angesprochen? Das A und O jeder Präsentation ist eine klare und an den Inhalten orientierte Struktur. Das logische Gehirn benötigt unbedingt eine Orientierung, einen roten Faden, der ihm die Aufgabe der Decodierung, des Verstehens und Speicherns erleichtert. Fehlende logische Struktur verlangt einen zusätzlichen Aufwand für den erforderlichen, deutlich höheren Zustand der Wahrnehmung und damit auch zwangsläufig mehr Energie. Das will ein opportunes (logisches) Gehirn nicht aufbringen und folgt oft dem Abschalten der Wahrnehmung als energieminimalste und damit die günstigste Option. Ein klarer roter Faden wird z. B. durch eine logische und ansprechende Agenda (Gliederung) erreicht. Der logische Teil der Agenda ergibt sich aus dem Inhalt der Abschlussarbeit. Vorweg muss allerdings noch eine grundsätzliche Aufgabe gelöst werden. Sie besteht darin, eine sorgfältige Priorisierung der Inhalte anhand der zur Verfügung stehenden Zeit beim Präsentieren durchzuführen. Vollständigkeitswahn und das Bedürfnis, über alles aus der Abschlussarbeit zu sprechen, gehören zu den häufigsten Fehlern der Studierenden. Man hat oft den Eindruck, als ob sich Studierende zwischen der Informationsmenge und der Abschlussnote eine direkt proportionale Beziehung erhoffen würden. Das ist grundlegend falsch. Die entscheidenden Personen (Prüfer, Betreuer) kennen ohnehin den vollständigen Inhalt der Abschlussarbeit. Somit muss man sie mit einer vollständigen und lückenlosen Wiedergabe des Inhalts nicht mehr konfrontieren. Sollte man dennoch das Bedürfnis verspüren, über alles zu berichten, so muss man dabei folgendes bedenken. Diese „Vollständigkeitsberichte" arten immer in Hektik der Studierenden und gleichzeitiger Müdigkeit der Anwesenden aus. Nach kürzer Zeit schalten sie wegen der Informationsdichte und des zwangsläufig höheren Sprechtempos ihre Andockstelle 1 unwillkürlich ab. Damit ergibt es im Endeffekt wenig Sinn, über alle Inhalte zu berichten, wo einige nicht mehr zuhören. In einigen Fällen werden Studierende durch eine Unsicherheit getrieben, dass man u. U. zu wenig Inhalt präsentiert. Hier kann man sich des folgenden Tricks bedienen. Das Zauberwort lautet *stellvertretend*. Dieses Wort ist universell einsetzbar und deutet immer auf mehr im Vergleich dazu, was man zeigt, erarbeitet oder durchgeführt hat. Mit einer einleitenden Bemerkung der Art *„wegen der Kürze der Zeit werden im Fol-*

genden stellvertretend nur einige wesentliche Inhalte meiner Abschlussarbeit präsentiert" deutet man unmissverständlich darauf hin, dass die Abschlussarbeit deutlich umfangreicher als die kommende Präsentation ist. Eine pragmatische Methode für die erwähnte Priorisierung besteht darin, dass man versucht, die relevanten Inhalte der eigenen Abschlussarbeit in 90 s prägnant zusammenzufassen (Hartmann et al., 2018). Das stellt in der Regel einen ersten, groben Entwurf für das Ergebnis der Priorisierung dar.

Des Weiteren ist bei der Struktur von enormer Bedeutung, dass man darüber die Prüfer, den Betreuer und die Zuhörer direkt informiert und nicht hofft, dass sie diese schon irgendwo zwischen „den Zeilen" erkennen werden. Man sollte dem Prinzip Hoffnung keinen Freiraum gewähren, da Hoffnung niemals eine effektive Strategie darstellt. Bei der Entwicklung der Präsentation ist empfehlenswert, unbedingt in regelmäßigen Folienabständen auf die eingeführte logische Struktur Bezug zu nehmen und diese damit im Zustand der erhöhten Wahrnehmung der Prüfer „wachzuhalten". Dies kann leicht erreicht werden, indem man die eingangs eingeführte Agenda in der Präsentation regelmäßig zum Vorschein bringt, mit dem Ziel, z. B. das bereits Abgearbeitete und das noch Kommende zu kennzeichnen.

Nach den grundlegenden Ausführungen hinsichtlich einer Präsentation wird im Folgenden auf eine detaillierte Betrachtung näher eingegangen.

6.3.2 Inhaltsebene der Präsentation (Andockstelle 1)

Nach den grundsätzlichen Bemerkungen stellt sich die pragmatische Frage: Wie sieht eigentlich eine klare und an den Inhalten orientierte Struktur aus? Die Antwort zur allgemeinen Gliederung einer Präsentation ist in ◘ Abb. 6.5 dargestellt.

❗ Einleitungsteil

Das Ziel des Einleitungsteils fokussiert sich auf zwei Aspekte: Es soll das Interesse und die Aufmerksamkeit der Anwesenden wecken und den erwähnten, möglichst spannenden roten Faden (Präsentationsstruktur) als Orientierungshilfe einführen.

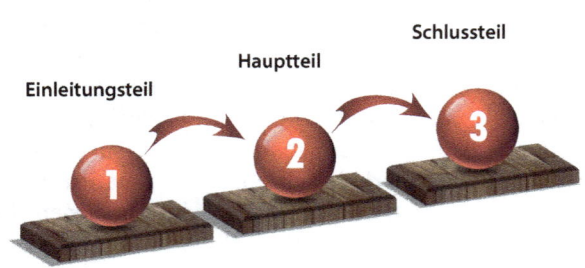

◘ **Abb. 6.5** Allgemeine Gliederung einer Präsentation

6.3 · Präsentation

Dieser Teil nimmt zwar beim Präsentieren wenig Zeit in Anspruch, ist aber besonders wichtig. Am Anfang steht vor allem die Begrüßung. Sie richtet sich an die beiden Prüfer, den Betreuer und die Zuhörer. Im Sinne der Wertschätzung wird empfohlen, die beiden Prüfer mit Namen und Titel zu begrüßen. Jeder Professor ist im gewissen Maße eitel und man sollte hier keine … Herausforderung suchen. Es folgt die Mitteilung über den Betreuer, der diese Abschlussarbeit betreut hat. Ihm gebührt schließlich der aufrichtige Dank für die geleistete Betreuung und Unterstützung. In der nächsten Reihenfolge wird eine präzise Formulierung der im Rahmen der Abschlussarbeit verfolgten Problemstellung (Forschungsfrage) und der Motivation angekündigt. Die im Fokus stehenden Ziele sowie der erwartete Nutzen (motivationsunterstützende Maßnahme!) werden angegeben. Es wird an dieser Stelle dringend empfohlen, für die einzelnen Aspekte aktive Werbung zu betreiben. Nach H. Ford gilt: *Wer nicht wirbt, stirbt.* Spannende und interessante Problemstellung mit ausgeprägtem Neuigkeitscharakter, herausfordernde Ziele mit zahlreichen innovativen Elementen sowie große Freude aufgrund der Möglichkeit, über die eigenen Forschungsergebnisse im Rahmen der Abschlussprüfung zu berichten, sind einige Beispiele dafür. Ähnlich wie Gähnen stecken auch diese Äußerungen an und sorgen für günstige Grundstimmung und einige Sympathiewerte. Diese sind extrem wichtig, allerdings wird leider durch Studierende dieser Problematik in der Regel keine adäquate Bedeutung beigemessen. Alle erwähnten Elemente haben zum Ziel, das Interesse und die Aufmerksamkeit der Prüfer, des Betreuers und der Zuhörer zu wecken. Das ergibt sich in den wenigsten Fällen automatisch. Dafür müssen Studierende etwas Konkretes tun.

Alle erwähnten Aspekte sind auch die Grundlage für den roten Faden. Dieser wird konkret als Überblick in Form einer straffen Agenda berücksichtigt. Hier sollte man sich unbedingt etwas einfallen lassen, damit sie sich von einer klassischen (langweiligen) Agenda in Form einer einfachen Auflistung von Spiegelstrichen unterscheidet. Durch eine z. B. interessante, packende bzw. aufwendige grafische Gestaltung der Agenda kann man schon am Anfang einer Präsentation ein Alleinstellungsmerkmal setzen, Pluspunkte bei den Prüfern sammeln und ihre Aufmerksamkeit sowie Interesse wecken.

Den Einleitungsteil rundet eine Überleitung zum nachfolgenden Hauptteil ab.

❗ Hauptteil

Ähnlich wie ein Reaktor das Herz einer chemischen Produktionsanlage darstellt, so ist auch der Hauptteil das Herzstück einer Präsentation. Das ergibt sich aus dem inhaltlichen Umfang und später beim Präsentieren aus dem zeitlichen Anteil. Inhaltlich geht es um eine logische, nachvollziehbare und verständliche Beantwortung der gestellten Problemstellung und der formulierten Ziele der Abschlussarbeit (Einleitungsteil). Hierzu werden geeignete wissenschaftliche Ansätze, Methoden und Vorgehensweisen vorgestellt, bewertet und eingesetzt. Daraus folgen Kernaussagen bezüglich der neuen Erkenntnisse, die argumentativ durch Daten, Zahlen, Grafiken, Abbildungen, Tabellen u. ä. gestützt werden. Die

Prüfer, der Betreuer und die Zuhörer werden dabei durch den Studierenden entlang eines klar definierten und präzise verfolgten roten Fadens geführt. Prägnant formulierte Übergänge zwischen den Folien bzw. Bezugnahme auf die vorherige Folie bevor die nächste betrachtet wird, führt dazu, dass die Präsentation wie aus einem Guss wirkt und die Übergänge schön flüssig sind. Es sind klassische Elemente, die das Verständnis effektiv fördern (logisches Gehirn). Diesem Ziel dienen auch regelmäßige Zusammenstellungen von essentiellen Hauptaussagen. Damit lässt man keinen Freiraum zu für Interpretationen, Mutmaßungen, Annahmen der Zuhörer und beugt Missverständnissen vor.

Des Weiteren ist im Hauptteil darauf zu achten, dass alle im Einleitungsteil betrachteten Aspekte (Problemstellung und -nutzen, Ziele) fundiert bearbeitet und im Sinne neuer Erkenntnisse ausgearbeitet und überzeugend vorgestellt werden. Da in der Regel weniger mehr bedeutet, sollten alle Bestandteile einer Präsentation kritisch darauf geprüft werden, ob sie:
— für die Logik, Argumentation und das Verständnis unbedingt notwendig sind,
— die Kernaussagen nachvollziehbar und präzise zum Ausdruck bringen,
— die Kernaussagen argumentativ stützen,
— die erzielten, neuen Erkenntnisse hervorheben und den Nutzen für Zuhörer deutlich machen,
— die eigene Leistung erkennbar machen.

Erfüllen sie diese Anforderungen nicht, sollen sie konsequent weggelassen oder verändert werden.

Ferner ist im Hauptteil darauf zu achten, dass insbesondere abstrakte Inhalte und komplexe Zusammenhänge mittels ansprechender graphischer und damit visuell erfassbarer Elemente die Veranschaulichung, das Verständnis und das Speichern im Gehirn unterstützen. Damit nutzt man die visuelle Kommunikation im Sinne der Prüfer, des Betreuers und der Zuhörer. Die Inhalte werden durch diese visuellen Elemente mit einem Blick verständlich, Kernaussagen werden hervorgehoben und fest im Gehirn verankert (Hartmann et al., 2018). Der visuelle Aufwand lohnt sich immer, da er die Präsentation aufwertet, sie lebendiger und verständlicher macht. Damit hinterlässt man auch einen vorteilhaften Eindruck, der sich durchaus auf die Bewertung auswirkt.

Es ist eine grundsätzliche Aufgabe der Studierenden, den aufgrund der durchgeführten Abschlussarbeit erzielten, wissenschaftlichen Fortschritt im Vergleich zum Ausgangspunkt festzuhalten und dafür im Sinne der Eigenleistung intensiv Werbung zu betreiben. Dies kann man leicht z. B. durch die ausgewogene Verwendung von *neu, neuartig, innovativ, erstmalig* u. ä. im Kontext der erzielten eigenen Ergebnisse umsetzen. Damit werden Alleinstellungsmerkmale und der Neuigkeitscharakter der eigenen Abschlussarbeit verdeutlich und verstärkt. Das hat noch keiner Präsentation geschadet.

Abschließend wird noch empfohlen, auf die Verwendung von Plural (z. B. *Wir haben…*) konsequent zu verzichten. Die Abschlussarbeit ist eine eigene Arbeit, die aufgrund eigener Leistung entstanden ist. Für *wir* gibt es in diesem Zusammenhang keinen Raum. Ansonsten ist mit der bohrenden Frage zu rechnen: Wer ist eigentlich „*wir*" und wie viel hat dann der Studierende überhaupt selbst gemacht? Damit unterscheidet sich die Präsentation grundsätzlich von Präsentationen in der Industrie, wo das Wort *ich* eher verpönt ist und stattdessen *wir* flächendeckend benutzt wird.

Um die Orientierung der Prüfer, des Betreuers und der Zuhörer zu unterstützen, soll über die aktuelle Position innerhalb der vorgeschlagenen Agenda regelmäßig informiert werden. Das kann man leicht erreichen, indem die Folie mit Agenda bzw. fortschreitender Agenda z. B. am Folienrand als visuelle Elemente berücksichtigt werden.

Eine sehr relevante Aufgabenstellung für Studierende besteht darin, die Aufmerksamkeit der Prüfer, des Betreuers und der Zuhörer im Hauptteil insbesondere wegen seines Umfangs möglichst immer hochzuhalten. Dies kann leicht über die erwähnten regelmäßigen Kurzzusammenfassungen, rhetorische Fragen, Wiederholungen o. ä. Elemente gewährleistet werden.

Eine absolut zentrale Bedeutung sowohl bei der Präsentation als auch beim späteren Präsentieren wird der eigenen, fachlichen Kompetenz von Studierenden beigemessen. Schließlich hat die Erstellung der Abschlussarbeit Wochen an Arbeit in Anspruch genommen, sodass diese Erwartungshaltung durchaus berechtigt ist. Aber wie vermittelt man praktisch und überzeugend die eigene, fachliche Kompetenz im Hauptteil der Präsentation? Die fachliche Kompetenz kann durch die folgende, pragmatisch orientierte Auflistung unter Beweis gestellt werden. Hierzu gehören:
- Eigene, entwickelte Lösungsstrategie für die Forschungsfrage und deren Umsetzung,
- die erzielten Forschungsergebnisse mit vertiefter Analyse, Bewertung und Auslobung (Mut zum Eigenlob!),
- nachvollziehbare und verständliche Argumentationsketten bei der Beantwortung von Forschungsaspekten *(die Begründung dafür ist, weil…),*
- Methoden der didaktischen Reduktion (komplexe Sachverhalte werden durch einfache Inhalte verständlich erklärt),
- bewusste Herstellung von Zusammenhängen mit ähnlicher Bedeutung (Strategie: Von Bekanntem zum Unbekannten).

Daraus wird sich bei den Prüfern zwangsläufig der Eindruck einer ausgeprägten fachlichen Kompetenz als nachhaltiges Gefühl entwickeln. Insbesondere überzeugend ist das Aufbauen auf vorhandenem Vorwissen, weil man dadurch einen sicheren Beitrag zum Verständnis und Behalten der Inhalte liefert. Hier schließt sich der Kreis mit früheren Ausführungen zur Funktionsweise des Gehirns (Andockstelle 1). Sehr eindrucksvoll ist auch die Erklärung komplexer Vorgänge anhand einfacher Inhalte. Dadurch beweist man glaubhaft, dass man die betrachtete Problematik detailliert durchdacht, gründlich verstanden hat und deswegen imstande ist, diese verständlich und mit einfachen Inhalten zu erklären.

Schlussteil

Der Schlussteil der Präsentation nimmt zwar beim späteren Präsentieren wenig Zeit in Anspruch, ist aber zweifellos extrem wichtig. Das kann man bildhaft mit

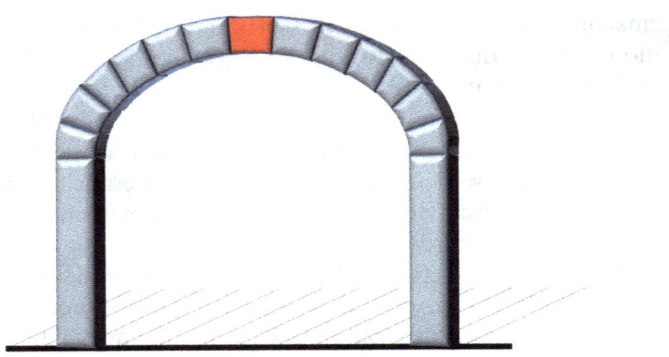

Abb. 6.6 Der Schlussstein im Bogen

dem Schlussstein (Scheitelstein) eines Bogens oder einer Kuppel (Abb. 6.6) vergleichen.

Der Schlussstein spielt bekanntlich eine entscheidende Rolle, weil erst, wenn er eingesetzt wird, die gesamte Konstruktion des Bogens selbsttragend wird. Das kann man auch auf den Schlussteil der Präsentation beziehen, bei dem man durchaus punkten kann und soll. Man sollte diese Möglichkeit unbedingt in vollem Umfang nutzen, weil dadurch zentrale Kernaussagen abschließend fest im Gehirn verankert werden. Aber was gehört in den Schlussteil und wie kann man das für sich selbst vorteilhaft nutzen? Chronologisch wird der Schlussteil mit einer klassischen Ankündigung eingeleitet wie z. B. *Ich komme jetzt zum Schluss meiner Präsentation und fasse die wichtigsten Aussagen noch einmal kurz zusammen.* Der große Vorteil dieser Ankündigung besteht darin, dass die Prüfer, der Betreuer und die Zuhörer einen (fast) sichtbaren Schub in ihrer Aufmerksamkeit, Aufnahmefähigkeit und Motivation zeigen. Es fördert damit das logische Gehirn der Zuhörer. Das ergibt Studierenden die Chance, 3–5 Kern- und Nutzenaussagen in prägnanter Form zusammenfassend zu formulieren. Dabei sollte man die im Einleitungsteil aufgestellte Problemstellung und die gestellten Ziele nochmals aufgreifen. Diese Vorgehensweise vermittelt ein besonders gelungenes und rundes Gesamtbild und hinterlässt einen ähnlich bleibenden letzten Eindruck, wie der bereits erwähnte erste Eindruck im Einleitungsteil.

Ein sehr häufiger Fehler, der leider gemäß eigener Erfahrungen aus zahlreichen Abschlussprüfungen im Schlussteil oft beobachtet wird, umfasst das Ansprechen von völlig neuen Inhalten. Das sollte tunlichst vermieden werden. Stattdessen rundet den betrachteten Schlussteil noch eine Folie mit Ausblick ab.

Die bisher besprochenen Bestandteile einer Präsentation beziehen sich weitgehend auf die inhaltlichen Aspekte und haben das Ansprechen der Andockstelle 1 im Gehirn zum Ziel. Die Beziehungsebene und damit die Andockstelle 2 werden nur bedingt angesprochen. Dieser Sachverhalt wird den weitgehend inhaltlichen Bestandteilen der Präsentation geschuldet. Um in diesem Zusammenhang die Beziehungsebene doch verstärkt in die Präsentation aufzunehmen, versuchen einige Studierende, mit humoristischen Elementen in den Präsentationsfolien Emotionen zu wecken und die Stimmung aufzulockern. Das sind aus Sicht der Prüfer und des Betreuers ziemlich riskante Elemente. Deren Einsatz sollte aus eigener Erfahrung mit sehr großer Vorsicht betrachtet werden. Schließlich passen diese Elemente zu ehrwürdigen Professoren, zur hohen Bedeutung sowie zum ernsthaften Charakter einer Abschlussprüfung nur sehr bedingt zusammen. Wie kann man dennoch die Beziehungsebene in der Präsentation ansprechen? Auf jeden Fall kann man mit sorgfältigen und ansprechenden Folien für positive Neigungen oder sogar Sympathiewerte bei den Prüfern, dem Betreuer und Zuhörern sorgen. Diesem Ziel dienen sowohl die ausgefallene Eingangsfolie (erster Eindruck) mit der Agenda als auch die letzte Präsentationsfolie (letzter Eindruck).

6.3.3 Allgemeine Hinweise zur Gestaltung von Präsentationen

Nach der Analyse und Bewertung der fachlichen und der Beziehungsebene in der Präsentation sollen im Folgenden skizzenhaft noch einige wichtige Hinweise zur möglichen Gestaltung der Präsentationsfolien unterbreitet werden. Sie sind von besonderer Bedeutung, da suboptimal entworfene Präsentationsfolien u. U. alle Bemühungen auf den erwähnten Ebenen durchaus beeinträchtigen bzw. sogar zerstören können. Hinsichtlich einer vertieften Detaillierung dieser Thematik wird auf weiterführende Literatur hingewiesen (Bühler et al., 2019, Hartmann et al., 2018, Hey, 2019, Hüttmann, 2018, Lammerding-Köppel & Griewatz, 2019, Sesink, 2012, Voss, 2020, Zelazny, 2015).

Wie bereits erwähnt, dient die ausgearbeitete Präsentation der Veranschaulichung abstrakter Inhalte (z. B. Texte, Daten, Ergebnisse) und komplexer Zusammenhänge in Form graphischer und visuell erfassbarer Elemente. Unter Berücksichtigung der ausgearbeiteten Grundlagen der Kommunikation sowie der Funktionsweise des menschlichen Gehirns sollen Studierende während der Abschlussprüfung in die Lage versetzt werden, den Prüfern, dem Betreuer und Zuhörern die Kernaussagen aus der Abschlussarbeit so mitzuteilen, dass sie sowohl verständlich, fachlich kompetent und überzeugend kommuniziert als auch im Gehirn konstruiert, konsolidiert und nachhaltig fixiert werden. Dabei müssen immer zwei Grundsätze beachtet werden. Visualisierungselemente sollen ausschließlich dann verwendet werden, wenn sie einen deutlichen Mehrwert ergeben. Der zweite Grundsatz lenkt das Augenmerk darauf, dass Visualisierungselemente als unterstützende Begleitung zur Sprache zu verstehen sind. Erreichen sie u. U. eine dominierende Funktion, so muss die Präsentation unter diesem Aspekt noch einmal kritisch überprüft werden.

Vor dem Hintergrund der Kommunikation und der Funktionsweise des Gehirns ergeben sich die folgenden grundlegenden Anforderungen an eine optimale Gestaltung der Präsentation in Form von insg. 5 Regeln (Hey, 2019, Lammerding-Köppel & Griewatz, 2019, Sesink, 2012):
- Lesbarkeit und Verständlichkeit,
- Einfachheit und schnelle Erfassbarkeit,

- Ausgewogenheit hinsichtlich Inhaltsvolumen,
- Einheitlichkeit hinsichtlich Layout (Masterfolie),
- Angemessenheit bezüglich Visualisierungselemente.

Lesbarkeit und Verständlichkeit beziehen sich z. B. auf die Schriftart und -größe, Kontrast und Farbe. Die Schriftart und -größe sollten so gewählt werden, dass auch die letzte Reihe im Raum etwas aufnehmen kann. Sie bleiben in der gesamten Präsentation unverändert. Ein deutlicher Kontrast zwischen Hintergrund und Visualisierungselementen unterstützt die Lesbarkeit und die Aufnahme der Kernaussagen.

In Bezug auf Einfachheit und schnelle Erfassbarkeit gilt das Motto: *Easy is beautiful.* Eine nachvollziehbare und konsequente inhaltliche Struktur in Präsentationsfolien liefert einen wichtigen Beitrag zur schnellen Erfassbarkeit. Die Gehirne der Prüfer, des Betreuers und der Zuhörer werden durch beide Maßnahmen in Dankbarkeit verfallen.

Das gilt auch in Bezug auf die Menge an Inhalten auf den einzelnen Folien der Präsentation. Der Vollständigkeitswahn im Hinblick auf die Wiedergabe der Inhalte der Abschlussarbeit in der Präsentation wurde bereits analysiert und kritisch bewertet. Identische Aussagen gelten hinsichtlich der inhaltlichen Foliengestaltung. Konsequente Vorauswahl der Inhalte, die sich unbedingt an den bereits erwähnten Faktoren (Aufnahmekapazität des Kurzzeitgedächtnisses, vorhandenes Vorwissen und roter Faden) orientiert, gekoppelt mit der Devise *weniger ist (immer) mehr* sind hier Garanten für den Erfolg. Wenn diese Hinweise unbedingt „verletzt" werden müssen, dann bleibt noch der gekonnte Einsatz von Animationen. Allerdings wird Studierenden auch hier empfohlen, eher sparsam mit Animationen vorzugehen und dabei nicht zu vergessen, für die Aufnahme der Animationsinhalte genügend Zeit in der Vorbereitungsphase unbedingt vorzusehen.

Einheitlichkeit hinsichtlich Folienlayout (Stichwort: Masterfolie) bezieht sich auf wiedererkennbare Folienstruktur mit Fuß- und Kopfbereich sowie Präsentationsfläche und stellt einen wichtigen Beitrag zur schnellen Erfassung und zum effizienten Verständnis der Folieninhalte durch wiederholte Wiedererkennung dar. Damit wird verhindert, dass Layout-Brüche einen zusätzlichen Energieaufwand bei z. B. Prüfern erfordern. Das ist unnötig und behindert die schnelle Aufnahme der Kernaussagen.

Angemessenheit hinsichtlich Visualisierungselemente ist eine besonders relevante Empfehlung. Man muss sich im Klaren sein, dass man durch die schier unendlichen Möglichkeiten der aktuellen Präsentationssoftware einem gewissen Hang zur Übertreibung ausgesetzt ist. Das kann aber während der Abschlussprüfung sehr schnell dazu führen, dass eine Unterstellung aufkeimen könnte, fehlende oder unzureichende wissenschaftliche Inhalte mit Softwaretechnik und Visualisierungseffekten zu kaschieren (Hartmann et al., 2018). Das wäre aus Sicht der Studierenden ein klares Eigentor, das unbedingt zu vermeiden ist.

Nach den einleitenden Bemerkungen erhöhen wir nun den Detaillierungsgrad weiter und widmen uns einigen grundlegenden Visualisierungselementen.

6.3 · Präsentation

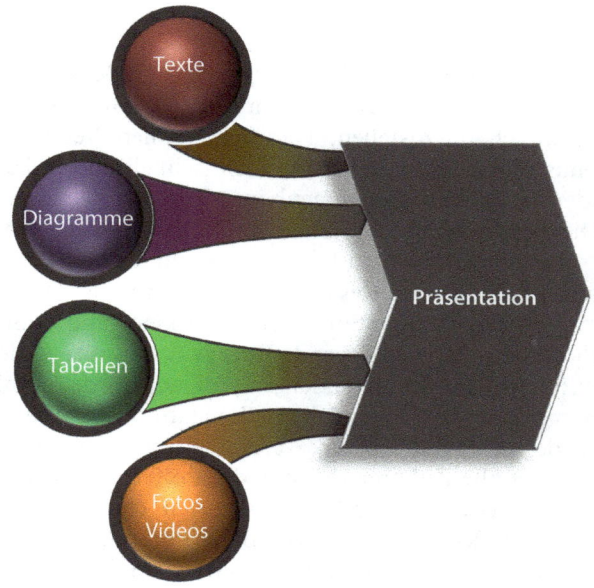

Abb. 6.7 Einige Visualisierungselemente in einer Präsentation

Im Einzelnen wird die Fokussierung auf die folgenden vier grundlegenden in
Abb. 6.7 dargestellten Visualisierungselemente gelegt.

Texte

Texte sind besonders geeignet, um Zusammenfassungen, Aufzählungen, Kernaussagen o. ä. zum Ausdruck zu bringen. Sie sind damit keine bildhaften Visualisierungselemente, was zur Folge hat, dass sie für die Prüfer, den Betreuer und die Zuhörer in der Regel anstrengend sind. Um die Laune der Kommunikationsteilnehmer nicht überzustrapazieren, sollte die Verwendung von Texten immer möglichst reduziert werden. Des Weiteren sollten Texte nur in einfacher, kurzer und verständlicher Form (z. B. als Stichworte) eingesetzt werden. Ausführliche Texte oder sogar Textblöcke sind absolutes Tabu. Sie verstoßen gegen die o.g. Regeln 1 und 2. Einige Studierende bevorzugen aus Gründen der Sicherheit und der Bequemlichkeit, die Präsentationsfolien mit Text vollzustopfen. Klar, das Ablesen ist einfach, sicher und es kann nichts schiefgehen. Doch, die Laune der Prüfer kann sich bei dieser Art des späteren Präsentierens katastrophal verschlechtern! Eine Präsentation ist kein betreutes Lesen (Bornhäußer, 2001). Die aus zahlreichen, durchgeführten Abschlussprüfungen herauskristallisierte eigene Einstellung zu Texten dieser Art weckt unwiderstehlich das Gefühl des Attentats auf eigene intellektuelle Fähigkeiten. Offensichtlich unterstellen Studierende, dass man des Lesens nicht mächtig ist. Gedanken dieser Art sollte man bei Prüfern im eigenen Interesse eher vermeiden.

❗ Diagramme

Diagramme werden üblicherweise dazu verwendet, große Volumina an herausgearbeiteten Ergebnissen z. B. aus experimentellen bzw. simulativen Untersuchungen anschaulich darzustellen. Dadurch können Verteilungen, Verläufe, Prognosen, Trends und Vergleiche verständlich, schnell und in kompakter Form dargestellt werden. In diesem Zusammenhang sind die folgenden Empfehlungen zu beachten. Die Beschriftung der Achsen (z. B. bei xy-Diagrammen) sollte unbedingt lesbar sein. Sehr oft werden Diagramme einfach aus der Abschlussarbeit in die Präsentation kopiert. Das Resultat ist, dass ein in der Abschlussarbeit gut lesbares Diagramm in der Präsentation leider zu klein und damit kaum lesbar ist. Damit ist die erste o. g. grundlegende Regel zur Gestaltung der Präsentation verletzt. Des Weiteren wird Studierenden empfohlen, bei der Analyse eines Diagramms immer mit den Achsen und ihren Bedeutungen zu beginnen. Sehr oft fangen Studierende sofort mit Kurven, Verläufen und Trends an, ohne dabei zu berücksichtigen, dass alle Zuhörer (bis auf die Prüfer und den Betreuer) dieses Diagramm … zum ersten Mal sehen. Sollten in einem Diagramm mehrere Kurven dargestellt werden, so muss jede angesprochen, analysiert und erklärt werden. Führt man das so nicht durch, sollte man konsequenterweise diese Kurven weglassen. Sie verstoßen nämlich gegen die o. g. Regel 2 und 3. Es wird auch empfohlen, bei mehreren Kurvenverläufen auf eine Legende zu verzichten. Das ständige Lenken der Aufmerksamkeit zwischen Kurve und Legende, um die Zuordnung in Erfahrung zu bringen, ist sehr mühsam. Dies kann man durch Beschreibungen auf den Kurven oder in deren Nähe leicht umgehen.

Die Darstellung eines Diagramms sollte nach Möglichkeit immer mit einer Kernaussage zusammengefasst werden (Regel 1).

❗ Tabellen

Tabellen dienen bekannterweise der Darstellung von eher überschaubaren Mengen an Ergebnissen, bei denen einzelne Werte unter die Lupe genommen und miteinander verglichen bzw. diskutiert werden. Die Berücksichtigung der o.g. Regeln 1–3 führt dazu, dass alle Tabellen so einfach, wie nur möglich gestaltet werden sollten. Alles Überflüssige muss entfernt werden. Nicht die Vollständigkeit der Ergebnisse, sondern die Einfachheit der Darstellung und damit auch das sichere Verständnis der Kernaussagen stehen im Vordergrund. Dabei kann man zur Sicherheit die vollständige Tabelle immer noch als Reservefolie für die hochschulöffentliche Aussprache vorbereiten. Da Tabellen trotz der intensiven Bemühungen sie einfach zu halten immer erschlagend wirken, kann man sich eines einfachen Tricks bedienen. Bevor die Tabelle gezeigt wird, sollte man eine Vorankündigung in Form einer orientierenden Ansage geben und somit die Zuhörer auf die kommenden Inhalte und Kernaussagen vorbereiten (Hartmann et al., 2018).

> **Fotos und Videos**

Beide Visualisierungselemente bieten den Vorteil, komplexe Zusammenhänge anschaulich darzustellen. Im Gegensatz zu Diagrammen, Tabellen und Texten, die vorwiegend die Inhaltsebene ansprechen, greifen Fotos und Videos durchaus die emotionale Dimension auf, sodass sie die Andockstelle 2 im Gehirn ansprechen. Damit zeigen sie im Vergleich zu den bisher betrachteten Elementen eine stärkere Aussagekraft, sind auf einen Blick verständlich und damit auch deutlich einprägsamer.

Videos ergänzen Fotos hinsichtlich z. B. zeitlicher Abläufe. Beispiele aus der Praxis umfassen zeitliche Verläufe von Prozessgrößen nach erfolgten Störungen an Anlagen, die Änderung der Alkoholqualität während des Schnapsbrennens sowie das zeitliche Wachstum einer Zellkultur. Detailliertere Verläufe dieser Art im z. B. Zeitraffer vermitteln einen vertieften Einblick ins Prozessgeschehen, sind sofort verständlich und erweitern den Aufnahmehorizont der Prüfer, des Betreuers und der Zuhörer während der Abschlussprüfung. Andere Beispiele stellen z. B. das Erfassen einer Anlage mittels einer aufsteigenden Drohne oder das Festhalten eines im Rahmen einer Abschlussarbeit entwickelten Messsensors dar. Essenziell ist dabei, dass man Fotos und Videos in der Präsentation und beim späteren Präsentieren mit einem sorgfältigen und großzügigen Zeitmanagement verknüpft. Kleine Zeitpuffer werden hier wärmstens empfohlen.

6.4 Präsentieren (Andockstelle 2)

Bevor der letzte Schritt – das Präsentieren – in Angriff genommen wird, soll zuerst der erreichte Zustand zusammengefasst werden. Bis zum aktuellen Punkt liegt sehr viel Arbeit, die die Entwicklung der Präsentation, das umfangreiche Üben, den Techniktest im Prüfungsraum und viele andere Details umfasst. Wir sind systematisch vorangekommen und sehr gut vorbereitet. Es kann eigentlich nichts mehr schiefgehen. Das ist richtig. Aber nur bedingt. Es kann tatsächlich bei diesem „Programm" nichts mehr schiefgehen in Bezug auf das Bestehen der Abschlussprüfung. Kein Zweifel! Das ist aber bei diesem Einsatz nicht unser Anspruch. Die glasklare Zielsetzung besteht in der bestmöglichen Abschlussnote! Aber reicht das Durchgeführte nicht aus? Nein, der bisherige Aufwand ist eine notwendige *(conditio sine qua non)*, aber keine hinreichende Bedingung. Fehlt noch etwas? Richtig: Es fehlt noch das professionelle Präsentieren während der Abschlussprüfung. Diesem thematischen Schwerpunkt widmet sich der folgende Abschnitt.

Aus eigener Praxis ist bekannt, dass Studierende sehr häufig davon ausgehen, dass eine exzellente Präsentation nicht die halbe, sondern bereits die ganze Miete darstellt. Das wird man schon gekonnt beim Präsentieren über die Bühne bringen, lautet die verbreitete Überzeugung. Man legt dabei das Augenmerk hauptsächlich auf die ausgearbeiteten Inhalte der Präsentation und diese sichern – nach Einschätzung der Mehrzahl der Studierenden – den vollen Erfolg. Den

Erfolg schon, aber noch bei weitem nicht den vollen Erfolg. Man fokussiert sich bei dieser Betrachtung weitgehend nur auf die Andockstelle 1 im Gehirn, nicht aber auf die in vielen Fällen sogar deutlich wichtigere Andockstelle 2. Diese wird durch Studierende in der Regel fast vernachlässigt. Aber was ist der vermutliche Grund für diese Vernachlässigung? Um diese Frage vereinfacht zu beantworten, wird versucht, auf das Studium aus der Vogelperspektive zu gucken. Was sieht man? Man sieht vorwiegend schriftliche Klausuren als Prüfmechanismus. In diesen spielt das Wissen im Gehirn eine entscheidende Rolle (Andockstelle 1). Emotionen, der Mensch und sein Verhalten spielen hier eine absolut untergeordnete Rolle. Das ist der Tatsache geschuldet, dass die aktuelle Ausgestaltung des Studiums ins feste Korsett der vorgegebenen Zeit reingepresst wird. Daraus ergeben sich sehr wenige Angebote in Richtung z. B. Projektlehrmodule, sodass Studierende kaum zu erweiterten Erfahrungen kommen können. Und mit dieser eingeschränkten „Studienerfahrung" erreichen Studierende die Abschlussprüfung und heben zwangsläufig die Präsentation als Spiegelbild des Wissens in ihrer Bedeutung auf das höchste Niveau. Wer soll ihnen das verdenken? Zwar haben sie aus dem täglichen Leben umfangreiche Erfahrungen mit zwischenmenschlichen Emotionen, sie übertragen diese jedoch nicht auf den Tatbestand der Abschlussprüfung. Jedenfalls nicht in natur- und ingenieurwissenschaftlichen Studiengängen mit sehr hohem Anteil an schriftlichen Klausuren.

Um diesen unbefriedigenden Zustand zu beseitigen und das Ganze ins rechte Licht zu rücken, beschäftigen wir uns im Folgenden vorwiegend mit Mechanismen und Verhaltensweisen, die beim Präsentieren die extrem wichtige Beziehungsebene und somit die Andockstelle 2 bei den Prüfern, beim Betreuer und den Zuhörern als zentralen Schwerpunkt anspricht. Es werden pragmatische Hinweise und funktionierende Empfehlungen unterbreitet, um in der Drucksituation der Abschlussprüfung ein exzellentes Präsentieren einschließlich der hochschulöffentlichen Aussprache mit bestmöglichem Ergebnis zu bestehen. Schließlich entstehen Diamanten auch unter einem enormen Druck. Man nimmt einfach das Herz in die Hand und versucht, sich Wissen und Erfahrung über den letzten, noch fehlenden Schritt im Bereich des Präsentierens anzueignen und als Meister des Fachs zu verkaufen.

Dabei gehen wir, ähnlich wie im Abschnitt *Zeitlicher Rahmen bis zum Präsentieren*", chronologisch vor. Der Studierende hat also den Tag der Abschlussprüfung erreicht (Abb. 6.8). Um dem Zufall keine Chance zu geben, kommt man entsprechend früh in den Prüfungsraum und testet noch einmal die Technik. Alles ist vorbereitet. Die Einsamkeit des Langstreckenläufers breitet sich allmählich aus. In Kürze betreten den Raum die beiden Prüfer. Was jetzt zählt, ist zunächst einmal der erste Eindruck (Abb. 6.8).

Der erste Eindruck

In diesem Zusammenhang ergeben sich zwei essentielle Fragen:
1. Warum sollte der erste Eindruck von Bedeutung sein?
2. Kann man den ersten Eindruck beeinflussen und mit welchen Methoden?

Abb. 6.8 Phasen der Abschlussprüfung

Die kurze Antwort auf die erste Frage lautet: Der erste Eindruck ist von enormer Bedeutung für das anschließende Präsentieren und u. U. auch für die Abschlussnote. Aber warum sollte es so sein? Um diese Frage zu beantworten, muss man ein bisschen weiter ausholen. Evolutionsbedingt haben Menschen im Gehirn sehr leistungsfähige Prozeduren entwickelt, die im Unterbewusstsein über neuronale Netzwerke fest verdrahtet sind. Diese Netzwerke verarbeiten in Millisekunden eine wahre Flut von Informationen, Erkenntnissen und Sinneswahrnehmungen (Kleidung, Frisur, Körpersprache, also Körperhaltung, Mimik, Gestik, Augenkontakt) und stellen daraus ein Gesamtbild zusammen. Dieses Bild als Gesamtwahrnehmung entscheidet dann weitgehend automatisch und damit auch unbewusst über Sympathie, Vertrauenswürdigkeit und Glaubhaftigkeit. Und währenddessen haben Studierende noch … kein Wort gesagt! Die beschriebene, schnelle Bewertung war eine sehr wichtige Eigenschaft im Urwald, die oft über Flucht oder Angriff, Leben oder Tod entschieden hat.

Die skizzierte, völlig automatische Bewertung zeichnet sich ferner dadurch aus, dass sie eine relativ nachhaltige Wirkung auf die Prüfer und alle Weiteren entfaltet. Vor dem Hintergrund dieser Feststellung können Studierende diese Tatsache geschickt nutzen und für günstige Rahmenbedingungen für das anstehende Präsentieren sorgen. Damit gewinnen sie auch erste Sympathiewerte. Dies stellt auch den ersten Pfeiler hinsichtlich der Bedeutung des ersten Eindrucks in der Abschlussprüfung dar. Den zweiten Pfeiler beschreibt Poggensee mit der einfachen Feststellung (Poggensee, 2017):

„Für den ersten Eindruck gibt es keine zweite Chance".

Der erste Eindruck muss also aus Sicht der Studierenden garantiert sicher „sitzen".

Aus der aufgezeigten Bedeutung des ersten Eindrucks leiten wir ab, dass wir uns darauf gezielt vorbereiten müssen. Somit liegt der Fokus auf der zweiten der o.g. Fragen. Unterm Brennglas stehen Vorgehensweisen, mit denen wir den ersten Eindruck positiv beeinflussen können. Eine der einfachsten, effektivsten und gleichzeitig funktionierenden Methoden stellt der sog. innere Dialog (innere Kommunikation, inneres Sprechen) dar. Die Hauptidee dabei besteht darin, dass man in einem ersten Schritt versucht, sich selbst in einen gezielt positiven Zustand zu versetzen. Der Vorteil dabei ist, dass man an innerer Sicherheit, Selbstvertrauen, Souveränität, Begeisterung und allgemeiner Leistungsfähigkeit gewinnt und diese noch zusätzlich festigt. Jeder kennt Spitzensportler, die mit Autosuggestion die letzten, entscheidenden Leistungsprozente aus ihren Körpern rausholen.

Im zweiten Schritt erfolgt die Übertragung des vorteilhaften Erscheinungsbildes durch Erzeugung eines „Mitschwingens" mit den Prüfern, dem Betreuer und den Zuhörern. Dadurch wird der erste Eindruck durch Studierende aktiv und gezielt positiv beeinflusst.

Aus der Psychologie ist allgemein bekannt, dass bewusstes, aktives und regelmäßiges Lenken der Aufmerksamkeit auf positive Inhalte neben einer positiven Grundstimmung auch zur Erhöhung des Selbstvertrauens, der Selbstmotivierung, der Souveränität und der eigenen Körperleistung führen. Aber welcher Mechanismus steckt dahinter? Betrachten wir hierzu die eigene Andockstelle 2 im Gehirn. Über diese Andockstelle gewinnen wir Zugang zum Unterbewusstsein als Teil des mittleren limbischen Systems. Unser Unterbewusstsein kann man sich bildhaft als eine Art internes Solid State Drive (SSD) mit einer ungeheuren Kapazität vorstellen, das über keine Filterfunktion verfügt und damit alles widerstandslos annimmt, was an Informationen ankommt. Das wird auch zunutze gemacht, indem das eigene Unterbewusstsein im Hinblick auf das anstehende Präsentieren in eine positive Richtung gelenkt wird. Damit werden bei ausreichendem Training nicht nur die erwähnten positiven Effekte deutlich verstärkt, sondern auch die negativen (Angst, Verunsicherung, Zweifel, Lampenfieber, u.ä.) weitgehend zurückgedrängt. Gleichzeitig wird auch durch die positiven Emotionen und die Aussicht auf Belohnung (z. B. ausgezeichnete Abschlussnote, ein gelungenes Präsentieren o.ä.) ein erheblicher Einfluss auf die eigene Handlung und Motivation ausgeübt. Das neuronale Belohnungssystem im Gehirn wird maßgeblich aktiviert und gibt dem Körper daraufhin die Anweisung, diese positiven Erwartungen und Träume zu befriedigen. Es erinnert an die Wechselwirkung zwischen einer Kommandobrücke auf einem Schiff und dem Maschinenraum, um sich eines plakativen maritimen Beispiels zu bedienen. So viel zur Innenwirkung. Die Außenwirkung kommt deutlich und gleichzeitig unbewusst in der Körpersprache, also in Körperhaltung, Mimik und Gestik und schließlich im Gesichtsausdruck zur Geltung. Hier kann man hinsichtlich Sympathiewerte punkten. Auf diese äußeren Erscheinungsaspekte kommen wir noch später zu sprechen.

Die Frage, die sich jetzt stellt, ist die folgende: Wie lautet die konkrete, beispielhafte Ausgestaltung des inneren Dialogs? Die Ausgestaltung ist natürlich sehr personenspezifisch und hängt vom eigenen Persönlichkeitsprofil, Erziehung und der Vergangenheit ab. Hier sollte man beispielsweise mehrfach täglich ab dem Tag der letzten Korrektur die folgenden Zeilen (im Stillen oder laut) beharrlich wiederholen (◘ Abb. 6.9):

Diese Zeilen setzen auf die bekannten Prinzipien der Autosuggestion (Coué, 2007) und der sog. self-fulfilling prophecy (Cerwinka & Schranz, 2006, Bensberg & Messer, 2014, Heimsoeth, 2018). Eine alternative und wirksame Möglich-

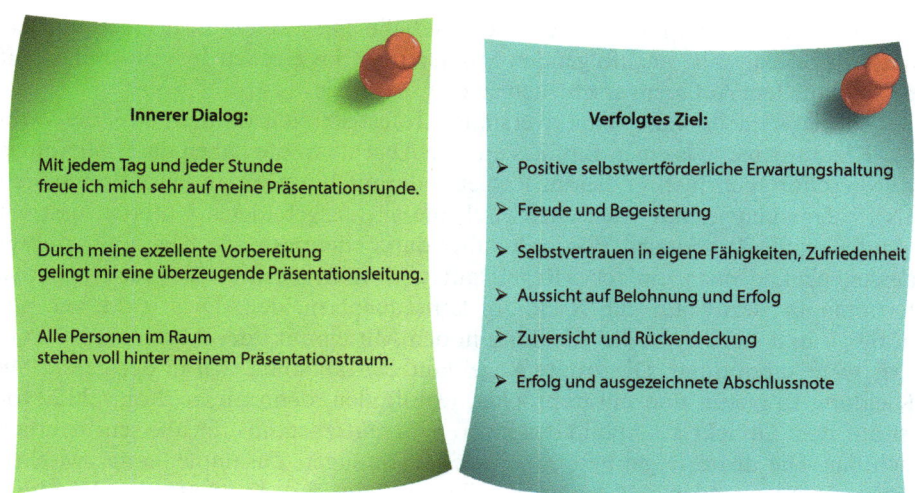

Abb. 6.9 Beispiel für inneren Dialog und die verfolgten Ziele

keit des inneren Dialogs besteht im Abrufen von Bildern aus eigenen, besonders erfolgreichen Situationen. Schulenburg nennt es Kopfkino (Schulenburg, 2018). Unabhängig von der jeweiligen Methode ist von essentieller Bedeutung, dass man die bewusste, aktive und vor allem positive Autosuggestion möglichst oft wiederholt und damit ins Gehirn vor der Abschlussprüfung „einhämmert". Dadurch wird man auf den Erfolg fest programmiert.

Fehlt noch etwas im Hinblick auf den ersten Eindruck? Richtig: Das äußere Erscheinungsbild. Hier wird auf eigene Erfahrungen aus ca. 380 Abschlussprüfungen zurückgegriffen. Es muss leider festgestellt werden, dass sich einige Studierende oft selbst im Wege stehen und damit nicht unbedingt ihren Erfolg unterstützt haben. In diesem Zusammenhang ist festzuhalten, dass eine Abschlussprüfung etwas Besonderes, etwas Festliches darstellt. Das ist vielleicht altmodisch bzw. konservativ, aber ein erfolgreicher Abschlussakt nach unzähligen Prüfungen, Projekten, Praktika, Seminaren u.ä., die mindestens drei (Bachelorstudium) bzw. zwei (Masterstudium) Jahre in Anspruch genommen haben, sollte gebührend wahrgenommen und wertgeschätzt werden. Ein deutliches Zeichen dafür ist u.a. das erwähnte äußere Erscheinungsbild. Schräge Frisur, T-Shirt mit bizarrem Aufdruck, verschlissene Jeans oder Pulli mit einem Hasenmotiv haben mit Wertschätzung der Veranstaltung, der Prüfer, des Betreuers, der Zuhörer nur im weit entfernten Sinne etwas zu tun. Hierzu ein Beispiel aus eigener, akademischer Praxis. Zufällig oder bewusst entscheidet sich ein Studierender für ein passendes Outfit. Es unterscheidet sich deutlich von vielen bisherigen Erscheinungsbildern der Kommilitonen. Vor dem Beginn der Masterprüfung erfolgt eine eigene, anerkennende Bemerkung, dass der Studierende mit seinem positiven Äußeren schon vor dem Beginn des Präsentierens deutliche Pluspunkte gewonnen hat. Diese Bemerkung bewirkte wahre Wunder. Das strahlende Gesicht des Studierenden war nur eine Seite der Medaille. Die zweite führte erstaunlicherweise dazu, dass alle nachfolgenden Studierenden im eigenen Institut immer mit professionellem Äußerem erschienen sind.

An dieser Stelle muss unmissverständlich festgehalten werden, dass die Wahl der Kleidung niemals einen Einfluss auf die Abschlussnote haben darf. Allerdings wurde schon mehrfach in diesem Ratgeber darauf hingewiesen, dass Professoren als Prüfer auch … nur Menschen sind, die ein ausgebildetes Unterbewusstsein (Andockstelle 2) besitzen. Wie sollte aber dann eine passende Kleidung konkret aussehen? Die erste einfache Regel lautet: Sowohl positive als auch negative Extrema in Bezug auf die Kleidung konsequent meiden. Dies lenkt nur unnötig ab und stellt u. U. die Kleidung in den Mittelpunkt der Abschlussprüfung. Das wäre suboptimal. Die zweite Regel lautet: Man sollte sich in der gewählten Kleidung souverän und ausgesprochen wohlfühlen, denn dieser Wohlfühlfaktor ist auf dem Gesicht als Abbild des inneren Gemütszustands für alle sehr deutlich sichtbar. Die dritte Regel betont, dass es einen engen Zusammenhang zwischen einem überzeugenden und professionellen Auftritt und der passenden Kleidung gibt. Vor dem Hintergrund des besonderen Tages und des erwähnten Zusammenhangs sollte die Kleidung eleganter als die der Zuhörer sein. Gedeckte Farben, Anzug mit Krawatte oder ohne, dazu ein hellblaues oder weißes Hemd wirken frisch, erholt und startbereit. Frauen entscheiden sich zwischen Kostüm mit Bluse und Rock oder einem Hosenanzug. In beiden Fällen wird also durch ein gepflegtes äußeres Erscheinungsbild ein unbewusstes bzw. bewusstes Urteilen über angemessene Kleidung einkalkuliert und berücksichtigt. Nach Ruhleder gilt ausnahmslos die letzte Regel (Ruhleder, 2016):

„Wie man startet, so liegt man im Rennen".

Zusammenfassend ist festzuhalten, dass die unterbreiteten Empfehlungen, Hinweise und Regeln pragmatische und vor allem leicht umsetzbare Elemente darstellen. Somit tragen sie als fester Eckpfeiler bedeutend zum Erfolg der Abschlussprüfung bei.

❗ Präsentieren (▶ Abb. 6.8)

Der angesprochene und analysierte innere Dialog erweist sich als grundlegende Voraussetzung nicht nur für den ersten Eindruck, sondern stellt auch ein belastbares Fundament für einen weiteren Eckpfeiler des Prüfungsauftritts und der Kommunikation von Studierenden während der Abschlussprüfung dar. Diesmal handelt es sich um das Präsentieren.

In der Phase des Präsentierens spielen bei der Abschlussprüfung insgesamt drei Kommunikationsarten eine entscheidende Rolle. Es handelt sich um die bereits erwähnten:
- Verbale Kommunikation,
- Nonverbale Kommunikation,
- Paraverbale Kommunikation.

Sie entscheiden auch – integral betrachtet – neben der entwickelten Präsentation über den Ausgang der Abschlussprüfung und die Abschlussnote. Aus diesem

Grund muss auf sie detailliert eingegangen werden. Sie müssen inhaltlich bewertet und verstanden werden, um auf diesem Fundament für Studierende pragmatische und vor allem leicht umsetzbare Empfehlungen auszusprechen und entsprechende Hinweise zu unterbreiten.

6.4.1 Verbale Kommunikation

Nach Schulenburg ist Sprache als Basis der verbalen Kommunikation die Grundvoraussetzung für ein exzellentes Präsentieren (Schulenburg, 2018). Mit Sprache kommunizieren Studierende die Inhalte ihrer Abschlussarbeit und versuchen, die Prüfer bezüglich ihrer Kompetenz und der in der Abschlussarbeit erzielten Ergebnisse zu überzeugen. Um die erwähnten Empfehlungen auf ein solides Fundament zu stellen, wird die Strukturierung und Bewertung der verbalen Kommunikation anhand der groben Funktionsweise des menschlichen Gehirns durchgeführt. Dadurch sind die abgeleiteten Empfehlungen und Hinweise besser zu verstehen und leichter zu verinnerlichen.

Bei der Betrachtung des menschlichen Gehirns wurde festgestellt, dass das Gehirn während der Kommunikation mit einer Flut von Informationen, Erkenntnissen und Sinneswahrnehmungen permanent konfrontiert wird. Es verrichtet in dieser Zeit absolute Höchstleistung (Roth, 2015). Als unausweichliches Nebenergebnis wird es nach kurzer Zeit müde, aktiviert seine Schutzmechanismen in Form von Wahrnehmungsfiltern und schaltet sich allmählich ab. Die für die Aufnahme weiterer Kommunikationsinhalte erforderliche Aufmerksamkeit wird allmählich aufgebraucht und muss unbedingt erneut aktiviert werden. Damit gelangen wir zum ersten relevanten Bestandteil der o.g. Strukturierung. Studierende müssen während des Präsentierens im Hinblick auf die Prüfer und Zuhörer aufmerksamkeitsfördernde Maßnahmen kennenlernen, berücksichtigen und umsetzen. Aber was versteht man darunter und was wären hierfür pragmatische Beispiele? Die Antwort lautet: Studierende sollten beim Präsentieren die folgenden Hilfsinstrumente konsequent einsetzen:
- sprachliche Pausen,
- Teilzusammenfassungen bzw. Wiederholungen,
- rhetorische Fragestellungen.

Neben den erwähnten Elementen müssen noch sprachliche Maßnahmen berücksichtigt werden, die dem Gehirn die erwähnte Flut an Informationen möglichst in „schonender" Form beibringen. Dadurch soll der unausweichliche Erschöpfungszustand (overflow) des Gehirns wenigstens hinausgezögert werden. Hierzu gehören die folgenden Aspekte der Sprache:
- Satzbau,
- Wortwahl und Sprachstil.

Die abgeleitete Strukturierung der verbalen Kommunikation ist zusammenfassend in ◘ Abb. 6.10 dargestellt.

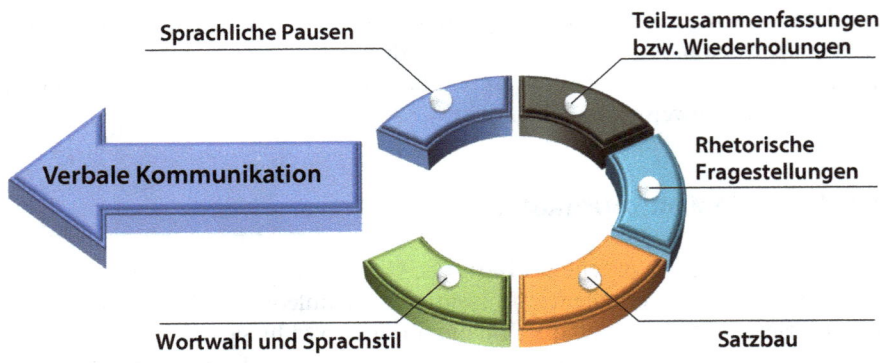

Abb. 6.10 Elemente verbaler Kommunikation

Diese Strukturierung soll nachstehend den roten Faden darstellen und mit pragmatischen Empfehlungen für ein exzellentes Präsentieren versehen werden. Es ist dabei klar, dass während der verbalen Kommunikation überwiegend auf die Inhaltsebene des Gehirns zugegriffen wird (Andockstelle 1, ◘ Abb. 6.3). Im Fokus steht also die Großhirnrinde mit ihrem Sprachvermögen, wo Informationen und Fakten analysiert und Entscheidungen in einem komplexen Zusammenspiel vieler neuronaler Netzwerke getroffen werden. Sollte dabei auch die Beziehungsebene angesprochen werden, so wird das in folgenden Ausführungen explizit festgehalten.

Sprachliche Pausen

Das Wort *Pause* stammt aus dem lateinischen *pausa* und bedeutet eine zeitlich begrenzte Unterbrechung eines Vorgangs z. B. einer verbalen Kommunikation (Wikipedia, 2020). Sie stellt beim Präsentieren ein bedeutendes rhetorisches Hilfsinstrument dar, das für beide Seiten, die Studierenden, Prüfer sowie Zuhörer, von hoher Wertigkeit ist. Sprachliche Pausen können beim Präsentieren z. B. in folgenden Abschnitten platziert werden:
1. Start des Präsentierens,
2. vor bzw. nach Kerngedanken,
3. bei Teilzusammenfassungen und Wiederholungen,
4. bei Folienübergängen.

Aber welche Ziele können mittels sprachlicher Pausen erreicht werden?
Der o. g. Erklärung der Funktionsweise des Gehirns folgend besteht die Hauptaufgabe der sprachlichen Pausen darin, den Prüfern und Zuhörern zu ermöglichen, sowohl die sprachlichen als auch die visuellen Kommunikationselemente aufzunehmen, zu verarbeiten und im Gehirn abzuspeichern. Sie dienen also als eine Art Verschnauf- bzw. Denkpause und gewährleisten dadurch, die nachlassende Aufmerksamkeit über kurze geistige Erholung wieder zu erhöhen. Aufgrund der erwähnten Platzierung vor bzw. nach Kerngedanken wird

ein weiteres Ziel erreicht. Dieses besteht darin, dass eine Erwartungsspannung erzeugt wird. Allen wird klar, dass nach der sprachlichen Pause wichtige Kernaussagen folgen, die mit entsprechender Konzentration begleitet werden sollen. Das aktiviert die Prüfer sowie Zuhörer und trägt zur erhöhten Verständlichkeit bei. Mit bewusst positionierten sprachlichen Pausen kann man schließlich auch neue thematische Aspekte andeuten, auf die man sich in Kürze fokussieren wird. Damit werden die Aufmerksamkeit der Prüfer und Zuhörer erneut aktiviert und gesteuert. Die letzte effektive Möglichkeit stellen Folienübergänge mit sprachlicher Pause dar. Diese kann man als Aufmerksamkeitswecker einsetzen.

Im Folgenden wird die Sichtweise von Prüfern, dem Betreuer bzw. Zuhörern auf die Studierendensicht gewechselt. Für die Studierenden bedeuten sprachliche Pausen eine willkommene und in vielen Fällen auch absolut erforderliche Möglichkeit, das angespannte Nervenkostüm zu beruhigen. Des Weiteren gewährleisten sprachliche Pausen eine günstige Gelegenheit, in Ruhe Luft zu schnappen anstatt eines verzweifelten Ringens nach Sauerstoff, was leider sehr oft bei Abschlussprüfungen vorkommt. Ferner sichern Studierenden sprachliche Pausen die Möglichkeit, sich zu sammeln, eigene Gedanken zu ordnen und sich auf die bevorstehenden Kommunikationsinhalte einschließlich einer gekonnten Überleitung zu fokussieren. Alle erwähnten Elemente tragen dabei dazu bei, dass die eigene Souveränität, Überzeugungskraft und das Engagement deutlich verfestigt werden, was den Eindruck der fachlichen Kompetenz unterstützt. Die Kernaussage lautet hier in Abwandlung eines bekannten Spruchs: *Mut zur Pause!* Vor diesem Hintergrund kann die klare Empfehlung ausgesprochen werden: Studierende sollten die Kraft der Pause möglichst oft nutzen.

Um im Eifer des Gefechts unter Vollflutung von Adrenalin an Pausen gezielt zu denken, empfiehlt es sich, den folgenden schlichten Trick einzusetzen. Man positioniert einfach in einer bestimmten Ecke auf gewählten Folien der entwickelten Präsentation ein kleines „P" als Erinnerungshinweis. Dies fällt mit Sicherheit keinem Anwesenden auf und für Studierende bedeutet dieser Trick einen wirksamen Hinweis.

Teilzusammenfassungen bzw. Wiederholungen

Um die Bedeutung der Teilzusammenfassungen bzw. Wiederholungen zu verstehen, ist es hilfreich, auf die Arbeitsweise des Gehirns bei der Speicherung von Kommunikationsinhalten zurückzugreifen. Eine entscheidende Rolle spielt hier die 2-stufige Vorgehensweise, die sich aus dem Kurzzeit- und Langzeitgedächtnis zusammensetzt. Da die Speicherung in den neu zu bildenden neuronalen Strukturen des Langzeitgedächtnisses viel Energie verbraucht, wird zunächst einmal eine vorübergehende Speicherung im Kurzzeitgedächtnis vorgenommen, bevor der Hippocampus anschließend eine evtl. dauerhafte Übertragung der Kommunikationsinhalte in die Großhirnrinde veranlasst (siehe hierzu Ausführungen im Kapitel *Leistungsnachweise*). Die Speicherkapazität des Kurzzeitgedächtnisses ist jedoch sehr begrenzt und umfasst lediglich 5–9 Informationseinheiten. Des Weiteren ist das Kurzzeitgedächtnis stressanfällig und wenig belastbar. Diese Tatsachen sollten beim Präsentieren durch Studierende im Hinblick auf die Prüfer, den Betreuer und die Zuhörer unbedingt berücksichtigt werden. Eine der wirksamsten Strategien, die Kommunikationsinhalte nachhaltig zu verinnerlichen und zu speichern, sind Teilzusammenfassungen bzw. Wiederholungen. Diese sind insb. im Hinblick auf die Zuhörer von besonderer Bedeutung, da sie in der Regel beim Präsentieren mit völlig neuen Inhalten konfrontiert werden. Bei den Prüfern ist die Situation ein bisschen anders. Sie stehen seit Jahren im Beruf, verfügen über ausgeprägte Erfahrungen, vielfältiges Wissen sowie eine emotionale Bindung mit den thematischen Inhalten der Abschlussprüfung. Bei den Prüfern geht es also weniger um völlig neue Inhalte, sondern eher um die Ergänzung vorhandenen Wissens. Das erleichtert deutlich die Übertragung ins Langzeitgedächtnis, wodurch die erwähnte Stressanfälligkeit und nachlassende Aufmerksamkeit geringer ausgeprägt sind. Dennoch stellen Teilzusammenfassungen bzw. Wiederholungen eine willkommene Gelegenheit dar, sich zu sammeln und freien Platz im Kurzzeitgedächtnis zu schaffen. Teilzusammenfassungen bzw. Wiederholungen sind also klassische Maßnahmen, die vorwiegend der Regeneration der Aufmerksamkeit sowie der Erhöhung der Konzentration bei Prüfern, Betreuer und Zuhörern dienen. Mit ihnen können Studierende auch eigene Emotionen, wie Engagement, und Leidenschaft, Überzeugung und Souveränität gezielt vermitteln. Des Weiteren zeigen Teilzusammenfassungen bzw. Wiederholungen die zentralen Kernaussagen auf und unterstreichen ihre besondere Bedeutung. Dabei macht man sich die Tatsache zunutze, dass Menschen in der Regel bereitwilliger sind, Kommunikationsinhalte, die sie schon einmal gehört haben, für belegt zu halten. Das kann man dem begleitenden „Nicken" als Bestätigung deutlich entnehmen.

Teilzusammenfassungen bzw. Wiederholungen haben aus Sicht von Studierenden noch einen weiteren, unschätzbaren Vorteil. Er besteht darin, dass man die Prüfer, den Betreuer und die Zuhörer auf den roten Faden und damit auch auf die entwickelte, klare Struktur der Präsentation hinweisen kann. Dadurch unterstützt man einerseits die überforderte Aufnahmefähigkeit und die nachlassende Aufmerksamkeit der Prüfer und gewinnt diesbezüglich eine Art Steuerung.

Teilzusammenfassungen bzw. Wiederholungen zeichnen sich dadurch aus, dass sie pragmatisch und einfach in der Umsetzung sind. Hierzu können in die Präsentation zusätzliche Folien für kurze Teilzusammenfassungen bzw. Wiederholungen aufgenommen werden. Sie sind dann auch für Studierende eine gute Möglichkeit, Luft zu schnappen und die Vorbereitung auf die nachfolgenden Inhalte zu initiieren.

❗ Rhetorische Fragestellungen

Eine sehr wirksame und zielführende Maßnahme während des Präsentierens umfasst das Stellen von Fragen durch Studierende. Franck bezeichnet diese Maßnahme zutreffend als Aufmerksamkeitswecker (Franck, 2019). Seit der Schulzeit ist man so konditioniert, dass man bei einer Frage sofort volle Aufmerksamkeit aktiviert, weil man sie u. U. beantworten muss. Wenn man aber die Frage nicht einmal aufgenommen hat, so ist die Beantwortung eher schwierig.

6.4 · Präsentieren (Andockstelle 2)

Diese Wirkung von Fragen können sich Studierende beim Präsentieren zunutze machen. Für sie ergibt das einen Vorteil, der darin besteht, dass danach in der Regel eine Pause entsteht. Somit nutzt man alle bereits besprochenen Vorteile einer Pause. Da sich Studierende in der Phase des Präsentierens befinden, beantworten sie die gestellte Frage natürlich selbst. Diese sog. rhetorischen Fragen sind bezüglich des Inhalts nicht allzu informativ. Das ist auch nicht die Hauptfunktion von rhetorischen Fragen. Vielmehr stehen im Vordergrund die folgenden Zielsetzungen:
- Stärkung der Aufmerksamkeit bei Prüfern,
- Erzeugung von Interesse,
- Betonung einer Aussage,
- Anregung zum Nachdenken,
- Ankündigung und Verstärkung der nachfolgenden Argumentation.

Als Beispiel kann der folgende Sachverhalt betrachtet werden. Studierende erklären anhand einer Tabelle oder eines Diagramms eine experimentell festgestellte Abhängigkeit. Anschließend folgt die klassische rhetorische Frage: Aber warum ist das so und was ist die Erklärung dafür? Diese Frage als sprachliches Kommunikationsmittel stellt eine Hypophora dar. Sie wird durch Studierende selbst beantwortet. Dabei wird die Abhängigkeit noch einmal geschickt betont. Zusätzlich entstehen dabei sowohl ein kleiner Spannungsbogen als auch eine gezielte Aktivierung der Aufmerksamkeit der Prüfer, des Betreuers und der Zuhörer. Nicht zuletzt ist eine qualifizierte Beantwortung der Frage eine selbstgeschaffene Möglichkeit, ausgeprägte Fachkompetenz unter Beweis zu stellen.

> **Hinweis**
>
> Zusammenfassend kann festgehalten werden, dass rhetorische Fragen ein einfaches und sehr effektives sprachliches Gestaltungs- und Kommunikationsmittel darstellen, bei dem man sowohl die volle inhaltliche Kontrolle besitzt als auch die Interaktion mit den Prüfern geschickt meistern kann. In Bezug auf das Präsentieren lautet die Empfehlung: Rhetorische Fragen müssen im Vorfeld überlegt und beim Präsentieren abgerufen werden. Wann hat man schon die einzigartige Möglichkeit, im Vorfeld gezielte Fragen und kompetente Antworten selbst zu kreieren?

❗ Satzbau

In der deutschen Sprache ist leider keiner davor gefeit, längere Sätze sprachlich zu formulieren. Die deutsche Sprache ermöglicht es nicht nur über günstige Rahmenbedingungen sowohl lange Einzelwörter als auch komplizierte Sätze zu bilden, sondern sie lädt förmlich dazu ein. Ein Studium an einer Hochschule begünstigt diese Neigung bei Studierenden nach eigenen Erfahrungen noch nachhaltig. Aber warum ist das so? Was sind die eigentlichen Gründe für einen komplizierten Satzbau? Der häufigste Grund ist das fehlende Wissen über die Wirkung komplizierten Satzbaus auf die Kommunikationsteilnehmer und die fehlende Konsequenz in der Wiedergabe der im Vorfeld vorbereiteten Präsentation. Während des Präsentierens kommt man sehr oft auf den unwiderstehlichen „Zusatzgedanken", der „unbedingt" in den vorbereiteten Hauptsatz hineingeschoben werden muss. Dem kann man sich angeblich nicht widersetzen. Als Folge dieser Vorgehensweise entstehen Perioden-, Schachtel-, Bandwurm- oder Girlandensätze. (Schott, 2019, Hey, 2019).

Ein weiterer, enorm wichtiger Aspekt umfasst die angesprochene Wirkung sowohl auf Prüfer (Zuhörer) als auch auf Studierende selbst. Die Konstruktion von Nebensätzen in der deutschen Sprache verlangt die Positionierung des Verbes am Ende des Nebensatzes. Das weist einen doppelten Nachteil auf. Für Studierende bedeutet das, dass sie sich unbedingt merken müssen, welches Verb sie am Ende verwenden müssen. Das kann bei mehreren Nebensätzen ziemlich anstrengend sein. In eigener akademischer Praxis war sehr oft zu beobachten, dass Studierende bereits spätestens nach zwei Nebensätzen das passende Verb vergessen hatten, sodass nicht selten ein neuer Anlauf für die Formulierung des Gedankens unternommen wurde. Das wirkt wenig flüssig, abgehackt und künstlich. Neben der suboptimalen Wirkung auf Studierende gibt es noch eine verheerende Wirkung auf die Prüfer, den Betreuer und die Zuhörer. Komplizierte grammatikalische Konstruktionen stellen leider auch wirkungsvolle Blockaden im Verständnis der Kommunikation zwischen Studierenden (Sender) und den Prüfern (Empfänger) dar. Durch die hohe Anzahl der einzelnen Gedanken in einem solchen Girlandensatz erfolgt die Überforderung des Gehirns, was zwei Folgen hat. Entweder versteht man den Kommunikationsinhalt nicht, weil er zu kompliziert ist oder das Gehirn aktiviert die erwähnten Wahrnehmungsfilter und schaltet jegliche Aufnahme der Kommunikationsinhalte ab. Das kann bei einer Abschlussprüfung u. U. verheerende Folgen haben, da man die beabsichtigten Inhalte der an sich sehr guten Abschlussarbeit suboptimal an die Prüfer heranbringt.

Die zweite Folge ergibt sich daraus, dass das erwähnte Verb am Ende des Nebensatzes zu positionieren ist. Das zwingt die Prüfer, den Betreuer und Zuhörer dazu, bis zum Ende des Satzes spannungsvoll zu warten, um den Kommunikationsinhalt richtig einzuordnen. Das ist sehr anstrengend und sollte seitens der Studierenden tunlichst vermieden werden.

Um die aufgeführten Nachteile eines komplizierten Satzbaus effektiv zu vermeiden, sind im Folgenden einfache, pragmatische und vor allem leicht umsetzbare Regeln zusammengestellt worden. Sie folgen weitgehend der bekannten Forderung von Tucholsky (Tucholsky, 1930) *Hauptsätze! Hauptsätze! Hauptsätze!* und Konfuzius „*Wer breites Wissen erworben hat, der strebe danach, sich kurz und verständlich auszudrücken*" und lauten:
1. Jeder Satz sollte ausschließlich einen Gedanken beinhalten.
2. Gemäß dem Motto *Easy is beautiful* nur kurze Sätze formulieren.
3. Pragmatischer Anhaltswert für die Obergrenze vor dem Hintergrund optimaler Verständlichkeit liegt bei: 7–14 Wörter (Textentwicklerin, 2021).
4. Verschachtelte Sätze konsequent in mehrere, kurze Sätze unterteilen.

5. Maximum ein Nebensatz (in Ausnahmefällen zwei) bei sprachlicher Kommunikation.
6. Konsequente Ablehnung von „Zusatzgedanken" sowohl während der Vorbereitungsphase als auch beim Präsentieren. Eiserne Disziplin ist übrigens eine Zier.

❗ Wortwahl und Sprachstil

Die eigene akademische Praxis bestätigt leider, dass oftmals sehr gute Ergebnisse aus einer Abschlussarbeit zusammen mit einer sehr guten Präsentation nur mittelmäßig über das Präsentieren und die entsprechende Wortwahl und Sprachstil im Rahmen einer Abschlussprüfung zur prägnanten Darstellung gebracht werden. Es ist wirklich sehr schade, dass Studierende im Schnitt 40–70 Literaturstellen lesen und im Rahmen ihrer Abschlussarbeit detailliert auswerten, leider aber keinen Ratgeber zum Präsentieren bemühen. Mit – leider entsprechend – vorprogrammiertem Endergebnis. Für einen Hochschullehrer ist es zum Schreien

Dabei spielen die Wortwahl und der Sprachstil als wirkungsvolle Kommunikationsmittel eine wichtige Rolle. Bei der Wortwahl ist zu empfehlen, dass man griffige, konkrete und zutreffende Worte verwendet. Als Regel gilt, dass eine übertriebene Anhäufung von Fremdwörtern einerseits das Verständnis erschwert, anderseits weckt das bei Prüfern ein Hauch an Skepsis. Die sorgfältige Wortwahl sollte stets durch das Prinzip der Verständlichkeit und Einfachheit begleitet werden. Extravagante Worte, Modeworte, umgangssprachliche Worte mit ihrer Unschärfe und Übertreibung sowie vor allem Anglizismen sollten vermieden werden (Lehmann, 2006). Fehlerhafte Verwendung von Fremdworten ist in der Regel peinlich und disqualifiziert Studierende. Das betrifft auch Worte, die mehrdeutig oder missverständlich sind. Die daraus resultierende Sprache sollte sich durch Kürze, Präzision und Klarheit auszeichnen. Sie sollte dabei sowohl die fachlichen Inhalte der Abschlussarbeit (Kompetenz, Andockstelle 1) als auch Emotionen (Engagement, Begeisterung, Glaubwürdigkeit, Andockstelle 2) wiedergeben.

Um die Natürlichkeit der eigenen Sprache zu gewährleisten, sollte man niemals im Vorfeld ein Manuskript für das Präsentieren schreiben, auswendig lernen und im Rahmen des Präsentierens wiedergeben. Das freie Sprechen steht eindeutig immer im Vordergrund. Wiedergegebene Schriftsprache klingt unnatürlich, steril, wenig zielführend und vollkommen anders als freies Sprechen. Diese Unterschiede werden durch erfahrene Prüfer sofort erkannt und in der Regel negativ bewertet.

6.4.2 Nonverbale Kommunikation

Für die erfolgreiche Abschlussprüfung ist die nonverbale Kommunikation von entscheidender Bedeutung, da sie weitgehend die Andockstelle 2 anspricht und unbewusst abläuft. Die nonverbale Kommunikation umfasst die älteste aller Sprachen der Welt, die Körpersprache. Diese setzt sich aus den folgenden grundlegenden Vokabeln zusammen: Körperhaltung, Mimik, Gestik und Augenkontakt (Vogelsang & Barth-Gillhaus, 2018). Alle Vokabeln müssen im Hinblick auf ein erfolgreiches Präsentieren unbedingt verstanden und professionell beherrscht werden, damit sie auch zielführend und gekonnt während des Präsentierens eingesetzt werden. Aber warum sollte neben dem sorgfältig ausgearbeiteten fachlichen Inhalt der Präsentation die nonverbale Kommunikation über die Körpersprache überhaupt von Bedeutung sein? Die Ergebnisse der Abschlussarbeit sind doch das Wichtigste! So lautet die weit verbreitete Meinung unter Studierenden. Diese Meinung ist prinzipiell richtig, sie berücksichtigt aber nicht die bereits angesprochene Bewertung, die im Unterbewusstsein der Prüfer positioniert ist und immer parallel zum Faktenwissen (Andockstelle 1) über die Andockstelle 2 abläuft. Nach einer durchgeführten Studie aus dem Jahr 1972 sind für den Gesamteindruck erstaunlicherweise die verbale Sprache (Ergebnisse der Abschlussarbeit) lediglich zu 7 % und die Körpersprache zu 55 % verantwortlich (Mehrabian, 1972). Es wird allerdings zugegeben, dass man sich über die Zahlen ausführlich und lange streiten kann.

An dieser Stelle wird das erste, erwähnte „pragmatische Axiom" von Watzlawick in Erinnerung gerufen, der die Unmöglichkeit des Nicht-Kommunizierens in den Vordergrund stellt (Watzlawick et al., 2017). Als Folge kann abgeleitet werden, dass der eigene Körper immer kommuniziert und das sehr oft sogar unbewusst. Hinzu kommt noch, dass dabei die betrachtete Körpersprache stets die innere Haltung wiedergibt. In diesem Kontext haben wir bereits über den inneren Dialog oder andere Methoden der Autosuggestion einen bedeutenden Grundstein für eine positive innere Haltung gelegt. Das wiederum setzt die eigene Körpersprache automatisch in Motivation und Glaubwürdigkeit, Souveränität und Begeisterung um, die in Form von körpersprachlichen Botschaften untrüglich durch Prüfer und Zuhörer erkannt, entschlüsselt und verinnerlicht wird. Hinzu kommt noch, dass die so vorgeprägte Körpersprache die sprachliche Kommunikation eindrucksvoll unterstützt und sie glaubwürdig, kraftvoll und überzeugend erscheinen lässt. Die erfreuliche Botschaft an dieser Stellte lautet: Man kann unter Kenntnisnahme grundlegender Mechanismen die Körpersprache so antrainieren, dass man sie anschließend gekonnt und zielführend während der Abschlussprüfung einsetzen kann. Aber wie lauten diese praktischen Empfehlungen und was kann man mit ihnen bewirken? In ◘ Abb. 6.11 sind die wichtigsten praktischen Empfehlungen zusammengestellt. Der so gewählten Art der Zusammenstellung liegt vor allem die einfache Umsetzbarkeit der einzelnen Empfehlungen zugrunde und weniger die detaillierte Begründung ihrer Funktionsweise. In ◘ Abb. 6.12 ist ergänzend die beabsichtigte Wirkung zusammengestellt, die man durch den Einsatz der Körpersprache über die Wahrnehmung der Prüfer, des Betreuers und der Zuhörer erzielen kann. Es sind durchaus wertvolle Aspekte, auf die man aus Sicht der Studierenden auf keinen Fall leichtfertig verzichten sollte. Über das erwähnte Training kann man sich diese Aspekte nicht nur aneignen, sondern sie tragen auch bedeutend zum Mehrwert von jedem Präsentieren bei.

Zusammenfassend kann folgendes festgehalten werden: Die unterbreiteten Empfehlungen, Hinweise und Regeln stellen pragmatische und vor allem leicht

6.4 · Präsentieren (Andockstelle 2)

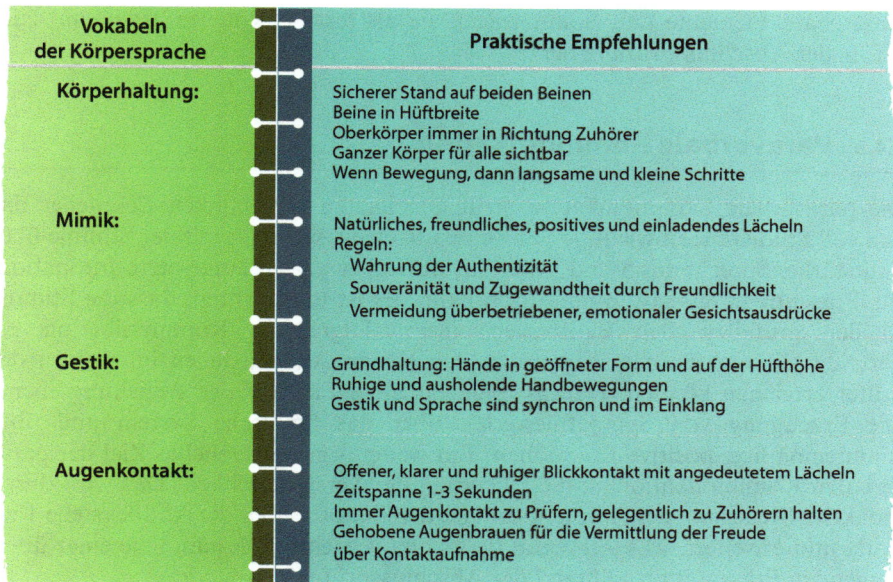

Vokabeln der Körpersprache	Praktische Empfehlungen
Körperhaltung:	Sicherer Stand auf beiden Beinen Beine in Hüftbreite Oberkörper immer in Richtung Zuhörer Ganzer Körper für alle sichtbar Wenn Bewegung, dann langsame und kleine Schritte

Mimik:	Natürliches, freundliches, positives und einladendes Lächeln
	Regeln:
	   Wahrung der Authentizität
	   Souveränität und Zugewandtheit durch Freundlichkeit
	   Vermeidung überbetriebener, emotionaler Gesichtsausdrücke

Gestik:	Grundhaltung: Hände in geöffneter Form und auf der Hüfthöhe Ruhige und ausholende Handbewegungen Gestik und Sprache sind synchron und im Einklang
Augenkontakt:	Offener, klarer und ruhiger Blickkontakt mit angedeutetem Lächeln Zeitspanne 1-3 Sekunden Immer Augenkontakt zu Prüfern, gelegentlich zu Zuhörern halten Gehobene Augenbrauen für die Vermittlung der Freude über Kontaktaufnahme

Abb. 6.11 Praktische Empfehlungen hinsichtlich der **Körpersprache**

Vokabeln der Körpersprache	Beabsichtigte Wirkung
Körperhaltung:	Unterstützt aufrechtes und selbstbewusstes Auftreten Betont Offenheit, Glaubhaftigkeit und Souveränität Untermauert eigene Entschlossenheit Vermittelt Zuversicht und Kompetenz
Mimik:	Steckt Zuhörer über Lächeln mit Sympathie an Wirkt auf die Zuhörer zugewandt Steigert die eigene Überzeugungskraft Trägt zur positiven Ausstrahlung bei
Gestik:	Betont und unterstreicht wissensbasierte Inhalte Vermittelt Emotionen und Dynamik Bündelt die Aufmerksamkeit der Zuhörer Unterstützt verbale Sprache
Augenkontakt:	Verleiht Aussagen mehr Gewicht Lässt glaubwürdig wirken Bindet die Zuhörer in die Kommunikation ein Unterstreicht eigene Selbstsicherheit Drückt Respekt und Wertschätzung aus

Abb. 6.12 Körpersprache und beabsichtigte Wirkung

umsetzbare Elemente dar. Somit tragen sie als feste Eckpfeiler bedeutend zum Erfolg der Abschlussprüfung bei.

6.4.3 Paraverbale Kommunikation

Die paraverbale Kommunikation stellt den letzten betrachteten Eckpfeiler dar und soll Studierenden wichtige Hinweise aufzeigen, wie man mit der Stimme über Lautstärke, Sprechtempo und Tonhöhe, also über gezielt eingesetzte Intonation, das Präsentieren günstig beeinflussen kann. Es ist unbestritten, dass die Stimme zu den grundlegenden Bausteinen einer erfolgreichen Kommunikation gehört, da wir mit ihr den Zugang zu den beiden Andockstellen im Gehirn der Prüfer erreichen können. Daraus folgt das erste Ziel auf der Beziehungsebene: Die Erzeugung von Sympathiewerten über das limbische System und über stimmenmäßige, positive Emotionen. Ein weiteres grundsätzliches Ziel der paraverbalen Kommunikation ist die Sicherung der Verständlichkeit. Das wird durch proaktive Steuerung der Aufmerksamkeit der Zuhörer über die Andockstelle 1 ergänzt und erweitert, was – integral betrachtet – wichtige Bestandteile einer überzeugenden Präsentation während der Abschlussprüfung darstellt.

Im Folgenden wird eine kurze Zusammenstellung relevanter Empfehlungen und leicht umsetzbarer Hinweise unterbreitet. Eine besondere Bedeutung kommt der erwähnten Intonation zu. Darunter versteht man die Modulation der Stimme bezüglich des Sprechtempos, der Tonlage, Lautstärke und Satz (Wort-) betonung. Sie spielt bei der erwähnten Verständlichkeit und Aufmerksamkeit eine Schlüsselrolle. Als Folge erscheint das Präsentieren dynamischer, fesselnder und vielfältiger. In Bezug auf das Sprechtempo gilt als Faustregel, dass man eher einen Hauch langsamer sprechen sollte als in normalen Lebenssituationen. Das strahlt Souveränität und Glaubwürdigkeit aus. Es wurde dabei bewusst auf „einen Hauch" hingewiesen, da ein zu niedriges Sprechtempo eventuell das „Abschalten" der Prüfer, des Betreuers und der Zuhörer begünstigt. Auf der anderen Seite fällt ein sehr schnelles Sprechtempo in der Bewertung durch die Zuhörer ziemlich ungünstig aus. Man unterstellt einfach Studierenden, dass sie aus der inneren Anspannung und Nervosität heraus alles möglichst schnell über die Bühne bringen möchten. In der Regel überfordert man auch dadurch die Aufnahmefähigkeit der Prüfer und Zuhörer, wodurch die Tendenz entsteht, den Faden zu verlieren und abzuschalten.

In Bezug auf die Lautstärke wird empfohlen, eine Balance zwischen laut genug (Ziele: Verständlichkeit, Deutlichkeit) und leiser Stimme (Nachteil: Unterstellung der Unsicherheit der Studierenden) zu finden. Hier ist ein Feedback von Freunden beim Üben im Vorfeld der Abschlussprüfung von großer Bedeutung. Die verfolgte Betrachtung rundet schließlich die Tonlage ab. Hier haben Studierende, die durch das Schicksal geküsst wurden und über eine kräftige, sonore Stimme verfügen, deutliche Vorteile. Diese Stimme wird in der Kommunikation im Allgemeinen als angenehm empfunden. Da die Tonlage keinen Freiheitsgrad darstellt und nicht beliebig gewählt werden kann, sollte man wenigstens darauf achten, dass sich im Laufe des Präsentierens die eigene Stimme

6.4 · Präsentieren (Andockstelle 2)

nicht in Richtung höherer oder gar schriller Bereiche verschiebt. Dies wirkt unangenehm und wird in der Regel als Zeichen steigender Anspannung, Unsicherheit und Nervosität interpretiert.

> **Hinweis**
>
> Zusammenfassend kann festgehalten werden, dass die unterbreiteten Empfehlungen und Hinweise pragmatische und vor allem leicht umsetzbare Elemente darstellen. Somit tragen sie als weiterer Eckpfeiler bedeutend zum Erfolg der Abschlussprüfung bei.

❗ Der letzte Eindruck (◘ Abb. 6.8)

Bevor auf die enorme Bedeutung des letzten Eindrucks detailliert eingegangen wird, soll an dieser Stelle das klassische Skispringen betrachtet werden (◘ Abb. 6.13). Jeder Sprung beginnt – wie auch jede Abschlussprüfung – damit, dass man auf dem Zitterbalken Platz nimmt. Die Bezeichnung *Zitterbalken* ist dabei kein Ergebnis eines Zufalls. Die erste Phase – der Anlauf – beginnt, wenn die Ampel auf Grün schaltet. In der Abschlussprüfung entspricht es dem ersten Prüfer, der nach einleitenden Worten den Studierenden bittet, mit dem Präsentieren zu beginnen. Nach der Anlaufphase folgt das dynamische Verlassen der Schanze und des Schanzentisches. Die sog. Flugphase wird initiiert.

◘ **Abb. 6.13** Skisprungschanze

Beide Phasen – Anlauf und Flug – entsprechen dem Präsentieren. Nun folgt als letztes Element die Landung. Die Landung ist aus zwei Gründen besonders wichtig: Um einen Sturz zu vermeiden und um möglichst hohe Haltungsnoten zu bekommen. Der Skispringer darf auf keinen Fall die Fokussierung auf eine gekonnte Landung verlieren. Durch einen eventuellen Sturz begräbt er nämlich alle Chancen. Was ist die wichtigste Erkenntnis aus diesem Vergleich?

Die „Landung" beim Präsentieren während der Abschlussprüfung entspricht dem letzten Eindruck. Hier muss man – ähnlich wie beim Skispringer – volle Aufmerksamkeit und Fokussierung aufrechterhalten und auf keinen Fall die Anspannung angesichts des nahenden „Endes" des Präsentierens in eine vorzeitige Entspannung umwandeln. Ein „Sturz" ruiniert das Präsentieren und die vielen Vorbereitungen dramatisch. Was könnte man sich unter einem Sturz vorstellen? Zum Beispiel die letzte Folie mit: *Vielen Dank für Ihre Aufmerksamkeit* oder ein verbaler Abschluss der Art: *So, das war es jetzt von mir.* Diese schauderhaften Phrasen gepaart mit unsicherem Grinsen und hängenden Schultern kompromittieren das gesamte Präsentieren, in das Studierende doch so viel Arbeit investiert haben. Ein schwacher Abschluss hinterlässt einen miserablen letzten Eindruck. Es ist unprofessionell und leichtsinnig, diesen magischen Moment als Eigenwerbung einfach zu verschenken. Nach Hilsenbeck (Hilsenbeck, 2021) gilt:

Der Anfang prägt – das Ende haftet!

Aber warum ist der letzte Eindruck so bedeutungsvoll und wie sollte man ihn pragmatisch gestalten? Um diese Frage zu beantworten, soll zuerst mit der Bedeutung des letzten Eindrucks begonnen werden. Das Ende und damit der letzte Eindruck stellen eine 2-dimensionale „Visitenkarte" der Studierenden dar. Die erste Dimension bietet die große Chance, die eigene fachliche Kompetenz über das Ansprechen der Andockstelle 1 im Gehirn der Prüfer zum Ausdruck zu bringen. Die zweite Dimension ergreift die Möglichkeit, über die Andockstelle 2 starke Emotionen zu erzeugen, um einen positiven letzten Eindruck zu hinterlassen.

Nun soll auf die pragmatische Gestaltung des letzten Eindrucks eingegangen werden. Obwohl gegen Ende des Präsentierens die Aufmerksamkeit und das Leistungsvermögen der Prüfer und Zuhörer nachlassen, sollten noch einmal alle Kernaussagen prägnant zusammengefasst und als Beweis für den roten Faden in der Abschlussarbeit sowie -prüfung dargestellt werden. Die Kernaussagen sollen den Prüfern, dem Betreuer und den Zuhörern nachhaltig in Erinnerung bleiben. Damit wird bewusst und zielführend die eigene, fachliche Kompetenz noch einmal kraftvoll unterstrichen.

Was die zweite Dimension betrifft, so soll versucht werden, die eigene Kompetenz mit Souveränität und starken Emotionen zu begleiten. Es soll Leidenschaft, Hingabe und Überzeugung hinsichtlich der bearbeiteten Problemstellung gezeigt werden. Insgesamt wird zusammen mit einem überzeugenden Schlussakkord eine positive Stimmung als letzten Eindruck hinterlassen. Es sollte dabei allen Studierenden bewusst sein, dass man auch hier keine zweite Chance für den letzten Eindruck bekommt.

In diesem Zusammenhang sind drei Aspekte zu berücksichtigen.
1. Bevor man das Ende des Präsentierens einleitet, sollte dies unbedingt angekündigt werden. Als Beispiel kann man den folgenden Satz benutzen: *Ich*

komme zum Ende meiner Ausführungen und.... Durch diese Ankündigung erreicht man bei den Prüfern, dem Betreuer und Zuhörern einen letzten Schub an Aufmerksamkeit, den man für den letzten Eindruck geschickt nutzen kann.
2. Nach dem letzten Satz erfolgt dann in der Regel ein kräftiger Applaus. Man sollte ihn freundlich, mit Lächeln und Stolz sowie breiter Brust entgegennehmen. Aus dem Abschnitt *„Nonverbale Kommunikation"* sind die Bedeutung und Wirkung der Körpersprache bereits bekannt. Diese wirkt natürlich auch in dieser Abschlussprüfungsphase und das sollte auch im eigenen Interesse effektiv genutzt werden.
3. Der dritte Aspekt umfasst das bereits erwähnte Üben des Präsentierens. Die klassische Vorgehensweise sieht so aus, dass man das Präsentieren bis zu einer Stelle übt, die u.U. noch nicht ganz optimal ist. Man verbessert diese Stelle und startet in der Regel wieder von Anfang an. Daraus ergibt sich ein Ungleichgewicht bezüglich des Übens. Der Anfang wird überproportional oft geübt, das Ende kommt seltener vor. Das sollte man angesichts der angesprochenen Bedeutung des letztens Eindrucks unbedingt beachten und möglichst vermeiden.

Der erwähnte überzeugende Schlussakkord ist unzertrennlich mit dem Schwerpunkt der Abschlussarbeit und den gesetzten Akzenten beim Präsentieren verbunden. Angesichts der thematischen Breite der Abschlussprüfungen ist es sehr schwer, hier eine allgemeingültige Empfehlung zu formulieren. Auf jeden Fall sind Kreativität mit einer Prise Humor gefragt.

Hochschulöffentliche Aussprache (Abb. 6.8)

Ähnlich wie beim Präsentieren soll die Strukturierung der hochschulöffentlichen Aussprache zwei Bestandteile beinhalten:
1. Erwartungen hinsichtlich eines exzellenten Abschneidens,
2. Methoden zur Umsetzung dieser Erwartungen.

Doch welche Botschaften sollen über die hochschulöffentliche Aussprache mitgeteilt und welcher Eindruck soll hinterlassen werden?
Eine möglichst wirkungsvolle hochschulöffentliche Aussprache soll Studierende in die Lage versetzen, die nachfolgenden Akzente eindrucksvoll zum Ausdruck zu bringen:
1. Fachliche Kompetenz,
2. Souveränität bei der Beantwortung von Fragen,
3. Selbstbewusstes und freundliches Auftreten,
4. Innere Ruhe und Besonnenheit,
5. Offenheit, Lockerheit und ein Hauch von Humor,
6. Wertschätzung aller Fragenden.

Die prinzipielle Frage lautet allerdings: Wie soll diese Zielsetzung erreicht werden? In diesem Zusammenhang ist zunächst einmal festzuhalten, dass das Präsentieren und die hochschulöffentliche Aussprache zwei diametral unterschiedliche Situationen darstellen. Beim Präsentieren ist der Studierende der

Herr der Lage. Er entscheidet weitgehend eigenverantwortlich über die fachlichen Inhalte, die Art des Präsentierens, das Tempo, die Präsentation u. ä. In der hochschulöffentlichen Aussprache sieht es ganz anders aus. Der Studierende wird hier weitgehend fremdgesteuert, er hat scheinbar kaum Einfluss auf die Fragen (Inhalte, Umfang, Art) und die Wahl der fragenden Personen, um nur einige Aspekte zu erwähnen. Er ist quasi den Prüfern und den Zuhörern auf Gedeih und Verderb ausgeliefert und kann kaum etwas beeinflussen. Ist das aber tatsächlich so oder bestehen beim genaueren Hingucken doch einige Möglichkeiten der gezielten Beeinflussung des Geschehens? Auf diese Möglichkeit wird im Folgenden skizzenhaft eingegangen.

Die Abschlussprüfung und ihre Dauer sind hochschulspezifisch definiert. Sollte der Zeitbedarf durch die ASPO gedeckt sein, so können Studierende diesen Umstand in der hochschulöffentlichen Aussprache geschickt nutzen und eine entsprechende Strategie entwickeln. Die erste Möglichkeit besteht darin, dass man gestellte Fragen ausführlich und strukturiert beantwortet. Das hat den Vorteil, dass z. B. die angesprochene eigene fachliche Kompetenz als verfolgte Zielsetzung eindrucksvoll unter Beweis gestellt wird. Ein weiterer Vorteil umfasst die restliche Zeit der hochschulöffentlichen Aussprache. Eine ausführliche Antwort erfordert zwangsläufig mehr Zeit, wodurch die restliche Zeit der hochschulöffentlichen Aussprache reduziert wird. Damit nimmt die Anzahl von noch zu stellenden Fragen zwangsläufig ab, was die Wahrscheinlichkeit für Fragen, die man nicht beantworten kann, tendenziell reduziert.

Eine zweite Option besteht darin, dass Studierende jede Frage zwar präzise, aber eher knapp beantworten. Der Zeitbedarf für die Beantwortung der Fragen bei dieser Option ist gering. Dadurch steht für die restlichen Fragen viel Zeit zur Verfügung. Bei einer tendenziell hohen Anzahl von Fragen, erhöht sich tendenziell die Wahrscheinlichkeit für Fragen, die man nicht beantworten kann. Für die Wahl der passenden Option wird hier bewusst keine Empfehlung ausgesprochen. Das muss jeder für sich selbst entscheiden.

Insgesamt kann also die These der scheinbar geringen Beeinflussung der hochschulöffentlichen Aussprache wenigstens teilweise verneint werden. Die hierzu vorgestellte Strategie orientiert sich an Ausführungen, die bereits im Kapitel *Leistungsnachweise* angesprochen und erklärt wurden.

Zur Abschätzung der Zeitspanne für die Vorbereitung der Präsentation und die Festlegung des Termins für die Abschlussprüfung wurde der Aspekt der sorgfältigen Vorbereitung von möglichen Fragen in der hochschulöffentlichen Aussprache detailliert analysiert. Diese prädiktive „Erahnung" der möglichen Fragen ist ein extrem wichtiger Bestandteil der Vorbereitung auf die Abschlussprüfung und muss immer durchgeführt werden. Durch diese sorgfältige Vorbereitung auf die hochschulöffentliche Aussprache gewinnen Studierende eine weitere Möglichkeit für eine gezielte Beeinflussung der hochschulöffentlichen Aussprache. Dabei verleihen die vorbereiteten Reservefolien – wie erwähnt – auch ein zusätzliches unschätzbares Gefühl der Sicherheit und ein Gefühl eines Auffangnetzes, um bei der Nomenklatur des Skifahrens im Allgemeinen und des Skiabfahrtslaufs im Speziellen zu bleiben. Daraus ergibt sich auch zwangsläufig die angestrebte innere Ruhe und Besonnenheit. Sollte tatsächlich eine Frage gestellt werden, zu der man

6.4 · Präsentieren (Andockstelle 2)

eine Folie im Vorfeld vorbereitet hat, so können sich Studierende beim Fragenden bedanken und mit der ersten Reservefolie die Frage fundiert beantworten. Aus eigener Erfahrung ist bekannt, dass im Vorfeld vorbereitete Reservefolien mit einem Hauch an Humor mit Sicherheit für zusätzliche Pluspunkte sorgen. Dadurch werden die erwähnten Akzente Nr. 1, 2, 5 pragmatisch umgesetzt.

Aus eigener Erfahrung ist des Weiteren bekannt, dass manche Studierende die o.g. Aufgabe äußerst pflichtbewusst wahrnehmen und eine hohe Anzahl an passenden Reservefolien vorbereiten. Es empfiehlt sich in solchen Fällen, ein Verzeichnis der Folien vorzubereiten, denn die verzweifelte Suche nach der passenden Folie über Durchblättern kann u. U. sehr lange dauern. Die übliche Anspannung in dieser Stresssituation verbessert die Lage leider nicht. Im Gegenteil, sie wird sogar verschlechtert. Komischerweise kennen leider nicht alle Studierenden den einfachen und pragmatischen Trick bei der Suche: Foliennummer aus einem vorbereiteten Verzeichnis (DIN A4-Seite) + ENTER-Taste (oder RETURN-Taste).

Das professionelle Umgehen mit Fragen geht noch weiter. Studierende können z. B. während des Präsentierens gezielt auf bestimmte Themenbereiche hinweisen, ohne diese wegen der Kürze der Zeit näher zu erörtern. Stattdessen wird auf die Möglichkeit verwiesen, in der hochschulöffentlichen Aussprache diese Bereiche detailliert zu analysieren. „Erstaunlicherweise" hat man für diese Bereiche – natürlich rein „zufällig" – ausgesprochen gute Reservefolien im Vorfeld vorbereitet. Manchmal sollte man einfach versuchen, suggestiv und gezielt die Prüfer und die Zuhörer zu beeinflussen. Dieser einfache Trick der antizipierten Fragen funktioniert besonders gut gegen Ende des Präsentierens (Zusammenfassung, Ausblick), da die erwähnten Hinweise „frisch" in Erinnerung der Prüfer und Zuhörer sind. Insgesamt stellt dieser Trick für Studierende eine weitere pragmatische Möglichkeit dar, sowohl die fachliche Kompetenz und die Souveränität bei der Beantwortung von Fragen unter Beweis zu stellen als auch die Gestaltung der hochschulöffentlichen Aussprache gezielt zu steuern.

> **Hinweis**
>
> Zusammenfassend ist festzuhalten, dass die scheinbar fehlende Möglichkeit der Beeinflussung der hochschulöffentlichen Aussprache und das Gefühl des Ausgeliefertseins bei näherem Hingucken durchaus pragmatische und leicht umsetzbare Ansätze bietet. Man muss sie nur kennen.

Den Hauptbestandteil der hochschulöffentlichen Aussprache bilden natürlich „freie" Fragen und die dazu passenden Antworten. Im Folgenden werden noch in diesem Bereich einige pragmatische Empfehlungen für Studierende abgeleitet. Die verwendete Strukturierung umfasst jeweils die Art der Fragen und die dazu passenden Empfehlungen hinsichtlich des Umgangs mit den Fragen und der praktischen Umsetzung. Dabei werden nur grundlegende Fragearten behandelt, sodass hier kein Anspruch auf Vollständigkeit erhoben wird.

- **1. Frage, die bereits beim Präsentieren beantwortet wurde**

Es kommt oft vor, dass Prüfer bzw. Zuhörer Teile der Präsentation bzw. des Präsentierens nur teilweise verstanden bzw. sogar einen Aufmerksamkeitsaussetzer hatten. Hier ergeben sich für Studierende zwei Möglichkeiten. Die erste besteht darin, dass man aus der eigenen Irritation heraus (*hat er geschlafen?*) den Fragenden explizit darauf hinweist, die Frage bereits beantwortet zu haben. Diese Vorgehensweise, die oft mit einer Spur an Ironie untermalt ist, ist mehr als suboptimal. Hier setzt man keine der o.g. Akzente im eigenen Sinne um. Mehr noch, patzige, polemische oder ironische Antworten führen immer zu Minuspunkten bei allen Kommunikationsteilnehmern.

Es gibt aber noch eine weitere Möglichkeit, diese Art von Fragen aus einer anderen Perspektive zu betrachten. Diese Fragen sind eigentlich für Studierende ein Sechser im Lotto. Die Strategie an dieser Stelle ist die folgende. Man nimmt den Fragenden ernst und beantwortet seine Frage. Man hat hierfür sogar eine sehr gute (weil bereits gezeigte) Präsentationsfolie. Es folgt eine ausführliche Antwort, möglichst mit anderen Worten und u. U. aus einer leicht veränderten Perspektive als beim Präsentieren. Dadurch unterstreicht man eindrucksvoll alle o.g. Akzente (1–6). Großzügig kann man diese Ausführungen mit der Technik der sog. negativen Selbstsicherheit (Smith, 2019) versehen, bei der man die „Schuld" des vorherigen, suboptimalen Präsentierens auf sich nimmt. Dadurch gewinnt man auf jeden Fall einen „Freund" in der Runde, denn der Fragende erkennt sofort, dass seine Frage eigentlich überflüssig war.

- **2. Frage, die sich aus mehreren Fragen zusammensetzt**

Sehr oft werden Studierende mit einer Abfolge von Fragen konfrontiert. Das hat den Nachteil, dass man sich alle Fragen merken muss, als ob man in der aktuellen Stresssituation nichts anderes zu tun hätte. Diese Abfolge von Fragen hat aber auch einen Vorteil hinsichtlich der Strategie für die Beantwortung. Die empfohlene Strategie besteht darin, dass man in diesem Fall in erster Reihenfolge die Frage beantwortet, bei der die Antwort eine vorteilhafte Umsetzung der o.g. Akzente sichert. Damit stellt man z. B. eigene, fachliche Kompetenz, Souveränität und andere Aspekte eindrucksvoll unter Beweis. Aus eigener Erfahrung ist bekannt, dass die Beantwortung restlicher Fragen in der Regel nicht erfolgt. Der Grund hierfür ist, dass der Fragende in der Regel auf die weiteren Fragen verzichtet und nicht nachhakt bzw. der Moderator (erster Prüfer) diese Beantwortung angesichts der fortgeschrittenen Prüfungszeit Kraft des Amtes sogar verhindert. Schließlich sollen auch andere Zuhörer zu Wort kommen.

- **3. Frage, die einen negativen Charakter aufweist**

Negative Fragen kommen in einer Abschlussprüfung verhältnismäßig selten vor. Der Grund hierfür ist, dass bei den Zuhörern weitgehend Menschen sind, die dem Studierenden gegenüber positiv gesonnen sind (Freunde, Kommilitonen, Familienmitglieder). In der Regel liegt die Ursache für negative Fragen bei schlecht gelaunten Prüfern. Aus diesem Grund ist es wichtig, sich mit dieser Art von Fragen auseinanderzusetzen. Negative Fragen zweifeln etwas an, sind kritisch in der Aus-

6.4 · Präsentieren (Andockstelle 2)

sage, bringen Einwände zum Vorschein oder sind sogar aggressiv formuliert. Für die Beantwortung dieser Art von Fragen wird Studierenden empfohlen, auf zwei einfache und pragmatische Strategien zu setzen. Die erste besteht darin, dass man auf keinen Fall in eine Rechtfertigungslage (Entschuldigungs- bzw. Verteidigungshaltung) kommt. Alle Antworten, Beweise und Begründungen, die man aus einer defensiven Haltung hervorbringt, führen nur noch dazu, dass weitere Zweifel, Einwände u. ä. formuliert werden. Ein nicht endender Teufelskreis. Die einzig richtige Strategie bei negativen Fragen besteht darin, dass man souverän die negative Frage in eine positive Richtung umwandelt. Aber wie soll man das konkret machen? Die einfache und praktisch leicht umsetzbare Methode besteht darin, dass man dem Fragenden den Wind aus den Segeln nimmt, um den bekannten Spruch aus dem Küstenbereich zu bemühen. Das erfolgt durch das Herausstellen von Gemeinsamkeiten in den Aussagen, mit denen man durchaus der gleichen Meinung ist (z. B. *ein Aspekt verbindet uns, da sind wir der gleichen Meinung, da gebe ich Ihnen vollkommen Recht, da bin ich mit Ihren Ausführungen voll einverstanden*). Durch Formulierungen dieser Art erfolgt eine geschickte Wende von negativer in die positive Richtung, die man anschließend gelassen, sachlich-fachlich orientiert und mit Wertschätzung (Lob) gekonnt fortführt. Die aufgeführte Strategie wandelt also die emotional geprägte Beziehungsebene (Andockstelle 2) in die Inhaltsebene (Andockstelle 1) um, die für sachliche Argumente wesentlich zugänglicher ist. Die zum Ausdruck gebrachte Wertschätzung unterstützt diese Strategie noch zusätzlich auf der Beziehungsebene.

- **4. Frage, zu der man keine Antwort kennt**

Es soll während einer Abschlussprüfung und der hochschulöffentlichen Aussprache gelegentlich vorkommen, dass Studierende mit einer Frage konfrontiert werden, zu der sie keine sofortige Antwort parat hat. Eine schwierige, aber sehr oft keine aussichtslose Situation. Die empfohlene Strategie besteht zuerst darin, Ruhe und Beherrschung zu bewahren. Jeglicher Anflug von Panik verschlechtert nur die Lage. In einem zweiten Schritt wiederholt man die Frage in abgewandelter Form. Dadurch gewinnt man Zeit, in der man nach einer Antwort sucht. Sollte das nicht ausreichen, kann man noch die Komplexität und die Tatsache, dass die Frage zutreffend ist, betonen. Eine Art Wertschätzung für den Fragenden *(das ist keine 08–15-Frage)*. Sollte die gewonnene Zeit immer noch nicht ausreichen, um eine Antwort zu finden, nimmt man die Frage zum Anlass, um eine sehr eng verwandte Problematik, am besten unter Nutzung einer Reservefolie, zu erörtern. In der Regel hakt der Fragende nicht mehr nach. Und wenn alle Stricke reißen, antwortet man so, dass man zwar die Thematik in der Abschlussarbeit angeschnitten hat, allerdings sind hier weitere, vertiefende Untersuchungen noch erforderlich.

Während eigener industrieller Tätigkeit wurde ein Vortrag eines berühmten Professors organisiert. Nach dem Vortrag bekam er eine Frage, die er offensichtlich nicht beantworten konnte. Seine Antwort lautete: *Eine sehr spannende Frage. Die bringt mich nämlich zu der Problematik….* Geschickt. Und auch wenn einige der Teilnehmer bemerkt haben, dass die gestellte Frage nicht beantwortet wurde, hat der Professor nicht zugegeben, dass er keine Ahnung hatte. Diesen Offenbarungseid sollte man unter allen Umständen vermeiden. Politiker sind absolute Meister in der perfekten Umsetzung dieser Strategie. Da können Studierende einiges abgucken.

Für alle Antworten auf Fragen gilt eine eiserne Regel: Niemals nach der eigenen Antwort nachfragen, ob man das Anliegen des Fragenden beantwortet hat. Davon sollten alle Studierenden fest überzeugt sein und keine weiteren Zweifel haben. Man wechselt dabei den Blick vom Fragenden auf den moderierenden Prüfer, wodurch man unmissverständlich kommuniziert, dass die Frage damit beantwortet ist. Das Nachfragen zeugt auf der einen Seite von Unsicherheit und auf der anderen wird der Fragende fast gezwungen, abzuwägen und ggfs. nachzuhaken. Auch das wäre kontraproduktiv, denn das liefert die unterschwellige Andeutung, dass die Antwort doch nicht so gut war.

> **Hinweis**
>
> Zusammenfassend ist festzuhalten, dass Studierende in der hochschulöffentlichen Aussprache nicht vollkommen „fremden Mächten" ausgeliefert sind. Im Gegenteil, die aufgezeigten Strategien und Vorgehensweisen stellen pragmatische Hinweise und Empfehlungen dar, die es gewährleisten, die hochschulöffentliche Aussprache durchaus gekonnt steuern zu können. Dabei werden auch die aufgezeigten und angestrebten Akzente, die ein optimales Bild von Studierenden in der hochschulöffentlichen Aussprache gewährleisten, praktisch umgesetzt.

6.5 Erfahrungen aus der Praxis

Aus eigener akademischer Praxis
1. Präsentation und Präsentieren sind eine extrem multidimensionale Problematik, die sich aus zahlreichen Facetten zusammensetzt. Diese greifen ineinander und beeinflussen sich gegenseitig. Leider folgt aus den eigenen Erfahrungen, dass Studierende diesem Feld eine einseitige Aufmerksamkeit widmen. Sie glauben fälschlicherweise, dass lediglich die Inhalte einer Abschlussarbeit das entscheidende Element darstellen. Das ist entschieden zu kurz gegriffen.
2. Es ist sehr ratsam, niemals Vermutungen, Annahmen bzw. Behauptungen von Prüfern polemisch zu bewerten (z. B. *Sie haben mich falsch verstanden, so ist es nicht*). Es führt oft zum verbalen Gemetzel. Auch wenn es inhaltlich sogar korrekt wäre, sollten Studierende immer hohen Wert auf eher diplomatische Aussagen legen. Das Bloßstellen eines Prüfers vor Zuhörern könnte dazu führen, dass er anschließend dem Studierenden vehement und mit einer ausgeprägten Begeisterung beweist, dass er absolut keine Ahnung hat. Die Mittel dafür hat er, das Wissen auch und schließlich eine Motivation in besonders ausgeprägter Form. Das hat im Endeffekt verheerende Wirkung, da die Be-

ziehungsebene angekratzt (milde Form) bzw. zerstört (extreme Form) ist. Man sollte niemals Wahrheitsliebe mit Leichtsinn verwechseln.
3. Entschuldigungen, Selbstkritik und Hoffnungsfloskeln kommen oft während einer Abschlussprüfung vor. Man sollte sie sich selbst, den Prüfern sowie den Zuhörern ersparen. Die kommen niemals gut an.
4. Die Verwendung von grafischen Kommunikationselementen verliert ihren Sinn, wenn weitgehend nur das kommuniziert wird, was auf den einzelnen Folien steht. Es muss also unterschieden werden zwischen dem, was gesagt und dem, was gezeigt wird. Beide Bereiche sollten sich ergänzen.
5. Sehr oft kommt es vor, dass Studierende während des Präsentierens Durst verspüren und Wasser trinken. Es ist immer ein unnötiges Zeichen für Nervosität und Anspannung. Man müsste eigentlich 30 Minuten im eigenen Interesse auch ohne Wasser durchstehen.
6. Bei jeder Abbildung sollte man explizit darauf hinweisen, worauf Prüfer und Zuhörer ihre Aufmerksamkeit richten sollten. Das wird sehr oft vergessen, weil man annimmt, dass alles selbsterklärend ist. Das ist nur der Fall für denjenigen, der die Abbildung entwickelt, mehrfach gesehen und analysiert hat.
7. Es kann nicht schaden, wenn man sich am Ende des Präsentierens für die gute Arbeitsatmosphäre im Institut und die ausgezeichnete Betreuung bedankt. Professoren und Betreuer sind tendenziell eitel.
8. Es kommt oft vor, dass Studierenden vergessene Inhalte nachträglich einfallen. Es sollte jedem bewusst sein, dass keiner weiß, was man sagen wollte. Damit gibt es grundsätzlich keine *vergessenen* Inhalte. Erst durch die Feststellung, dass man etwas vergessen hat, werden Prüfer und Zuhörer (unnötig) darauf hingewiesen.
9. Man sollte bedenken, dass das äußere Erscheinungsbild immer ein Ausdruck der Wertschätzung gegenüber den Prüfern und Zuhörern ist.
10. Das Sprechen in Richtung Präsentation und Leinwand (also mit dem Rücken zu Prüfern und Zuhörern) ist ausnahmslos zu vermeiden. Die Empfänger sind immer die Prüfer, der Betreuer und Zuhörer, mit denen man direkt kommuniziert.
11. Viele Studierende bevorzugen (oft völlig unbewusst) beim Präsentieren und bei der entwickelten Präsentation eine „mitteilende" anstatt einer „erklärenden" Vorstellungsart. Die erste Art stellt leider die eigene Person in den Vordergrund, sie ist bequem und sicher in der Umsetzung. Sie ist aber eindeutig suboptimal, da sie die Prüfer, den Betreuer und die Zuhörer mit ihren beiden Andockstellen 1 und 2 oft außer Acht lässt. Man sollte immer die erklärende Art in den Vordergrund stellen und die erste lediglich als Ergänzung verwenden.

Aus eigener industrieller Praxis
1. Ein eigener Vortrag als Vertreter des früheren Arbeitgebers auf einer Tagung mit ziemlich ermüdenden mathematischen und regelungstechnischen Elementen wurde vor dem Hintergrund der o.g. Ausführungen im Schritt *Der letzte Ein-*

druck anstatt der konventionellen Folie *(Vielen Dank für Ihre Aufmerksamkeit)* mit ◘ Abb. 6.14 und folgendem Satz beendet:

„Wir, in der industriellen Praxis, müssen mühevoll Regelungskonzepte entwickeln. Die Natur hat es einfacher und regelt alles automatisch" (◘ Abb. 6.14). Die Idee und ihre Umsetzung sind beim Publikum sehr gut angekommen.

2. Präsentationen und Präsentieren gehören in der beruflichen Praxis von Hochschulabsolventen zu den grundlegendsten Kompetenzen. Sich gut verkaufen zu können, wirkt neben der erforderlichen ausgezeichneten Leistung karriereförderlich. Die Mehrzahl der in diesem Kapitel vorgeführten Empfehlungen, Ratschläge und Hinweise ist allgemeingültig, sodass sie auch mit Erfolg im späteren Berufsleben eingesetzt werden können.

◘ **Abb. 6.14** Die Natur regelt alles automatisch

6.6 Take-Home Messages

1. Eine Abschlussprüfung zusammen mit Präsentation und Präsentieren folgt dem James Bond-Spruch in leicht abgewandelter Form: Man wird sowohl geschüttelt als auch gerührt. In diesem Kapitel sind pragmatische Methoden in Form von Empfehlungen, Hinweisen und leicht umsetzbaren Vorgehensweisen aufgeführt, mit denen man die beiden Vorgänge sehr effektiv wenigstens abmildern kann.
2. Mühe lohnt sich immer. Sie wird bewusst oder unbewusst wahrgenommen und (fast) immer honoriert. Erfolg kommt nicht von ungefähr.
3. Üben, üben, üben. Übung macht den Meister. Profis üben immer.
4. Nur eine enge Kombination aus den Inhalten der Abschlussarbeit, aus der Präsentation und dem Präsentieren gepaart mit den erwähnten Elementen der Beziehungsebene stellt ein belastbares Fundament für eine exzellente Abschlussnote dar.
5. Die aufgeführten Empfehlungen, Hinweise und Vorgehensweisen beziehen sich zwar auf die Abschlussprüfung, sie zeichnen sich jedoch durch einen allgemein-gültigen Charakter aus. Aus diesem Grund können sie im Studium durch Studierende mehrfach auch bei Lehrveranstaltungen eingesetzt werden (Seminare, Projektarbeiten, Workshops u.ä.).

Literatur

Bear, M. F., Connors, B. W., & Paradiso, M. A. (2018). *Neurowissenschaften: ein grundlegendes Lehrbuch für Biologie, Medizin und Psychologie*. Springer Spektrum.
Bensberg, G., & Messer, J. (2014). *Survivalguide bachelor*. Springer.
Bornhäußer, A. (2001). *Präsentainment. Die hohe Kunst des Verkaufens*. Benleo Verlag.
Bühler, P., Schlaich, P., & Sinner, D. (2019). *Präsentation: Konzeption – Design – Medien*. Springer Vieweg.
Cerwinka, G., & Schranz, G. (2006). *Beim Ersten Eindruck gewinnen*. Linde.
Coué, E. (2007). *Autosuggestion: Die Kraft der Selbstbeeinflussung durch positives Denken; ein Weg zur Selbstheilung*. Jopp Oesch.
Franck, N. (2019). *Handbuch Wissenschaftliches Schreiben: Eine Anleitung von A bis Z*. Ferdinand Schöningh.
Hartmann, M., Funk, R., & Nietmann, H. (2018). *Präsentieren. Präsentation: zielgerichtet, adressatenorientiert, nachhaltig*. Beltz-Verlag.
Heimsoeth, A. (2018). *Frauenpower Mentale Stärke für Frauen*. Springer.
Hey, B. (2019). *Präsentieren in Wissenschaft und Forschung*. Springer Gabler.
Hilsenbeck, T. (2021). Rede, Vortrag, Präsentation, ▶ http://www.thomas-hilsenbeck.de/, Zugegriffen: 22. Febr. 2021.
Hüttmann, A. (2018). *Erfolgreiche Präsentationen mit PowerPoint Mit wertvollen Tipps und Tricks*. Springer Gabler.
Kesseler, H. (2004). Didaktische Strategien beim Wissenstransfer im Spannungsfeld von bildungsdidaktischen und kommunikationswissenschaftlichen Ansprüchen, Dissertation, LMU, München.
Lammerding-Köppel, M., & Griewatz, J. (2019). *Erfolgreich präsentieren im Studium*. Eugen Ulmer Verlag.
Lehmann, G. (2006). *Wissenschaftliche Arbeiten zielwirksam verfassen und präsentieren*. Expert Verlag.
Mehrabian, A. (1972). *Silent messages: implicit communication of emotions and attitudes*. Wadsworth Publishing Company.

Minsky, M. (1965). Matter, mind and models. In A. Kalenich (Hrsg.), Proceedings International Federation of Information, Processing Congress, Spartan Books, Washington, S. 45–49

Poggensee I. (2017): *Verkaufen! Mit System, Handwerk und Leidenschaft zu mehr Vertriebserfolg.* Springer Gabler.

Roth, G., Heinz, A., & Walter, H. (Hrsg.). (2020). *Psychoneurowissenschaften.* Springer Spektrum.

Roth, G. (2015). *Bildung braucht Persönlichkeit – Wie Lernen gelingt.* Verlag Klett-Cotta.

Ruhleder, R. H. (2016). *Rhetorik und Dialektik: Redegewandtheit, Körpersprache, Überzeugungskunst.* Franz Vahlen.

Schott, D. U. (2019). *Souverän präsentieren – Die erste Botschaft bist Du. Wie Sie Körpersprache authentisch und wirkungsvoll einsetzen.* Springer Gabler.

Schulenburg, N. (2018). *Exzellent Präsentieren.* Springer Gabler.

Sesink, W. (2012). *Einführung in das wissenschaftliche Arbeiten.* Oldenbourg Wissenschaftsverlag.

Shannon, C. E., & Weaver, W. (1949). *The mathematical theory of communication.* University of Illinois Press.

Smith, M. J. (2019). *Sage nein ohne Skrupel. Die neue Methode zur Steigerung von Selbstsicherheit und Selbstbehauptung.* München: MVG Verlag.

Textentwicklerin. (2021). ▶ https://textentwicklerin.de/glossary/satzlaenge/. Zugegriffen: 22. Febr. 2021.

Tucholsky, K. (1930). *Ratschläge für einen schlechten Redner, Gesammelte Werke in 10 Bänden* (Bd. 8, S. 290–292) Rowohlt.

Vogelsang, I., & Barth-Gillhaus, E. (2018). *Punkten in 100 Millisekunden. Ihr Wegweiser für einen starken Auftritt.* Springer Gabler.

Voss, R. (2020). *Wissenschaftliches Arbeiten: … leicht verständlich!* UVK.

Watzlawick, P., Beavin, J. H., & Jackson, D. D. (2017). *Menschliche Kommunikation: Formen, Störungen Paradoxien.* Verlag Hans Huber.

Wiest, G. (2009). *Hierarchien in Gehirn, Geist und Verhalten: Ein Prinzip neuraler und mentaler Funktion.* Springer-Verlag Wien.

Wikipedia. (2020). ▶ https://de.wikipedia.org/wiki/Kommunikation. Zugegriffen: 7. Jan. 2021.

Zelazny, G. (2015). *Wie aus Zahlen Bilder werden. Der Weg zur visuellen Kommunikation-Daten überzeugend präsentieren.* Springer Gabler.

Abschlussarbeiten

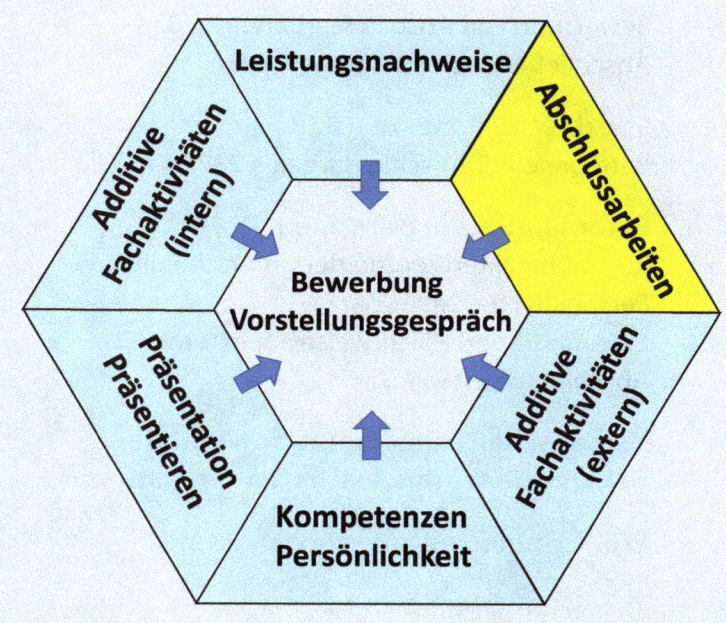

Inhaltsverzeichnis

7.1 Grundsätzliche Aspekte – 224
7.1.1 Anforderungen und Besonderheiten wissenschaftlicher Arbeiten – 225
7.1.2 Themenfindung, -wahl und -eingrenzung – 226
7.1.3 Bewertung von Abschlussarbeiten – 233
7.1.4 Abschließende Bemerkungen – 234

7.2 Spezifische Aspekte – 237
7.2.1 Betreuer einer Abschlussarbeit – 237

7.3 Externe Abschlussarbeiten – 248
7.3.1 Kurze Charakterisierung der unterschiedlichen Perspektiven – 249
7.3.2 Eine modifizierte Sichtweise auf externe Abschlussarbeiten – 254

7.4 Wissenschaftliche Reputation und der Bekanntheitsgrad des ersten Gutachters – 256

7.5 Erfahrungen aus der Praxis – 258

7.6 Take-Home Messages – 260

Literatur – 261

Im folgenden Kapitel erfolgt eine Fokussierung auf die extrem wichtige Problematik der Studienabschlussarbeiten. Sie gehören zum Konzept der systematischen Erweiterung der fachlichen und persönlichen Kompetenzen im Studium vor dem Hintergrund der zentralen Zielsetzung der Bewerbungsunterlagen und des Vorstellungsgesprächs. Es werden sowohl eigene, industrielle Erfahrungen aus zahlreichen Diplom- und Studienarbeiten, die während der Tätigkeit bei der Henkel KGaA betreut wurden, als auch aus der Tätigkeit an der Heimatuniversität TU Hamburg aufgeführt. Die unterschiedlichen Sichtweisen der beiden „Welten" werden aufgezeigt, analysiert und bewertet. Auf diesem Fundament werden zahlreiche Empfehlungen und Ratschläge für Studierende abgeleitet und unterbreitet. Es wird bewusst eine Strukturierung gewählt, die zwei grundlegende Aspekte in den Vordergrund stellt (Abb. 7.1):

— Grundsätzliche Aspekte
— Spezifische Aspekte.

Beide Aspekte sind dabei eng miteinander verbunden. Damit unterscheidet sich diese Sichtweise inhaltlich und strukturell von „klassischen" Ratgebern in diesem Bereich.

Aber warum sind Abschlussarbeiten so extrem wichtig? Das liegt in zwei Tatsachen begründet. Zum einem stellen sie den erforderlichen Abschluss des Bachelor- bzw. Masterstudiums dar. Der zweite Grund ist aus der im vorliegenden Ratgeber verfolgten Zielsetzung abzuleiten. Das Studium soll mit möglichst ausgezeichnetem Ergebnis absolviert werden. Es gilt:

Das Maximale aus dem Möglichen herausholen, oder vielleicht sogar das Unerreichbare erreichen.

Unter vielen relevanten Facetten ist die Studienabschlussnote eine der relevantesten, da sie im zukünftigen Vorstellungsgespräch eine besondere Rolle

Abb. 7.1 Konnektivität der grundsätzlichen und spezifischen Aspekte

spielt. Auch wenn es nicht vollkommen richtig ist, ist die Studienabschlussnote von Hochschulabsolventen ein vereinfachtes Abbild ihrer Leistungsfähigkeit, fachlichen Kompetenz, ihres Wissens und Fleißes. Dazu zeichnet sich die Abschlussarbeit aufgrund ihrer Dauer (Workload) durch eine vergleichsweise hohe Bewertung mittels der ECTS (Leistungspunkte) aus. Diese Problematik wurde bereits im Kapitel *Tutor* und *Leistungsnachweise* behandelt. Die erwähnte Bewertung findet im sehr hohen Maße Eingang in die Studienabschlussnote, die üblicherweise gewichtet ermittelt wird. Aus diesem Grund müssen Entscheidungen, die im Zusammenhang mit der Abschlussarbeit getroffen werden, sehr sorgfältig, auf Wissen basierend sowie mit kluger und vorausschauender Planung vorbereitet werden. Die gewählte Schwerpunktsetzung fokussiert sich auf diese Problematik, zeigt entscheidende Merkmale auf, analysiert und bewertet diese. Daraus folgen dann praxisorientierte Empfehlungen, die als fundierte Grundlage für die zu treffenden Entscheidungen dienen.

7.1 Grundsätzliche Aspekte

Eine bewusste Herangehensweise an eine Abschlussarbeit (Bachelor- bzw. Masterarbeit) setzt voraus, dass man sich in erster Reihenfolge das erforderliche Wissen über alle relevanten Rahmenbedingungen aneignet. Die praktische Regel lautet hier: *Zuerst muss man wissen, erst dann kann man entscheiden.* Die fundierteste Quelle für alle formalen Rahmenbedingungen stellt an der jeweiligen Hochschule bekannterweise die geltende Prüfungs- bzw. Studienordnung dar. Daraus folgt die erste Empfehlung: Falls noch nicht geschehen, sollten Studierende spätestens vor der Entscheidung über eine Abschlussarbeit die relevanten Passagen der Prüfungsordnung zur Kenntnis nehmen. Diese Vorgehensweise ist deutlich besser und vor allem belastbarer als die übliche Rücksprache bei Kommilitonen. Angesichts der aufgezeigten Bedeutung der Abschlussarbeit sind hier eine besondere Akribie und Sorgfalt zu empfehlen.

Im Folgenden wird auf einige, ausgewählte Aspekte der Prüfungsordnung näher eingegangen, um deren Bedeutung aufzuzeigen und praxisorientierte Empfehlungen abzuleiten. Als Vorlage dient hier die Prüfungsordnung der Heimatuniversität TU Hamburg (ASPO, 2020). Prüfungsordnungen anderer Hochschulen unterscheiden sich nur unwesentlich in einigen speziellen Aspekten. Dennoch sollten sich Studierende mit der an ihrer Hochschule geltenden Prüfungsordnung zur eigenen Sicherheit vertraut machen.

Der guten Ordnung halber wird zunächst einmal mit der Definition des Hauptgegenstandes aller nachfolgenden Betrachtungen, der Abschlussarbeit, begonnen.

Die Bachelor- bzw. die Masterarbeit ist die Abschlussarbeit des jeweiligen Studiengangs. Sie soll zeigen, dass Studierende in der Lage sind, innerhalb einer vorgesehenen Frist eine Problemstellung aus seinem Fach selbstständig nach wissenschaftlichen Methoden zu bearbeiten. Der Umfang der Bachelorarbeit wird mit zwölf und der der Masterarbeit mit 30 Leistungspunkten gewichtet

(ASPO, 2020). Daraus ergibt sich die angesprochene extreme Bedeutung der Abschlussarbeit hinsichtlich der Studienabschlussnote. Die Bachelorarbeit geht mit der Wichtung 12/180 und die Masterarbeit mit 30/120 in die Studienabschlussnote ein.

Eine besondere Aufmerksamkeit muss zwei Vorgaben aus der o. g. Definition gewidmet werden. Es handelt sich um: „selbständig" und „mit wissenschaftlichen Methoden". Abschlussarbeiten gehören neben z. B. Seminar- und Projektarbeiten, Dissertationen, Habilitationen und wissenschaftlichen Veröffentlichungen zu sog. wissenschaftlichen Arbeiten. Diese Arbeiten zeichnen sich durch spezielle Besonderheiten und Anforderungen aus, die im Folgenden beschrieben werden. Es wird empfohlen, dass Studierende sich mit ihnen vertraut machen und versuchen, sie möglichst strikt zu erfüllen.

7.1.1 Anforderungen und Besonderheiten wissenschaftlicher Arbeiten

Die Anforderungen und Besonderheiten wissenschaftlicher Arbeiten sind ein sehr breites Feld mit unterschiedlichen Facetten. Um den Rahmen nicht zu sprengen, werden die nachfolgenden Betrachtungen auf drei Kernelemente eingeschränkt. Es handelt sich um:
− die klassische, allgemeingültige Vorgehensweise bei der Bearbeitung einer wissenschaftlichen Fragestellung,
− die möglichen, verfolgten Ziele bei der Bearbeitung einer wissenschaftlichen Aufgabenstellung,
− die charakteristischen Eigenschaften und den daraus abzuleitenden Anspruch an wissenschaftliche Arbeiten.

Alle Kernelemente sind ausführlich in ◘ Abb. 7.2 wiedergegeben. Abschlussarbeiten als ein Beispiel für wissenschaftliche Arbeiten sollten sich auf jeden Fall an diesen Anforderungen und Besonderheiten detailliert orientieren und diese möglichst einhalten bzw. umsetzen. Diese Empfehlung betrifft alle erwähnten Kernelemente mit jeweiligen Unterelementen. Damit wird die Anforderung an den erwähnten, wissenschaftlichen Anspruch aus der Prüfungsordnung flächendeckend erfüllt. In diesem Zusammenhang muss noch ein Hinweis deutlich zum Ausdruck gebracht werden. Es ist unbedingt darauf zu achten, dass man in der Abschlussarbeit nicht nur die aufgelisteten Anforderungen und Besonderheiten umsetzt, sondern diese auch innerhalb der Abschlussarbeit klar und explizit benennt. Aus den vorliegenden Erfahrungen ist bekannt, dass Studierende oft diese Anforderungen und Besonderheiten in Abschlussarbeiten zwar eingehalten, diese aber nicht unbedingt explizit betonen. Da herrscht oftmals das Prinzip Hoffnung, das in der Annahme besteht, dass der Gutachter dies schon irgendwie beim Lesen feststellen wird. Die Empfehlung lautet hier: Man sollte dieser Hoffnung keinen Raum geben. Es gilt auch hier: *Tue Gutes und rede darüber*.

Strukturierte Vorgehensweise

1. Formulierung der Forschungsfrage (warum, wie,…?)
2. Ist-Zustand für betreffenden Fachbereich aufnehmen, analysieren, kritisch bewerten
3. Wahl der Forschungsmethoden und -ansätze (ggfs. mit Begründung)
4. Konzept und Durchführung des Forschungsvorhabens
5. Auswertung, Validierung, Dokumentation und Präsentation/Präsentieren der Forschungsergebnisse

Verfolgte Ziele

1. Neue Erkenntnisse und neues Wissen mit und ohne Verwertungsabsichten generieren
2. Praktische Aufgabenstellungen lösen
3. Innovative Produkte bzw. technische Konzepte mit neuen Eigenschaften, Leistungs-bzw. Funktionsspektrum, Anwendungsmöglichkeiten entwickeln
4. Vorgänge, Beobachtungen u.ä. wissenschaftlich erklären

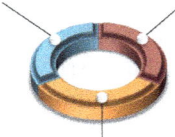

Charakteristische Eigenschaften (Anspruch)

1. Strukturiert, methodisch und systematisch vorgehen
2. Auf anerkannten theoretischen Prinzipien aufbauen
3. Möglichst allgemeingültig formulieren
4. Nachvollziehbar, plausibel, verständlich, überprüfbar und nutzbar dokumentieren
5. Erkenntnisse und Ergebnisse argumentativ begründen
6. Ergebnisse und den wissenschaftlichen Fortschritt kommunizieren
7. Sachverhalte kritisch und objektiv bewerten
8. Fremde Aussagen über Zitierkonventionen kennzeichnen
9. In schriftlicher/elektronischer Form zwecks Reproduktion zugänglich machen

Abb. 7.2 Zusammenstellung ausgewählter Aspekte wissenschaftlicher Arbeiten. (In Anlehnung an Sandberg, 2013)

Dazu noch ein weiterer Hinweis. Die Einhaltung der aufgeführten Anforderungen und Besonderheiten sollte in der Abschlussarbeit unbedingt auch mit der vielfachen Betonung der eigenen Selbständigkeit intensiv begleitet werden. Damit wird gewährleistet, dass auch die erste der erwähnten Vorgaben der Prüfungsordnung eingehalten wird.

7.1.2 Themenfindung, -wahl und -eingrenzung

Nach der Zusammenstellung der Besonderheiten und Anforderungen wissenschaftlicher Arbeiten ergeben sich grundlegende Fragen nach dem Thema für die eigene Abschlussarbeit, nach den möglichen Themenquellen und der Eingrenzung des Arbeitsumfangs unter Berücksichtigung der zur Verfügung stehenden Zeit sowie formalen und organisatorischen Randbedingungen. Die Beantwortung dieser Fragen gehört zu den zentralen Kernelementen der Akquisitionsstrategie, da sie über alles entscheidet. Fehler an dieser Stelle sind unverzeihlich und können im Laufe der Bearbeitung kaum noch korrigiert werden. Hier muss, wie beim free climbing, die Null-Fehler-Strategie herrschen. Das wiederum setzt voraus, dass die Themenwahl und die erwähnten Nebenaspekte mit höchster Sorgfalt und Präzision betrachtet und umgesetzt werden müssen. Hierzu bedarf es einer systematischen und strukturierten Vorgehens-

7.1 · Grundsätzliche Aspekte

weise, um anhand von klaren Richtlinien eine profunde Entscheidung treffen zu können. Aber wie lauten eigentlich die Richtlinien bezüglich der Quellen, Wahl und Eingrenzung?

Zunächst einmal muss man sich im Klaren sein, dass möglichst viele Quellen für Abschlussarbeitsthemen von Vorteil sind. Daraus ergibt sich ein Set an Wahlmöglichkeiten und viele Optionen sind eindeutig besser als nur eine einzige. Zu den klassischen Quellen gehören:

- Aushänge der Institute (altmodisches Schwarzes Brett),
- Websites der Institute,
- Websites der Studiendekanate,
- Kontaktaufnahme zu Betreuer/Professor,
- Ausschreibungen der z. B. Industrie- und Dienstleistungsunternehmen,
- Fach- und Kontaktmessen,
- Tagungen und Konferenzen.

Der nächste Schritt fokussiert sich auf die Bewertung, Priorisierung und schließlich die endgültige Wahl. Um diesen Schritt systematisch durchzuführen, bedarf es eines Katalogs an Kriterien, deren Nutzung die Wahl strukturiert durchführen lässt.

Ein sehr wichtiges Wahlkriterium ist das persönliche Interesse (Abb. 7.3). Ohne Interesse fehlt die Motivation sowie die notwendige Begeisterung und das Engagement. Alle Bestandteile sind eine Voraussetzung für eine überzeugende Abschlussarbeit. Sie sind allerdings notwendige, nicht aber hinreichende Bedingungen. Hinzu kommen noch weitere relevante Kriterien. An der zweiten Stelle sollen der konkrete Nutzen und die Praxisrelevanz betrachtet werden. Warum sind ausgesprochen diese Kriterien so wichtig? Bei der Beantwortung dieser Frage erweitern wir den Betrachtungshorizont von der punktuellen Wahl des Themas um die Berücksichtigung des nächsten Schrittes in der vorausschauenden Berufsplanung. Es handelt sich dabei um die verfolgten zentralen

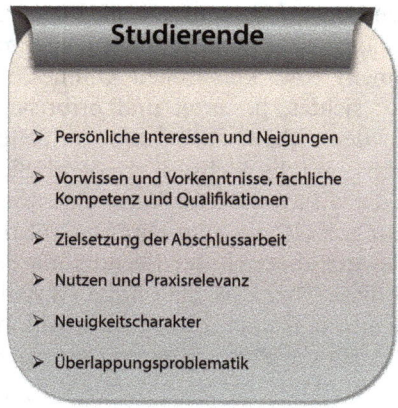
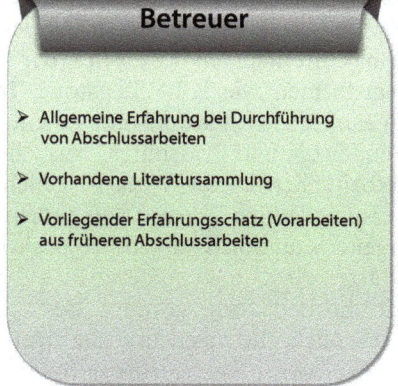

Abb. 7.3 Einige Aspekte der Themenwahl

Ziele: Die Bewerbungsunterlagen und das zukünftige Vorstellungsgespräch. Um die späteren Berufschancen auf dem Arbeitsmarkt möglichst zu vergrößern, muss bereits bei der Wahl des Themas für die Abschlussarbeit an die späteren Anforderungen des potenziellen Arbeitgebers gedacht werden. Dieser Themenschwerpunkt wird insbesondere im Kapitel *Bewerbung und Vorstellungsgespräch* detailliert besprochen. An dieser Stelle soll nur betont werden, dass eine der grundlegendsten Voraussetzungen für den späteren (Bewerbungs-) Erfolg eine möglichst große Überlappung mit den praktischen Anforderungen des möglichen Arbeitgebers und dem Schwerpunkt der Abschlussarbeit zusammen mit evtl. erworbenen zusätzlichen Qualifikationen darstellt. Aber wie kann man als Studierender, der noch nie die berufliche Praxis gesehen hat, die Anforderungen des Arbeitsmarktes erahnen bzw. in Erfahrung bringen? Die Antwort ist einfach und umfasst zwei Handlungsstränge. Der erste besteht darin, dass man einfach den potenziellen Betreuer nach der Praxisrelevanz und dem Nutzen direkt fragt. Als erfahrener Mitarbeiter, der sich in der Regel schon eine längere Zeit mit seinem wissenschaftlichen Schwerpunkt auseinandersetzt, dürfte er keine Probleme bei der Beantwortung dieser Frage haben. Sollte allerdings seine Antwort wenig konkret sein bzw. sich in übermäßige zeitliche Länge ziehen, wäre eine Spur an gesundem Misstrauen mehr als angebracht. Ggfs. nimmt man folgerichtig Abstand von dem angebotenen Thema.

Fairerweise muss an dieser Stelle festgehalten werden, dass es von dem empfohlenen Handlungsstrang eine Ausnahme gibt. Sie betrifft Hochschulabsolventen, die sich nach dem Studium einer akademischen Karriere widmen möchten. In diesen Fällen gelten natürlich Anforderungen der Hochschulen bezüglich der Bewerbungsunterlagen und des Vorstellungsgesprächs, die sich im Allgemeinen sehr deutlich von den Anforderungen des üblichen Arbeitsmarktes unterscheiden. Hier könnten die erwähnten Praxisrelevanz und Nutzen nicht unbedingt die fundamentalen Eckpfeiler des Forschungsantriebs darstellen. Als Beispiel in diesem Bereich ist die Grundlagenforschung zu erwähnen, bei der oft der praktische Nutzen nicht immer – besonders in den frühen Phasen – absehbar ist. Abschließend soll noch erwähnt werden, dass diese Gruppe von Hochschulabsolventen einen geringen Anteil eines akademischen Jahrgangs ausmacht.

Der zweite Handlungsstrang besteht darin, dass man aktuelle Stellenangebote von Unternehmen (Websites der Unternehmen) bzw. klassischen Online-Jobplattformen wie z. B. Stepstone, Indeed u. ä. sichtet, bewertet und priorisiert. In kurzer Zeit gewinnt man so ein Gefühl für den Arbeitsmarkt, seine aktuellen Tendenzen und Prioritäten, herrschenden Bedarf und die wichtigsten potenziellen Arbeitgeber. Dieses Wissen ist nicht nur für die wissensbasierte Wahl eines vielversprechenden Themas von enormer Bedeutung. Es ist auch im Hinblick auf die eigene Situation von größter praktischer Relevanz, da nach der Beendigung der Masterarbeit (also spätestens in 6 Monaten) diese Thematik eine hohe Aktualität und Bedeutung gewinnt. Bestehen nun bei einem Thema sowohl das erwähnte persönliche Interesse und die Motivation als auch die Praxisrelevanz, so spricht Fischer sogar von „perfekter Symbiose" (Fischer, 2019).

In diesem Zusammenhang sollte noch ein Aspekt erwähnt werden. Gelegentlich kommt es vor, dass seitens der Institute ziemlich „exotische" Themen an-

7.1 · Grundsätzliche Aspekte

geboten werden. Dabei werden sie oft mit ausgeprägtem Neuigkeitscharakter angepriesen. Das stellt in vielen Fällen die spezifische Sicht der Hochschule (Professor, Betreuer) dar. Des Weiteren zeichnen sich diese exotischen Themen noch dadurch aus, dass sie sehr spezialisiert und damit fachlich sehr eng sind. In diese Gruppe gehören also Themen, die sich fachlich am äußersten Rand eines Fachgebiets bewegen. Vor dem Hintergrund der im vorliegenden Ratgeber verfolgten Zielsetzung (ausgezeichnete Bewerbungsunterlagen und erfolgreiches Vorstellungsgespräch) darf allerdings die Sicht des späteren Arbeitgebers auf keinen Fall außer Acht gelassen werden. Damit müssen Studierende neben dem Neuigkeitscharakter möglichst auch die erwähnte Überlappung mit den potenziellen Anforderungen zukünftiger Arbeitgeber unbedingt berücksichtigen (siehe hierzu Kapitel *Fachpraktikum* (◘ Abb. 4.5)). „Exotische" Themen liefern in dieser Hinsicht leider keinen nennenswerten Beitrag, sodass sie aus Sicht der Studierenden mit höchster Vorsicht zu genießen sind. Dabei werden sie noch oft mit starken Emotionen und ausgeprägter jugendlicher Begeisterung bei Studierenden begleitet. Zu starke Emotionen sind allerdings bei der Wahl eines Themas für eine Abschlussarbeit eher hinderlich, weil sie relevante Kriterien nicht berücksichtigen bzw. verdrängen. Man ist teilweise blind, was in der Regel zu suboptimalen Entscheidungen führt.

Damit ist aber die Analyse und Bewertung eines Themas unter dem Blickwinkel einer Wahl noch nicht abgeschlossen. Der nächste Aspekt bei der Wahl besteht in der Betrachtung und Berücksichtigung des eigenen Vorwissens und der Vorkenntnisse, der fachlichen Kompetenz und vorhandenen Qualifikationen. Oft können Studierende auf eine frühere Ausbildung als z. B. Chemikant bzw. Laborant zurückgreifen, was die Startposition bei der Bearbeitung einiger, spezieller Themen in sehr vorteilhaftem Licht erscheinen lässt. Dies sollte bei der Themenwahl auf keinen Fall vernachlässigt werden. Im Gegenteil, Studierende mit diesem fachlichen Hintergrund sollten ggfs. gezielt passende Themen suchen, um von diesem Umstand persönlich zu profitieren.

Zu weiteren Kriterien, die bei der Themenwahl Berücksichtigung finden sollen, zählt die klar formulierte Zielsetzung der Abschlussarbeit. Hier ist darauf zu achten, dass man vom potenziellen Betreuer eine möglichst präzise Formulierung erfährt, die von vertiefter Durchdringung der Thematik seinerseits zeugt. Eine Abschlussarbeit ohne klare und konkrete Zielsetzung wird zwangsläufig zu einer diffusen Argumentation im Hauptteil führen (Oehlrich, 2015), was sich wiederum in der späteren Note u. U. negativ widerspiegeln wird. Dies stimmt mit den eigenen akademischen Erfahrungen überein. Als praktischer Test hierfür gilt: Ist der potenzielle Betreuer in der Lage, in einem Satz mit maximal einem Nebensatz die klare und fundierte Zielsetzung zu formulieren, so ist dies immer ein sicheres, ermutigendes und aufbauendes Zeichen der Klarheit.

Nicht zuletzt sollten noch die Aspekte der von der Prüfungsordnung vorgegebenen wissenschaftlichen Methoden und des Neuigkeitscharakters sorgfältig geprüft werden, da beide eine extrem wichtige Voraussetzung für eine ausgezeichnete Benotung der Abschlussarbeit sind. In der Regel sind diese Bedingungen im Hochschulbereich weitgehend erfüllt, dennoch sollten sie im Gespräch mit dem potenziellen Betreuer angesprochen, analysiert und bewertet werden. Auch hier muss der Betreuer in der Lage sein, diese Aspekte strukturiert und profund zu erläutern. Ein u. U. ganz anderer Sachverhalt ergibt sich diesbezüglich bei externen Abschlussarbeiten. Diese Problematik wird noch später detailliert analysiert und bewertet.Ein weiterer, wichtiger Aspekt bezieht sich auf Abschlussarbeiten mit experimentellen Schwerpunkten. Hier ist auf zahlreiche äußerst relevante Elemente zu achten. Die zentrale Frage lautet: Ist die experimentelle Einrichtung bereits fertiggestellt und über erste Versuche abgesichert worden? Sind die Arbeitsvorgänge bereits erprobt und bedürfen weitgehend keiner weiteren Ergänzung bzw. Erweiterung? Sind begleitende, experimentelle (hier als Beispiel verfahrenstechnische) Elemente, wie z. B. die prozessbegleitenden Analyseverfahren, Sicherheitstechnik und Gefährdungspotenzialanalysen, Messtechnik und -datenerfassung, Prozessleittechnik, Visualisierungssoftware o. ä. bereits vorhanden, getestet und etabliert? Stehen alle erforderlichen Rohstoffe, Hilfsmittel und Aufbewahrungsbehälter zur Verfügung? Damit wir uns aber an dieser Stelle nicht falsch verstehen. Hier wird keine Erwartungshaltung seitens der Studierenden aufgebaut, die alles im überprüften und abgesicherten Zustand verlangt und die Studierenden lediglich ihre Messreihen fleißig durchführen. Es geht eher darum, dass sich Studierende eine möglichst klare und umfassende Vorstellung über den Ist-Zustand machen. Auch wenn die o. g. Fragen ganz oder teilweise verneint werden, kann ein Thema dennoch sehr interessant und umsetzbar sein. Man muss dabei nur berücksichtigen, dass z. B. ein Konzept für eine Versuchseinrichtung, die Bestellung einzelner Bestandteile mit üblichen Lieferzeiten und Verzögerungen, das Zusammenfügen aller Elemente zu einer funktionierenden Versuchseinheit, die erste Inbetriebnahme mit anschließender Anpassung und Korrektur der Versuchseinrichtung sehr viel Zeit und Arbeit in Anspruch nehmen, ohne dabei nur ein einziges konkretes Versuchsergebnis auf der Haben-Seite der Studierenden zu erzeugen. Das Bewusstsein bezüglich dieser Aspekte erleichtert auf jeden Fall die fundierte inhaltliche Analyse, Planung und Bewertung sowie die Eingrenzung des Themas für die Abschlussarbeit. Auf diese Problematik kommen wir im Folgenden noch zu sprechen.

Zu den sehr wichtigen Kriterien gehört auch auf der Seite des Betreuers (Abb. 7.3) seine allgemeine Erfahrung und die Tatsache, dass unter seiner Regie u. U. bereits zahlreiche Abschlussarbeiten durchgeführt wurden. Dies ist aus zweierlei Sicht wichtig. Zum einen unterstützt und erleichtert ein erfahrener Betreuer die Durchführung der eigenen Abschlussarbeit nachhaltig. In diesem Fall weiß der Betreuer in der Regel, was er will und hat klare Vorstellungen bezüglich der Inhalte und Methodik für die ausgeschriebene Abschlussarbeit. Des Weiteren kann man auf den bereits durchgeführten Vorarbeiten deutlich schneller aufbauen, als wenn man den „Eisbrecher" spielt und erstmalig mit vielen, sehr oft ungeahnten formalen oder organisatorischen Schwierigkeiten zu kämpfen hat. Die Bewältigung dieser Schwierigkeiten nimmt sehr viel Zeit und Arbeit in Anspruch, ohne dass sie großartig Eingang in die Abschlussarbeit finden. Das ist sehr oft frustrierend und mündet am Ende trotz überproportionalen Einsatzes in einer mittelmäßigen Abschlussnote.

Ähnliche Bemerkungen betreffen den Aspekt der Literatursammlung. Hier ist die Tatsache, dass aufgrund der früheren Arbeiten ein umfangreicher Fundus an Literatur bereits vorhanden ist, deutlich vorteilhafter als der Gegenfall, in dem weitgehend keine oder nur punktuelle Literatur vorliegt. Im ersten Fall wird eine schnelle Einarbeitung in den Stand der Technik durch Studierende unterstützt. Hinzu kommt, dass hier im Fokus eher eine gezielte Ergänzung und Erweiterung der Literatur steht. Im zweiten der betrachteten Fälle müssen Studierende erst mit einer sorgfältigen Literatursichtung beginnen, was in der Regel sehr zeit- und arbeitsintensiv ist und am Ende ggfs. nur eine mittelmäßige Anerkennung erfährt. Die Berücksichtigung dieses Hinweises zahlt sich also u. U. aus.

Insgesamt stellt die besprochene Wahl des Themas für die eigene Abschlussarbeit ein komplexes, mehrdimensionales Optimierungsproblem dar, das mit hoher Aufmerksamkeit, Präzision und Gründlichkeit angegangen werden muss. Die durchgeführte Aufzählung und Analyse der relevantesten Wahlkriterien erleichtern eine fundierte Entscheidung wesentlich. Sie legen auch bereits in dieser Phase ein belastbares Fundament für die spätere Prüfungsleistung. Die hohe Komplexität bleibt dennoch bestehen.

Eine praxisnahe und funktionierende Möglichkeit, die betrachtete Wahl des Themas optimal zu gestalten und somit das Risiko einer Fehlentscheidung zu minimieren, besteht im folgenden Konzept. Ungefähr zwei Semester vor dem geplanten Beginn der Abschlussarbeit überlegen sich Studierende, in welchen Institut unter Berücksichtigung aller relevanten Aspekte aus dem vorliegenden Kapitel eine Abschlussarbeit durchzuführen wäre. Nach der prinzipiellen Wahl des Instituts bemüht man sich anschließend um eine HiWi- bzw. Tutorentätigkeit in diesem Institut (siehe hierzu detaillierte Ausführungen in Kapiteln *Tutor* und *Hilfswissenschaftler*). Durch diese Tätigkeit gewinnt man einen ersten Einblick in die wissenschaftlichen Schwerpunkte des Instituts, die Arbeitsabläufe, das wissenschaftliche Personal (mögliche Betreuer) sowie weitere fachlich relevante Details. Durch eigene Vorarbeiten erfolgt u. U. bereits eine erste Einarbeitung (HiWi-Tätigkeit) in die spätere Problemstellung der Abschlussarbeit, sodass man dann nicht bei Null startet, sondern alles gezielt im Vorfeld vorbereitet. Diese Vorgehensweise setzt natürlich eine präzise und vorausschauende Planung voraus. Ein bisschen Glück ist dabei leider auch erforderlich. Im Endergebnis bringt sie aber extrem deutliche Vorteile für beide Seiten, die Studierenden und die Betreuer. Sie stellt somit auch neben finanziellen Aspekten sehr vorteilhafte Randbedingungen sicher und ist sehr zu empfehlen.

Bereits bei Abschlussarbeiten mit experimentellen Schwerpunkten wurde auf die sehr relevante Problematik des Umfangs eindringlich hingewiesen. Die eingangs erwähnte Prüfungsordnung weist eindeutig darauf hin, dass der Inhalt einer Abschlussarbeit *innerhalb einer vorgesehenen Frist* absolviert werden muss. Das stellt eine sehr wichtige Bedingung dar, die leider nicht durch alle Betreuer berücksichtigt wird. Um das zu verstehen, wird versucht, sich in den Betreuer und seine Innenwelt zu versetzen. Sein hauptsächliches Interesse besteht neben der Qualität auch in möglichst hoher Quantität. Aus der emotionalen Bindung mit seinem Thema heraus verliert er dabei teilweise den realistischen Blick auf das Machbare und schlägt nicht selten über die Stränge. Hier liegt es also im persönlichen Interesse der Studierenden, eine realistische Einschätzung und praktikable Eingrenzung des Themas hinsichtlich des Umfangs präzise abzuschätzen und zu sichern. Der zur Verfügung stehende Bearbeitungszeitraum muss auf jeden Fall für die Bewältigung der Aufgabenstellung ausreichend sein. Diese Feststellung bezieht sich sowohl auf die inhaltliche als auch die zeitliche Eingrenzung. Das im letzten Fall oft praktizierte, übliche Hinauszögern der Anmeldung der Abschlussarbeit beim Prüfungsamt bzw. die Verlängerung des Zeitraumes für die Bearbeitung über einen Antrag beim Prüfungsamt sind unrühmliche Beispiele – neben zahlreichen, anderen Gründen – für die mögliche „Ausbeutung" der Studierenden durch den Betreuer. Für Studierende bedeutet das, dass eine präzise und realistische Festlegung des Umfangs eine Voraussetzung für eine gute Zusammenarbeit zwischen beiden Partnern darstellt. So bergen z. B. zu weit gefasste Themen die Gefahr einer zwangsläufig oberflächlichen Behandlung, die im Endeffekt eine mäßige Akzeptanz und Bewertung auf der Seite des Betreuers finden. Die Leidtragenden sind hier am Ende in der Regel die Studierenden. Dieses Ergebnis gilt es im eigenen Interesse zu verhindern.

Aber wie kann man praktisch zu einer realistischen, inhaltlichen Eingrenzung kommen? Im eigenen Institut wurde hierzu eine praktikable Methode entwickelt und flächendeckend verwendet. Sie besteht darin, dass in einem ersten Schritt die sog. Dekompositionsmethode Anwendung findet. Sie besteht prinzipiell darin, dass Studierende eine gestellte, komplexe Problemstellung (Thema) in überschaubare Teile zerlegen, sortieren und priorisieren. Hierzu können allgemein bekannte Software-Tools aus dem Bereich MindMapping bequem eingesetzt werden. Im eigenen Institut wird z. B. seit Jahren die kommerzielle Anwendungssoftware MindView von MatchWare mit Erfolg verwendet. Im zweiten Schritt schätzen Studierende den Zeitbedarf für die einzelnen Teile ab und setzen entsprechende Milestones fest. Mit der Software kann anschließend schnell und bequem ein Gantt-Diagramm erstellt werden. Dabei wird empfohlen, Pufferzeiten für Unvorhergesehenes großzügig zu berücksichtigen. Hierzu gehören Risiken (denkbare worst cases bei der Bearbeitung, Lieferverzögerungen o. ä.) mit abgeschätzten Wahrscheinlichkeiten für ihr Eintreten. Eigene Erfahrungen besagen, dass fast ausnahmslos Gantt-Diagramme von Studierenden zu optimistisch entworfen werden. In der Regel sollte man den so abgeschätzten Zeitbedarf ruhig mit Faktor 1,5–2 multiplizieren, um zu realistischer Einschätzung zu gelangen.

Zu den eher durch die methodische Vorgehensweise geprägten Ausführungen hier noch eine Konkretisierung anhand von ein paar expliziten Zahlen. Geht man z. B. von 6 Monaten Dauer einer Masterarbeit aus, so kann man grob den letzten Monat für das Zusammenschreiben und Korrektur des Manuskripts vorsehen. Ähnliches betrifft den ersten Monat, der für die (großzügige) Einarbeitung in die gestellte Aufgabenstellung erforderlich ist. Es verbleiben somit noch vier Monate für die tatsächliche Bearbeitung. Für diese Monate wird empfohlen, näherungsweise 3–4 inhaltliche Schwerpunkte zu identifizieren. Hinzu kommt u. U. eine Untergliederung dieser Schwerpunkte in jeweils maximal 2 Abschnitte. Sie entsprechen also einem Zeitraum von ca. 2 Wochen, der mit Inhalt gefüllt werden muss. Eine detailliertere Untergliederung ist nicht mehr notwendig und ratsam. Auf diese Art und Weise erhalten Studierende einen groben Überblick über Zeit und Inhalt, die man im erwähnten Gantt-Diagramm leicht umsetzen und an die man sich im Laufe der Bearbeitung näherungsweise halten bzw. orientieren kann. Dieser Überblick kann gleichzeitig durchaus als Basis für die spätere, grobe Struktur des schriftlichen Manuskripts herangezogen werden.

Mittels des entwickelten Gantt-Diagramms erfolgt abschließend eine Abstimmung mit dem Betreuer. Stellt man gemeinsam einen Konflikt zwischen Inhalt (Betreuer) und Zeitbedarf (Prüfungsordnung) fest, so erfolgt eine begründete (und keine willkürliche!) Anpassung des Umfangs der Abschlussarbeit. Man sollte sich dabei aus der Sicht der Studierenden auf keinen Fall auf eine spätere Anmeldung der Abschlussarbeit beim Prüfungsamt einlassen, um den vorgegebenen Umfang doch noch umzusetzen. Das ist rechtlich nicht zulässig und verzögert im Übrigen auch den beruflichen Startpunkt der Studierenden. Daraus ergeben sich u. a. auch klare finanzielle Verluste (siehe Ausführungen im Kapitel *Fachpraktikum*) Der zusätzliche Vorteil der o. g. Vorgehensweise besteht darin, dass sich Studierende mit der anstehenden Problemstellung schon mal vertieft auseinandersetzen. Des Weiteren wird ein Zusammenhang zwischen eigener, geforderter Leistung (Stichwort: Milestones) und dem erforderlichen Zeitbedarf erarbeitet. Es ist eine Art Richtschnur und Orientierungshilfe während der Bearbeitung der Problemstellung. Bei unterjährig festgestellten, größeren Abweichungen bei der Bearbeitung des Vorhabens werden Studierende (und der Betreuer) darauf hingewiesen, was gezielte Gegenmaßnahmen und eine enge Abstimmung mit dem Betreuer impliziert. Mit anderen Worten sichert der erste ganzheitliche Blick (Zeit- und Inhaltsplan) die wöchentliche/unterjährige erfolgreiche und zeitangepasste Umsetzung des Vorhabens ab.

> **Hinweis**
>
> Zusammenfassend kann festgehalten werden, dass man über den ausgearbeiteten und aufgeführten Kriterienkatalog einen praktischen Leitfaden erwirbt, der die Suche, die Wahl und schließlich die Eingrenzung eines Themas auf ein belastbares Fundament stellt. Dadurch können Entscheidungen wissensbasiert gefällt und potenzielle Fehler in dieser wichtigen Phase erfolgreich vermieden oder wenigstes deutlich reduziert werden.

7.1.3 Bewertung von Abschlussarbeiten

Die enorme Bedeutung der Abschlussnote wurde bereits ausführlich dargestellt und begründet. Fehlt noch etwas? Richtig: Es fehlt noch die Kenntnisnahme und die Berücksichtigung der Bewertungskriterien, die im Institut gelten und dafür sorgen, dass die Bewertung der einzelnen Abschlussarbeiten einigermaßen objektiv und vergleichbar ist. Absolute Vergleichbarkeit ist unmöglich, allerdings ist ein festgelegtes, schriftliches Bewertungsschema immer besser als die noch in einigen Instituten gelegentlich herrschende von persönlichen und damit subjektiven Bewertungskriterien dominierte Beurteilung. Diese Vorgehensweise öffnet nämlich Tür und Tor für Willkür und Beliebigkeit des Betreuers. Angesichts der Bedeutung der Abschlussnote und der geleisteten Arbeit der Studierenden innerhalb eines langen Zeitraums ist dies eine suboptimale, wenig nachvollziehbare und nicht überprüfbare Vorgehensweise.

Aus Sicht der Studierenden ist es von Bedeutung, dass das Bewertungsschema *vor* Beginn der Abschlussarbeit bekannt ist. Hier lautet die klare Empfehlung, dass man danach proaktiv fragen soll. Da das Bewertungsschema in der Regel eine Reihe an Kriterien aufweist, soll man darauf achten, dass – falls nicht sofort erkennbar – die Gewichtung der einzelnen Kriterien angegeben wird. Mit diesen Kenntnissen kann man anschließend wissensbasiert die gezielte Schwerpunktsetzung bei der Durchführung der Abschlussarbeit verfolgen.

Allgemein gilt, dass ein Bewertungsschema aus mehreren Blöcken besteht. In Anlehnung an Balzert et al., 2011 wird im vorliegenden Ratgeber die folgende Unterteilung vorgenommen:

- inhaltliche Kriterien,
- formale Kriterien,
- organisatorische Kriterien.

Damit wird der Tatsache Rechnung getragen, dass die Bewertung deutlich mehr umfasst als nur den fachlichen Inhalt der Abschlussarbeit. Dies wird oft fälschlicherweise von Studierenden angenommen. Die Gewichtung einzelner Blöcke und ihrer Bestandteile richtet sich in der Regel nach dem Typ der Abschlussarbeit (z. B. experimentelle bzw. theoretische) und wird im Institut im Vorfeld festgelegt. Eine Zusammenfassung der inhaltlichen und formalen Kriterien aus dem eigenen Institut ist in ◘ Tab. 7.1 wiedergegeben. Da diese Kriterien selbsterklärend sind, wird auf eine weitere Analyse bewusst verzichtet. Des Weiteren wurden an dieser Stelle aus der o. g. Auflistung die organisatorischen Kriterien zunächst einmal ausgeklammert. Sie werden erst später im Zusammenhang mit der Thematik des Umgangs und der Kommunikation mit dem Betreuer ausführlich betrachtet.

7.1.4 Abschließende Bemerkungen

Zum Ende des Abschnitts sind hier noch ein paar ergänzende Anmerkungen zu beachten. Es ist konsequent die Bezeichnung „Institut" verwendet worden. Das hat etwas mit der Struktur der Heimatuniversität, der TU Hamburg, zu tun. Natürlich sind hier auch Lehrstühle oder ähnliche Einrichtungen an anderen Hochschulen gemeint. Des Weiteren wird im gesamten Kapitel ausschließlich der Fall betrachtet, in dem Studierende mit Angeboten seitens erfahrener Wissenschaftler (Doktoranden oder Habilitanden, o. ä.) konfrontiert werden. Der Formulierung des Themas geht in diesem Fall ein längerer Zeitraum mit intensiver Auseinandersetzung mit einem wissenschaftlichen Schwerpunkt voraus, sodass im Allgemeinen davon ausgegangen werden kann, dass die wissenschaftlichen Inhalte einer geplanten und ausgeschriebenen Abschlussarbeit durchdacht und fundiert sind. Die Eigenformulierung eines Themas und die inhaltliche Aus-

7.1 · Grundsätzliche Aspekte

Tab. 7.1 Bewertungskriterien für Abschlussarbeiten.

	Bewertungskriterium	Relevante Aspekte	
Inhaltliche und formale Kriterien in Bezug auf die schriftliche Ausarbeitung	Problemstellung, Gliederung und Argumentationsstruktur	Darstellung der wiss. Frage, Zielsetzung, Einordnung in die Forschungsdisziplin („über den Tellerrand hinaus gucken")	15 %
		Praxisbezug, Praxisnutzen	
		Aufstellung und Abgrenzung der Fragestellung und Leitfragen/Hypothesen	
		Zeitmanagement (z. B. MindView)	
		Darstellung und Begründung der Vorgehensweise	
		Stringenz des Aufbaus (Strukturierung und roter Faden)	
		Argumentationsführung	
		Kontinuierlicher Themen- und Problemstellungsbezug	
		Präzise Darstellung der Kernaussagen und Fragestellungen	
		auf den Punkt bringen	
	Herangehensweise und Problembewältigung	Begründung der Auswahl und kritische Reflexion der eingesetzten, wiss. Methode(n)	25 %
		Präzise Anwendung der eingesetzten wiss. Methode(n)	
		Unterbreiten neuer Ideen zur Problembewältigung (Originalität und Neuigkeitscharakter)	
		Nachvollziehbarer Lösungsweg mit vollständiger Dokumentation	
		Selbstständigkeit, Kreativität, Fleiß, …	
	Ergebnisauswertung	Vollständigkeit der Ergebnisanalyse	25 %
		Sachliche Richtigkeit und qualitativer Gehalt	
		Kritische Auseinandersetzung und Interpretation	
		Rückbezug auf Problemstellung	
		Prägnantes Fazit	
		Ausblick/Probleme/offene Fragen/weiterführende Themen	
	Formalia	Wissenschaftliche Sprache, Gliederung des Textes	10 %
		Grammatik, Rechtschreibung, Zeichensetzung	
		Zitiertechnik und korrekte Quellenangabe	
		Qualität der Quellenauswahl	
		Wahrheitgetreue, Objektivität	
		Überprüfbarkeit der Ergebnisse und Aussagen	
		Plagiatsfreiheit	
		Layout und Textbild	

Tab. 7.1 (Fortsetzung)

	Bewertungskriterium	Relevante Aspekte	
Präsentation und Präsentieren	Vortrag und Diskussion	Inhalt: vollständig, strukturiert, verständlich, sachlich richtig	10 %
		Layout: Foliengestaltung, Animationen	
		Vortragsstil: Freies Sprechen, sprachlicher Ausdruck, korrekter Gebrauch von Fachbegriffen, Blickkontakt, Körperhaltung, etc.	
		Zeitmanagement	
		Fragen fachkundig und adressatengerecht beantwortet	
		Eigene Einschätzungen überzeugend vertreten	

arbeitung durch Studierende, die üblicherweise über dieses vertiefte Wissen und diese Erfahrung nicht verfügen, wird hier nicht in Betracht gezogen.

> **Hinweis**
>
> Einige getätigte Aussagen und formulierte Empfehlungen sind in hohem Maße durch eigene industrielle und akademische Erfahrungen geprägt. Sie richten sich dadurch an Studierende von natur- und ingenieurwissenschaftlichen Studiengängen. Dennoch wird davon ausgegangen, dass die Allgemeingültigkeit der Aussagen nicht ganz auf der Strecke bleibt und auch Studierende anderer Studiengänge interessante und praktisch umsetzbare Hinweise vorfinden.

Des Weiteren ist noch im Zusammenhang mit den betrachteten grundsätzlichen Aspekten eine Tatsache zu betonen. In zahlreichen klassischen Ratgebern zum Thema Abschlussarbeit werden sehr detaillierte Ausführungen hinsichtlich der folgenden drei Themenblöcke behandelt:
- konzeptionelle Vorarbeiten,
- Manuskriptgestaltung,
- Korrektur des Manuskripts.

Der erste Themenblock umfasst z. B. die Problematik der Zielsetzung und Problemstellung, der Literaturrecherche, -beschaffung und -beurteilung. Dagegen fokussiert sich der zweite Themenblock auf die Manuskriptgestaltung, bei dem sich die Aspekte des Aufbaus der Abschlussarbeit und des wissenschaftlichen Schreibstils, der Gedankenführung und Argumentation über Formatierungsrichtlinien (Seiten-, Absatz-, Zeichen-, Abbildungs- und Tabellen-, Gliederungs- und Fußnotenformatierung) bis hin zur Schrift (-art, -schnitt, -grad), Zeilenabstand, Layout und Seitengestaltung und Zitiertechnik erstrecken. Auf diese klassischen Inhalte wird im vorliegenden Ratgeber bewusst nicht näher eingegangen, da hier kaum wesentliche, eigene Alleinstellungsmerkmale bzw. relevante neue Ideen auszuarbeiten sind. Stattdessen werden interessierte Studierende auf die bereits vorhandenen, exzellenten Ratgeber verwiesen, die am Ende des Kapitels unter dem Titel „Weiterführende Literatur" zusammengestellt wurden.

Des Weiteren gibt es noch eine lange Reihe weiterer, grundsätzlicher Aspekte, die durch die jeweils gültige Prüfungsordnung detailliert beschrieben werden. Hierzu gehören Rahmenbedingungen zur z. B. Ausgabe und Betreuung einer Abschlussarbeit, zum Anmeldeverfahren, zur Verlängerung der Bearbeitungszeit und zur Vorlage der fertigen Exemplare der Abschlussarbeit beim Prüfungsamt, um nur einige aufzuführen. Hier werden Studierende auf die Lektüre der Prüfungsordnung verwiesen, da diese Aspekte im Rahmen des vorliegenden Ratgebers nicht näher betrachtet werden.

7.2 Spezifische Aspekte

Nach der Beschreibung, Analyse und Bewertung der grundsätzlichen Aspekte erfolgt nun eine Fokussierung auf einige ausgewählte, spezifische Aspekte (◘ Abb. 7.1). Sie umfassen hauptsächlich den Betreuer als die zentrale Person im Bearbeitungszeitraum der Abschlussarbeit sowie die wichtige Problematik der externen Abschlussarbeiten. In den betrachteten Fällen wird der Versuch unternommen, möglichst viele eigene Erfahrungen aus der industriellen und akademischen Praxis in die Ausführungen einfließen zu lassen.

7.2.1 Betreuer einer Abschlussarbeit

Die Prüfungsordnung unterstreicht neben anderen Aspekten vor allem die Tatsache, dass die Abschlussarbeit eine selbständige Arbeit darstellt. Um an dieser Stelle Missverständnissen auf der Seite der Studierenden und des Betreuers vorzubeugen, sollte bereits beim ersten Sondierungsgespräch der Studierenden der Begriff *Gutachter* im Sinne einer Beurteilung anstatt der üblichen Bezeichnung *Betreuer* zur Sprache gebracht werden. Damit legt man besonderen Wert auf ein klares Verhältnis zwischen Studierenden und dem Betreuer. Das hilft beiden Partnern ungemein. Aus eigener Praxis ist bekannt, dass Studierende gedanklich den Betreuer sehr oft im Bereich der Serviceleistungen positionieren und eine entsprechende (falsche) Erwartungshaltung während ihrer Abschlussarbeit entwickeln. Sie gipfelt sogar darin, dass Studierende einen entsprechenden Service verlangen. Dabei übersehen sie, dass die Bezeichnung „selbständig" in der Prüfungsordnung implizit den Betreuer eher als Gutachter für die eingereichte Abschlussarbeit definiert. Da jedoch die Bezeichnung *Betreuer* in der Literatur flächendeckend verwendet wird, wird auch diese im vorliegenden Ratgeber eingesetzt, wohlwissend, dass sie suboptimal oder sogar irreführend ist und u. U. falsche Assoziationen weckt.

Zu den üblichen Betreuern einer Abschlussarbeit gehören gemäß der Prüfungsordnung:

- Professor,
- Habilitand,
- PostDoc,
- Doktorand.

Insbesondere bei experimentellen Abschlussarbeiten bzw. bei der Softwarenutzung oder -entwicklung wird noch oft das vorhandene technische Personal (Laboranten, Techniker, Systemadministrator) punktuell beteiligt. Sehr oft sehen Prüfungsordnungen noch vor, dass ein zweiter Gutachter involviert werden muss. Bezüglich der Note schlagen in der Regel die „direkten" Betreuer (Habilitand, PostDoc, Doktorand) eine Note vor. Dadurch wird der Tatsache Rechnung getragen, dass der direkte Betreuer über 6 Monate (Masterarbeit, TUHH) oder 9 Wochen (Bachelorarbeit, TUHH) mit Studierenden intensiv zusammengearbeitet und kommuniziert hat. Somit verfügt er über eine fundierte Beurteilungsgrundlage. Die endgültige Entscheidung über die Note wird durch den Professor und den Zweitgutachter (in der Regel aus einem anderen Institut) getroffen. Der Zweitgutachter stimmt im Normalfall der Bewertung des Erstgutachters zu. Das macht er nicht aus Gründen der Bequemlichkeit, sondern er erkennt auf diese Weise die institutsinternen Bewertungskriterien und die sich daraus ergebende Note an. Es ist ein Beitrag zur Gerechtigkeit unter allen Abschlussarbeiten im Institut, auch wenn das Wort *Gerechtigkeit* bei der Beurteilung von Abschlussarbeiten ein komplexes Problem ist. Nachvollziehbare Vergleichbarkeit wäre an dieser Stelle passender.

Bedeutung des Betreuers

Der direkte Betreuer ist für Studierende von eminenter Bedeutung. Aufgrund der engen Zusammenarbeit und der intensiven Kommunikation über die gesamte Dauer der Abschlussarbeit ist der direkte Betreuer die einzige Person, die eine wissenschaftliche Beurteilung der Abschlussarbeit und der erbrachten Leistungen verständlich, nachvollziehbar und fundiert durchführen kann. Der direkte Betreuer ist also weitgehend der Entscheider über die Note und damit im metaphorischen Sinne der Gate-Keeper (Hirsch-Weber & Scherer, 2016). In der Regel wurde im eigenen Institut aufgrund ausführlicher Diskussion und Analyse nach der Abschlussprüfung der Vorschlag des Betreuers weitgehend übernommen. Der verwendete interne Kriterienkatalog als Basis einer möglichst klaren, objektiven und nachvollziehbaren Benotung wurde bereits teilweise angesprochen und analysiert (◻ Tab. 7.1). Neben den inhaltlichen und formalen Kriterien wurde festgestellt, dass es noch zahlreiche organisatorische Kriterien gibt, die bei der Beurteilung Berücksichtigung finden. Beispielhafte organisatorische Kriterien sind ◻ Tab. 7.2 zu entnehmen. Sie werden üblicherweise allen Masteranden und Bacheloranten vor dem Beginn der Abschlussarbeit in schriftlicher Form ausgehändigt.

Auf die einzelnen Kriterien wird im Folgenden näher eingegangen.

Auch wenn die Zusammenstellungen in ◻ Tab. 7.1 und 7.2 selbsterklärend erscheinen, muss dennoch an dieser Stelle ein Aspekt festgehalten werden. Bei (fast)

Tab. 7.2 Zusammenstellung organisatorischer Kriterien zur Beurteilung wissenschaftlicher Abschlussarbeiten.

	Organisation
1	Selbstständiges Arbeiten und Lösen von Herausforderungen
2	Art der Kommunikation und Abstimmung
3	Regelmäßige Statustreffen (inhaltliche Info mit zeitlichem Vorlauf)
4	Abgestimmte Struktur der Statutstreffen: – Präsentation des Ist-Zustands – Konzept für weiteres Vorgehen – Bewertung, Priorisierung von Optionen und Vorschlag für Wahl
5	Strikte Termineinhaltung
6	Präzise Einhaltung der abgestimmten Arbeitspakete und Meilensteine
7	Korrektur des Rohmanuskripts
8	Probevortrag (Präsentation + Präsentieren)

allen Kernelementen spielt bei aller Eindeutigkeit des Katalogs die subjektive Beurteilung des Betreuers eine sehr wichtige Rolle. Sie hat – wie im praktischen Leben üblich – etwas mit der Chemie zwischen den beiden Partnern zu tun. Eine absolute Objektivität des Betreuers ist leider niemals zu erwarten. Das muss allen Studierenden bewusst sein und es hat keinen Sinn, dagegen anzukämpfen. Viel pragmatischer ist der folgende Ansatz. Aus der Kenntnis des Sachverhalts heraus sollte man der sorgfältig durchdachten Interaktion mit dem Betreuer eine hohe Bedeutung beimessen. Das ist auch die Begründung für den nächsten Abschnitt, in dem praxisorientierte und leicht umsetzbare Empfehlungen für Studierende zusammengestellt worden sind.

Umgang mit dem Betreuer

Vor dem Hintergrund der beschriebenen Bedeutung des Betreuers hinsichtlich der Beurteilung wird im Folgenden auf dem Fundament der eigenen Erfahrungen der Umgang mit Betreuern analysiert und daraus praxisorientierte Empfehlungen formuliert. Strukturell werden die folgenden drei Phasen der Zusammenarbeit unterschieden und beschrieben:
1. Erste Sondierungsgespräche und Zeit-/Inhaltsplan,
2. Zusammenarbeit während der Laufzeit der Abschlussarbeit,
3. Korrekturphase und Probevortrag vor der Abschlussprüfung.

Sie entsprechen dem chronologischen Ablauf der Zusammenarbeit und sollen bei Erfüllung einen harmonischen Ablauf in ruhigen Gewässern gewährleisten. Alle drei Phasen sind in Abb. 7.4 wiedergegeben. In nachfolgenden Ausführungen wird in erster Näherung beim Betreuer von einem wissenschaftlichen Mitarbeiter ausgegangen. An Hochschulen für Angewandte Wissenschaften mag die Lage punktuell unterschiedlich sein, dennoch behalten die Hinweise für Studierende weitgehend ihre Gültigkeit.

Abb. 7.4 Drei Phasen der Zusammenarbeit mit dem Betreuer

- **1. Phase: Erstes Sondierungsgespräch und Zeit-/Inhaltsplan**

Das erste Sondierungsgespräch entspricht näherungsweise einem Vorstellungsgespräch. Das Ziel besteht darin, sich kennenzulernen, zu beschnuppern und einige Rahmenbedingungen festzulegen. Was ist die Grundlage dieses Gesprächs? Hierzu wird die typische Vorgehensweise im eigenen Institut als Basis betrachtet. Wissenschaftlicher Mitarbeiter (Doktoranden) stellt bei der Bearbeitung seines Forschungsprojekts einen inhaltlichen Bearbeitungsbedarf fest. Um diesen Bedarf zu decken, formuliert er einen aussagekräftigen Aushang. Es ist in der Regel ein knapp formulierter Aushang, der den Arbeitstitel, den Hintergrund mit praktischer Bedeutung, das Thema, die Forschungsfrage und schließlich die verfolgten Ziele beinhaltet. Da die Anzahl besonders fähiger Studierender überschaubar und der Wettbewerb unter den Betreuern sehr groß ist, versuchen sie mit über Jahre ausgearbeiteten und erprobten Keywords die in Frage kommenden Studierenden auf ihren Aushang aufmerksam zu machen. Der Betreuer positioniert diesen Aushang an allen bereits erwähnten Stellen an der Hochschule, weil er die Trefferwahrscheinlichkeit möglichst erhöhen möchte. Er ist schließlich sehr daran interessiert, fähige Studierende zu finden, die ihn tatkräftig bei der Bearbeitung des definierten Projekts unterstützen. Diese Vorgehensweise orientiert sich sehr stark an den eigenen Strategien in der Industrie. Somit hat diese weitergegebene Vorgehensweise auch einen Ausbildungscharakter für die spätere Berufstätigkeit des Betreuers. Die hohe Anzahl der eigenen Abschlussarbeiten (380 Arbeiten in 16 Jahren) bestätigt, dass diese Vorgehensweise effizient ist und funktioniert.

Betrachten wir nun die andere Seite, die Studierenden. Die Studierenden haben den Aushang gefunden und als interessant eingestuft. Da wegen der Kürze des Aushangs nicht alle Details klar sind, kommt es zu einem Sondierungsgespräch. Neben den inhaltlichen, formalen und organisatorischen Aspekten weisen Beziehungsaspekte eine enorme Bedeutung auf. Man muss einfach zueinander finden. Aber worauf sollten Studierende bei diesem Sondierungsgespräch achten? Was sollten sie berücksichtigen? Hier wird Bezug auf einen weisen Satz aus der eigenen Vorlesung „Prozess- und Anlagentechnik II" ge-

7.2 · Spezifische Aspekte

nommen. Ein externer Dozent von der Bayer AG aus dem Bereich Engineering pflegte während seiner Vorlesung immer folgendes zu betonen (Wüstefeld, 2020):

» „Sag mir, wie Dein Projekt begonnen hat, und ich sage Dir, wie es enden wird"

Diesen Satz sollten beide, potenzielle Partner beherzigen. Für Studierende bedeutet er zunächst einmal, dass sie sich im Vorfeld des Sondierungsgesprächs über alle Aspekte der zukünftigen Abschlussarbeit detaillierte Gedanken machen müssen. Diese wurden bei der bereits analysierten Themenwahl und -eingrenzung angesprochen, analysiert und bewertet. Alle anstehenden, noch offenen Fragen sollten also zusammengestellt, priorisiert und geklärt werden. Man erkennt schon, dass eine äußerst sorgfältige Vorbereitung auf das Sondierungsgespräch eine wichtige Voraussetzung für den späteren Erfolg und eine solide Basis für die Entscheidung über die Annahme des Themas darstellt. Schließlich ist ein mehrfaches Aufkreuzen beim Betreuer, nur weil einem noch eine weitere Frage in den Kopf gekommen ist, eine nervige Angelegenheit. Sie deutet im Sinne des o. g. Satzes darauf hin, dass sich diese Vorgehensweise mit hoher Wahrscheinlichkeit auch während der Abschlussarbeit wiederholen wird. Das ist keine gute Voraussetzung für eine erfolgreiche Zusammenarbeit.

Im Sondierungsgespräch sollten alle bereits angesprochenen und analysierten Aspekte wie praktischer Nutzen, Problemstellung und Ziele, realistischer Bearbeitungsumfang, vorhandene Vorarbeiten, Versuchseinrichtungen, Software und Literatur zusammengestellt und gemeinsam geklärt werden. Neben den weitgehend inhaltlichen Aspekten müssen noch die folgenden formellen Aspekte angesprochen und abgestimmt werden:

- Termin für den Beginn der Abschlussarbeit,
- Eigener Arbeitsplatz (Büroarbeitsplatz mit Internetzugang und Softwareinstallation, Laborarbeitsplatz u. ä.), erforderliche Vorarbeiten vor Beginn der Abschlussarbeit, Beschaffung besonderer Arbeitshilfsmittel (Chemikalien, Katalysatoren, Anwendungssoftware, Hardware, Werkzeuge, Prüfgeräte u. ä.),
- Art der gewünschten Kommunikation (regelmäßige Treffen mit Analyse der Zwischenergebnisse, Telefon, E-Mail, Videokonferenzen u. ä.),
- zeitliche Verfügbarkeit des Betreuers während der Dauer der Abschlussarbeit (Urlaub, Elternurlaub, Forschungssemester (bei Professoren), geplante Krankenhausaufenthalte),
- Geheimhaltungsvereinbarung NDA (**n**on-**d**isclosure **a**greement).

Um Missverständnissen vorzubeugen, halten wir an dieser Stelle noch einmal fest, dass das Erfragen der aufgelisteten Aspekte keinen Anspruch auf detaillierte Klärung impliziert. Es geht ausschließlich darum, sich ein Bild sowohl vom Vorhaben als auch vom Betreuer zu machen, um anschließend eine Entscheidung über Annahme (Ablehnung) des Themas möglichst fundiert fällen zu können. Die Art und Weise, wie der potenzielle Betreuer der eigenen Abschlussarbeit auf die Fragen antwortet gepaart mit dem gewonnenen ersten Eindruck, ergibt eine Vorstellung über seine Person und damit über die zukünftige Beziehungsebene. Klares Verständnis bezüglich des Inhalts und eine eindeutige Kommunikation, spürbare thematische Priorisierung, fachliche Kompetenz, Begeisterung,

Motivation und erkennbares, inneres Engagement sind wichtige Bestandteile der noch ausstehenden Entscheidung. Hinzu kommen noch Charaktereigenschaften, wie Zuverlässigkeit, Ehrlichkeit und Freundlichkeit sowie sympathischer, offener und überzeugender Umgang. Diese ganzheitliche Herangehensweise mit inhaltlichen und formellen Aspekten zusammen mit der Beziehungsebene soll auch ein erstes Gefühl dafür erzeugen, ob man mit der anvisierten Abschlussarbeit unter der Annahme von eigenem Fleiß, Leistung und Kreativität eine exzellente Note erzielen kann.

Nun wird der Fokus auf die Sichtweise des Betreuers gelegt, denn nur wenn in Frage kommende Studierende ihn „verstehen bzw. präzise interpretieren", können sie auch entsprechende Signale senden, um den Zuschlag für das Thema und die Abschlussarbeit zu bekommen. Aus Sicht des Betreuers ist die Selbständigkeit der Studierenden bei der inhaltlichen Bearbeitung seines Themas von eminenter Bedeutung. Das bedeutet, dass Studierende Signale dieser Art im Vorfeld vorbereiten und im Sondierungsgespräch aussenden sollen (z. B. „zufälliges" Erwähnen der Leitung einer Gruppe im Sportverein, selbständige Tätigkeit als Programmierer, Tätigkeit als HiWi, Tutor, freiwilliges Fachpraktikum, …), um das Gebot der Selbständigkeit glaubhaft zum Ausdruck zu bringen. Des Weiteren umfasst das Self-marketing auch eine rein „zufällige" Information über bisher erreichte Noten im Studium, um damit den zweiten Pfeiler der Erwartungshaltung des Betreuers zu befriedigen, die fachliche Kompetenz. Natürlich wünscht sich auch der Betreuer, dass die angesprochene Beziehungsebene, die erwähnten Charaktereigenschaften und damit auch die Chemie stimmen, sodass er die Überzeugung gewinnt, dass man während der Abschlussarbeit zueinander findet und das gesamte Vorhaben auch für ihn ein Erfolg darstellen wird. Diesbezüglich lautet die klare Empfehlung an Studierende, sich menschlich gut zu verkaufen, ohne sich dabei zu verstellen. Der letzte Punkt hilft keinem der beiden Partner und sichert auf die Dauer keinen harmonischen und respektvollen Umgang miteinander.

Im eigenen Institut endet die 1. Phase mit der bereits angesprochenen Erstellung des Zeit- und Inhaltsplans durch Studierende. Das Fundament bilden hier die Aussagen des Betreuers aus dem Sondierungsgespräch.

> **Hinweis**
>
> Zusammenfassend kann festgehalten werden, dass für das Sondierungsgespräch eine ganzheitliche Herangehensweise mit inhaltlichen und formellen Aspekten zusammen mit der Beziehungsebene zwischen Studierenden und Betreuer ausgearbeitet und skizzenhaft dargestellt wurde. Sie berücksichtigt beide potenzielle Partner und klärt prinzipielle Rahmenbedingungen. Ferner soll das Sondierungsgespräch beide Partner in die Lage versetzen, eine Vorstellung über einen vertrauens- und respektvollen Umgang bei der Bearbeitung der Problemstellung (Abschlussarbeit) wohlwollend zu erzeugen.

- **2. Phase: Zusammenarbeit während der Laufzeit der Abschlussarbeit**

Die Kernvoraussetzungen für eine erfolgreiche Abschlussarbeit als Ergebnis der zweiten Phase ist eine Kombination aus drei Kernelementen (◘ Abb. 7.5):

Vorweg wird als selbstverständlich angenommen, dass Studierende selbständig, mit ausgeprägtem Fleiß und hoher Arbeitsmotivation unter Anwendung im Studium gelernter wissenschaftlicher Methoden systematisch und strukturiert neue und innovative Ergebnisse erarbeiten. Dabei versuchen sie, den gemeinsam entworfenen und abgestimmten Zeit- und Inhaltsplan weitgehend einzuhalten. Da man leider wissenschaftliche Arbeiten nicht entlang eines vorgegebenen und erprobten Rezepts, wie dies z. B. beim Backen oder Kochen der Fall ist, abarbeiten kann, ergeben sich im Laufe der Bearbeitung zahlreiche Fragen bzw. Zweifel, deren Beantwortung in der Regel sogar mehrere Lösungsoptionen zulässt. Daraus ergibt sich wiederum zwangsläufig ein Diskussions- und Analysenbedarf mit dem Betreuer. Aus eigener Erfahrung ist bekannt, dass man hier teilweise gravierende Fehler machen kann. Um diese zu vermeiden, wird im Folgenden der Fokus auf diese Problematik gelegt. Damit gelangt man zum zweiten Punkt der erwähnten Kernvoraussetzungen, zur Kommunikation und Abstimmung mit dem Betreuer (◘ Abb. 7.5). Der Kommunikation zwischen Studierenden und dem Betreuer wird für den späteren Erfolg der Abschlussarbeit eine enorme Bedeutung beigemessen. Es stellt sich in diesem Zusammenhang die Frage: Warum ist es so und wie können Studierende die Kommunikation vorausschauend positiv gestalten? Es wird in diesem Zusammenhang dringend empfohlen, während der gesamten Bearbeitungszeit regelmäßige Statustreffen mit dem Betreuer zu vereinbaren und zu absolvieren. Diese setzen sich in der

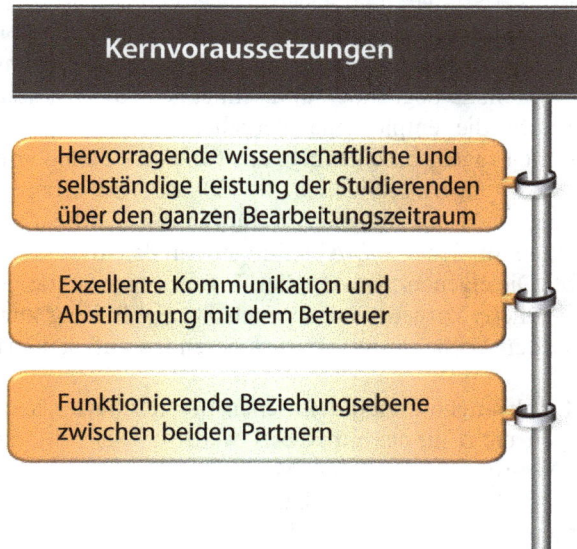

◘ Abb. 7.5 Kernvoraussetzungen für eine erfolgreiche Abschlussarbeit

Regel aus zwei Elementen zusammen: aus der Darstellung des erreichten Ist-Zustands und des Konzepts für das weitere Vorgehen. Beide Elemente müssen durch Studierende selbständig entwickelt und dem Betreuer vorgestellt werden. Das Statustreffen stellt eine praktikable Möglichkeit dar, die erwähnten Fragen bzw. Zweifel zu diskutieren, zu beantworten bzw. auszuräumen. Gleich zu Beginn der Abschlussarbeit sollten mit dem Betreuer die Art der Statustreffen (E-Mail, Telefon, Videokonferenz, Präsenztreffen) und die gewünschte Häufigkeit abgestimmt werden. Natürlich kann bei anstehenden dringenden Fragen auch zwischendurch eine kurze Diskussion und Analyse durchgeführt werden.

Enorm wichtig ist in diesem Zusammenhang die gründliche und sorgfältige Vorbereitung des Studierenden auf diese Statustreffen. Es wird empfohlen, eine kleine Präsentation in PowerPoint als Diskussionsbasis vorzubereiten. Diese Präsentation hat mindestens drei Vorteile. Schriftliche Unterlagen zwingen jeden zur Strukturierung der erzielten Ergebnisse und zur Präzision der Gedanken. Dagegen weisen ausschließlich gedankliche Vorbereitungen das Gegenteil auf. Der zweite Vorteil besteht darin, dass man eine gute Dokumentation des Fortschritts der Abschlussarbeit entwickelt. Schließlich liegt der dritte Vorteil darin begründet, dass man diese Präsentationen später teilweise in die Abschlussarbeit bequem integrieren kann, wodurch man im letzten Abschnitt (Erstellung des Manuskripts) einen Zeitgewinn erzielen kann. In diesem üblicherweise sehr zeitintensiven Lebensabschnitt ist Zeit erfahrungsgemäß ein äußerst knappes Gut. Es wird empfohlen, die ausgearbeiteten Unterlagen für das Statustreffen mit entsprechender Vorlaufzeit (1–2 Tage) proaktiv dem Betreuer zur Verfügung zu stellen. Damit gewährt man ihm die Möglichkeit, sich auf das Statustreffen vorzubereiten.

Um Missverständnissen an dieser Stelle vorzubeugen, soll hier noch der folgende Hinweis an Studierende gegeben werden: Es ist die Aufgabe von Studierenden, die erwähnten Fragen bzw. Zweifel präzise zu formulieren. Des Weiteren ist auch ihre Aufgabe, vorausschauend mögliche Lösungsoptionen abzuleiten, zu priorisieren, zu begründen und schließlich zur Diskussion zu stellen.

Insgesamt erlaubt die empfohlene Vorgehensweise eine strukturierte Auseinandersetzung mit Fragen, beschleunigt das fundierte Fällen von gemeinsamen Entscheidungen und steigert schließlich die Effizienz des Treffens deutlich. Sie orientiert sich maßgeblich an üblichen Verfahren bei der Bearbeitung von z. B. Forschungsprojekten in den F&E-Abteilungen in der Industrie und ist somit gründlich erprobt. Die eigenen, industriellen Erfahrungen bestätigen diesen Sachverhalt. Damit ist diese Vorgehensweise auch als ein Beitrag zur weiteren Ausbildung und vertieften Vorbereitung von Studierenden auf den späteren Beruf zu verstehen.

Die eigenen Erfahrungen im akademischen Bereich weisen leider auf, dass die o. g. Empfehlungen nicht immer umgesetzt werden. Das führt zu Verärgerung, Spannung oder Verstimmung und zu Missverständnissen. Sie sind immer ein Zeichen der suboptimalen Kommunikation und müssen möglichst frühzeitig ausgeräumt werden. Im Folgenden sind stellvertretend einige Beispiele aus der akademischen Praxis zusammengestellt, die unbedingt eingehalten bzw. vermieden werden sollten:

- präzise Einhaltung der vereinbarten Termine (entspricht menschlicher Wertschätzung und Respekt),
- möglichst vollständige Umsetzung der abgesprochenen Arbeitsinhalte (zeugt von Zuverlässigkeit und Biss),
- Berücksichtigung von Weisungen und Ratschlägen des Betreuers (Respekt und Wertschätzung des Betreuers),
- keine falsche Auslegung der Statustreffen als Beratungs- bzw. Servicegespräche (Bequemlichkeit),
- Vermeidung von hilfsbedürftigem und anbiederndem Verhalten,
- Vermeidung von Entschuldigungen mit dem Hinweis auf private Belastungen.

Die bedingungslose Einhaltung der aufgeführten Empfehlungen stellt auch die Basis für die dritte Kernvoraussetzung (◘ Abb. 7.5), die funktionierende Beziehungsebene zwischen beiden Partnern dar. Sie unterstützt nachhaltig beide Seiten bei der erfolgreichen Umsetzung des gemeinsamen Vorhabens trotz der teilweise unterschiedlichen Sichtweisen und Erwartungen. Die Idealvorstellung stellt eine möglichst dynamische Synchronisation beider Partner im Rhythmus des Radetzky-Marsches auf der Überholspur dar. Im Endeffekt gewinnt durch die Berücksichtigung der aufgeführten Empfehlungen und die begleitende vollständige Konzentration auf die zu erzielenden Ergebnisse und Inhalte die wissenschaftliche Qualität der Abschlussarbeit und letztendlich auch die Abschlussnote.

> **Hinweis**
>
> Zusammenfassend kann festgehalten werden, dass für das Sondierungsgespräch eine ganzheitliche Herangehensweise mit inhaltlichen und formellen Aspekten zusammen mit der Beziehungsebene zwischen Studierenden und Betreuer ausgearbeitet und skizzenhaft dargestellt wurde. Sie berücksichtigt beide potenzielle Partner und klärt prinzipielle Rahmenbedingungen. Ferner soll das Sondierungsgespräch beide Partner in die Lage versetzen, eine Vorstellung über einen vertrauens- und respektvollen Umgang bei der Bearbeitung der Problemstellung (Abschlussarbeit) wohlwollend zu erzeugen.

■ **3. Phase: Korrekturphase und Probevortrag**

Endlich! Nach viel Mühe ist die Rohfassung des Manuskripts der Abschlussarbeit fertiggestellt. Mit Sicherheit ein Grund, mächtig stolz zu sein. Man denkt, dass die Zielgerade erreicht und die Anstrengung vorbei ist. Leider hört an dieser Stelle die Aufgabe noch nicht auf. Es beginnt die sorgfältige Korrektur. Jetzt muss jeder Satz unter dem Mikroskop minutiös seziert werden. Aber geht es nur um Sätze oder ist die Aufgabe doch wesentlich umfangreicher? Im Rahmen der Korrektur müssen die folgenden Bestandteile unbedingt analysiert und ggfs. korrigiert werden (Hirsch-Weber & Scherer, 2016; Brink, 2004; Köhler, 2020):
1. Inhalt und Logik der Abschlussarbeit (Aufbau, inhaltliche Bezüge zwischen Kapiteln und Abschnitten, roter Faden, Argumentationsketten, Einordnung der Ergebnisse),

2. Ausdruck und Stil (fachspezifische Begriffe und Definitionen, Abkürzungen),
3. Rechtschreibprüfung, Interpunktion und Grammatik,
4. Formalia (Schriftart und -größe, Zeilenabstand, Seitenränder, Formatierung von Tabellen und Abbildungen, Zitationssystem, Literatur- und Inhaltsverzeichnisse, Anhang).

Dabei sollten alle internen Vorgaben des Instituts im Vorfeld in Erfahrung gebracht und voll umgesetzt werden.

Auch wenn die o. g. Auflistung nur nach Fleißarbeit aussieht, stellt sie eine mehrdimensionale Optimierungsaufgabe dar (◘ Abb. 7.6). Hinzu kommt noch, dass diese Aufgabe ziemlich komplex ist.

Das hat etwas damit zu tun, dass man hier üblicherweise mit einigen gegenläufigen Einflussfaktoren zu tun hat. Auf der einen Seite besagen alle festgestellten Erfahrungen, dass Studierende gegen Ende in der Regel mit sehr eingeschränktem Zeitbereich zu kämpfen haben. Die praktische Umsetzung der erwähnten Sorgfalt steht also im krassen Widerspruch zu der zur Verfügung stehenden Zeit. Hier gilt die klare Empfehlung, im Vorfeld für ausreichend Zeit zu sorgen. Auf der anderen Seite sind Studierende durch die sehr lange und intensive Auseinandersetzung mit dem Forschungsthema und dem Zusammenschreiben aller erzielten Ergebnisse teilweise betriebsblind (Bensberg & Messer 2014). Man sieht einfach den Wald vor lauter Bäumen nicht mehr. Die nächste Empfehlung lautet somit: Gemäß dem Spruch *vier (besser sechs) Augen sehen mehr als zwei* sollte man dritte Personen (Freunde, Kommilitonen, Verwandte) mit dieser Aufgabe „beauftragen". Dies wiederum steht im krassen Widerspruch zu der bereits erwähnten Prüfungsordnung, die die Selbständigkeit bei der Erstellung der Abschlussarbeit besonders hervorhebt. Das stellt Fischer (Fischer,

◘ **Abb. 7.6** Manuskriptkorrektur: Eine komplexe und mehrdimensionale Aufgabenstellung

2019) zurecht fest, indem sie festhält, dass eine Abschlussarbeit eine Prüfungsleistung und zugleich ein Nachweis der selbständigen Anfertigung ist. Auch hier hat man also mit gegenläufigen Einflussfaktoren zu tun. Auf der einen Seite Betriebsblindheit, eingeschränkter Zeitbereich und externe Korrekturhilfe, auf der anderen die selbständige Arbeit. Vor dem Hintergrund der Zielsetzung (exzellente Abschlussnote) wird jedoch empfohlen, einen (faulen) „Kompromiss" anzustreben. Man lässt sich einfach bei der Korrektur helfen, da dies üblich und stark verbreitet ist. Not kennt einfach kein Gebot!

Nach der sorgfältigen Korrektur kommen wir endlich auf das Kernelement des Abschnitts zu sprechen, den Betreuer. Der ganze Aufwand hat eigentlich nur ein Ziel, Respekt und Wertschätzung des Betreuers. Das klingt auf den ersten Blick ziemlich überraschend, aber der erste Blick täuscht in diesem Fall. Die übliche Vorgehensweise vor der Abgabe der Abschlussarbeit sieht so aus, dass Studierende dem direkten Betreuer ihr Manuskript vor dem Drucken und Binden zwecks Korrektur zur Verfügung stellen. Dabei werden in vielen Fällen die angesprochenen Vorkorrekturen eher flüchtig oder überhaupt nicht durchgeführt. Dahinter steckt die Erwartungshaltung, dass der letzte Schliff eben durch den direkten Betreuer durchgeführt werden soll. Aus eigener Praxis ist bekannt, dass viele Betreuer darauf ziemlich verärgert reagieren, da sie sich auf keinen Fall für die Endkorrektur zuständig fühlen. Sie interpretieren diese Handlung oft als Missbrauch der eigenen Person und verbinden es mit mangelhafter Wertschätzung und fehlendem Respekt. Das ist vielen Studierenden überhaupt nicht bewusst. Schlimmer noch, sie übersehen an dieser Stelle den direkten Zusammenhang zwischen der Qualität der Rohfassung des Manuskripts und der späteren Abschlussnote. Betreuer sind halt auch nur Menschen. Studierende sollten sich einfach fragen, ob man diese Version des Manuskripts auch dem Gutachter (Professor) zur Verfügung stellen würde? Die ehrliche Antwort auf die Frage klärt weitgehend den betrachteten Sachverhalt und die eigene Wertschätzung des direkten Betreuers.

Zusammenfassend kann die folgende klare Empfehlung festgehalten werden:

> „Geben Sie dem Betreuer möglichst keine Chance auf Verbesserungsmöglichkeiten bei der Korrektur Ihres Rohmanuskripts"!

Studierende können im Hinblick auf die Abschlussarbeit riskant, aber eben nicht gefährlich leben und ein sauber ausgearbeitetes Rohmanuskript stellt in der Regel ein Alleinstellungsmerkmal dar.

Zum Abschluss soll noch der Probevortrag vor dem Betreuer skizzenhaft betrachtet werden. Er stellt eine wichtige Maßnahme dar, um bei der Abschlussprüfung gute Karten zu haben. Es wird empfohlen, diesen immer anzustreben und durchzuführen, da der Betreuer als erfahrener Wissenschaftler die Wahrscheinlichkeit auf Verbesserung der Präsentation und des Präsentierens nur erhöhen kann. Diese Chance sollte man sich nicht entgehen lassen. Die Kernaussage an dieser Stelle lautet jedoch: Alle Hinweise und Empfehlungen, die im Hinblick auf das Rohmanuskript ausgesprochen wurden, gelten ohne Einschränkung auch in Bezug auf die Präsentation und das Präsentieren. In beiden Fällen sind nämlich die menschlichen Empfindungen und Reaktionen identisch. Man sollte sich auf keinen Fall durch das Wort *„Probevortrag"* täuschen lassen.

Der Inhalt, das Layout und viele andere Elemente, die für eine erfolgreiche Präsentation und ein überzeugendes Präsentieren von Bedeutung sind, sind im Kapitel *Präsentation und Präsentieren* zu finden.

7.3 Externe Abschlussarbeiten

Externe Abschlussarbeiten unterliegenden in jeder Hinsicht zwangsläufig gleichen Grundsätzen, die auch bei Abschlussarbeiten an der Hochschule gelten. Das regelt eindeutig die geltende Prüfungsordnung für (alle) Abschlussarbeiten. Demnach sind die beiden wichtigsten Voraussetzungen, selbständige und wissenschaftliche Leistung zu erfüllen. Es ist kein Zufall, dass aus der Fülle der Grundsätze diese beiden herausgegriffen und einer vertieften Analyse unterzogen werden. Was die Selbständigkeit betrifft, wird sie im Umfeld eines Industrie- und Dienstleistungsunternehmens zwangsläufig mehr als deutlich erfüllt. Dennoch wird auf diese Problematik im Folgenden näher eingegangen. Das umfasst auch den zweiten Grundsatz, die wissenschaftliche Leistung, bei der in vielen Fällen einige Probleme zu beobachten sind, die durch Studierende im Vorfeld leider nicht berücksichtigt werden. Bei den Ausführungen hinsichtlich externer Anschlussarbeiten wird sowohl auf die zahlreichen, eigenen Erfahrungen im akademischen als auch industriellen Bereich zurückgegriffen.

Was ist aber die eigentliche Problematik und warum redet man überhaupt von einer Problematik bei externen Abschlussarbeiten? Um diese Frage zu beantworten, fokussieren wir uns zunächst einmal auf die beiden „Welten", mit denen Studierende bei einer externen Abschlussarbeit unweigerlich konfrontiert werden. Das ist auf der einen Seite die Hochschule und auf der anderen das Unternehmen, in dem die Abschlussarbeit durchgeführt werden soll. Beide „Welten" haben dabei ihre eigenen Bewertungskriterien und Erwartungen, die nicht selten sehr unterschiedlich und teilweise kaum kompatibel sind. Studierende stecken dazwischen und müssen beide Vertreter zur vollsten Zufriedenheit bedienen. Ihre Situation spiegelt das mechanistische Modell in ◘ Abb. 7.7 gut wider. Dabei sind die auftretenden Kräfte nicht selten ziemlich groß.

◘ Abb. 7.7 Die Dreiecksbeziehung: Professor-externer Betreuer-Studierender

Erst nachdem man verstanden hat, wie die beiden Welten „ticken", ist man in der Lage, sie richtig zu interpretieren und treffend zu bewerten. Hierzu werden praxisorientierte Empfehlungen ausgesprochen. Auf dieser Basis kann anschließend eine fundierte Entscheidung bezüglich des Ortes für die Abschlussarbeit (Hochschule, extern) unter Berücksichtigung relevanter Einflussfaktoren getroffen werden.

7.3.1 Kurze Charakterisierung der unterschiedlichen Perspektiven

Der im Folgenden durchgeführte Versuch einer skizzenhaften Charakterisierung der beiden „Welten" greift vor dem Hintergrund der externen Abschlussarbeit nur die relevanten Aspekte heraus, bewertet und priorisiert sie, ohne dabei den Anspruch auf Vollständigkeit zu erheben. Im Vordergrund steht die Verständlichkeit und Nachvollziehbarkeit für Studierende und weniger die Vollständigkeit der Ausführungen.

Wie bereits ausgeführt, stellt jede externe Abschlussarbeit eine hochschulmäßige Prüfungsleistung dar, die beim Prüfungsamt *und* beim Prüfungsausschuss beantragt und genehmigt werden muss. In diesem Zusammenhang wird Studierenden dringend empfohlen, vor der Entscheidung bezüglich des Ortes der Abschlussarbeit (extern, Hochschule) die gültige Prüfungsordnung der Hochschule sorgfältig zu lesen und zu prüfen. Sie ist bei der anstehenden Entscheidung von zentraler Bedeutung. Formelle Fehler, die an dieser Stelle entstehen und die auf fehlende Umsetzung der ersten Empfehlung zurückzuführen sind, sind im Nachhinein sehr ärgerlich.

Jede Abschlussarbeit (auch externe) ist grundsätzlich unter der Betreuung eines Professors anzufertigen. Er trägt auch die alleinige Verantwortung für den gesamten formalen Ablauf und entscheidet am Ende, zusammen mit dem bereits erwähnten Zweitgutachter, über die Bewertung und damit auch über die Note. Externe Betreuer können in diesem Zusammenhang lediglich eine beratende Rolle einnehmen. Betrachten wir an dieser Stelle die Motivation des Professors hinsichtlich einer externen Abschlussarbeit. Aus der eigenen Erfahrung heraus ist festzuhalten, dass sich in allen Jahren eigener universitärer Tätigkeit ein harter Wettbewerb um leistungsfähige Studierende wie ein roter Faden durchzieht. Die primäre Motivation eines Professors besteht hier verständlicherweise darin, zunächst einmal die eigene Forschung zu verfolgen und damit auch den Bedarf der eigenen wissenschaftlichen Mitarbeitenden zu befriedigen, bevor man fähige Studierende für die externe „Welt" (Industrie- und Dienstleistungsunternehmen) abgibt. Es ist einfach so, es ist menschlich und damit auch in der Priorisierung und Motivation des Professors nachvollziehbar. Das mag an Hochschulen für Angewandte Wissenschaften anders aussehen (BMBW, 1989). Für Studierende ist es an dieser Stelle eminent wichtig, diese Tatsache zur Kenntnis zu nehmen und bei geplanten Gesprächen mit einem Professor zu berücksichtigen. Dies kann z. B. darin münden, dass eine starke Überlappung der geplanten Abschlussarbeit (fachlicher Inhalt und thematischer Umfang) mit dem fachlichen Spektrum des Professors erst sorgfältig analysiert und ausgearbeitet werden muss. Gelingt es nicht, einen Vorteil für den Professor auszuarbeiten, wird es in der Regel schwierig bis unmöglich, ihn zur Übernahme der Betreuung der externen Abschlussarbeit zu überzeugen. Es ist also wie im praktischen Leben und Professoren stellen leider keine Ausnahme dar. Sollte die Überzeugung des Professors fehlschlagen, dann ist dies zwar zum Nachteil der Studierenden, es ist aber wenigstens in diesem Kontext nachvollziehbar.

Es gibt noch drei weitere Aspekte, die bei externen Abschlussarbeiten mitbetrachtet werden müssen. Beim ersten Aspekt handelt es sich um bestehende bzw. sich anbahnende Forschungskooperationen mit dem Unternehmen. Sie erhöhen auf jeden Fall die Neigung des Professors, eine Zusage für die Betreuung einer externen Abschlussarbeit zu erteilen. Allerdings gilt für Studierende, dass eine erst in Aussicht gestellte Forschungskooperation seitens des Unternehmens eine in der Regel so zeitlich aufwendige Angelegenheit ist, dass es praktisch keinen Sinn hat, auf diese Option zu setzen. Diese pessimistische Aussage unterstützt selbst die Betrachtung der Verwertungsrechte in Forschungskooperationen, die üblicherweise u. U. deutlich länger als die Abschlussarbeit selbst dauert.

Der zweite Aspekt umfasst die Tatsache, dass eine externe Abschlussarbeit ohne eine Forschungskooperation für den Professor lediglich ein punktuelles Ereignis darstellt, ohne die Möglichkeit, sie wissenschaftlich umfangreich fortzusetzen. Schließlich erzielt man hier am Ende nicht einmal eine wissenschaftliche Veröffentlichung. Auch diese Tatsache unterstützt die Bereitschaft des Professors nur im geringen Maße.

Einen sehr relevanten Aspekt jeder Abschlussarbeit stellt die Bewertung und letztlich die Abschlussnote dar. Dies ist insbesondere bei externen Abschlussarbeiten eine komplexe Problematik, da hier der Themenschwerpunkt und die Durchführung der Arbeit vorwiegend in der Außenwelt stattfindet. Im Vergleich zu Abschlussarbeiten an der Hochschule fehlt hier also der bereits ausführlich besprochene interne Betreuer (z. B. wissenschaftliche Mitarbeitende). Der bei eigenen externen Abschlussarbeiten verfolgte Ansatz von 3 bis 4 persönlichen Statusgesprächen während des Bearbeitungszeitraums der Abschlussarbeit ist aus Sicht der Bewertung bei weiten nicht so fundiert, wie die bereits erwähnte enge Zusammenarbeit zwischen wissenschaftlichen Mitarbeitenden und Studierenden. Man ist also in der Regel auf den externen Betreuer angewiesen. Dabei sind aber seine Bewertungskriterien nicht immer mit den klaren Vorgaben der Prüfungsordnung kompatibel. Die bereits angesprochene Vergleichbarkeit der Abschlussnoten im Institut kann damit nur näherungsweise gewährleistet werden. Dabei ist zu beachten, dass der Professor die wissenschaftliche Qualität der Abschlussarbeit ausschließlich aufgrund des vorliegenden Textes beurteilen kann. Die erzielten Problemlösungen sowie firmenbezogenen Ergebnisse und Daten spielen dabei für ihn eine untergeordnete Rolle, was die verschiedenen Wertmaßstäbe und Erwartungshaltungen der beiden „Welten" unterstreicht. Und dazwischen stecken Studierende mit ihrer Hoffnung auf eine möglichst exzellente Abschlussnote (◘ Abb. 7.7). Auf diese wichtige Thematik kommen wir noch später zu sprechen.

Nach der skizzenhaften Charakterisierung der ersten „Welt" soll im Folgenden der gleiche Vorgang für die „Welt" der Industrie- und Dienstleistungsunternehmen beleuchtet werden. Hier werden bewusst z. B. Behörden oder ähnliche Einrichtungen außer Acht gelassen, da in diesem Bereich keine nennenswerten, eigenen Erfahrungen vorliegen.

Die prinzipielle Frage, die man sich in diesem Zusammenhang stellen sollte, ist die folgende: Was ist die intrinsische Motivation eines Unternehmens bei der Initiierung einer externen Abschlussarbeit? Die ehrliche Antwort auf diese Frage erleichtert Studierenden, die Beweggründe des Unternehmens zu verstehen und zu bewerten.

Es ist unbestritten, dass hinter jeder externen Abschlussarbeit ein klares wirtschaftliches Interesse des Unternehmens steckt. Betrachten wir dabei Studierende vor Beginn und am Ende ihrer Abschlussarbeit. Anstatt von früherer, üblicher Aufwandsentschädigung, die in der Regel bis 1000 EUR/Monat betrug, hat aktuell der gesetzliche Mindestlohn Gültigkeit. Er liegt in 2024 bei 12,41 Euro/Stunde. Bei näherungsweise 160 h im Monat (vereinfachte Rechnung) ergibt sich ein Betrag von 1985 Euro/Monat. Die gleichen Studierenden erhalten (kosten) nach ihrer z. B. Masterarbeit, also lediglich 6 Monate später, um Faktoren mehr (Faktor 3,5 gemäß dem Tarifvertrag der Chemischen Industrie (Tarifvertrag, 2019)). Dieser enorme Wertzuwachs kann umgangen werden, indem man einfach Studierende anstatt von Hochschulabsolventen einstellt.

Neben der wirtschaftlichen Komponente spielt noch der folgende Sachverhalt eine Rolle. Betrachten wir hierzu ein einfaches Beispiel aus der industriellen Praxis. Im Produktionsbetrieb ist z. B. ein Problem aufgetaucht. Sorgfältige Analysen offenbarten, dass die Herstellkosten eines Produkts im Begriff sind, langsam, aber kontinuierlich zu steigen. Für den Betrieb und das Marketing eine kleine, aber zunehmende Katastrophe. Als Gründe können z. B. der gestiegene spezifische Energieverbrauch, der erhöhte CO_2-Ausstoß oder die geringere Produktausbeute infrage kommen. Die genaue Ursache des Problems ist unbekannt und muss erst durch systematische Untersuchungen herausgefunden werden. Die interne Finanzierung des Projekts ist aktuell noch Bestandteil von Verhandlungen zwischen der F&E-Abteilung und dem Produktionsbetrieb und damit nicht gesichert. Zeitlich gesehen, ist die Lage noch nicht so dramatisch, dass ein internes Projekt mit finanzieller Ausstattung sofort initiiert werden muss. Im Vorgriff entscheiden F&E-Mitarbeiter, für die Problemlösung z. B. eine externe Masterarbeit auszuschreiben. Auf jeden Fall ist sie aus ihrer Sicht eine kostengünstigere Alternative im Vergleich zu einem Mitarbeitenden des Unternehmens. Das finanzielle Risiko, dass er dabei eingeht, liegt im Lichte der obigen Ausführungen im sehr überschaubaren Bereich. Aus Sicht der F&E-Abteilung (Betreuer) steht dabei im Fokus die Lösung der betrieblichen Herausforderung. Der Betreuer erwartet von Studierenden eine solide ingenieurmäßige Herangehensweise. Die aus akademischer Sicht geforderte wissenschaftliche Durchdringung und der wissenschaftliche Anspruch sowie die eingesetzten, wissenschaftlichen Methoden sind für den Betreuer eher zweitrangig. Dabei kann man den Betreuern keine absichtliche Handlung vorwerfen. Dafür gibt es einen denkbaren Grund. Seine eigene Master -/Diplomarbeit liegt schon lange in der Vergangenheit und er hat die hochschulinternen Anforderungen an Abschlussarbeiten einfach vergessen. Das zentrale Anliegen für den Betreuer ist die möglichst schnelle und sichere Lösung des Problems. Seine Zielsetzung orientiert sich also am Nutzen und an der Verwertbarkeit der im Rahmen der geplanten Abschlussarbeit erzielten Ergebnisse.

Für Studierende besteht eine weitere wichtige Feststellung darin, dass der Betreuer für die Betreuung der Abschlussarbeit tendenziell wenig Zeit haben wird. Es ist dabei kein böser Wille, sondern die schlichte industrielle Wirklichkeit. Üblicherweise hat jeder Betreuer zwischen 5–7 Projekte, die er in paralleler Vorgehensweise selbst verfolgen muss. Als erzwungenes Ergebnis stehen Studierende in diesem Zusammenhang leider sehr oft am Ende der Nahrungskette. Keine günstige Voraussetzung für eine gelungene Abschlussarbeit und damit für eine exzellente Abschlussnote.

Ein mögliches, zusätzliches Problem hat etwas mit der erwähnten Geheimhaltungsvereinbarung NDA zu tun. Eine Geheimhaltungsvereinbarung ist bekanntlich ein Vertrag, mit dem ein Unternehmer sicherstellt, dass vertrauliche Unternehmensinformationen (Daten, Dokumente, Ideen, …) streng geheim und damit geschützt bleiben. Für Studierende, die diese Geheimhaltungsvereinbarung zwangsläufig unterschreiben müssen, kann das gravierende Folgen haben. Die Verletzung des Vertrags kann nämlich auf der einen Seite zu unangenehmen Rechtsfolgen führen. Auf der anderen Seite führt die strikte Einhaltung der Geheimhaltungsvereinbarung zu einigen substanziellen Einschränkungen im Hochschulbereich. Betrachten wir an dieser Stelle den Inhalt der Abschlussarbeit und die durch die Prüfungsordnung der Hochschule vorgeschriebene öffentliche Abschlussprüfung mit dem entsprechenden Vortrag. In beiden Fällen stellen die im Unternehmen erzielten Ergebnisse üblicherweise die Kernelemente erwähnter Bestandteile dar. Sollten diese jedoch unter die Geheimhaltungsvereinbarung fallen, so haben Studierende ein fast unüberwindbares Problem. Leider ist dieser Interessenkonflikt sehr oft zu beobachten, sodass man im Vorfeld im Gespräch mit dem industriellen Betreuer diese Thematik sehr sorgfältig behandeln und absprechen muss (u. a. Stichwort: Sperrvermerk (Balzert et al., 2011). Erschwerend kommt noch hinzu, dass z. B. der Betriebsleiter, der u. U. neben dem Betreuer aus der F&E-Abteilung auch berücksichtigt werden muss, eine zum direkten Betreuer aus der F&E-Abteilung durchaus völlig abweichende Meinung haben kann. Auf jeden Fall gilt als Empfehlung, sowohl die Abschlussarbeit als auch die Präsentation unbedingt durch das Unternehmen (Betreuer, Betriebsleiter…) genehmigen zu lassen. Bei der Verwendung der erzielten Ergebnisse bietet hier einen praktikablen Ausweg die Nutzung von z. B. dimensionslosen Kennzahlen anstatt der direkten Prozessparameter, die „Codierung" der Produktnamen durch Buchstaben oder Zahlen (Produkt A bzw. Produkt 1) o. ä. Diesen Lösungsweg haben eigenbetreute Studierende in der Prozessindustrie oft (zwangsläufig) eingesetzt. Man muss sich aber im Klaren sein, dass dies auf jeden Fall nicht nur eine unschöne Krücke ist, sondern auch eine deutliche Einschränkung der Freiheit und Offenheit beim Erstellen des Manuskripts darstellt. Ob auch der betreuende Professor dafür Verständnis aufbringt, muss vorsichtshalber im Vorfeld auf jeden Fall geklärt werden.

Zusammenfassend bedeuten all diese Beispiele und Hinweise für Studierende, dass sie mit einer ausgeprägten Diskrepanz zwischen den Zielsetzungen und den betrieblichen Erwartungen des Unternehmens sowie den durch die Prüfungsordnung ihrer Hochschule festgelegten Anforderungen an jede Abschlussarbeit konfrontiert werden. Diesen angespannten Sachverhalt gibt schematisch die ◘ Abb. 7.7 wieder. Leider kommt es für Studierende u. U. noch schlimmer. Die hohe Komplexität betrieblicher Aufgabenstellungen verhindert oft die direkte Anwendung gelernter wissenschaftlicher Methoden, da diese für deutlich einfachere Systeme entwickelt und in den Vorlesungen unterbreitet wurden. Hinzu kommt noch, dass zahlreiche, erforderliche Angaben bezüglich z. B. Prozessparameter (Temperaturen, Drücke, Zusammensetzungen von Gemischen, …) schlicht fehlen, weil sie in der Praxis z. B. nicht gemessen werden. Schließlich soll eine Produktionsanlage produzieren und nicht als Objekt wissenschaftlicher Untersuchungen dienen. Sie wurde aus Kostengründen folgerichtig nicht für diese Untersuchungen ausgelegt und ausgestattet. Schließlich führt die erwähnte Komplexität auch dazu, dass zahlreiche Themen oft viele Lösungsalternativen zulassen, deren sorgfältige Untersuchung plötzlich deutlich mehr Zeit als ursprünglich geplant in Anspruch nimmt. Sehr oft sind aus diesem Grund Themen sogar ergebnisoffen und verlaufen teilweise chaotisch (Fieg, 2019a; Schütz & Röbken, 2020). Hinzu kommt noch, dass es u. U. keine ausführlichen und vor allem gut dokumentierten Vorarbeiten gibt, auf die man die Abschlussarbeit aufbauen könnte.

Des Weiteren ist die durch die Prüfungsordnungen verlangte wissenschaftliche Qualität im gewissen Widerspruch zu Unternehmenserwartungen, mehr noch, sie führt bei übertriebener Fokussierung sogar zu internen Irritationen im Unternehmen. Das bestätigen auch Schütz & Röbken, 2020; Schmidt, 2013. Als praxisorientierter Ratschlag gilt, dass man die interne Kommunikation immer an die Empfänger anpassen muss, auch wenn es gelegentlich auf Kosten der Präzision der getätigten Aussagen gehen sollte.

Die durchgeführte, skizzenhafte Charakterisierung der beiden „Welten" ist für Studierende von enormer Bedeutung. Sie gibt nicht nur einen vertieften Einblick in die anstehende Problematik, sondern hilft anhand der geschilderten Aspekte die Komplexität der Aufgabe und die spezifischen Sichtweisen besser zu verstehen und zu bewerten. Es wird klar, dass die beiden Vertreter der „Welten" (der Professor und externe Betreuer) unter sehr unterschiedlichem Blickwinkel die externe Abschlussarbeit betrachten. Dies ist in ◘ Abb. 7.8 sinngemäß dargestellt.

Alle vorgeführten Aspekte erschweren die Entscheidung für oder gegen eine externe Abschlussarbeit und ihre anschließende Durchführung in einem Unternehmen im starken Maße. Zusammenfassend ist festzuhalten, dass eine externe Abschlussarbeit eindeutig mehr Risiken als Chancen bietet, wenn eine exzellente Note die verfolgte Optimierungsfunktion repräsentiert. Sie ist nur sehr, sehr selten zu erreichen und dabei tragen Studierende keine persönliche Schuld. Dies ist eher systembedingt. Eine externe Abschlussarbeit ist nichts für schwache Nerven und sollte im Vorfeld extrem sorgfältig überlegt und vorausschauend geplant werden. Diejenigen, die Verfechter des Slogans *no risk, no fun* sind, sollten sich den nachfolgenden Abschnitten widmen. Sie stellen Voraussetzungen und

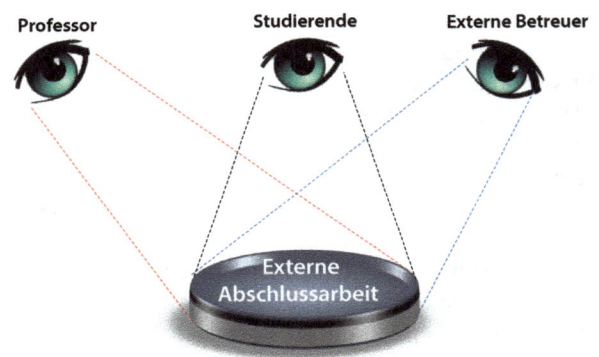

Abb. 7.8 Unterschiedliche Blickwinkel der Beteiligten. (In Anlehnung an Fieg, 2019b)

praxisorientierte Empfehlungen für den Fall dar, in dem sich eine externe Abschlussarbeit u. U. doch lohnt und bedingt empfohlen wird.

7.3.2 Eine modifizierte Sichtweise auf externe Abschlussarbeiten

Während der Tätigkeit als Professor an der TU Hamburg erfolgten punktuell Anfragen bezüglich einer Betreuung externer Abschlussarbeiten. Das Erkunden der Motivationsgründe der Studierenden ergab den folgenden Sachverhalt. Ausnahmslos betonten fast alle vorwiegend das Sammeln erster beruflicher Erfahrungen, das Kennenlernen der industriellen Praxis und der realen Aufgabenstellungen. Weiterer Grund betraf das Knüpfen entsprechender Kontakte, um im Anschluss an die Abschlussarbeit eine Einstellung im Unternehmen zu erreichen. Was den ersten Grund betrifft, so ist an dieser Stelle nüchtern folgendes festzuhalten: Üblicherweise werden heutige Hochschulabsolventen mindestens 45 Berufsjahre lang praktische Erfahrungen sammeln (müssen). Die Bewertung der sechs Monate (externe Masterarbeit) im Vergleich zu diesem ausgedehnten Zeitraum sowie die finanzielle Vergütung im Vergleich zur beruflichen Tätigkeit wird allen Studierenden selbst überlassen.

Im Folgenden soll noch der zweite Grund, die anschließende Einstellung im Unternehmen, in den Fokus gestellt werden. Im Vergleich zum letzten Abschnitt erfolgt also eine gravierende Änderung der Optimierungsfunktion, weg von exzellenter Note, hin zur Einstellung. Der erhoffte Arbeitsplatz rückt damit ins Zentrum. Dadurch nimmt auch konsequenterweise die Bedeutung der Note deutlich ab. Beginnt man nach der Abschlussarbeit eine berufliche Tätigkeit im Unternehmen, so war die Note offensichtlich ausreichend. Mit jedem Jahr der beruflichen Tätigkeit im Unternehmen nimmt erfahrungsgemäß die Bedeutung der früheren Abschlussnote kontinuierlich ab, da beim eventuellen Wechsel des Arbeitgebers nicht die Abschlussnote, sondern die im Unternehmen gewonnenen

7.3 · Externe Abschlussarbeiten

Kompetenzen, Qualifikationen sowie das erzielte Wissen für den neuen Arbeitgeber ausschlaggebend sind.

Man sieht also, dass durch die durchgeführte Änderung der Optimierungsfunktion eine externe Abschlussarbeit in einem neuen Licht erscheint und die angesprochenen Risiken deutlich abnehmen. Vorausgesetzt, dass man bei der Umsetzung des Vorhabens (Einstellung) erfolgreich ist! Aber wie kann man in diesem Fall wenigstens tendenziell das (Rest)Risiko abschätzen bzw. reduzieren? Gibt es hierzu eine praktisch umsetzbare Vorgehensweise? Die in Situationen dieser Art ausgearbeitete eigene Strategie, die mehrfach Studierenden empfohlen wurde, soll im Folgenden kurz skizziert werden.

Von zentraler Bedeutung ist an dieser Stelle das erste (Vorstellungs-)Gespräch mit dem zukünftigen, externen Betreuer. Neben den später analysierten Aspekten sollte man das Gespräch dazu nutzen, das zentrale, persönliche Anliegen einfach direkt zur Sprache zu bringen. In der Regel zahlen sich Offenheit und klare persönliche Vorstellungen aus. Natürlich sollte dieses Vorgehen nicht im ersten Satz umgesetzt werden. Schließlich will man nicht mit der Tür ins Haus fallen. Erst mal abwarten, woher der Wind weht, dann die Segel setzen! In erster Reihenfolge sollen alle fachlichen und organisatorischen Aspekte besprochen und analysiert werden. Auf diese wird noch detailliert im nächsten Abschnitt eingegangen. Dabei ergibt sich als Nebeneffekt, dass das Gespräch auch dazu beiträgt, die Beziehungsebene dezent aufzubauen. Wie bereits betont, muss die Chemie stimmen. Im Laufe des Gesprächs sollten Studierende allmählich also einen belastbaren Eindruck bezüglich der Inhalte der geplanten Abschlussarbeit, der Organisation und der Beziehungsebene bekommen, sodass sie entscheiden können, ob sie ihr zentrales Anliegen ansprechen oder einfach lassen sollen. Nun gibt es – wenigstens theoretisch – drei mögliche Antworten auf die Frage, ob eine eventuelle Übernahme von Studierenden nach der Beendigung der Abschlussarbeit möglich ist:
1. Kategorisches Nein,
2. Unter Umständen Ja,
3. Präzises Jein.

Die Frage, die sich stellt, lautet: Kann man etwas mit diesen Antworten anfangen? Die eigene, feste Überzeugung lautet: Ja! Der Vorteil der ersten Antwort liegt klar auf der Hand. Die eigens aufgestellte Optimierungsfunktion (Einstellung) wird nicht erfüllt, man weiß, woran man ist und verzichtet konsequenterweise auf die Anfertigung der Abschlussarbeit im Unternehmen. Die Antwort ist zwar negativ, sie ist aber viel wertvoller als die standardmäßige Vorgehensweise der überwiegenden Anzahl von Studierenden. Sie besteht darin, dass man einer (unbegründeten) Hoffnung nachgeht, über eine exzellente Arbeit anschließend (vielleicht) eingestellt zu werden. Das führt nur zu Enttäuschungen. Dann schon lieber der Wahrheit ins Auge sehen.

Ein präzises *Jein* (dritte Antwort) ist auch wertvoll. Herumeiern, herumreden, ausweichen ist ebenso ziemlich klar. Die Empfehlung lautet: Man sollte bei dieser Antwort den worst case annehmen und diese Antwort als klares Nein interpretieren. Es bleibt schließlich die zweite Antwort übrig. Nur in den seltensten

Fällen sollte man vom Betreuer ein klares *Ja* erwarten. Er wird – verständlicherweise – niemals ohne Not über seine Aussagen Verpflichtungen eingehen und Hoffnungen aufbauen. Darüber hinaus kennt der Betreuer die Studierenden noch nicht, sodass er sich in dieser Hinsicht sehr vorsichtig verhalten wird. Außerdem hängt eine freie bzw. freiwerdende Stelle sehr oft von weiteren Randbedingungen ab. Die Empfehlung lautet hier, im Gespräch möglichst viel über die Rahmenbedingungen zu erfahren und weitere Details anzusprechen, sodass man eine Grundlage für die anstehende Entscheidung gewinnt. Eine 100 % Sicherheit für eine Übernahme ist absolut illusorisch und kann niemals erwartet werden. Man kann nur von Wahrscheinlichkeiten ausgehen. Bei der zweiten Antwort liegt sie vielleicht bei 40–70 %. Eine praxisorientierte Vorgehensweise in diesem Bereich, mit der man diese Wahrscheinlichkeit deutlich steigern kann, ist im Kapitel *Fachpraktikum* erläutert.

> **Hinweis**
>
> Zusammenfassend ist folgendes festzuhalten. Auch wenn die Mehrzahl der ausgesprochenen, praxisorientierten Empfehlungen einem als Selbstverständlichkeit erscheint, so lehrt die Erfahrung der 16 Jahre im akademischen Umfeld, dass dies für Studierende bei weitem nicht so aufgefasst wird. Daraus entstehen in der Folge leider suboptimale Entscheidungen mit teilweise gravierenden Konsequenzen für die Abschlussnote.

7.4 Wissenschaftliche Reputation und der Bekanntheitsgrad des ersten Gutachters

Nachdem der Bedeutung des Betreuers so viel Aufmerksamkeit gewidmet wurde, müssen noch zum Abschluss die Schlaglichter auf den ersten Gutachter, den betreuenden Professor, gerichtet werden. Neben seiner bereits erwähnten Bedeutung in der Funktion der entscheidenden Instanz hinsichtlich der Abschlussnote sollen im Folgenden noch ein paar andere Aspekte betrachtet werden, die für die Zukunft und für die spätere Bewerbung des Studierenden relevant sein können. Es handelt sich um die wissenschaftliche Reputation und den Bekanntheitsgrad. Um hier die grundlegenden Mechanismen zu verstehen, wird der Sachverhalt in ◘ Abb. 7.9 zur Hilfe gezogen. Sie gibt die Exzellenz-Richtschnur wieder.

Es ist allgemein bekannt, dass ein exzellenter Professor eine hohe Anziehungskraft auf exzellente Mitarbeitende (Doktoranden, Habilitanden u. a.) ausübt. Es ist eine Art natürlicher Selektion. Diese exzellenten Mitarbeitenden liefern wiederum exzellente Forschungsarbeit ab. Die in diesem Kapitel betrachtete Abschlussarbeit ist ein wichtiger Bestand dieser Forschungsarbeit, wobei auch hier die erwähnte natürliche Selektion bei der Wahl der Studierenden durch den Betreuer eine wichtige Rolle spielt. In letzter Instanz führt diese Forschungsarbeit wiederum als ein Rückkopplungs- und Verstärkungsmechanismus zur ver-

7.4 · Wissenschaftliche Reputation und der Bekanntheitsgrad ...

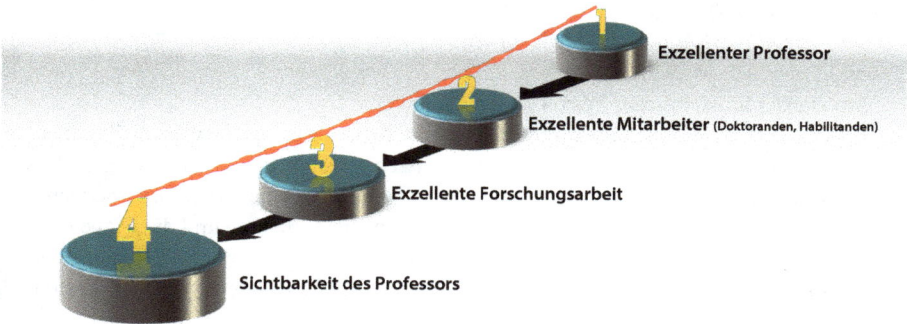

Abb. 7.9 Die Exzellenz-Richtschnur

stärkten Sichtbarkeit (Abb. 7.9) des Professors auf Tagungen, Konferenzen, Messen, in Fachgremien und in der Fachliteratur. Hinzu kommen noch verliehene Forschungspreise, angemeldete Patentschriften und zahlreiche Industriekooperationen. Das entgeht auch nicht der Aufmerksamkeit der entsprechenden F&E-Abteilungen der Industrie- und Dienstleistungsunternehmen, die ständig auf der Suche nach exzellenten Hochschulabsolventen (bzw. Doktoranden) sind. Oft wird an dieser Stelle die folgende Vereinfachung getätigt: „exzellenter Professor als Gutachter einer Abschlussarbeit ≈ exzellenter Hochschulabsolvent (Doktorand)" gepaart mit der Entscheidung hinsichtlich des Hochschulabsolventen (Bewerbers) in der Form: „den muss man sich angucken". Des Weiteren ist aus eigener Praxis bekannt, dass oft Industrie- und Dienstleistungsunternehmen den direkten Kontakt zu exzellenten Professoren mit der Frage nach empfehlenswerten Hochschulabsolventen proaktiv suchen. Damit ersparen sie sich den zeit- und arbeitsintensiven Selektionsprozess. Für Studierende, die vor der Wahl des Themas für ihre Abschlussarbeit stehen, bedeuten all diese Aspekte, dass man die wissenschaftliche Reputation und den Bekanntheitsgrad des ersten Gutachters auch durchaus mitberücksichtigen sollte. Kühl stellt in diesem Zusammenhang eindeutig fest: „Im Zweifelsfall entscheidet man sich für den bekannten und gegen den unbekannten Namen" (Kühl, 2015). Das kann man aufgrund der eigenen Erfahrungen ohne jegliche Einschränkung nur bejahen. Doch wie erfährt der Studierende etwas über die wissenschaftliche Reputation und den Bekanntheitsgrad des potenziellen Professors? Die beste Quelle bildet hier die Website des Instituts, die ein ziemlich sicheres Gefühl hierfür vermittelt. Als zweite praktische Empfehlung gilt noch, dass man im Lebenslauf als Bestandteil der Bewerbungsunterlagen den ersten Gutachter bei Abschlussarbeiten erwähnen sollte. Tendenziell gilt, dass eine spätere erfolgreiche Bewerbung und ein gelungenes Vorstellungsgespräch umso einfacher sind, je höher die wissenschaftliche Reputation des Erstgutachters ist. Natürlich wird eine herausragende Eigenleistung vorausgesetzt.

7.5 Erfahrungen aus der Praxis

Aus eigener akademischer Praxis

1. Aus der eigenen akademischen Praxis ergeben sich drei prinzipielle Sachverhalte, die angesprochen werden müssen. Sehr oft kommt es vor, dass Studierende, die auf der Suche nach einem Thema für eine Abschlussarbeit sind, einfach direkt den Professor ansteuern, in sein Büro stürmen und die Frage nach einem geeigneten Thema formulieren. Dieser Vorgang ist noch mit einer Prise Humor u. U. verkraftbar. Wenn man jedoch auf die Frage, an welchen Termin man für die Bearbeitung so denkt, die folgende Antwort bekommt:

   > „Hm, sofort. Vielleicht ... morgen?",

   dann ist man bezüglich dieser Erwartungshaltung förmlich sprachlos. Offensichtlich verbindet man den Start der Bearbeitung nicht mit der erforderlichen Vorbereitung des Arbeitsplatzes (Arbeitsplatzrechner, Einrichtung einer User-ID, ...) und vielen anderen organisatorischen Aufgaben sowie inhaltlichen Abstimmungen, die im Vorfeld durchgeführt werden müssen. Daraus ergibt sich die Empfehlung: Ab spätestens diesem Lebenszeitpunkt müssen alle Vorhaben mit vorausschauender und sorgfältiger Planung versehen werden. Die Berücksichtigung eines angemessenen zeitlichen Vorlaufs sowie einiger zeitlicher Reserven gewährleistet einen erfolgreichen Abschluss der Vorhaben. In Bezug auf eine Abschlussarbeit sind 1–2 Monate Vorlauf ein guter praktischer Anhaltswert.

2. Im Zusammenhang mit einer geplanten externen Abschlussarbeit muss mindestens eine eiserne Regel unbedingt eingehalten werden. Man darf niemals mit der Abschlussarbeit beginnen und erst im Nachhinein den Professor nach der Betreuung fragen. Deutlicher kann man Respektlosigkeit und geringe Wertschätzung kaum ausdrücken. Als Folge ist leider nur eins sicher: Eine klare Absage. Und da helfen trickreiche Begründungen bezüglich der einmaligen Chance für eine spätere Einstellung im Unternehmen herzlich wenig. Die Tränendrüse des Professors bleibt davon ziemlich unberührt. Das Zauberwort lautet hier „bevor". Dieses Zauberwort muss noch zusätzlich mit „vorausschauend" unzertrennlich verbunden sein. Ansonsten werden zukünftige Vorhaben zwangsläufig wenig erfolgreich. Zur Verdeutlichung des Sachverhalts wird an dieser Stelle das Gemälde von Cornelis van Haarlem (1562–1638) benutzt und konstatiert: „Im Nachhinein ist man immer schlauer" (Abb. 7.10). Dieser Ratgeber versucht den Slogan für ungültig zu erklären, indem er die vorausschauende, auf Wissen und Erfahrung basierende Planung propagiert und konsequent in den Vordergrund stellt.

3. Es soll noch ein dritter, häufiger Sachverhalt angesprochen werden. Wie bereits erwähnt, verpflichten sich Studierende bei externen Abschlussarbeiten über die unterschriebene Geheimhaltungsvereinbarung zum Stillschweigen hinsichtlich der Firmeninterna. Leider beschränken viele Studierende diese Verpflichtung nur auf die Zeitspanne zwischen dem Beginn der Abschlussarbeit und der Abschlussprüfung. Da „wirkt" wahrscheinlich aufgrund der zeitlichen Nähe noch

Abb. 7.10 Lucas Cranach der Ältere, Adam und Eva, 1510/16. (© Bayerische Staatsgemäldesammlungen oder *im Nachhinein ist man immer schlauer*)

der Geist des Unternehmens. Die Verschwiegenheit wird allerdings in späteren Gesprächen mit dem Professor bzw. mit Kommilitonen merkwürdigerweise völlig außer Acht gelassen. Man plaudert fröhlich! Als Empfehlung gilt: Das sollte man tunlichst unterlassen, weil die Bindung an die Geheimhaltungsvereinbarung in der Regel Jahre vorsieht. Was hinzu kommt, ist die Tatsache, dass die Welt ziemlich klein ist, sodass „undichte" Stellen überraschend oft festgestellt werden. Das gilt auch z. B. bei späteren Vorstellungsgesprächen, bei denen man gern die Einhaltung der Geheimhaltungsvereinbarung z. B. durch den Wettbewerb „überprüft". Diese Thematik wird noch im Kapitel *Bewerbung und Vorstellungsgespräch* detailliert besprochen.

Aus eigener industrieller Praxis
Hinsichtlich einer externen Abschlussarbeit gibt es einen wichtigen Aspekt, auf den Studierende hingewiesen werden sollten. Es handelt sich um die versicherungsrechtliche Situation der Studierenden. Leider herrscht hier gepflegte, versicherungsrechtliche Leichtsinnigkeit, die bei externen Abschlussarbeiten zu massiven Problemen führen kann. Studierende sind an der Hochschule üblicher-

weise über die gesetzliche Unfallversicherung des jeweiligen Bundeslandes (Unfallkasse des Bundeslandes) geschützt. Dieser Schutz erstreckt sich leider nicht automatisch auch auf das Unternehmen. Die üblichen Verträge zwischen dem Unternehmen und Studierenden sehen u. U. keine Haftung des Unternehmens in Falle eines Unfalls vor. Das sollte dringend wenigstens geprüft und ggfs. über eine private Unfallversicherung abgedeckt werden. Die gleiche Problematik betrifft eine abzuschließende private Haftpflichtversicherung. Beide Versicherungen sollen die mit der Anfertigung einer externen Abschlussarbeit verbundenen Risiken abdecken. Somit sind beide von essenzieller Bedeutung für alle Studierenden. Leider ist Studierenden diese Problematik kaum bewusst und das kann sehr schnell zu größten Problemen führen.

7.6 Take-Home Messages

1. Das in diesem Kapitel vorgestellte Konzept für die Wahl und Durchführung der Abschlussarbeit ist bezüglich der praktischen Umsetzung durch pragmatische, einfache und nutzbare Elemente gekennzeichnet.
2. Vor dem Hintergrund der zu erzielenden, exzellenten Abschlussnote und in Anlehnung an den Slogan des Gründungsredakteurs des Nachrichtenmagazins „Fokus", H. Markwort, gilt für die Abschlussarbeit: *„Inhalte, Inhalte, Inhalte und an den Betreuer denken"*.
3. Die Kenntnisnahme der geltenden Prüfungsordnung ist für alle Studierenden, die vor einer Abschlussarbeit stehen, eine absolut erforderliche Voraussetzung für den Erfolg.
4. Die Wahl des Themas ist von entscheidender Bedeutung und muss wissensbasiert mit vorausschauender Planung sorgfältig und präzise durchgeführt werden.
5. Eine externe Abschlussarbeit birgt mehr Risiken als Chancen. Sie muss äußerst fundiert überlegt werden.
6. Der Rolle und die Bedeutung des Betreuers muss allen Studierenden bewusst sein. Der vorliegende Ratgeber liefert hierzu praxisorientierte Analysen und Empfehlungen
7. Der Titel der Abschlussarbeit ist in der Regel ein Freiheitsgrad, den Studierende geschickt nutzen sollten. Eine Analyse von Stellenanzeigen liefert hierfür beruflich relevante Schlagworte (Stichwort: Überlappung). Eine Zustimmung des Betreuers dürfte keine Probleme bereiten.
8. Bei herausragenden Abschlussarbeiten sollten nach dem Abschluss u. U. noch zwei Strategien verfolgt werden:
   - man sollte demütig nachfragen, ob die erarbeiteten Inhalte u. U. in einen wissenschaftlichen Vortrag bzw. ein Poster des Betreuers auf einer Konferenz einfließen. Über eine suggestiv vorgeschlagene Co-Autorenschaft oder wenigstens Danksagung erreicht man das erste wichtige Ziel,
   - man sollte dem Erstgutachter die eigene Abschlussarbeit als Vorschlag für an Hochschulen oft ausgeschriebene Wissenschaftspreise von Unter-

nehmen, Stiftungen u. ä. Organisationen für Nachwuchswissenschaftler nahelegen. Vorsichtshalber erklärt man sich gleichzeitig bereit, einen Entwurf für die Laudatio selbst zu erstellen, damit der Zeit- und Arbeitsaufwand minimiert werden. Dadurch erreicht man das zweite wichtige Ziel.
– Beide Ziele stehen stellvertretend für eine optimale Nutzung erbrachter Leistungen in der Abschlussarbeit und vor allem für bedeutende Alleinstellungsmerkmale in den eigenen Bewerbungsunterlagen.

Literatur

ASPO. (2020). *Allgemeine Studien- und Prüfungsordnung für die Bachelor- und Masterstudiengänge der Technischen Universität Hamburg (ASPO). Fassung vom 22. Januar 2020.*
Balzert, H., Schröder M., & Schäfer, C. (2011). *Wissenschaftliches Arbeiten.* W3L-Verlag.
Bensberg, G., & Messer, J. (2014). *Survivalguide Bachelor. Dein Erfolgscoach fürs ganze Studium – Nie mehr Leistungsdruck, Stress & Prüfungsangst – Bestnoten mit Lerntechniken, Prüfungstipps!* Springer.
BMBW. (1989). *Diplomarbeit als Instrument des Wissens- und Technologietransfers zwischen Fachhochschulen und Unternehmen.* K. H Bock.
Brink, A. (2004). *Anfertigung wissenschaftlicher Arbeiten Ein prozessorientierter Leitfaden zur Erstellung von Bachelor-, Master- und Diplomarbeiten.* Springer Gabler.
Fieg, G. (2019a). *PSE-Vorlesung im Studiengang Chemical and Bioprocess Engineering.* TUHH.
Fieg, G. (2019b). *PAT II -Vorlesung im Studiengang Verfahrenstechnik und Bioverfahrenstechnik.* TUHH.
Fischer, S. (2019). *Erfolgreiches wissenschaftliches.* Kohlhammer.
Hirsch-Weber A., Scherer S. (2016). *Wissenschaftliches Schreiben und Abschlussarbeit in Natur- und Ingenieurwissenschaften. Grundlagen – Praxisbeispiele – Übungen.* Verlag Eugen Ulmer.
Köhler, C. (2020). *Basiswerkzeuge zur Erstellung wissenschaftlicher Arbeiten Starthilfen und Tools zur praktischen Umsetzung.* Springer Gabler.
Kühl, S. (2015). Reputation Zur Funktion des Strebens nach Anerkennung in der Wissenschaft. *Forschung und Lehre, 10,* 804–806.
Oehlrich, M. (2015). *Wissenschaftliches Arbeiten und Schreiben Schritt für Schritt zur Bachelor- und Master-Thesis in den Wirtschaftswissenschaften.* Springer Gabler.
Sandberg, B. (2013). *Wissenschaftlich Arbeiten von Abbildung bis Zitat. Lehr- und Übungsbuch für Bachelor, Master und Promotion.* Oldenbourg.
Schmidt, O. (2013). *Die Abschlussarbeit im Unternehmen schreiben.* UVK Verlagsgesellschaft mbH.
Schütz, M., & Röbken, H. (2020). *Projekt- und Abschlussarbeiten in Organisationen. Eine betriebliche Arbeit verfassen für Bachelor, Master und Praktikum.* Springer Gabler.
Tarifvertrag (2019). Tarifvertrag über Mindestjahresbezüge für akademisch gebildete Angestellte der chemischen Industrie vom 9.12.2019, VAA Information.
Wüstefeld, R. (2020), persönliche Mitteilung.

Weiterführende Literatur

Heesen, B. (2014). *Wissenschaftliches Arbeiten Methodenwissen für das Bachelor-, Master- und Promotionsstudium.* Springer Gabler.
Kremer, B. P. (2018). *Vom Referat bis zur Abschlussarbeit Naturwissenschaftliche Texte perfekt produzieren, präsentieren und publizieren.* Springer Spektrum.
Pospiech, U. (2017). *Wie schreibt man wissenschaftliche Arbeiten? Von der Themenfindung bis zur Abgabe.* Duden

Bewerbung und Vorstellungsgespräch

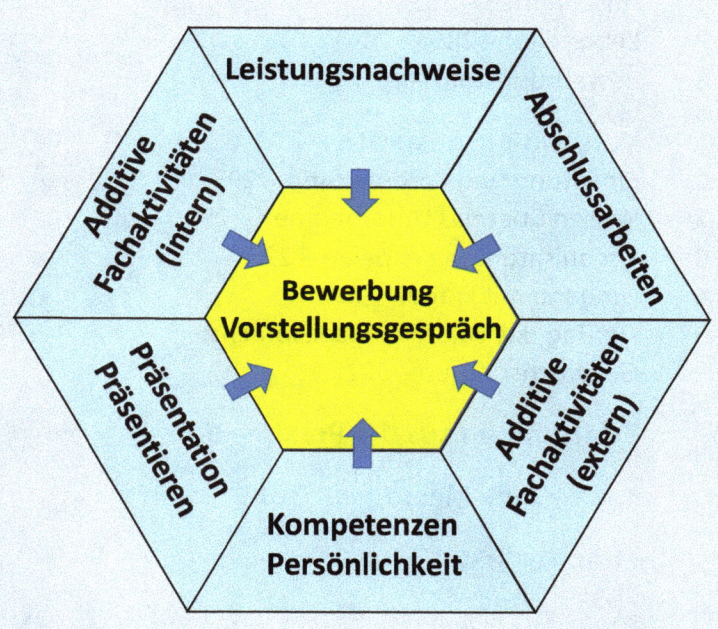

Inhaltsverzeichnis

8.1	Nach der Challenge folgt die Competition – 265	
8.2	Stellenanzeige und ihre Analyse – 267	
8.2.1	Vorbereitende Arbeiten – 272	
8.3	Bewerbungsunterlagen – 282	
8.3.1	Anschreiben – 285	
8.3.2	Lebenslauf – 286	
8.3.3	Bewerbungsfoto – 291	
8.4	Vorstellungsgespräch – 293	
8.4.1	Einleitung und Vorbereitung – 293	
8.4.2	Wissen über das Unternehmen – 295	
8.4.3	Organisatorische Aspekte – 296	
8.4.4	Umgang mit Fragen – 297	
8.4.5	Der Tag des Vorstellungsgesprächs: Gesprächsphasen – 302	
8.5	Erfahrungen aus der Praxis – 306	
8.6	Take-Home Messages – 307	
	Literatur – 307	

8.1 Nach der Challenge folgt die Competition

Herzlichen Glückwunsch! Sie gehören nicht mehr zu den Studierenden. Sie sind Absolvent einer Hochschule und haben im Rahmen einer Absolventenfeier in akademischer Kleidung, mit traditionellen Schärpen und Hüten Urkunden zum Bachelor of Science oder Master of Science vom Studiendekan entgegengenommen. Darauf kann man echt stolz sein. Alle bisherigen Kapitel des Ratgebers waren für Sie Bestandteile eines wahren Marathonlaufs. Jetzt sind Sie als Hochschulabsolvent an den letzten Metern angelangt. Es ist extrem wichtig, jetzt nicht zu stolpern. Wenn Sie sich dabei an die zugegebenermaßen sehr anspruchsvollen Ziele und Empfehlungen dieses Ratgebers gehalten haben, dann haben Sie sich auch in zeit- und arbeitsaufwendigen Bemühungen optimale Voraussetzungen für den finalen Schritt hart erarbeitet. Sie versprühen mittlerweile den Charme der Einzigartigkeit der eingangs erwähnten Schneeflocke. Die gemeinsame Reise biegt also in die Zielgerade ein. Man steht vor der letzten Etappe, die die Bewerbungsunterlagen und das Vorstellungsgespräch als Vorstufen einer Einstellung und damit auch der beruflichen Karriere umfasst. Das symbolisiert das dargestellte Leit-Sechseck, das uns den ganzen Ratgeber begleitet. Durch die zielgerichteten Pfeile wird zum Ausdruck gebracht, dass die Bewerbung und das Vorstellungsgespräch die zentralen Ziele sind. Bei Erfolg öffnen sich anschließend die Tore für eine ganz andere Zukunft. Die berufliche Karriere.

Was haben wir bisher gemeinsam gemacht? Sie waren eine Art Architekt, der ein Gebäude entwirft und baut. Wenn die meisten Empfehlungen eingehalten wurden, so ist es ein sehr solides Gebäude. Die einzelnen Kapitel des Ratgebers bilden die tragenden Eckpfeiler. Das erarbeitete Fundament ist sehr belastbar, da es auf ausgeprägtem Wissen, Erfahrungen, Qualifikationen und Kompetenzen beruht. Damit hat man sich entscheidende Alleinstellungsmerkmale erarbeitet, insbesondere im Vergleich zu denen, die den vorliegenden Ratgeber nicht gelesen und damit während des Studiums nicht vorausschauend gehandelt haben. Diese können nur noch feststellen, dass es jetzt …zu spät ist. Bedeutet das aber, dass man mit Sicherheit gemäß der Darwin'schen Evolutionstheorie *(Survival of the fittest)* schon „durch" ist? Nein, leider bei weitem noch nicht! Es wartet noch ein ordentliches Stück Arbeit, die getan werden muss und im Folgenden systematisch aufgezeigt wird.

Was sind eigentlich die Gründe dafür, dass man noch nicht „durch" ist? Hierfür gibt es zwei zentrale Ursachen. Die erste ist auf die komische „Erscheinung" zurückzuführen, die man …Wettbewerber nennt. In eigenen verfahrenstechnischen Fachvorlesungen wurden alle Studierenden – als spannende nicht fachliche Abwechslung – darauf hingewiesen, dass man es bei späteren Vorstellungsgesprächen immer mit Wettbewerbern zu tun hat. Es ging dabei um die Erzeugung einer richtigen mentalen Einstellung der Vorlesungsteilnehmer auf die zukünftigen Herausforderungen im Zusammenhang mit der beruflichen Zukunft. Natürlich ist dies eine Selbstverständlichkeit und alle Studierenden wissen hier Bescheid, dennoch wird es in der Regel erfolgreich … verdrängt oder nur widerwillig wahrgenommen. Um diesen Sachverhalt Studierenden plastisch vorzuführen, wurde bildhaft für zukünftige Vorstellungsgespräche eine kleine Fläche mit goldenem Hintergrund eingeführt (◘ Abb. 8.1). Sie symbolisiert die freie Stelle im Unternehmen. Auf den Feldern links und rechts von dieser Fläche befinden sich zahlreiche Hochschulabsolventen. Man nennt sie Wettbewerber. Gegen diese muss man sich durchsetzen, da in der Regel nur eine Stelle zu vergeben ist.

Bei eigenem Bewerbungsgespräch bei der BASF SE in Ludwigshafen wurde die Frage nach der Anzahl der Wettbewerber mit *dreistellig* beantwortet. Jeder kann sich davon zumindest die minimale Bewerberanzahl ableiten. Das reicht, um die Brisanz der Situation realistisch einzuschätzen. Die Lage wird dabei nicht verbessert, wenn man bedenkt, dass der olympische Gedanke *Dabei sein ist alles* oder in der Formulierung Pierre de Coubertins *Teilnehmen ist wichtiger als Siegen* hier absolut suboptimal ist. Im Gegenteil, es geht definitiv darum, erster zu sein. Alles andere zählt nicht.

Die zweite, erwähnte Ursache hat etwas mit dem Unternehmen zu tun, in dem man sich beworben hat. Dieses Unternehmen hat ein personelles Problem und sucht dafür einen passenden Mitarbeiter. Hier wird absichtlich das Adjektiv *passend* betont, da es um *Perfect Match* geht. Darunter werden vereinfacht sowohl die menschliche als auch die fachliche Passung als Forderung gestellt. Sehr oft setzen besonders Hochschulabsolventen den Fokus ausschließlich auf die fachliche Eignung. Das ist zwar eine notwendige, aber keine hinreichende Bedingung.

Im folgenden Kapitel werden relevante Aspekte und geeignete Vorgehensweisen sowie Strategien aufgezeigt, die es erlauben, die beiden erwähnten Ursachen erfolgreich zu bewältigen. Dabei wird, wie bereits z. B. im Kapitel *Präsentation und Präsentieren* vorgestellt, eine chronologische Bearbeitung der Kernaufgabenstellungen verfolgt. Die dabei formulierten Empfehlungen basieren sowohl auf eigenen Erfahrungen und Insiderwissen bei der Einstellung von Mitarbeitern beim früheren industriellen Arbeitgeber und der TU Hamburg als auch auf unzähligen Beratungsgesprächen mit eigenen Doktoranden und Masteranden im Zusammenhang mit ihren Vorstellungsgesprächen. Die angekündigte zeitliche Abfolge ist in ◘ Abb. 8.2 wiedergegeben. Sie stellt den roten Faden des vorliegenden Kapitels dar.

◘ **Abb. 8.1** Wettbewerber im Vorstellungsgespräch

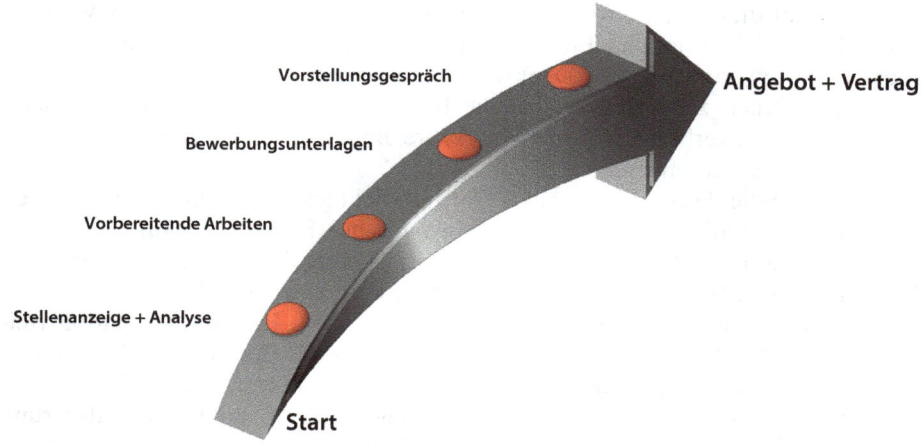

Abb. 8.2 Zeitliche Reihenfolge der Kernaufgabenstellungen zwischen Stellenanzeige und Vertrag

Die erwähnte zeitliche Reihenfolge der Kernaufgabenstellungen zwischen *Stellenanzeige* und *Vertrag* setzt sich, wie in Abb. 8.2 dargestellt, aus den folgenden vier Aufgabenstellungen zusammen:
1. Stellenanzeige und ihre Analyse,
2. Vorbereitende Arbeiten in Bezug auf die Ausarbeitung der Bewerbungsunterlagen und der Gestaltung des Vorstellungsgesprächs,
3. Erstellung der Bewerbungsunterlagen,
4. Erfolgreiche Durchführung des Vorstellungsgesprächs.

Um die einzelnen Aufgabenstellungen möglichst optimal zu lösen, wird konsequent versucht, neben der Sicht der Hochschulabsolventen auch die Denkweise der Unternehmen darzustellen, zu analysieren und zu bewerten. Dadurch werden Grundlagen für eine verständnisorientierte Haltung von Hochschulabsolventen und eine möglichst optimale Gestaltung ihrer Reaktionen auf Fragen, Situationen und Rollenspiele, mit denen sie bei den erwähnten Aufgabenstellungen konfrontiert werden. Die betrachteten Aspekte, abgeleitete Strategien oder empfohlene Vorgehensweisen beziehen sich somit auf die spezielle Sicht von Hochschulabsolventen. Eine Allgemeingültigkeit und Übertragbarkeit auf andere Bewerbergruppen werden bewusst nicht näher verfolgt, obwohl zahlreiche o. g. Feststellungen weitgehende Gültigkeit behalten.

8.2 Stellenanzeige und ihre Analyse

Eine Stellenanzeige stellt den entscheidenden Startpunkt und den absolut zentralen Aspekt jedes Bewerbungsprozesses dar. Jedes Wort, jeder Satz, jede Anforderung in der Stellenanzeige muss unbedingt unter dem Mikroskop durch potenzielle Bewerber minutiös, mit höchster Akribie und Sorgfalt seziert werden, da Fehler an dieser Stelle viel vergeudete Zeit und Arbeit kosten. Das wird bei Misserfolg durch Frust und Enttäuschung begleitet. Um dies zu vermeiden, versuchen wir uns zuerst in die Denkweise, Motivation und die internen Abläufe im Unternehmen zu versetzen, um die bereits erwähnte verständnisorientierte Haltung von Bewerbern zu fördern und ihre Bewertungen bzw. Abschätzungen nachhaltig zu unterstützen.

Die generelle Frage lautet hier: Warum sucht eigentlich ein Unternehmen einen neuen Mitarbeiter und wie sieht ein typischer, interner Ablauf dieser Aufgabenstellung aus? Stellen wir uns einen Leiter einer Fachabteilung (Gruppenleiter, Bereichsleiter …) vor. Es gibt für ihn zwei prinzipielle Gründe für einen Personalbedarf. Entweder ist eine Stelle aufgrund von Personalfluktuation freigeworden und muss nach dem erteilten Einverständnis der höheren Hierarchiestufen wiederbesetzt werden oder es bestehen andere Gründe in z. B. externen Faktoren, wie neue und innovative Technologien und Produkte, Globalisierung und Digitalisierung bzw. allgemeine Wirtschaftslage, die zur Schaffung neuer Stellen führen. In beiden Fällen wird intern ein Prozess initiiert, der nach Jordan et al. aus zwei Elementen besteht: Aus dem Stellen- und dem Anforderungsprofil (Jordan et al., 2013). Umfasst das Stellenprofil vorwiegend die fachlichen Hauptaufgaben, so fokussiert sich das Anforderungsprofil auf Wissen, Qualifikationen, Kompetenzen und Persönlichkeit des zukünftigen Bewerbers, um die eingeführte Einteilung aus Kapitel *Kompetenzen und Persönlichkeit* konsequent zu verwenden. In enger Zusammenarbeit zwischen dem Mitarbeiter der Personalabteilung und dem Leiter der Fachabteilung wird – vereinfacht dargestellt – eine Stellenanzeige formuliert und veröffentlicht. Nun kommen potenzielle Bewerber ins Spiel, die diese Stellenanzeige zunächst einmal finden müssen. Aber was sind die klassischen Quellen für Stellenanzeigen? Ohne Anspruch auf Vollständigkeit hier stellvertretend ein paar klassische Quellen:

- Karriere-Websites der Industrie- und Dienstleistungsunternehmen
- Printmedien, wie Tageszeitungen (Süddeutsche Zeitung, Frankfurter Allgemeine Zeitung…), Fachzeitschriften
- Direkte Empfehlungen des betreuenden Professors (Masterarbeit, Bachelorarbeit)
- Regionale und überregionale Online-Jobplattformen wie z. B. Stepstone, Indeed, Stellenwerk
- Personalagenturen, z. B. Adecco
- Hochschulmessen, z. B. TUHH-Career-Forum
- Postings in Online-Netzwerken (Xing, Twitter, Facebook, LinkedIn)
- Bundesagentur für Arbeit
- Karriere-Events und Messen von Industrie- und Dienstleistungsunternehmen.

In diesem Zusammenhang sollen parallel zum Inhalt der Stellenanzeige auch erste allgemeine Informationen über das Unternehmen, gezahlte Gehälter, Bewertungen u.ä beschafft werden. Hier stellt z. B. kununu insbesondere für Hochschulabsolventen eine ausgezeichnete Informationsquelle dar (kununu, 2021).

Der Inhalt der Stellenanzeigen ist für Bewerber von entscheidender Bedeutung. Es ist eine Art virtueller Brücke zwischen der Stellenanzeige auf der einen Seite und den Bewerbungsunterlagen sowie dem Vorstellungsgespräch auf der anderen Seite der Brücke. Dieser Sachverhalt ist schematisch der ◘ Abb. 8.3 zu entnehmen.

Der Bau einer Brücke erfordert bekanntermaßen präzise statische Auslegung und extreme Sorgfalt in der Umsetzung hinsichtlich Standsicherheit und Tragfähigkeit. Dies bezieht sich auch im vollen Umfang auf die betrachtete virtuelle Brücke und stellt die erste relevante Empfehlung hinsichtlich höchster Sorgfalt bei der Analyse und Auswertung der Stellenanzeige durch den Bewerber dar. Die virtuelle Brücke wird von zwei grundsätzlichen Pfeilern getragen: Passung und Grad der Überlappung mit den Anforderungen hinsichtlich der Elemente: Wissen, Erfahrung, Kompetenzen und Persönlichkeitsprofil. Jordan et al. verwenden dafür auch die Bezeichnungen: Person – Organisations – Passung und Person – Job – Passung (Jordan et al., 2013). Nur wenn beide Aspekte erfüllt sind, ist die virtuelle Brücke tragbar und die rote Kugel (◘ Abb. 8.3) wird in Bewegung gesetzt, um die nächsten Aktivitäten im Zusammenhang mit der Bewerbung in Angriff zu nehmen. Dabei sollten Bewerber in der Stellenanzeige zwischen Muss- und Kann-Anforderungen (Püttjer & Schnierda, 2019 bzw. Raupach-Siecke, 2014) bzw. Muss- und Wunschanforderungen (Reichelt, 1994) präzise unterscheiden. Die Muss-Anforderungen sind von elementarer Bedeutung und stehen an zentraler Stelle in der Stellenanzeige. Aber warum ist das so wichtig und wie erkennt man diese Anforderungen? Um diese Fragen zu beantworten, sollte man sich in die Denkweise des Fachabteilungsleiters versetzen. Er verfügt über eine wiederzubesetzende oder neu erschaffene Stelle. Hinter dieser Stelle steckt ein Haufen an Arbeit und dieser Haufen nimmt mit jedem Tag ohne Stelleninhaber leider zu. Sein Bestreben ist, dass er hier einfach „Ruhe" haben will und einen Bewerber sucht, der die Arbeit schnell, sorgfältig und fachlich kompetent zur vollsten Kundenzufriedenheit bewältigt. Alle Kompromisse an dieser Stelle führen nur dazu, dass der Abteilungsleiter im Anschluss an die Einstellung nur Teile seines Problems beseitigt bekommt. Das will er unbedingt vermeiden und aus diesem Grund überlegt er sehr lange, formuliert sehr präzise und möglichst vollständig seine Muss-Anforderungen. Für Bewerber bedeutet das,

◘ **Abb. 8.3** Virtuelle Brücke zwischen der Stellenanzeige, den Bewerbungsunterlagen und dem Vorstellungsgespräch

dass man diese Anforderungen in der Stellenanzeige unbedingt herausfinden und dazu Stellungnahme abgeben muss. Diese Anforderungen erkennen Bewerber an der Art der Formulierungen. Hier einige typische Beispiele:

Wir setzen voraus, dass…,
Wir erwarten Kenntnisse in …,
… müssen nachgewiesen werden,
… ist erforderlich.

Wenn seitens der Bewerber diese zentralen Anforderungen nicht erfüllt sind, so ist eine Bewerbung meistens zwecklos. Die rote Kugel in ◨ Abb. 8.3 bleibt stehen und wird nicht über die virtuelle Brücke in Richtung der Bewerbungsunterlagen, also in Richtung des nächsten Arbeitsschrittes bewegt. Dazu wäre die virtuelle Brücke notwendig, sie kann aber aufgrund des festgestellten Sachverhalts nicht konstruiert werden.

In den erwähnten Kann-Anforderungen bezieht sich der Abteilungsleiter zwar immer noch teilweise auf fachliche Kompetenzen, aber zunehmend rücken hier Details des Persönlichkeitsprofils und der zusätzlichen Kompetenzbereiche von Bewerbern in den Vordergrund (siehe dazu ◨ Abb. 3.3 und 3.4 im Kapitel *Kompetenzen und Persönlichkeit*). Im Gegensatz zu den Muss-Anforderungen ist die Gewichtung der Kann-Anforderungen reduzierter, was in der Praxis bedeutet, dass nicht unbedingt alles kompromisslos und vollständig vorausgesetzt wird. Damit ist sowohl die Tiefe als auch die Breite dieser Anforderungen gemeint. Für Bewerber bedeutet das, dass es ausreichend ist, lediglich vorhandene Anknüpfungspunkte zu finden, die ein steigerungs- und ausbaufähiges Fundament bilden. Hier steht also im Vordergrund weniger ein langjähriger und breiter Beweis, sondern eher eine plausible Darstellung von Ansätzen für vorhandene Kann-Kompetenzen. Das unscheinbare Wort *plausibel* ist hier von enormer Bedeutung und unterscheidet eine schlichte Behauptung von glaubhafter Aussage. Diesem Sachverhalt ist eine sehr hohe Aufmerksamkeit im Kapitel *Kompetenzen und Persönlichkeit* gewidmet worden. Vor dem Hintergrund der zentralen Bedeutung dieser Problematik wird darauf noch später detailliert eingegangen.

Die betrachteten Kann-Anforderungen erkennt man sehr einfach an folgenden Formulierungen: *Es wäre wünschenswert, es wäre von Vorteil, nützlich wäre* u. ä.

Zusammenfassend gilt als Faustregel für Bewerber, dass Muss-Anforderungen unbedingt erfüllt werden müssen, wogegen bei Kann-Anforderungen ein gesundes Selbstbewusstsein und Mut zur Lücke Gültigkeit haben und gefragt werden.

Abschließend soll noch eine grobe Abschätzung des zeitlichen Rahmens zwischen dem Ende der Bewerbungszeit in der Stellenanzeige und dem unterschriftsreifen Angebot seitens des Unternehmens erarbeitet werden. Aus Gründen der Einheitlichkeit bedienen wir uns der gleichen grafischen Darstellung, wie im Kapitel *Präsentation und Präsentieren*.

Das Ziel besteht zunächst einmal darin, den frühestens möglichen Termin für das schriftliche Angebot seitens des Unternehmens grob abzuschätzen. Diese Abschätzung orientiert sich aufgrund eigener spezifischer Erfahrungen an größeren Unternehmen.

Nach dem Erhalt aller Bewerbungen erfolgt die sorgfältige Sichtung durch Mitarbeiter der Personalabteilung mit anschließender Priorisierung. Die verdichtete Liste potenzieller Kandidaten wird dem erwähnten Fachabteilungsleiter zur Verfügung gestellt. Er führt eine weitere Priorisierung durch, sodass am Ende 3–6 Bewerber übrigbleiben, wobei die Zahl natürlich von der Anzahl und Qualität der Bewerbungen abhängt. Dafür werden in der Größenordnung 1–2 Wochen benötigt. Im Anschluss daran wird ein Vorstellungstermin intern abgestimmt, an dem der Fachabteilungsleiter, sein Stellvertreter und Mitarbeiter der Personalabteilung teilnehmen. In größeren Unternehmen nehmen oft u. U. auch die Leiter der Abteilungen auf der gleichen Hierarchieebene teil. Diese Vorgehensweise wird z. B. in der Forschung und Entwicklung in der Prozessindustrie oft praktiziert, um Fehlentscheidungen bei der Personaleinstellung möglichst zu reduzieren. Dies praktiziert man so vor dem Hintergrund, dass Fehlbesetzungen in der Regel deutlich teurer sind als üblicherweise angenommen bzw. gedacht (Jordan et al., 2013). Eine durch Jordan et al. präsentierte Abschätzung der Kosten bei Fehleinstellung eines Vertriebsleiters mit 140.000 € Jahresgehalt beläuft sich auf ca. 1,9 Mio. Euro. Zwar ist die Einstellung von Hochschulabsolventen natürlich deutlich preiswerter, dennoch ergeben sich auch hier Beträge, die man nicht einfach vernachlässigen kann.

Der Zeitbedarf für die Festlegung des Vorstellungsgesprächs und die Kommunikation der in Frage kommenden Bewerber nimmt ca. 2–3 Wochen in Anspruch (◘ Abb. 8.4). Die Durchführung der Vorstellungsgespräche zusammen mit der Auswertung und Erstellung einer Kandidatenliste verlangt ca. 1–2 Wochen. Die anschließende Kommunikation mit dem ersten Kandidaten und die Vereinbarung eines zweiten Termins mit ärztlicher Untersuchung wird mit ca. 1–2 Wochen abgeschätzt. Die Prozedur runden die interne Abstimmung,

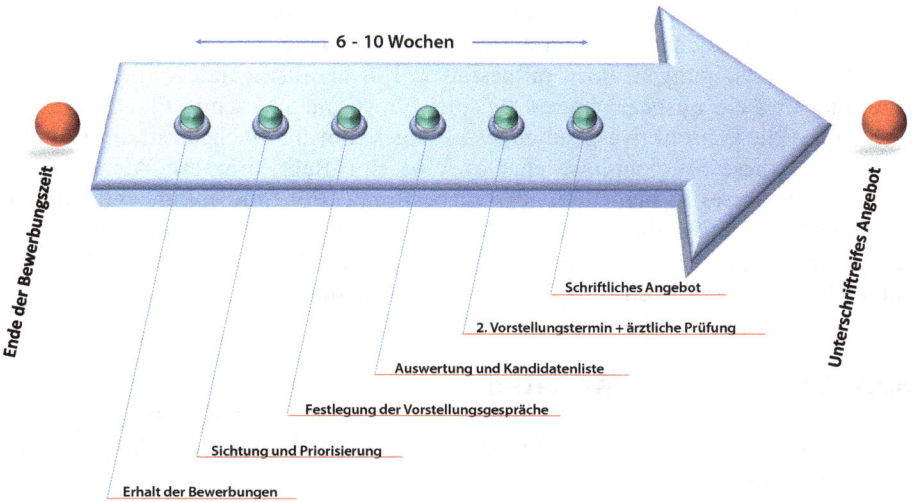

◘ Abb. 8.4 Abschätzung des groben zeitlichen Rahmens bis zum schriftlichen Angebot

die endgültige Genehmigung (nächsthöhere Hierarchieebene) und schließlich die Erstellung des schriftlichen Angebots einschließlich der Kommunikation an den Kandidaten ab. Dafür benötigt man in der Praxis 2–3 Wochen. Aus Sicht der Bewerber ist also bis zu diesem Zeitpunkt mit mindestens 6–10 Wochen zu rechnen (◘ Abb. 8.4). Auch wenn diese Abschätzung eine sehr grobe ist und sich von Fall zu Fall anders gestalten könnte, so gibt sie doch wenigstens einen Anhaltspunkt für die benötigte Zeit. Auf dieser Basis können Hochschulabsolventen wenigstens grob planen. Gegen Ende des Kapitels werden noch auf dem Fundament dieser Schätzung praxisorientierte Empfehlungen für Hochschulabsolventen ausgearbeitet und unterbreitet.

Die o. g. Ausführungen beziehen sich auf das Ende der Bewerbungszeit in der Stellenanzeige. Aus Sicht der Hochschulabsolventen müssen zu diesem Zeitpunkt alle Bewerbungsunterlagen fertiggestellt werden. Da die erstmalige Fertigstellung mindestens 1–2 Wochen in Anspruch nimmt, muss man auch diesen Zeitraum berücksichtigen. Das professionelle Foto für die Bewerbungsunterlagen muss auch erstellt werden. Die Stellenanzeige muss auch erst gefunden werden, wofür natürlich Zeit (und Arbeit) vorausgesetzt wird.

An dieser Stelle sollen noch abschließend einige Ratschläge für Studierende unterbreitet werden, die eher den großen Zeitrahmen betreffen. Es wird empfohlen, sich spätestens nach der Bachelorprüfung mit gelegentlicher Sichtung der Stellenanzeigen in den bereits erwähnten Quellen auseinander zu setzen. Die passende Frequenz liegt bei 2–3 Monaten und der benötigte Zeitbedarf bei jeweils 1–1,5 h. Der Vorteil dieser Aktivitäten liegt darin, dass Studierende bereits während des Studiums ein Hauch an Gefühl für den Arbeitsmarkt und den Qualifikations- bzw. Kompetenzbedarf (Anforderungsprofile) allmählich gewinnen, sodass man kurz vor dem Ende des Studiums eine wissensbasierte Bewertung der zu diesem Zeitpunkt gefundenen Stellenanzeigen schnell und sicher durchführen kann. Es gibt aber noch einen weiteren Vorteil dieser Aktivitäten. Man kann sie nämlich geschickt nutzen, indem man vor diesem Hintergrund die Inhalte des anstehenden Masterstudiums entsprechend den Anforderungen und persönlichen Neigungen aktiv mitgestaltet. Ein herausragendes Alleinstellungsmerkmal und ein ausgezeichnetes Beispiel für vorausschauende Planung! Leider kann man diese proaktive Studiengestaltung kaum im Bachelorstudium durchführen, da diese Studienphase eher an eine Bob-Bahn erinnert. Als Folge des Bologna-Prozesses ist hier (fast) alles vorbestimmt. Für Studierende bedeutet das, dass sie leider aufgrund weitgehend fehlender Wahl- oder Wahlpflichtlehrveranstaltungen kaum aus der Bob-Bahn „ausbrechen" können. Somit bestehen für diesen Zeitraum kaum eigene Gestaltungsmöglichkeiten.

8.2.1 Vorbereitende Arbeiten

In eigener Vorlesung (Fieg, 2019) wird die folgende Präsentationsfolie gezeigt und diskutiert (◘ Abb. 8.5):

Es geht generell um den Zusammenhang zwischen dem Verfahrenstechnik-Studium und typischen Produkten des täglichen Bedarfs, die in der Prozessindustrie hergestellt werden. Diese Folie soll Studierenden den praktischen Sinn des zukünftigen Berufs aufzeigen, indem Produkte zusammengestellt werden, die jeden über alle Lebensphasen von zarter Kindheit bis zum fortgeschrittenen Alter begleiten. Auch wenn die Produkte komplett unterschiedlich hinsichtlich der Verwendung, der eingesetzten Materialien und äußeren Form sein können, so haben sie neben dem erwähnten Nutzen auch noch einen weiteren, gemeinsamen Nenner. Für alle muss intensive Werbung betrieben werden, um sie erfolgreich an den Kunden zu bringen. Eine sehr ähnliche Situation ergibt sich hier für betrachtete Hochschulabsolventen. Alle Bewerber bemühen sich um eine Stelle. Alle nachfolgenden Ausführungen in diesem Kapitel sind deutlich leichter zu verstehen, wenn sich Bewerber aus Sicht der Unternehmen als eine Art „Produkt" verstehen. Der Kunde ist in diesem Fall der erwähnte Fachabteilungsleiter, der über eine freie Stelle verfügt. Um erfolgreich zu sein, müssen Bewerber für sich in Analogie zu den Produkten in ◘ Abb. 8.5 intensive Werbung betreiben. Die Faustregel bei allen Produkten und Kunden lautet: Man muss in den Vorteilen der Kunden denken, um *ihre* Wünsche oder Sehnsüchte punktgenau zu treffen und zu befriedigen. Man muss also einfach durch die Brille der Kunden gucken. Aber woher sollen Hochschulabsolventen in ihrer Eigenschaft als Bewerber wissen, wie die Brille des Fachabteilungsleiters funktioniert? Die Antwort auf diese Frage ist sehr einfach. Der Abteilungsleiter hat seine Brille bereits detailliert definiert. Sie ist in der Stellenanzeige minutiös beschrieben. Treten also Bewerber

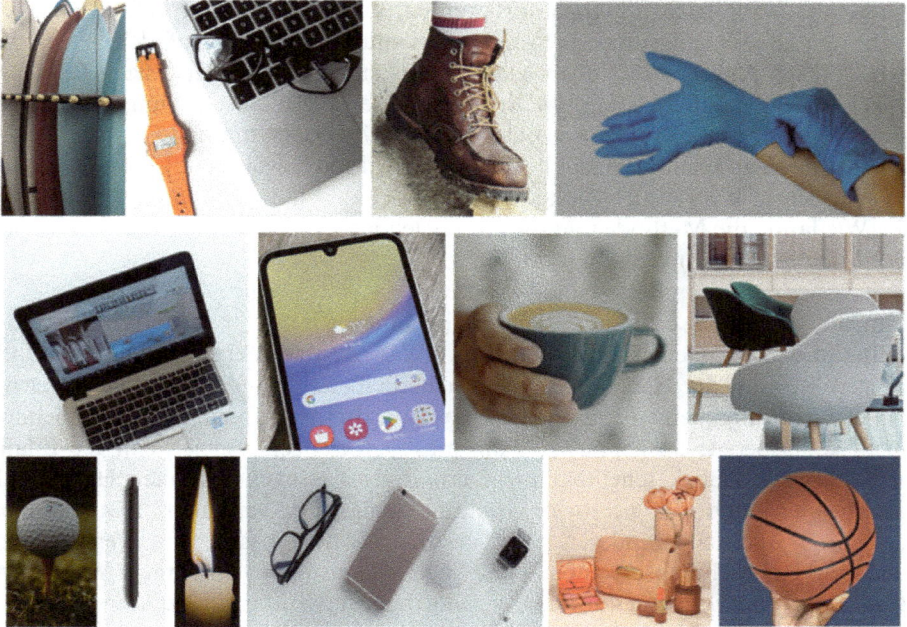

◘ **Abb. 8.5** Zusammenhang zwischen Verfahrenstechnik und Studiennutzen am Beispiel von Alltagsprodukten

an, müssen sie sich im Vorfeld mit der Werbung um ihre eigene Person äußerst intensiv beschäftigen, um nicht Zweiter zu werden. Das ist selbsterklärend, da dies sogar im Wort *Bewerbung* steckt, was viele Hochschulabsolventen als Berufsanfänger leider übersehen. Auch hier gilt der Spruch von H. Ford aus dem Kapitel *Präsentation und Präsentieren*.

Aus eigener akademischer Erfahrung ist dabei bekannt, dass viele Hochschulabsolventen über die folgenden typischen Aussagen:
1. Ich überzeuge durch Eigenleistung und das muss reichen.
2. Wer nicht sofort feststellt, was mit meiner Bewerbung auf den Tisch kommt, ist selbst schuld.
3. Angeben und sich in den Vordergrund zu drängen, waren noch nie meine Stärke. Das sollen tunlichst andere machen.

eine zumindest merkwürdige Überzeugung vertreten. Sie ist in dieser konkreten Situation eine Mischung aus Naivität und Überheblichkeit. Diese Mischung ist im ganzen Berufsleben extrem ungünstig und sollte konsequent vermieden werden. Stattdessen wird eine Kombination aus Demut und gesundem Selbstbewusstsein als (immer) funktionierende Alternative empfohlen.

Kommen wir nun nach diesen einleitenden Bemerkungen auf die vorbereitenden Arbeiten, die im Zusammenhang mit einer Bewerbung und der Eigenwerbung durchgeführt werden müssen, damit man am Ende Erfolg hat. Das im Folgenden präsentierte Konzept stellt ein Fundament für die Kernaufgabenstellungen gemäß ◘ Abb. 8.2 dar. Sie müssen mit hoher Sorgfalt, gezielt und mit planender Voraussicht durchgeführt werden, damit man davon in den nächsten Schritten (Bewerbungsunterlagen und Vorstellungsgespräch) auf dem Weg zum schriftlichen Angebot im hohen Maße profitiert. Wie schon im ganzen Ratgeber gezeigt, liegt der Schlüssel zum Erfolg in einer Zusatzanstrengung, die in der Regel eine sorgfältige und vorausschauende Vorbereitung umfasst.

Das ausgearbeitete Konzept beantwortet strukturell drei grundlegende Fragen:
1. Was sind die verfolgten Ziele?
2. Wie lautet die Methode und die zu erzielenden Ergebnisse?
3. Wozu ist das Konzept gut?

Um die verfolgten Ziele zu definieren, beginnen wir zuerst mit einer Bestandsaufnahme von Hochschulabsolventen. Was besitzen eigentlich Hochschulabsolventen auf der Haben-Seite? Mit Sicherheit – leider – keine 2–5 Jahre beruflicher Erfahrung, keine Firmenvielfalt aus z. B. drei Unternehmen und schließlich auch keine bereits ausgeprägten Führungskompetenzen. Auch wenn die Bilanz auf den ersten Blick scheinbar nicht ermutigend erscheint, können Hochschulabsolventen doch wenigstens ihr Studium erfolgreich „verkaufen". Das können allerdings auch alle anderen Wettbewerber. Damit besteht im Vergleich zu anderen Hochschulabsolventen leider kein Alleinstellungsmerkmal. Was bleibt also den aufmerksamen Lesern des Ratgebers noch übrig? Die klare Antwort lautet in diesem Fall: Extrem viel! Durch die beharrliche Verfolgung und hartnäckige Umsetzung vieler betrachteter Schwerpunkte im vorliegenden Ratgeber (siehe Leit-Sechseck) haben sich einige Hochschulabsolventen sehr viele Alleinstellungsmerkmale hart erarbeitet, die in Konkurrenz mit anderen Wettbewerbern von entscheidender Bedeutung sind und über den Erfolg der Bewerbung entscheiden. Man muss sie nur geschickt zusammenstellen und priorisieren sowie im Anschluss daran ausdrucksvoll „verpacken" und „verkaufen". Das sind auch die in der ersten Frage angesprochenen Ziele des Konzepts. Wir müssen eine attraktive „Verpackung" der eigenen Person entwickeln, sodass eine eigene, unverwechselbare Marke aufgebaut wird. Die verfolgten Ziele bestehen darin, eine überzeugende Vermarktung sowohl über die Bewerbungsunterlagen (erste Hürde, ◘ Abb. 8.3) als auch über das Vorstellungsgespräch (zweite Hürde) erfolgreich zu erreichen. Dabei wird ein weiteres Ziel automatisch und begleitend gewährleistet, das darin besteht, dass das eigene Unterbewusstsein bedeutend gestärkt wird. Beide Ziele führen dazu, dass später die eigene Kommunikation und das Auftreten bei beiden Hürden deutlich zielgerichteter, souveräner und prägnanter sein werden.

Nun fokussieren wir uns auf die angesprochene Methode zur Erreichung der o. g. Ziele (zweite Frage). Die tragende Säule der Methode stellt das im Ratgeber verfolgte Konzept der systematischen Erweiterung der fachlichen und persönlichen Kompetenzen im Studium dar. Auf diesem Fundament wird für die anstehenden Kernaufgabenstellungen (◘ Abb. 8.2) ein Konzept der glaubwürdigen Selbstdarstellung der Hochschulabsolventen entwickelt. Dieses Konzept umfasst zwei grundlegende Ebenen, die sich an die im Kapitel *Kompetenzen und Persönlichkeit* präsentierte Gliederung nach (Erpenbeck & Sauter, 2013) anlehnen. Die erste Ebene (◘ Abb. 8.6a) legt den Fokus auf die Fach- und Methodenkompetenz, die zweite auf die personale, Aktivitäts- und Handlungs- sowie sozial-kommunikative Kompetenz (◘ Abb. 8.6b). Beide Ebenen erlauben Hochschulabsolventen ein integrales Eigenprofil zu erstellen. Damit wird der häufige Fehler der übertriebenen und einseitigen Betonung von lediglich Fach- und Methodenkompetenz klar vermieden.

Wie in ◘ Abb. 8.6a dargestellt, setzt sich die erste Ebene aus fünf grundsätzlichen Elementen zusammen, die im Rahmen des Ratgebers bereits detailliert behandelt wurden. Im Folgenden sollen Empfehlungen und Hinweise herausgearbeitet werden, die es Hochschulabsolventen erlauben, eine glaubwürdige Selbstdarstellung zu entwickeln. Die wichtigste Empfehlung vorweg: Wir betrachten die erwähnten Elemente in ◘ Abb. 8.6a ausschließlich durch die Brille des Fachabteilungsleiters! Wir gehen also bei der Analyse nicht in die Breite, da dies bereits in den einzelnen Kapiteln des Ratgebers ausführlich durchgeführt wurde. Im Gegenteil, wir fokussieren uns sehr spezifisch auf eine möglichst große Überlappung mit den Stellenanforderungen und versuchen, diese festzustellen und hervorzuheben.

In Bezug auf das absolvierte Studium (◘ Abb. 8.6a, Element: Studium Fachinhalte) greifen wir zwei Punkte heraus, um diese auszuloben. In einem ersten Schritt sollen alle Handlungen und Entscheidungen, die freiwillig waren, also nicht durch die Studienordnung vorgegeben, zusammengestellt und als bewusste, gezielte, vorausschauende und proaktive Schritte ausgelobt werden. Sie sind also nicht durch Vorgaben Dritter, sondern aus intrinsischem Interesse sowie aus der Eigenverantwortung und -initiative heraus eingeleitet und umgesetzt worden.

Abb. 8.6 a Konzept der glaubwürdigen Selbstdarstellung (Fach- und Methodenkompetenz); b Konzept der glaubwürdigen Selbstdarstellung (personale, sozial – kommunikative, Handlungs- und Aktivitätskompetenz)

Die besondere Betonung dieser Tatsachen stellt bei Hochschulabsolventen aufgrund eigener Erfahrungen aus der industriellen Praxis selbst schon ein wertvolles Alleinstellungsmerkmal dar. Um dabei nicht in den Verdacht der schlichten Behauptung zu geraten, sollen hier als Beleg z. B. alle gewählten, praxisorientierten Wahlveranstaltungen (z. B. Projektveranstaltungen, freiwillige Seminare, Workshops u. ä.) besonders herausgestellt werden. Diese Problematik wurde im Kapitel *Kompetenzen und Persönlichkeit* ausführlich behandelt und soll an dieser Stelle nicht wiederholt werden. Ein weiteres Beispiel stellt auch die bewusste und proaktive Wahl der Themen, der Inhalte und der Betreuer für die beiden Abschlussarbeiten dar. Begründungen, die aus Sicht des Unternehmens besonders relevant sind, wurden bereits im Kapitel *Abschlussarbeiten* zusammengestellt und bewertet, sodass man sie hier bequem nutzen kann. Dabei ist an dieser Stelle zu betonen, dass es auf keinen Fall um eine lückenlose, überlange Aufzählung geht, sondern lediglich um 2–4 stellvertretende Aspekte, die insbesondere aus Sicht der anvisierten Stelle relevant sind. Damit erreicht man zwei Ziele. Erstens, man stellt die bereits erwähnte Problematik der Brille des Fachabteilungsleiters konsequent in den Fokus und berücksichtigt diese. Zweitens, man bleibt in seinen Ausführungen kurz und prägnant. Abschließend ergeben sich daraus die bewusst gewählten und gestalteten Studiengang und -richtung mit den festgelegten Schwerpunkten (◘ Abb. 8.6a). Damit wird das eigene Studium inhaltlich als durchdachter roter Faden ausgelobt und stellt kein Produkt des Zufalls oder externer Vorgabe dar. Die persönliche Mitgestaltung des Studiums kann man auch geschickt nutzen, um „unauffällig" auf die erzielten ausgezeichneten Leistungsnachweise hinzuweisen (◘ Abb. 8.6a). Diese sind nämlich bei intrinsischer Motivation und Interesse deutlich leichter zu erzielen. Die Leistungsnachweise stellen auf jeden Fall durch Dritte bescheinigtes Fach- und Methodenwissen dar, was bei ca. 50 Lehrveranstaltungen im Bachelor- und ca. 25 im Masterbereich ziemlich glaubwürdig erscheint. So viel zu den inhaltlichen Alleinstellungsmerkmalen des Studiums.

Nun folgt das zweite Element, das sich auf die Berufserfahrungen während des Studiums fokussiert. Diese Problematik ist für den Fachabteilungsleiter von entscheidender Bedeutung. Neben dem erwähnten Fach- und Methodenwissen als grundlegende Voraussetzung für die Bewältigung der anstehenden Aufgaben in seiner Abteilung müssen noch aus seiner Sicht entsprechende Berufserfahrungen durch den Bewerber mitgebracht werden (Recruiting Trends, 2017). Diese Problematik spiegeln durchgeführte Studien wider, die sich mit Auswertungen von Stellenanzeigen beschäftigen. In der Auswertung von Sailer steht *Berufserfahrung* neben dem *Studium* an der ersten Stelle, was Worthäufigkeit in Stellenanzeigen betrifft (Sailer, 2009). Das ist auch der Grund dafür, warum sich der vorliegende Ratgeber so ausführlich mit dieser Problematik auseinandersetzt. Damit sind die studienbegleitenden Maßnahmen (2. Element) ein eminent wichtiger Bestandteil der zu entwickelnden Selbstdarstellung. In diesem Zusammenhang sind zwei Aspekte als Empfehlung hervorzuheben. Zum einen geht es um die fachliche Ergänzung und Erweiterung der klassischen Studieninhalte (Vorlesungen, Übungen, Labore u. ä.). Zum anderen ist zu betonen, dass diese Maßnahmen geprägt durch intrinsische Motivation fakultativ initiiert und um-

Konzept der glaubwürdigen Selbstdarstellung

Ebene (personale, sozial-kommunikative sowie Handlungs- und Aktivitätskompetenz)

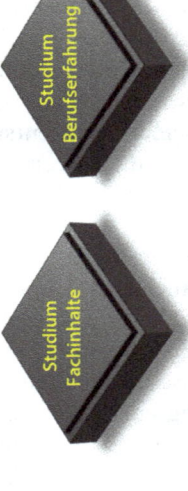

Studium Fachinhalte
- Eigenverantwortung
- Entscheidungsfähigkeit
- Gestaltungswille
- Ganzheitliches Denken
- Ergebnisorientiertes Handeln
- Zielorientierung
- Wissensorientierung
- Analytische Fähigkeiten
- Konzeptionsstärke
- Systematisch-methodisches Vorgehen
- Pflichtgefühl
- Folgebewusstsein
- Planungsgefühl
- Motivationsfähigkeit

Studium Berufserfahrung
- Lernbereitschaft
- Leistungsbereitschaft
- Belastbarkeit
- Mobilität
- Initiative
- Disziplin
- Ganzheitliches Denken
- Ergebnisorientiertes Handeln
- Zielorientierung
- Teamfähigkeit
- Dialogfähigkeit
- Konfliktlösungsfähigkeit
- Problemlösungsfähigkeit
- Beratungsfähigkeit
- Wissensorientierung
- Analytische Fähigkeiten

Weiterbildungsmaßnahmen
- Organisationsfähigkeit
- Kommunikationsfähigkeit
- Kooperationsfähigkeit
- Anpassungsfähigkeit
- Verständnisbereitschaft
- Pflichtgefühl
- Folgebewusstsein
- Eigenverantwortung
- Entscheidungsfähigkeit
- Gestaltungswille
- Ganzheitliches Denken
- Ergebnisorientiertes Handeln
- Zielorientierung
- Ausdauer
- Motivationsfähigkeit
- Belastbarkeit

Ehrenamtliche Tätigkeiten
- Hilfsbereitschaft
- Soziales Engagement
- Dialogfähigkeit
- Konfliktlösungsfähigkeit
- Integrationsfähigkeit
- Teamfähigkeit
- Kommunikationsfähigkeit
- Pflichtgefühl
- Folgebewusstsein
- Emotionale Intelligenz
- Kontaktfreude
- Verantwortungsbewusstsein
- Begeisterungsfähigkeit

Hobbys
- Dialogfähigkeit
- Integrationsfähigkeit
- Teamfähigkeit
- Kontaktfreude
- Zielstrebigkeit
- Begeisterungsfähigkeit
- Selbstkontrolle
- Kontaktfähigkeit

(Fortsetzung)

gesetzt wurden. Und schließlich ist das Sammeln erster Berufserfahrungen besonders auszuloben. Diese drei Aspekte gelten immer, sind von den Details sowie inhaltlichen Profilen der betrachteten Maßnahmen unabhängig und stellen damit wichtige Alleinstellungsmerkmale dar.

Eine zusätzliche Dimension der Betrachtung sind die erwähnten inhaltlichen Profile der Stelle. Hier gilt als Empfehlung, dass man die Brille des Fachabteilungsleiters wieder aufsetzen und durch diese das freiwillige Fachpraktikum, die HiWi- bzw. Tutorentätigkeit spezifisch betrachten und analysieren muss. Im Vordergrund steht die Herausarbeitung eines klaren Bezugs zur Stelle, um den Bau der virtuellen Brücke (◌ Abb. 8.3) zu unterstützen. Dabei gilt als Empfehlung, dass man zwischen voller Überlappung der geforderten Berufserfahrungen und lediglich ausbaufähigen Ansätzen unterscheiden sollte. Im Klartext bedeutet das, dass man bei der Interpretation der Anforderungen der Anzeige und den eigenen Berufserfahrungen durchaus „großzügiger" sein sollte. Durch eine u. U. zu strenge Auslegung der Anforderungen beraubt man sich ohne Not einiger Zusatzpluspunkte in den Augen des Fachabteilungsleiters.

Da die Stellenanzeigen sehr spezifisch sind, ist die Angabe allgemeingültiger Empfehlungen an dieser Stelle verhältnismäßig schwierig. Stattdessen wird eine praktikable Vorgehensweise angegeben. Es wird auf die herausgearbeiteten Detailaspekte im Kapitel *Additive Fachaktivitäten* verwiesen, die man nun stellenabhängig bequem zusammenstellen, bewerten und priorisieren kann. Daraus entsteht dann ein weiterer wichtiger Baustein des zu entwickelnden Konzepts der glaubwürdigen Selbstdarstellung. Die angesprochene Glaubwürdigkeit wird durch die erhaltenen Zwischenzeugnisse untermauert, deren Bedeutung bereits im Kapitel *Additive Fachaktivitäten* hervorgehoben wurde.

Das dritte Element des Konzepts bilden absolvierte Weiterbildungsmaßnahmen, wie z. B. Seminare, Trainings, Kurse und Workshops. Diese können in der Kategorie der einfachen Teilnahme mit dem Ziel der Erweiterung der Fach- und Methodenkompetenz bzw. in der Kategorie der Mithilfe bei der Organisation in der Funktion als z. B. HiWi bzw. Tutor betrachtet werden. Im zweiten Fall (Mithilfe) stehen zusätzlich auch Praxiserfahrungen im Vordergrund. Ähnliche Aspekte weisen summer/winter schools sowie die Teilnahme bzw. Hilfe bei der Organisation von Messen, Tagungen, Konferenzen auf. Ein besonderes Augenmerk sollte neben der Hilfe auf die Teilnahme an Messen bzw. Tagungen gelegt werden. In der Regel ist diese Teilnahme für Studierende kostenlos. Neben dem Ausweisen dieser Weiterbildungsmaßnahme als Alleinstellungsmerkmal gilt noch zusätzlich, dass hier wertvolle Einblicke in die Denkweisen von Abteilungsleitern an den Firmenständen (Messen, Tagungen) und ihre Prioritäten gewonnen werden können.

Auf den ersten Blick erscheinen ehrenamtliche Tätigkeiten als Aktivitäten, die mit dem Konzept der glaubwürdigen (beruflichen) Selbstdarstellung nichts zu tun haben. Weit verfehlt! Ehrenamtliche Tätigkeiten bilden einen sehr wichtigen Bestandteil des Konzepts, da sie aus Sicht der Unternehmen neben dem Zusatzwissen und der Lebenserfahrung noch einen relevanten Einblick in das innere, individuelle Profil von Bewerbern vermitteln. Dieses Profil ist für die erfolgreiche Wahrnehmung der Stelle von herausragender Bedeutung. Das direkte Stehen-im-

Leben unterscheidet sich im positiven Sinne von z. B. Hochschulabsolventen, die im Grenzfall „nur" studiert haben. Die Glaubwürdigkeit wird bei ehrenamtlichen Tätigkeiten durch ausgestellte Zwischenzeugnisse bescheinigt.

Abschließend bilden Hobbys das letzte der betrachteten Elemente. Hier gelten alle erwähnten Aspekte der ehrenamtlichen Tätigkeiten und sollen damit auch nicht wiederholt werden. Ein Aspekt verdient jedoch eine besondere Beachtung. Es geht um die Wertigkeit der Hobbys. Dabei sollte Berücksichtigung finden, dass sich Hochschulabsolventen mit abgeschlossenem, anspruchsvollem Studium um eine hochdotierte Stelle bewerben. Hinzu kommt, dass Menschen sehr oft auf Basis von Äußerlichkeiten bzw. getätigten Angaben potenzielle Mitarbeiter automatisch und völlig unbewusst in eine Schublade stecken. Der Fachabteilungsleiter ist dabei auch nur ein Mensch! Die beschriebene Vereinfachung ist falsch und eindeutig wenig fundiert, dennoch findet sie statt. Wenn man sich dessen bewusst ist, sollte man aus den vielen Hobbys „passende" im Sinne der Wertigkeit wählen und angeben, um eben nicht in einer unerwünschten Schublade zu landen. Fischgrillen, Boxen, Bauchtanz, Cheerleading, Häkeln u. ä. sollen reiflich überlegt werden, bevor sie in den Bewerbungsunterlagen angegeben bzw. beim Vorstellungsgespräch mitgeteilt werden. Tendenziell verbessern sie die Chancen auf Erfolg nur sehr gering, wenn überhaupt.

Neben der Fach- und Methodenkompetenz spielt die zweite betrachtete Ebene (◘ Abb. 8.6b) eine wichtige Rolle und muss ebenso sorgfältig analysiert, bewertet und priorisiert werden. Sie umfasst die personale, sozial-kommunikative sowie Handlungs- und Aktivitätskompetenz, die wir im Kapitel *Kompetenzen und Persönlichkeit* bereits angesprochen haben. Damit steht sie für die „menschliche" Komponente von Hochschulabsolventen und spricht u. a. die in Kapitel *Präsentation und Präsentieren* Beziehungsebene an. Aber warum ist die Bedeutung der zweiten Ebene so hoch? Das heutige berufliche Umfeld ist mittlerweile dermaßen komplex und herausfordernd, dass die Mehrzahl der Aufgaben in Form von Projekten durchgeführt wird. Diese zeichnen sich dadurch aus, dass ganze Teams aus mehreren Mitarbeitern involviert sind. Der Erfolg der Teams setzt voraus, dass alle Mitglieder eng miteinander zusammenarbeiten und abgestimmte Arbeitspakete neben der eigenständigen Bearbeitung bezüglich der vereinbarten Termine abgeliefert werden müssen. „Abgekapselte Eigenbrötler" sind in dieser Welt oft nicht überlebensfähig und häufig eine primäre Ursache von internen Spannungen. Das will und muss der Fachabteilungsleiter tunlichst vermeiden. Aus diesem Grund guckt er sich bei Bewerbern die zweite Ebene besonders aufmerksam an. Dieses Wissen stellt wiederum auf der anderen Seite eine Chance für Hochschulabsolventen dar, die sie durch eine gründliche und präzise ausgearbeitete zweite Ebene des Konzepts im Vorstellungsgespräch punkten können.

In ◘ Abb. 8.6b ist für die betrachteten fünf grundlegenden Elemente des Konzepts in Anlehnung an den Kompetenzatlas von (Erpenbeck & Sauter, 2013) und die Ausführungen in (Hesse & Schrader, 2001) eine Auswahl an Kompetenzen angegeben. Sie kann im Hinblick auf die eigene Person und die erforderliche Passung zur anvisierten Stelle bequem verwendet werden. Damit können die einzelnen Aktivitäten der fünf infrage kommenden Elemente auch als belastbares Fundament für eine nachvollziehbare und vor allem glaubwürdige

Nutzung der zweiten Ebene betrachtet werden. Daraus folgt, dass sich die beiden Ebenen gegenseitig ergänzen und im Endergebnis das hier betrachtete Konzept der glaubwürdigen Selbstdarstellung bilden.

Zum Schluss noch eine Anmerkung. Aufmerksamen Lesern ist mit Sicherheit nicht entgangen, dass manche Kompetenzen in ◘ Abb. 8.6b unter mehreren Elementen erscheinen. Das ist kein Flüchtigkeitsfehler, sondern eine gewollte Handlung. Damit können Stellenanforderungen mit mehreren Elementen glaubhaft begründet werden. Doppelt bzw. dreifach hält (begründet) besser!

Fehlt noch etwas? Richtig, die Antwort auf die dritte Frage. Der vorgeschlagene Ansatz baut konsequent auf dem Konzept der systematischen Erweiterung der fachlichen und persönlichen Kompetenzen im Studium auf, das in diesem Ratgeber wie eine Richtschnur verfolgt wird. Im Fokus steht nun die breite Nutzung der Früchte harter Arbeit während des Studiums, die bei weitem über das übliche Maß hinausgeht. Man soll einfach von den gemeisterten Herausforderungen im Hinblick auf eine herausragende Stelle persönlich profitieren.

Dazu wurde eine Herangehensweise ausgearbeitet, die eine möglichst optimale Vermarktung aller Elemente gewährleistet. Als Ergebnis ist ein stimmiges und überzeugendes Eigenprofil ausgearbeitet. Dabei spielt die Brille des Fachabteilungsleiters, also die spezifischen Stellenanforderungen, eine entscheidende Rolle. Das Konzept liefert einfache und praxisorientierte Ansätze für die optimale Verbindung zwischen diesen beiden Aspekten (Eigenprofil, Brille des Abteilungsleiters), sodass eine souveräne und überzeugende Selbstdarstellung von Hochschulabsolventen erfolgreich konstruiert werden kann. Das Konzept kann allerdings noch eine weitere Stufe der Vermarktung erfahren. Die bisher beschriebenen Elemente beider Ebenen wurden aus rein didaktischen Gründen weitgehend einzeln sowie statisch betrachtet und bewertet. Ändert man jedoch die Perspektive, so ergibt sich eine mehrdimensionale, intrinsisch verbundene Konstruktion, die unter Berücksichtigung der Studiendauer nicht mehr statisch ist. Vielmehr sollte sie durch alle Hochschulabsolventen als einen bewusst geplanten, dynamischen Entwicklungsprozess der eigenen Person hinsichtlich der Kompetenzen und Persönlichkeit vermarktet werden.

Durch die geleitete, intensive Auseinandersetzung mit der betrachteten Problematik gewinnen Hochschulabsolventen im Vergleich zu Wettbewerbern einen weiteren, enorm wichtigen Vorteil. Im späteren Vorstellungsgespräch, das immer eine Stresssituation mit markanter Hormonausschüttung darstellt, ist es deutlich einfacher, treffende Aussagen, Hinweise und Begründungen aus dem Gedächtnis abzurufen (weil bereits vorbereitet und geübt), als diese mühevoll im Eifer des Gefechtes erst zu … kreieren. Als willkommener Nebeneffekt ist ferner festzuhalten, dass aufgrund der betrachteten intensiven Auseinandersetzung auch die Kommunikation präziser und zielgerichteter ist. Eine exzellente Vorbereitung stärkt ferner das Unterbewusstsein, wodurch der eigene Auftritt souveräner wirkt. Mit anderen Worten stellen die in diesem Abschnitt aufgezeigten, vorbereitenden Arbeiten das Herz-Kreislauf-System der anschließenden Bewerbungsunterlagen und des Vorstellungsgesprächs dar.

> **Hinweis**
>
> Zum Abschluss noch eine vorbeugende Bemerkung. Angesichts des enormen Umfangs und des zeitlichen Bedarfs des Konzepts drängt sich der mögliche Vorwurf der Studierenden auf, dass man während des Studiums noch gefälligst ... atmen und leben muss. Dieser Vorwurf wäre berechtigt, wenn irgendwo im Ratgeber die vollkommene Umsetzung aller Elemente vorausgesetzt worden wäre. Das ist aber nicht der Fall. Vielmehr sind alle o. g. Elemente als eine Art Farbpalette zu verstehen, aus der Studierende je nach Neigung, Interesse, Motivation, der zur Verfügung stehenden Zeit u. ä. persönlich passende Farben wählen. Das Konzept soll lediglich aufzeigen, welche Farben Studierenden insgesamt zur Verfügung stehen.
>
> Aus eigener akademischer Praxis ist bei der Betreuung von unzähligen Masteranden schmerzhaft die folgende Feststellung bekannt: *Hätte ich das damals gewusst*. Dieser Satz klingt im Mund von (fast) Hochschulabsolventen, die direkt vor einem Bewerbungsprozess stehen, leider wie eine traurige Bankrotterklärung. Die Ausrottung bzw. Reduktion dieser Feststellung auf ein Mindestmaß, ist eine wichtige Motivation des vorliegenden Ratgebers.

8.3 Bewerbungsunterlagen

Nachdem wir über die vorbereitenden Arbeiten und das Konzept der glaubwürdigen Selbstdarstellung in enger Verbindung mit den Anforderungen der angestrebten Stelle (Stichwort: Brille des Abteilungsleiters) die in ◘ Abb. 8.7 präsentierte virtuelle Brücke konstruiert haben, erreichen wir ausgezeichnet vorbereitet die andere Seite der Brücke. Hier müssen wir uns in erster Reihenfolge mit der Erstellung der Bewerbungsunterlagen auseinandersetzen. Mit anderen Worten müssen die erarbeiteten Ergebnisse (◘ Abb. 8.6a und 8.6b) nun in eine schriftliche Form gegossen werden. Das Ziel besteht darin, die Bewerbungsunterlagen so zu gestalten, dass das sich daraus ergebende *missing piece* in ◘ Abb. 8.7 ideal in die Abteilung des Fachabteilungsleiters passt. Vorweg die wichtigste Feststellung in diesem Zusammenhang: Es ist einzig und alleine die Aufgabe von Bewerbern, über die Bewerbungsunterlagen die optimale Passung zu gestalten und zu beweisen! Hier drängt sich spontan die nahe liegende Frage: Wer sonst? Dennoch geben sich viele Hochschulabsolventen bewusst oder unbewusst der Illusion hin, dass die Adressaten der Bewerbungsunterlagen alles, was man selbst nicht unmissverständlich formuliert hat, schon irgendwo zwischen den Zeilen finden werden. Werden sie nicht, weil sie dafür keine Zeit haben und dies nicht als eigene Aufgabe betrachten.

Die Bewerbungsunterlagen umfassen üblicherweise die folgenden Bestandteile:
- Anschreiben,
- Lebenslauf,
- Arbeitszeugnisse,
- Berufsqualifizierende Zeugnisse (z. B. Bachelor- und Masterurkunde),

8.3 · Bewerbungsunterlagen

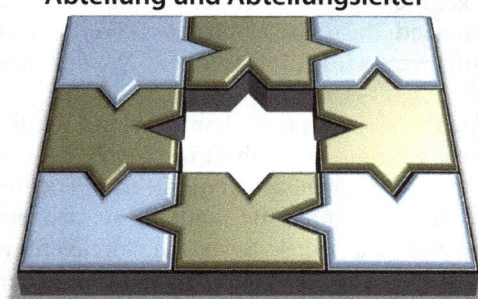

Abteilung und Abteilungsleiter

The missing piece

Beschreibung: Stellenanzeige

Passung: Anschreiben,
Lebenslauf,
Arbeitszeugnisse,
Berufsqualifizierende Zeugnisse,
Weiterbildungsnachweise

Abb. 8.7 The missing piece und das Problem der Passung

— Weiterbildungsnachweise.

Bevor wir auf die Gestaltung der einzelnen Bestandteile zu sprechen kommen, sollen einige einleitende Bemerkungen getätigt werden, da sie das Verständnis für die herrschenden Mechanismen in den Unternehmen fördern. Wie bereits erwähnt, kann die Anzahl der Bewerbungen durchaus im hohen Bereich liegen. Eigene Erfahrungen wurden bereits mitgeteilt. In einem vor kurzem durchgeführten Gespräch mit eigenem Doktoranden stellte sich heraus, dass die Anzahl der Bewerbungen in einem Unternehmen der Prozessindustrie bei 700 lag. Nimmt man an, dass man traditionelle Bewerbungen (also in Papierform und in einer Bewerbungsmappe) betrachtet und dass die einzelnen Bewerbungsmappen im Schnitt eine Stärke von 5 mm aufweisen, so ergibt sich nach der Stapelung aller Unterlagen eine Höhe von 3,5 m. Baut man den Stapel im Büro mit üblicher Raumhöhe von 2,5 m auf, so benötigt man in der Decke … eine Öffnung für die restlichen 1000 mm. So viel zum Höhenmaß. Es gibt aber auch eine weitere relevante Dimension. Betrachten wir den Mitarbeiter der Personalabteilung, der für die Besetzung der freien Stelle verantwortlich ist. Widmet er jeder Bewerbung ca. 5 min, so ergibt sich ein Zeitbedarf von 3500 min. Das entspricht ca. 1,5 Wochen für die Bearbeitung der Unterlagen. Und währenddessen würde dieser Mitarbeiter in diesem Zeitraum den ganzen Arbeitstag nichts anderes machen!

Diese Ausführungen sollen die absolut präzise und äußerst sorgfältige Ausarbeitung der Bewerbungsunterlagen durch Hochschulabsolventen unmissverständlich zum Ausdruck bringen. Mitarbeiter der Personalabteilung sind in ihren Bemühungen fast „dankbar", wenn in einigen Bewerbungsunterlagen inhaltliche bzw. formale Fehler festgestellt werden. Die Bearbeitung wird hierdurch erheblich verkürzt und die Unterlagen landen auf einem Stapel mit der Bezeichnung *Ablehnung*. Auch wenn man dadurch gelegentlich einen Fehler bei der (zu schnellen) Einstufung macht, so wirkt doch beruhigend, dass man unter 700 Bewerbern die … 3–6 Rohdiamanten durchaus identifizieren wird, die dann zum Vorstellungsgespräch eingeladen werden.

Aber wie sieht eigentlich der praktikable Selektionsmechanismus hinsichtlich der Bewerber aus? Dieser Selektionsmechanismus ist bildhaft in ◘ Abb. 8.8 dargestellt. Alle Bewerbungsunterlagen gelangen in einen sich verjüngenden Trichter. Anhand der Analyse und Bewertung der erwähnten Bestandteile in den eingereichten Bewerbungsunterlagen wird eine gnadenlose Selektion durchgeführt, sodass lediglich die besten Bewerber den unteren Teil des Trichters verlassen. Dieser Mechanismus unterstreicht die große Bedeutung der Bewerbungsunterlagen. Sie alleine entscheiden über alles in dieser Phase!

Der ◘ Abb. 8.8 folgend sollen nun die zu erstellenden Bewerbungsunterlagen näher betrachtet und mit praxisorientierten Empfehlungen versehen werden. Dabei ist beruhigend festzuhalten, dass man das über die vorbereitenden Arbeiten entwickelte Vermarktungskonzept lediglich optimal „verpacken" muss. *Optimal* bezieht sich dabei auf die Brille des Fachabteilungsleiters und die Anforderungen der Stelle, sodass das missing piece ideal in die Abteilung passt.

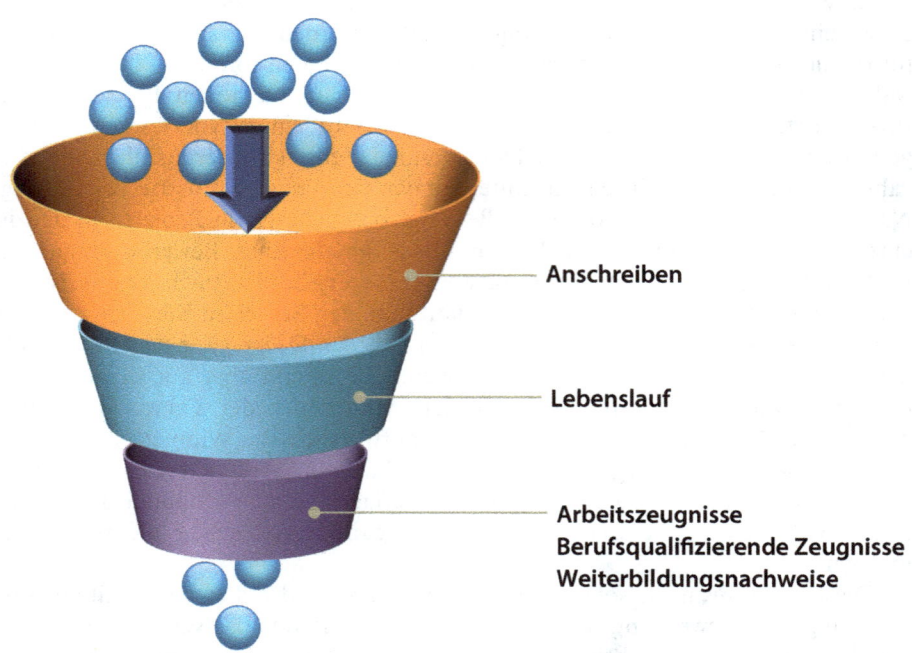

◘ **Abb. 8.8** Selektionstrichter und Bewerbungsunterlagen

Die zeitliche Reihenfolge in ◘ Abb. 8.8 ist unternehmensspezifisch. Auf diesen Aspekt wird später noch näher eingegangen.

8.3.1 Anschreiben

Das Anschreiben ist ein sehr wichtiger Bestandteil der Bewerbungsunterlagen. Jordan et al. sprechen hier auch von einer ersten Arbeitsprobe (Jordan et al., 2013), Bohlen von erstem Schriftstück (Bohlen, 2015) und schließlich Püttjer und Schnierda von zentralem Schriftstück (Püttjer & Schnierda, 2019), welches das Unternehmen über die Bewerber in die Hände bekommt. Wie auch immer die Bezeichnung lauten mag, das Anschreiben hat einen herausragenden Stellenwert und spielt im Bewerbungsprozess eine große Rolle. Nach Püttjer und Schnierda stellt das Anschreiben ein Gutachten in eigener Sache dar (Püttjer & Schnierda, 2006a).

Bei der optimalen inhaltlichen Ausgestaltung des Anschreibens greifen wir natürlich auf alle bisher entwickelten Elemente der Selbstdarstellung zurück (◘ Abb. 8.6a und b), priorisieren sie und versuchen klar, präzise und glaubwürdig zu beweisen, dass man zur ausgeschriebenen Stelle aufgrund der vorhandenen Kompetenzen, Erfahrungen und der Persönlichkeit optimal passt. Dabei sollte man, wie bereits mehrfach betont, unbedingt auf alle Anforderungen in der Stellenanzeige detailliert eingehen. In diesem Zusammenhang ist es wichtig zu betonen, dass man Mitarbeiter in der Personalabteilung mit eigenen Aussagen, aufgeführten Informationen, prägnanten Motivationsgründen und glaubhaften Beweisen hinsichtlich der eigenen Person und der Passgenauigkeit zur Stelle unmissverständlich überzeugen muss. Wir lassen hier also keinen freien Raum für die Hoffnung, dass nicht aufgeführte Elemente, durch diese Mitarbeiter gedanklich erraten, abgeleitet bzw. erkannt werden. Möglichst viele aussagekräftige Argumente, die eine Deckung bzw. wenigstens Berührungspunkte mit den Anforderungen der Stellenanzeige aufweisen, sowie eine klare Orientierung an den Wünschen und dem Nutzen des Fachabteilungsleiters unterstützen einen überzeugenden ersten Eindruck und die Passung mit der Stelle. Sie üben auch einen positiven Einfluss auf die Entscheidung bezüglich eines Vorstellungsgesprächs aus. Man bewegt sich also im Selektionstrichter in Richtung des unteren Auslasses (◘ Abb. 8.8). So viel zur inhaltlichen Gestaltung des Anschreibens auf Basis des Konzepts der Selbstdarstellung (Abschnitt *Vorbereitende Arbeiten*).

Nun lenken wir unseren Fokus auf eine übersichtliche Struktur und einen logischen Aufbau des Anschreibens, da beide Aspekte eine hohe Bedeutung haben. Dabei wird auf klassische Selbstverständlichkeiten wie z. B. Anschrift, Kontaktdaten, Datum, Betreffzeile u. ä. nicht näher eingegangen, da sie einfach vorausgesetzt werden. Hierzu sollte man bei Zweifeln auf die einschlägige Literatur zu diesem Thema zurückgreifen (z. B. Püttjer & Schnierda, 2019; Püttjer & Schnierda, 2006a).

Die Gestaltung des Textes soll sich durch präzise, kurze und prägnante Form auszeichnen. Geschachtelte Nebensätze werden nicht empfohlen, da sie anstrengend sind und das schnelle Lesen sogar verhindern. Die Schriftgröße des Textes sollte zwischen 11 und 12 Punkt liegen. Der Text soll in mehrere Absätze gegliedert werden und eine logische Struktur aufweisen. Beide Aspekte liefern einen Beitrag zur lesefreundlichen Textgestaltung und unterstützen Mitarbeiter der Personalabteilung beim schnellen Lesen. Angesichts der erwähnten 3,5 m an Bewerbungsunterlagen werden sie es wohlwollend registrieren und tendenziell eine Spur Dankbarkeit empfinden.

Bezüglich der inhaltlichen Struktur des Anschreibens ist folgendes festzuhalten: Im ersten Satz nach der Anrede sollte man auf die Anforderungen der Stelle aus der Stellenanzeige vollumfänglich eingehen und eigene Kompetenzen sowie berufliche Erfahrungen stichwortartig aufzählen. Hier sind besonders die ersten zwei Elemente aus ◘ Abb. 8.6a als überzeugende Begründung heranzuziehen und auf alle Anforderungen der Stellenanzeige auszudehnen.

Im zweiten Absatz sollen das Studium sowie alle absolvierten Weiterbildungsmaßnahmen als konsequente Leistungs- und Lernbereitschaft ausgelobt sowie als bewusster und durchdachter beruflicher Entwicklungsprozess hervorgehoben werden. Ferner sollen bei diesen Elementen im Hinblick auf die restlichen Stellenanforderungen wenigstens Berührungspunkte mit der ausgeschriebenen Stelle herausgearbeitet und überzeugend betont werden.

Schließlich werden im dritten Absatz ehrenamtliche Tätigkeiten als glaubhafte Beispiele für restliche, geforderte Kompetenzen sowie für die Beziehungsebene (◘ Abb. 8.6a und b) hervorgehoben. Eine freundlich-verbindliche Abschlussformulierung in Form einer Bereitschaft, im Vorstellungsgespräch weitere Details und Aspekte zu klären, rundet das Anschreiben ab.

Angesichts der mehrfach betonten enormen Bedeutung des Anschreibens, besteht zum Abschluss die praktische Empfehlung darin, dieses Anschreiben (wie auch alle folgenden Bestandteile der Bewerbungsunterlagen) unbedingt durch Dritte auf eventuell vorhandene formale und inhaltliche Fehler sorgfältig korrigieren zu lassen. Vier oder sechs Augen sehen mehr als nur die eigenen zwei, die noch dazu mit dem Anschreiben emotional verbunden sind.

Falls gewünscht, sollen noch das Startdatum und die Gehaltsvorstellung angegeben werden.

8.3.2 Lebenslauf

Die überragende Bedeutung des Lebenslaufs in den Bewerbungsunterlagen beweist eindrucksvoll eine umfangreiche Studie, die in 2016 durch Kienbaum und das Staufenbiel Institut durchgeführt wurde (Recruiting Trends, 2017). Die Studie umfasste eine Befragung von 297 Unternehmen, die in 2016 insgesamt 736.500 Bewerbungen erhalten und 177.000 Vorstellungsgespräche geführt haben. In der zeitlichen Reihenfolge der Sichtung der Bewerbungsunterlagen durch die Mitarbeiter der Personalabteilung spielt der Lebenslauf eine besondere Rolle. Er ist das Herzstück der Bewerbungsunterlagen und wird mit 75 % in erster Reihenfolge betrachtet. An der zweiten Stelle folgt das Anschreiben mit 22 % und anschließend das Bewerbungsfoto mit 2 % (◘ Abb. 8.9). Die verhältnismäßig niedrige

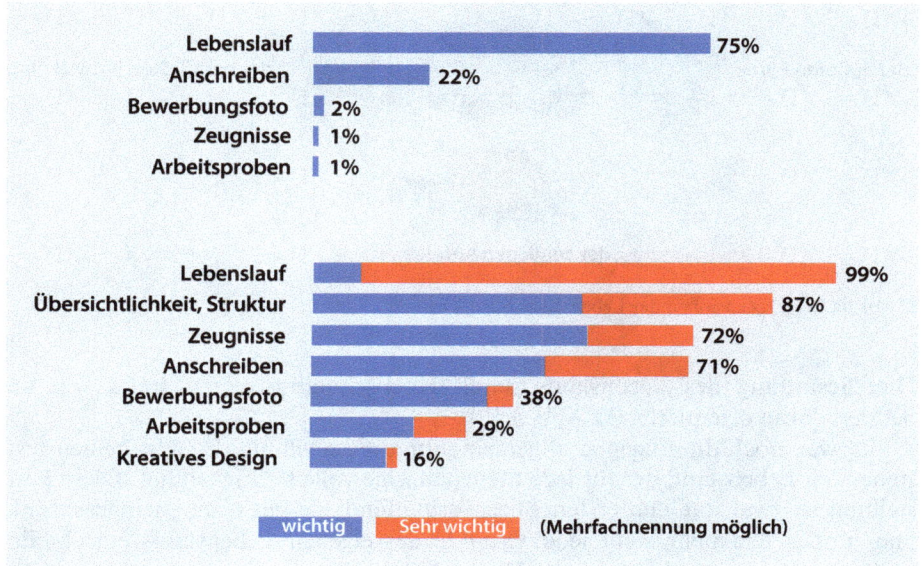

● **Abb. 8.9** Zeitliche Reihenfolge bei der Sichtung (oben) und Stellenwert der Bestandteile der Bewerbungsunterlagen (unten) (Recruiting Trends, 2017)

Prozentzahl beim Bewerbungsfoto widerspricht der eigenen industriellen und akademischen Erfahrung, die besagt, dass das Bewerbungsfoto, das in der Regel dem Lebenslauf beigefügt ist, mindestens die gleiche Reihenfolge aufweisen müsste, wie der Lebenslauf. Es ist schwer vorstellbar, dass man den Lebenslauf betrachtet, aber sich gleichzeitig dem Bewerbungsfoto verschließt. Neben der zeitlichen Reihenfolge ist von besonderer Bedeutung die Wertigkeit der einzelnen Bestandteile der Bewerbungsunterlagen. Auch hier dominiert die Statistik mit 99 % der Lebenslauf, gefolgt durch Zeugnisse (72 %) und Anschreiben (71 %). Überraschend hoch ist hier insbesondere das Bewerbungsfoto, das mit 38 % zu Buche schlägt.

Gemäß der betrachteten Studie treffen in 78 % der Bewerbungen die Mitarbeiter der Personalabteilungen die erste Vorauswahl (Recruiting Trends, 2017). Erst danach kommt der Fachabteilungsleiter ins Spiel und prüft die verdichteten Bewerbungsunterlagen. Aus Sicht der Hochschulabsolventen müssen also bei der Gestaltung des.

Lebenslaufs beide Personen im Vordergrund stehen. Das verlangt die erwähnte und erforderliche Kundenorientierung der Hochschulabsolventen. Aber nach welchen Kriterien beurteilen die beiden den Lebenslauf? In Anlehnung an Reichel können insgesamt drei Dimensionen des Lebenslaufs festgehalten werden, die durch die Mitarbeiter der Personalabteilung in erster Reihenfolge analysiert und bewertet werden (Reichelt, 1994):
1. Dimension der äußeren Form,
2. Dimension der zeitlichen Abfolge,
3. Dimension der beruflichen Entwicklung.

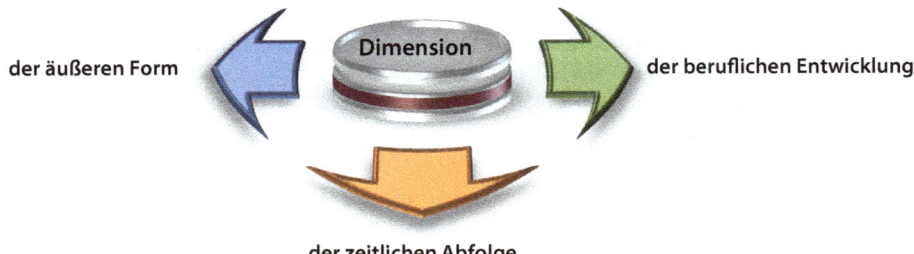

Abb. 8.10 Dimensionen des Lebenslaufs

Die Gestaltung des Lebenslaufs durch Hochschulabsolventen sollte sich unbedingt daran orientieren (Abb. 8.10).

Vorweg noch die folgende allgemeingültige Feststellung: Es gibt keinen feststehenden Lebenslauf, der für jede Stellenanzeige volle Gültigkeit hat. Diese Feststellung ist zwar auf den ersten Blick verblüffend, sie gilt aber uneingeschränkt und immer. Vielmehr stellt jede Variante des eigenen Lebenslaufs eine bibliografische Anpassungsleistung von Hochschulabsolventen dar (Hesse & Schrader, 2001). Dieser Freiheitsgrad kann nicht oft genug betont werden und soll als eine bedeutende Chance für Hochschulabsolventen verstanden werden, den Lebenslauf den spezifischen Anforderungen der jeweiligen Stelle präzise und sorgfältig anzupassen. Ähnlich wie beim Anschreiben, steht hier im Fokus die Bezugnahme auf die Stellenanzeige und das detaillierte Herausarbeiten von Überlappungen bzw. wenigstens von Berührungspunkten zwischen dem Lebenslauf und der Stellenanzeige.

Dimension der äußeren Form

Die heutige, übliche Form in allen Bewerbungsunterlagen stellt ein tabellarischer Lebenslauf dar. Er muss klar strukturiert und übersichtlich sein, da dadurch ein guter Lesefluss sowie eine schnelle Prüfung und Auswertung erfolgen können. Alle erwähnten Aspekte können durch eine gezielte Unterteilung z. B. in Informationsabschnitte mit stellenrelevanten Inhalten praktisch umgesetzt werden. Die gut lesbare Schriftgröße bewegt sich zwischen 11 und 12. Der tabellarische Lebenslauf beginnt mit Kontaktdaten und endet mit Unterschrift sowie Erstellungsort und -datum. Ein professionelles Bewerbungsfoto rundet seine äußere Form ab.

Dimension der zeitlichen Abfolge

Diese Dimension orientiert sich an der zeitlichen Abfolge von einzelnen Entwicklungsstufen und wird hinsichtlich zahlreicher Aspekte kritisch beäugt. In der Praxis hat sich in der zeitlichen Gestaltung der antichronologische Lebenslauf durchgesetzt. Dabei müssen unbedingt alle zeitlichen Entwicklungsstufen mit Monats- und Jahresangaben versehen werden. Dies betrifft auch alle Aus- und Wartezeiten. Damit wird die im tabellarischen Lebenslauf mit Argusauge verfolgte Lückenlosigkeit gewährleistet. Vollständige zeitliche Kontinuität stellt eine relevante Anforderung an den tabellarischen Lebenslauf dar. Hier bestehen bei der Gestaltung keine Freiheitsgrade. Unvollständige Angaben sollten tunlichst vermieden werden, da sie Raum für Verdachtsmomente und Spekulationen bieten. Diese sind dabei niemals positiver Natur und sorgen ausnahmslos für negative Auslegungen und nachteilige Annahmen.

In Bezug auf die erwähnten Aus- und Wartezeiten gilt als wichtige Empfehlung, dass man sich hier plausible Begründungen zulegen sollte, da es bei beruflichen Lücken ausnahmslos, ähnlich wie beim Zahnarzt, intensiv nachgebohrt wird.

Die bisher besprochenen Dimensionen, die durch Mitarbeiter der Personalabteilung bewertet werden, umfassen weitgehend Fleißarbeit. Sie erfordern weder eine übermäßige Kreativität noch eine tiefe intellektuelle Leistung. Dennoch lautet die klare Empfehlung an dieser Stelle: Alles muss mit höchster Aufmerksamkeit, Sorgfalt und Präzision durchgeführt werden. Das ändert sich drastisch bei der Ausarbeitung der dritten Dimension, der beruflichen Entwicklung. Hier gilt, die bereits erwähnte bibliografische Anpassungsleistung mit ausgeprägter Kreativität zu vollziehen, um die Überlappung mit den spezifischen Anforderungen der Stelle fundiert und glaubhaft zu beweisen. Bei unserem bisherigen „Tisch" mit lediglich zwei Beinen (Dimensionen) muss also noch etwas getan werden.

Dimension der beruflichen Entwicklung

Die Bewertung dieser Dimension stellt das zentrale Herzstück des Lebenslaufs dar und weist die höchste Wertigkeit auf. Der Grund liegt zum einen in der höchsten Informationsdichte. Zum anderen stellt diese Dimension das Fundament für die bereits mehrfach angesprochene Überlappung des Profils von Hochschulabsolventen mit den Anforderungen der Stelle dar. Neben dem Anschreiben und dem späteren Vorstellungsgespräch ist diese Dimension auch die letzte Möglichkeit für die praktische Umsetzung des entwickelten Konzepts der Selbstdarstellung des Hochschulabsolventen. Vor diesem Hintergrund wird in Anlehnung an Abb. 8.6a empfohlen, die Strukturierung des Lebenslaufs anhand der folgenden Informationsabschnitte umzusetzen:
- Persönliche Daten,
- Studium,
- Ausbildung, Schule,
- Berufliche Erfahrung,
- Weiterbildungsmaßnahmen,
- Ehrenamtliche Tätigkeiten,

– Zusatzqualifikationen,
– Auszeichnungen,
– Hobbys.

Die üblichen Berufstätigkeiten sind hier bewusst nicht aufgelistet. Die o. g. Informationsabschnitte gelten somit für Hochschulabsolventen direkt nach dem Studium.

Um die einzelnen Informationsabschnitte mit Leben zu füllen, wird auf die bereits ausgearbeiteten Elemente im Abschnitt *Vorbereitende Arbeiten* verwiesen. Sie sollen an dieser Stelle also nicht noch einmal wiederholt werden. Stattdessen werden einige praxisorientierte Empfehlungen ausgesprochen, um die Wirkungseffektivität der Angaben möglichst zu verstärken.

In einer Studie, die durch Kienbaum und das Staufenbiel Institut durchgeführt wurde, positionieren 81 % der Befragten die Praxiserfahrung bei Hochschulabsolventen an der ersten Stelle (Recruiting Trends, 2017). Das deckt sich sehr gut mit der im vorliegenden Ratgeber bereits mehrfach betonten Schwerpunktsetzung und sollte somit bei der Ausgestaltung der Informationsabschnitte konsequent verfolgt werden. Konsequent bedeutet in diesem Zusammenhang: Vollumfänglich direkt beschreiben und herausstellen in der Breite und Tiefe für Mitarbeiter der Personalabteilung und den Fachabteilungsleiter. Ein Raum für eventuelles Erahnen, Ableiten, Vermuten sollte nicht existent sein. Was stellen jedoch die restlichen 19 % dar? Sie umfassen einen sehr guten Studienabschluss und einen Abschluss in Regelstudienzeit. Der Thematik des Studienabschlusses ist das Kapitel *Leistungsnachweise* gewidmet. An dieser Stelle kann also nur der Nachweis festgehalten werden. Eine Möglichkeit, den noch zu verbessern, gibt es leider nicht mehr. Dennoch sollen erzielte Leistungsnachweise als ausgeprägte Lern- und Leistungsbereitschaft betont werden. Auf den zweiten Aspekt wird später eingegangen.

Eine weitere Empfehlung, die bei der betrachteten Dimension von zentraler Bedeutung ist, ist die Erstellung eines überzeugenden persönlichen Profils bei den betrachteten Kunden (Mitarbeiter der Personalabteilung und Fachabteilungsleiter). Eine einfache Auflistung von Fakten innerhalb der Informationsabschnitte ist in diesem Zusammenhang eindeutig zu wenig. Man verschenkt dadurch nur unnötig wertvolle Pluspunkte. Vielmehr soll bei den beiden Kunden der Eindruck erzeugt werden, dass alles wie ein bewusster und durchdachter Entwicklungsprozess eigener Person von langer Hand aktiv gestaltet und geplant war. Alle Alleinstellungsmerkmale müssen klar kommuniziert werden. Des Weiteren sollen dabei intrinsische Interessen, Antriebe und Leitmotive klar zum Ausdruck gebracht werden. Die verfolgte Ziel- und Ergebnisorientierung wirken dabei unterstützend.

Im Informationsabschnitt *Studium* werden Studiengänge einschließlich der Vertiefungsrichtungen sowie die Studienschwerpunkte angegeben. Ein eventueller Wechsel des Studiengangs (Vertiefungsrichtung) kann gut z. B. mit der erhöhten Praxisorientierung bzw. inhaltlichen Erweiterung des neuen Studiengangs (Vertiefungsrichtung) glaubhaft begründet werden. Die beiden Abschlussarbeiten sollen mit Titel, dem betreuenden Professor (Stichwort: Wissenschaftliche Reputation) und der Abschlussnote dokumentiert werden. Eine besondere Beachtung finden alle Wahlpflichtveranstaltungen, an denen die eigene, bewusste Mitgestaltung der Studieninhalte plausibel nachgewiesen werden kann. Gleiches betrifft auch das absolvierte Auslandssemester bzw. -praktikum, wobei hier durchaus auch das Erlangen interkultureller Kompetenz betont wird.

Die zentrale Bedeutung der Praxiserfahrung bei Hochschulabsolventen sollte neben den gewählten Studienschwerpunkten und Wahlpflichtveranstaltungen vor allem anhand von Praktika, HiWi-, Tutoren-, Fachpraktikum, Werkstudententätigkeiten und schließlich im Zusammenhang mit Weiterbildungsmaßnahmen glaubwürdig bewiesen werden. Hier ist es wichtig, jeweils die Rechtsform des Industrie- und Dienstleistungsunternehmens, den Unternehmensbereich und schließlich die Fachabteilung zu benennen. Ferner sollen stichwortartig vor allem Tätigkeiten, Verantwortungen und Erfolge aufgelistet werden, die stellenrelevant sind. Daraus muss ein überzeugendes Bild über gewonnene Praxiserfahrungen, Kenntnisse sowie Fach- und Methodenkompetenz erzeugt werden. Die glaubwürdige Darstellung der eigenen Person als passionierten Problemlöser kommt immer gut an und wird wärmstens empfohlen. Weitere Hinweise sind dem Kapitel *Additive Fachaktivitäten* zu entnehmen und sollen in dieser Stelle nicht wiederholt werden.

Strategisch ähnliche Vorgehensweisen sollen abschließend bei den *ehrenamtlichen Tätigkeiten* verfolgt werden. Dabei wird hier empfohlen, besonders das eigene, vielfältige Engagement und den freiwilligen Charakter dieser Tätigkeiten deutlich herauszustellen. Die Freude, die eigene Zukunft verantwortungsvoll zu gestalten, soll diese Ausführungen glaubhaft ergänzen.

Der Informationsabschnitt *Zusatzqualifikationen* umfasst üblicherweise Fremdsprachen, Erfahrungen im Umgang mit stellenrelevanten Software-Paketen und ähnliche Aspekte. Im Hinblick auf die Fremdsprachen gilt die folgende Empfehlung. Man sollte sich bei der Bewertung der eigenen Kenntnisse nicht unnötig zu strengen Qualitätskriterien (z. B. durch einen Vergleich mit native speakers bzw. professionellen Dolmetschern) unterziehen und diese anschließend mit nur gut bzw. ausreichend zu Papier bringen. Dieses suboptimale Vorgehen wird auch durch die Personalabteilung weder honoriert noch vertieft überprüft.

Abschließend ist noch festzuhalten, dass in der weiterführenden Literatur zahlreiche Beispiele für die konkrete Ausgestaltung eines Lebenslaufs zu finden sind, die man durchaus als sehr gute Vorlage geschickt nutzen kann. (Püttjer & Schnierda, 2019; Püttjer & Schnierda, 2006a, Klütsch, 2011; Koch, 2009; Hesse & Schrader, 2001).

8.3.3 Bewerbungsfoto

In der bereits erwähnten Studie von Kienbaum und dem Staufenbiel Institut (2017) kommt eine Bewerbung ohne Bewerbungsfoto bei 82 % der Personalabteilungen nicht gut an (Recruiting Trends, 2017). Dabei stufen 38 % der Befragten den Stellenwert des Bewerbungsfotos zwischen hoch und sehr hoch ein. Man stellt anhand dieser Zahlen fest, dass es zu einem Besuch beim professionellen Fotografen für Hochschulabsolventen keine Alternative gibt. Es gibt aber noch weitere relevante Gründe. Bewerbungsfotos sprechen Emotionen und Sinne an, sie wecken Aufmerksamkeit und machen neugierig. Sie greifen somit auf die Andockstelle 2 im Gehirn zu (siehe Kapitel *Präsentation und Präsentieren*) und werden weitgehend intuitiv als glaubwürdig wahrgenommen. Die emotionale Macht des Bewerbungsfotos hat weiterhin noch eine stark suggestive Kraft, weil sie das Empfinden einer gesicherten Wirklichkeit vermittelt. Das sollte unbedingt in eigener Sache genutzt werden. Aber was sind die wichtigsten Voraussetzungen für ein gelungenes Bewerbungsfoto und was sollte es kommunizieren? Neben der selbstverständlichen Aktualität sind ein gepflegtes äußeres Erscheinungsbild sowie eine Kleidung, die der angestrebten Stelle angemessen ist, entscheidende Faktoren. Schmuck und Make-up sollen dezent und seriös zum äußeren Erscheinungsbild beitragen. Im Kapitel *Präsentation und Präsentieren* wurde festgestellt, dass der Wohlfühlfaktor als Abbild des inneren Gemütszustands auf dem Gesicht für alle sehr deutlich sichtbar ist. Vor diesem Hintergrund wird empfohlen, dass Hochschulabsolventen den Fototermin ausgeschlafen, gut gelaunt und mit positiver Ausstrahlung wahrnehmen. Das Bewerbungsfoto ist eine der wirkungsvollsten Formen der Kommunikation. Es geht also vorwiegend darum, sich gekonnt ins rechte Licht zu setzen und erste Sympathiepunkte durch eine überzeugende und freundliche Art zu sammeln. Das primäre Ziel besteht doch darin, andere (Mitarbeiter der Personalabteilung und Fachabteilungsleiter) zu gewinnen. Das erreicht man wiederum durch einen offenen, direkten und freundlichen Gesichtsausdruck. Als Folge wirkt man kraftvoll, engagiert und vertrauenserweckend. Man strahlt Schwung und Leistungsfähigkeit aus. Diese Botschaften sollte man auch als klar definierten Auftrag an den Fotografen als Äquivalentleistung für seine Gebühr richten. Insgesamt tragen das Bewusstsein über die eigenen Stärken gepaart mit einem positiven inneren Dialog (siehe Kapitel *Präsentation und Präsentieren*) zum Fotoerfolg wirksam bei. Zur Sicherheit sollte man dennoch eine Serie an Bewerbungsfotos erstellen lassen und zusammen mit Bekannten oder Freuden einer kritischen Bewertung unterziehen. So viel zu den wichtigsten Voraussetzungen.

Hinsichtlich der Bewerbungsunterlagen lässt sich abschließend folgendes festhalten. Alle besprochenen Bestandteile bilden eine integrale Einheit und müssen für sich vor dem Hintergrund der Stellenanzeige, der beiden Hauptkunden und der u. U. hohen Anzahl an Wettbewerbern mit höchster Sorgfalt erstellt werden. Sind dennoch einige Bestandteile suboptimal, so haben wir sehr schnell mit einem verheerenden Domino-Effekt zu tun. Ist z. B. das Anschreiben mittelmäßig und fällt aus dem Lot, so erreicht man beim Mitarbeiter der Personalabteilung eine entsprechende (mittelmäßige) innere Einstellung. Er ist u. U. schon ein bisschen gereizt. Mit dieser Einstellung widmet er sich dann dem Lebenslauf und weiteren Bestandteilen der Bewerbungsunterlagen. Im Endergebnis kann schließlich der in ◘ Abb. 8.11 gezeigte Domino-Effekt entstehen, sodass die Bewerbungsunterlagen auf dem Stapel mit dem Titel *Ablehnung* landen. Die klare Empfehlung in diesem Zusammenhang lautet: Alle Bestandteile der Bewerbungsunterlagen müssen

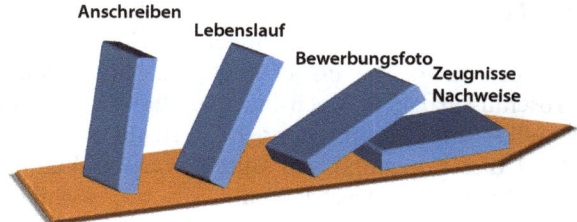

Abb. 8.11 Bewerbungsunterlagen und der Domino-Effekt

absolut ausgezeichnet sein. Ansonsten kann man sich den Aufwand auch u. U. sparen.

8.4 Vorstellungsgespräch

8.4.1 Einleitung und Vorbereitung

Das langersehnte Vorstellungsgespräch steht kurz bevor. Hammermäßig! Herzlichen Glückwunsch! Offensichtlich ist die Mehrzahl aller Hinweise des Ratgebers erfolgreich umgesetzt worden, die ausgearbeiteten Bewerbungsunterlagen waren überzeugend und der Lohn harter Arbeit zahlt sich endlich aus. Wir stehen vor der entscheidenden Hürde auf dem Weg zum schriftlichen Angebot (Abb. 8.2). Um diese Hürde erfolgreich zu absolvieren, benötigen wir nur noch … Aufmerksame Leser des Ratgebers kennen schon die Antwort! Wir benötigen – wie immer bisher – eine vorausschauende Planung, gute Vorbereitung und eine letzte Anstrengung.

Im Folgenden werden in systematischer und strukturierter Form Vorgehensweisen und praxisorientierte Empfehlungen unterbreitet, die den Erfolg in der letzten, entscheidenden Stufe gewährleisten. Der guten Ordnung halber beginnen wir jedoch mit einer Definition.

Ein Vorstellungsgespräch ist ein persönliches Gespräch zwischen einem Bewerber und einem oder mehreren Personalentscheidern, das im Rahmen eines Personalauswahlverfahrens geführt wird (Wikipedia, 2021).

Aufgrund zahlreicher Beratungsgespräche mit eigenen Doktoranden und Masteranden ist allmählich klar geworden, dass die folgende wichtige Beobachtung vorweg mitzuteilen ist. Alle Hochschulabsolventen sind während ihrer Studienzeit mit der *schmerzhaften* Erfahrung fast tagtäglich konfrontiert, dass alle Hochschulangehörigen ihnen in Puncto Wissen, Erfahrung, Praxiskenntnisse und Lebensweisheiten überlegen waren. Es beginnt schon mit wissenschaftlichen Mitarbeitern, die für die Durchführung einer Übung, eines Seminars o. ä. verantwortlich waren. Bei allen Aufgaben kannten sie den Lösungsweg und das Endergebnis. Der Professor in der Vorlesung wusste per se alles besser als alle teilnehmenden Studierenden. Während der mündlichen Prüfung war die Lage nicht deutlich besser. Der Professor war immer federführend und kannte in der Regel die ausführliche Antwort bis ins letzte Detail. Nicht anders war es bei der Betreuung der Abschlussarbeiten. Auch hier wussten die Betreuer in der Regel besser Bescheid. Selbst die Tutoren waren bei freiwilligen Lehrveranstaltungen vorherrschend. Und dieser Zustand war durchgehend näherungsweise über 10 Semester zu beobachten. Echt frustrierend! Man war förmlich unaufhaltsam konditioniert im „Nach-oben-gucken" und in der Festigung des Gefühls der Unterlegenheit.

Nun stehen Hochschulabsolventen nach diesen jahrelangen Erfahrungen vor ihrem ersten Vorstellungsgespräch. Auch wenn es aus genannten Gründen sehr schwierig ist, aus der ihnen „beigebrachten" Haltung auszubrechen, muss man das Vorstellungsgespräch unbedingt auf Augenhöhe führen. Vielleicht hilft dabei die folgende „physikalische" Feststellung, die oft in der industriellen Praxis z. B. im Hinblick auf Wettbewerber verwendet wird? *„Die da kochen auch nur mit Wasser und können sich noch so anstrengen, eine höhere Siedetemperatur in der flüssigen Phase als 100°C bei Umgebungsdruck von 1 bar erreichen sie (auch) niemals".*

Was ist in diesem Zusammenhang die Kernbotschaft? Hochschulabsolventen müssen die o. g. Haltung konsequent abschütteln und im Bewusstsein der eigenen Stärken und des eigenen Marktwertes den Vorstellungstermin selbstbewusst wahrnehmen. Des Weiteren muss Hochschulabsolventen bewusst sein, dass ein Vorstellungsgespräch ... keine Prüfung ist. Vielmehr stellt es ein Treffen dar, das *beiden* Seiten dient, dem Unternehmen und den Hochschulabsolventen. Es ist also beidseitig ausgerichtet. Dabei müssen *beide* Seiten am Ende in der Lage sein, eine fundierte Entscheidung bezüglich der Einstellung zu fällen. Dies gilt auch für Hochschulabsolventen. Auch sie müssen über ihre sorgfältig vorbereiteten Fragen den Zustand der eigenen Entscheidungsfähigkeit erreichen. Die Rolle einer unauffälligen, grauen Maus, die, wie ein Bittsteller, lediglich alle gestellten Fragen seitens des Unternehmens (wie in einer Hochschulprüfung) beantwortet, ist hier absolut fehl am Platz. Vielmehr muss alles – noch einmal: – auf Augenhöhe ablaufen. Aber wie erreicht man konkret die sprichwörtliche Augenhöhe? Die einfachste und wirksamste Methode besteht darin, dass man ... Fragen stellt. Nur so gewinnt man die Aufmerksamkeit und Wertschätzung der Gesprächspartner. Ferner erhält man dann auch alle notwendigen Informationen, die man für die Entscheidungsfindung braucht. Man verfährt also nach dem Motto: *Wer fragt, der führt und lenkt das Gespräch.* Und was ist die Voraussetzung für die gezielten Fragen? Richtig, das Zauberwort heißt hier – wie schon so oft an anderen Stellen des Ratgebers – eine ausgezeichnete Vorbereitung auf das Vorstellungsgespräch.

Eine ausgezeichnete Vorbereitung ist unumgänglich und stellt die halbe Miete hinsichtlich des Erfolgs dar. Eine ausgezeichnete Vorbereitung umfasst hier nicht nur eine Richtung, sondern sie ist multidimensional und setzt sich aus mehreren Bestandteilen zusammen. Der Vorteil der sorgfältigen Vorbereitung besteht darin, dass man alle vorhersehbaren und damit kalkulierbaren Aspekte analysiert und präzise ausarbeitet. Während des Vorstellungsgesprächs kann man dann davon zweifach profitieren. Zum Ersten kann man mit sehr hoher Wahrscheinlichkeit und Treffsicherheit den ersten Gewinn verbuchen. Des Weiteren begünstigen aus-

☐ **Abb. 8.12** Betrachtete Dimensionen

gearbeitete und geübte Aussagen auch die Schlussfolgerungen bei Gesprächspartnern hinsichtlich des Interesses und Engagements sowie der Motivation und Seriosität.

Die im Folgenden betrachteten Dimensionen umfassen (☐ Abb. 8.12):
— Wissen über das Unternehmen,
— Organisatorische Aspekte,
— Umgang mit Fragen (eigene Fragen und Fragen des Unternehmens).

8.4.2 Wissen über das Unternehmen

Die Gesprächspartner im Vorstellungsgespräch erwarten, dass man als Bewerber ausgeprägtes Interesse am Unternehmen als zukünftigen Arbeitgeber mitbringt. Die Wahrscheinlichkeit, dass sie diese Erwartungshaltung durch Antworten auf gestellte Fragen auch befriedigen werden, ist sehr hoch. Dieses Wissen stellt auch eine große Chance für Hochschulabsolventen dar, da man hier treffsicher erste wichtige Pluspunkte/Startvorteile gewinnen kann.

In Bezug auf das Unternehmen wird empfohlen, die folgenden Elemente in Erfahrung zu bringen:
— Umsatz/Gewinn,
— Mitarbeiterzahl,
— Marktanteile,
— Hauptsitz + Tochterunternehmen,
— Beteiligungen,
— Forschungsschwerpunkte und Innovationen,
— Produktportfolio, Dienstleistungen, Hauptkunden,
— Nachhaltigkeit,
— Zeitliche Unternehmensentwicklung,
— Firmengeschichte,
— Wettbewerber im Markt u. ä.

Als belastbare Informationsquelle dienen die Website des Unternehmens oder der letzte Geschäftsbericht. Der Arbeits- und Zeitaufwand sind hier sehr überschaubar. Einen besonderen Eindruck macht es bei Aktiengesellschaften, wenn man den Aktienkurs vom Vortag (z. B. 17.12 Uhr) zitieren kann. Ein echtes Alleinstellungsmerkmal und Beispiel für vorausschauende Gedanken! Ist man als Bewerber in der komfortablen Lage, dass man im Vorfeld sogar die Teilnehmer auf der Seite des Unternehmens mitgeteilt bekommt, so kann man über die sozialen Medien einiges über sie in Erfahrung bringen (Xing, LinkedIn). Kenntnisse über die Gesprächspartner sind von unschätzbarem Wert und können im Gespräch geschickt genutzt werden. Bei promovierten Teilnehmern kann man über den Katalog der Deutschen Nationalbibliothek (▶ https://portal.dnb.de/) den Titel der Dissertation leicht finden, diese über die Hochschulbibliothek oder Fernleihe ausleihen und den beigefügten Lebenslauf für die eigenen Zwecke gezielt nutzen.

8.4.3 Organisatorische Aspekte

Das Vorstellungsgespräch ist üblicherweise ein Ereignis, bei dem die Ausschüttung von Stresshormonen und die Intensität der Anspannung besonders ausgeprägt sind. Aus diesem Grund lautet die klare Empfehlung, dass jegliche Überraschungen und Zusatzstress an diesem Tag schon im Vorfeld vermieden werden sollen. Die Anreise sollte aus diesem Grund eher großzügig geplant werden. Es ist besser vor Ort zu warten als zu hetzen oder sogar u. U. zu spät zu kommen. Das hinterlässt bei Einladenden immer einen negativen Eindruck. In der Regel erscheint man am Werkseingangstor (oder Empfangshalle) ca. 15–30 Min. früher (je nach Größe des Unternehmens). Üblicherweise informiert der Werkschutz die Zielperson über das Eintreffen des Bewerbers. Es wird eine kurze Sicherheitsunterweisung durchgeführt und ein Besucherausweis ausgestellt. Anschließend wird man abgeholt. Bei größeren Entfernungen zum Unternehmensstandort sollte die Möglichkeit einer Übernachtung vor Ort und die Reservierung eines Hotels durchaus in Betracht gezogen werden.

Eigene Erfahrungen sowie Erkenntnisse betreuter Hochschulabsolventen bzw. Doktoranden besagen, dass die ersten 1–2 Vorstellungsgespräche alles andere als optimal sind. Der Grund liegt natürlich in mangelhaften Erfahrungen und übermäßiger Nervosität. Aber wie lautet dann die optimale Strategie? Ein Patentrezept gibt es leider nicht. Aus eigener Erfahrung heraus hat sich die folgende Strategie herauskristallisiert. Man führt erste Vorstellungsgespräche in Unternehmen, die man ohnehin nicht für besonders attraktiv hält. Das schult, man sammelt Erfahrungen in Bezug auf den Gesprächsablauf und Souveränität im Auftreten. Mit dem Fundus an Erfahrungen plant man anschließend die wichtigeren Bewerbungen. Dabei muss einem klar sein, dass jedes erfolglose Vorstellungsgespräch die Anzahl der in Frage kommenden Unternehmen reduziert. Jedes Vorstellungsgespräch kostet auch Geld und Zeit, sodass man diese Vorgehensweise nicht übermäßig strapazieren soll.

Es wird empfohlen, vor dem Vorstellungsgespräch eine Mappe mit allen Bewerbungsunterlagen vorzubereiten und als eine Art Spickzettel während des Vorstellungsgesprächs zu benutzen. Des Weiteren kommt bei Gesprächsteilnehmern eine Kladde (Tablet) mit z. B. einer Zusammenstellung eigener Fragen und als eine Möglichkeit, sich Notizen zu machen, ziemlich gut an. Es zeugt von Ernsthaftigkeit und Professionalität. Man könnte fast in Anlehnung an den Philosophen René Descartes sagen: *Ich notiere, also bin ich.*

Im Bereich der organisatorischen Aspekte spielt der Dresscode oft eine völlig unterschätzte Bedeutung. Dieser Problematik sollte man aber als einen wichtigen Bestandteil des ersten Eindrucks hohe Aufmerksamkeit widmen. Wie bereits erwähnt, besteht für den ersten Eindruck keine zweite Chance. Generell gilt, dass der Dresscode der angestrebten Stelle angemessen sein sollte und ein gepflegtes Erscheinungsbild kommunizieren muss. Jeder Hauch an Extravaganz bzw. schrillen Akzenten wird tendenziell eher mit zumindest Verwunderung quittiert. Da wir dieser Problematik sehr viel Aufmerksamkeit in den Kapiteln *Präsentation und Präsentieren* sowie *Additive Fachaktivitäten* gewidmet haben, werden diese Ausführungen hier nicht mehr wiederholt. Eine weitere ausführliche Behandlung dieser Problematik ist bei Klütsch zu finden (Klütsch, 2011).

Organisatorische Aspekte umfassen auch einige Elemente des gewöhnlichen Alltags von Hochschulabsolventen. Es wird dringend empfohlen, z. B. lustige Ansagen auf der Mailbox bzw. Anrufbeantworter oder auffallende E-Mail-Adressen (der_grösste@gmx.de) unbedingt zu löschen bzw. zu verändern. Man sollte sich langsam vergegenwärtigen, dass man als Hochschulabsolvent nicht mehr Studierender ist und von der Außenwelt besonders in der Bewerbungsphase eine bestimmte Haltung erwartet wird. Schließlich möchte man nicht nach so viel Anstrengung Opfer des bereits erwähnten Problems der (unbewussten) Einstufung in eine Schublade werden.

8.4.4 Umgang mit Fragen

Der Umgang mit gestellten Fragen sowie die optimalen Antworten stellen zusammen mit dem ausgearbeiteten Selbstdarstellungskonzept den Kern des Bewerbungsgesprächs dar. Sie sind für das Unternehmen das Fundament, das über den Ausgang des Vorstellungsgesprächs entscheidet. Vor dem Hintergrund dieser Bedeutung muss dieser Thematik hohe Aufmerksamkeit gewidmet werden. Glücklicherweise kann man die einzelnen Fragen in Kategorien unterteilen, sodass sie vorhersehbar und damit kalkulierbar sind. Auf dieser Basis können wiederum im Vorfeld optimale Antworten entwickelt und intensiv geübt werden, was einen Beitrag zum Erfolg beim Vorstellungsgespräch liefert. Hesse und Schrader bezeichnen das zutreffend mit: *Wissen ist Macht (Erahnen von Fragen)* und *Übung macht den Meister* (Hesse & Schrader, 2001). Im Folgenden soll der Fokus weniger auf die Vollständigkeit der Fragen in den einzelnen Kategorien gelegt werden, vielmehr geht es um das Verständnis der Problematik und eine strategische Vorgehensweise bezüglich der Antworten, die Hochschulabsolventen verwenden können. Hier orientieren wir uns an E. Kant und seinem Aufruf *Sapere aude! – Habe Mut, dich deines eigenen Verstandes zu bedienen!*

Die empfohlene Vorgehensweise folgt dem folgenden Schema. In Bezug auf das erwähnte Verständnis muss in erster Reihenfolge der Hintergrund der gestellten Frage verstanden werden, weil dieser die optimale Antwort bedingt. Im zweiten Schritt geht es um die Strategie hinsichtlich der Antwort, also um die Selbstdarstellung. Dieser Schritt setzt sich aus zwei Stufen zusammen, die konsequent auf dem bereits entwickelten Konzept der glaubwürdigen Selbstdarstellung basieren. Voraussetzung ist, dass man dabei immer durch die Brille des Fachabteilungsleiters guckt, also die Antwort aus Elementen zusammenstellt, die den Anforderungen der Stelle entsprechen. Alle anderen Elemente sind zwar interessant, aber weitgehend bedeutungslos. Damit steht diese Problematik ausnahmslos im Zentrum der Antwort. Wird man z. B. nach den Elementen der ◘ Abb. 8.6b (z. B. Lern- und Leistungsbereitschaft, Stufe 1) gefragt, so muss die Antwort unbedingt Beispiele aus ◘ Abb. 8.6a, beinhalten (freiwilliges Fachpraktikum, HiWi -, Tutorentätigkeit o. ä., Stufe 2). Diese machen jede Antwort belegbar, sodass man eine glaubhafte Aussage anstatt einer einfachen Behauptung als Antwort formuliert. Wird man dagegen nach den Elementen der 1. Ebene gefragt, so sollte man nach der Auflistung auf keinen Fall versäumen, die dadurch angeeigneten Elemente der 2. Ebene aufzulisten. Damit nutzt man das Konzept der glaubwürdigen Selbstdarstellung in doppelter Hinsicht, indem man zwischen den Ebenen geschickt „springt" und beide überzeugend verwendet. Die empfohlene Vorgehensweise ist praxisorientiert, einfach und universell anwendbar. Dabei nutzt sie konsequent alle bereits ausgearbeiteten Bestandteile. Abschließend soll noch festgehalten werden, dass man nach dieser Vorgehensweise Antworten ausarbeiten und – ganz wichtig – auch intensiv im Vorfeld üben muss. Damit erreicht man, dass die Antworten während des Vorstellungsgesprächs flüssig, rund und überzeugend wirken. In ◘ Tab. 8.1 sind stellvertretend einige Kategorien an Fragen und die angesprochenen Hintergründe sowie die empfohlene Strategie hinsichtlich der Antwort wiedergegeben. Zusätzliche Fragen sind weiterführender Literatur (Püttjer & Schnierda, 2006b; Hesse & Schrader, 2001; Reichelt, 1994; Koch, 2009; Raupach-Siecke, 2014) zu entnehmen.

Eine klassische Frage, insbesondere im Hinblick auf Hochschulabsolventen, betrifft die Masterarbeit. Sie gehört zu den traditionellen Aufwärmern, da die Gesprächspartner davon ausgehen, dass Bewerber diese Frage ohne Mühe beantworten können. Auf den ersten Blick erscheint auch die Antwort sehr leicht, allerdings berücksichtigt man dabei oft nicht einige wichtige Nebenbedingungen. Die erste Nebenbedingung besteht darin, dass man lediglich ca. 3–6 min für die Antwort hat. Vollständigkeitswahn ist also an dieser Stelle absolut fehl am Platz. Alles muss möglichst kurz und prägnant auf den Punkt gebracht werden. Die nächste Nebenbedingung besteht darin, dass alle Bestandteile für die Gesprächspartner einfach und verständlich sein müssen. Komplexe, wissenschaftliche und langatmige Ausführungen sind absolut suboptimal. Des Weiteren sollen sie möglichst durch die Brille des Fachabteilungsleiters formuliert werden. Es stehen also stellenrelevante Elemente im Fokus und damit auch eine mögliche Überlappung mit den Anforderungen der Stelle.

In zahlreichen Beratungsgesprächen mit eigenen Masteranden und Doktoranden wurde über Jahre eine optimale Antwort auf die o. g. Frage intensiv diskutiert und analysiert. Die herausgearbeitete Vorgehensweise ist praxisorientiert und berücksichtigt die o. g. Nebenbedingungen. Sie sieht vor, dass man mit dem Thema der Masterarbeit, der Problemstellung und den Zielen beginnt. Es folgen kurz die eingesetzten wissenschaftlichen Methoden und die erzielten Ergebnisse. Dabei fokussiert man sich hauptsächlich auf den Nutzen der Ergebnisse, da dieser für alle Beteiligten in der Regel verständlich ist. Anstatt von komplexen z. B. Differenzialgleichungen betont man die erzielten Kosteneinsparungen, die Reduzierung der Umweltbelastung, die Beschleunigung bzw. Vereinfachung von Prozessen und Abläufen o. ä., da diese Bestandteile allgemein für alle Beteiligten in der Regel klar erscheinen. Abschließend betont man die eigene Freude bei der Bearbeitung der Problemstellung, die gesammelten, umfangreichen Erfahrungen und gewonnenen Kompetenzen sowie die vorbildliche Betreuung. Ein Versuch, wenigstens Ansätze für eine Überlappung mit den Stellenanforderungen aufzuzeigen, runden diese Antwort ab. Diese einfache, praxisorientierte, verständliche und vor allem universell einsetzbare Vorgehensweise gewährleistet, dass man hier durchaus erste Startvorteile sammelt.

Eine ganz andere Kategorie bilden eigene Fragen an die Gesprächsteilnehmer. Ihre enorme Bedeutung wurde bereits beschrieben. An dieser Stelle soll nur noch darauf aufmerksam gemacht werden, dass man hier unbedingt Fingerspitzengefühl zeigen sollte. Sind z. B. Fragen nach dem Arbeitsplatz oder Einarbeitungsprogrammen (Mentoren), nach Weiterbildungsmöglichkeiten o. ä. inhaltlich vollkommen nachvollziehbar (erste Gruppe an Fragen), so sind Fragen aus der zweiten Gruppe z. B. nach dem Urlaub, Sozialleistungen oder Zulagen für Überstunden auf jeden Fall mit Fingerspitzengefühl zu stellen. Hier sollte man an die bereits erwähnte Schublade denken, in der man nicht landen sollte. Dabei muss man sich im Klaren sein, dass die Vertreter des Unternehmens (auch) unter Verantwortungsdruck stehen und sich keine Fehlbesetzung leisten dürfen. Vor diesem Hintergrund sind sie in der Regel bei den letzten Fragen eher misstrauisch und begeben sich immer auf die sichere Seite. Wer kann ihnen das verdenken! Im Umkehrschluss bedeutet dies allerdings, dass die o. g. Fragen negativ als z. B. freizeitorientiert, geldgierig (was eigentlich Schubladenbezeichnungen entspricht!) o. ä. ausgelegt werden können. Über die Präzision dieser Einstufungen muss man nicht diskutieren. Auf der anderen Seite ist die erste Gruppe an Fragen auf jeden Fall ein positiver Beitrag zum Erfolg des Bewerbers!

Abschließend sollen noch kurz Fragen erwähnt werden, die in letzter Zeit immer populärer werden. Als Beispiel sind hier Fragen von Elon Musk bei Vorstellungsgesprächen zu erwähnen, die wie folgt lauten (Handelsblatt, 2021):

Erzählen Sie uns von einem von Ihnen gelösten Problem, zu dem Sie wenig oder gar keine Informationen hatten.

Wann haben Sie versagt und was haben Sie daraus gelernt?

Den Hintergrund der ersten Frage bildet hier der Gedanke, ob sich ein Bewerber systematisch und strukturiert mittels eigener Vorgehensweise (Kreativität) an die Problemlösung stufenweise herantasten kann. Weiterhin wird die Frage überprüft, ob sich der Bewerber in diesem Zusammenhang als erfolgreicher Problemlöser darstellen kann. Die zweite Frage zielt darauf ab, ob der Bewerber bei Misserfolgen aufgibt und zusammenbricht oder aus diesen für sich sogar positive Aspekte ableiten kann (Reflexion, Selbstvertrauen, und -bewusstsein). Die im Ratgeber vorgeführten Strategien gewährleisten, dass auch diese Fragen souverän und überzeugend beantwortet werden können.

◘ **Tab. 8.1** Zusammenstellung üblicher Fragen, mit Hintergründen und empfohlenen Strategien. (In Anlehnung an Püttjer und Schnierda, 2006b, Hesse und Schrader, 2001, Reichelt, 1994)

Cluster	Hintergründe	Empfohlene Strategie
Persönliche Fragen		
Erzählen Sie etwas über sich	Kennenlernen der Persönlichkeit, Ausdrucksweise, Selbstmarketing, Selbstbewusstsein und -vertrauen	Die dankbarste Frage, Chance nutzen, um Konzept der glaubwürdigen Selbstdarstellung anzuwenden
Wie würden Sie sich charakterisieren?	Selbstbild, Über- oder Unterschätzung	Chance nutzen, um Konzept der glaubwürdigen Selbstdarstellung anzuwenden, Demut nicht vergessen
Nennen Sie zwei Stärken und zwei Schwächen	Ein Versuch, realistische Einschätzung, Bewertung des Selbstvertrauens, Selbstkritik, Reflexion des Bewerbers zu bekommen	Stärken auflisten, die für die Stelle wichtig sind, mit Beispielen belegen. Bei Schwächen (max. ein Beispiel!) auf keinen Fall zu große Ehrlichkeit verfolgen, nennen von harmlosen kleinen Schwächen, die allgemein akzeptiert werden
Wenn Sie noch einmal mit dem Studieren anfangen sollten, was würden Sie anders machen?	Man will herausfinden, wie überzeugt und zufrieden man mit der Studienwahl ist, wie konsequent man dahintersteht. Eine Aufzählung anderer Studiengänge führt zur Unterstellung, dass man den aktuellen Studiengang nur halbherzig verfolgt	Mit handfesten Argumenten und Beispielen beweisen, dass man, wie ein Fels in der Brandung, hinter seiner beruflichen (Studiengang) Entscheidung steht. Auf keinen Fall Zweifeln äußern
Arbeiten Sie lieber allein oder mit anderen zusammen? Was verstehen Sie unter Zusammenarbeit?	Man will herausfinden, ob man Einzelkämpfer oder Teamplayer ist, ob man intro- oder extrovertiert ist?	Immer auf Teamplayer setzen, mit ausgeprägter Kommunikations- und Interaktionsfähigkeit, positive innere Einstellung
Welche Erwartungen haben Sie an zukünftige Kollegen?	Man will herausfinden, ob man in die Abteilung passt und ob eventuelle Konflikte schon vorprogrammiert sind?	Mitarbeiter: fachlich gut, fleißig, fähig zu guter Zusammenarbeit. Vorgesetzter: kooperative Führung, fair, Begeisterung ausstrahlend
Warum sollten wir gerade Sie einstellen? Was reizt Sie an dieser Stelle?	Überprüfung des Selbstbewusstseins und der Selbsteinschätzung	Man sollte alle Argumente zusammenstellen, die für einen selbst sprechen, Wissen, Erfahrung, Fähigkeiten und Kompetenzen auflisten, Passung mit Stelle unbedingt beachten
Studium, Ausbildung, fachliche Kompetenz		
Warum haben Sie sich für das Studium entschieden? Welche Studienschwerpunkte haben Sie gewählt und warum?	Man will wissen, ob man die Berufswahl geplant hat oder alles eher ein Zufall war. Aus Antwort will man Rückschlüsse auf Kompetenz und Motivation ziehen	Man beweist, dass man weiß, was man will, Wahl aufgrund der Interessen und Neigungen, alles geplant und wie ein roter Faden sichtbar. Bezug zwischen Stelle und Studienschwerpunkte herstellen, Interesse und Begeisterung betonen

(Fortsetzung)

Tab. 8.1 (Fortsetzung)

Cluster	Hintergründe	Empfohlene Strategie
Welche Fächer hatten Sie am liebsten? Welche nicht?	Stehen diese Fächer in Beziehung zur Stelle. Wie früh war schon eine Neigung/Interesse erkennbar?	Fächer mit vor allem sehr guten Noten erwähnen und klare Beziehung zur Stelle herstellen
Welche Praktika haben Sie absolviert?	Hat der Bewerber gezielt gesucht und sich darum frühzeitig bemüht? Haben sie einen Bezug zur Stelle? Welche Erfahrungen sind verwertbar?	Praktika aufzählen, auf Inhalte achten, die einen Bezug zur Stelle haben, Beweis über Arbeitszeugnisse, Interesse und Begeisterung betonen
Wie lautet das Thema Ihrer Masterarbeit (Bachelorarbeit)?	Thema gezielt oder zufällig ausgesucht? Praxisbezug vorhanden? Ist man in der Lage, komplexe Zusammenhänge einfach und verständlich darzustellen? Formulierungsfähigkeiten vorhanden?	Problem- und Zieldarstellung, Untersuchungsmethoden, Ergebnisse, Verwertbarkeit der Ergebnisse betonen Siehe Ausführungen im Kapitel *Bewerbung und Vorstellungsgespräch*
Berufliche Zielvorstellungen		
Wie sehen Ihre beruflichen Zielvorstellungen aus? Was wollen Sie in 5 (10) Jahren machen?	Einschätzung von Karriereplänen, Ehrgeiz und Selbstdarstellung. Setzt man sich mit der eigenen Zukunft im Sinne der Planung auseinander?	10 Jahre: keine realistische Vorstellung möglich 5 Jahre: achten auf realistische Vorstellungen, erste Personalverantwortung wird angestrebt, den Eindruck vermitteln, dass man eigene Karriere zielstrebig aufbauen und motiviert verfolgen möchte
Welche Gehaltsvorstellungen hat man?	Kennt der Bewerber seinen Wert? Hat er realistische Gehaltsvorstellungen?	Immer mit Bereichen an Gehaltsvorstellungen arbeiten, um die Wahrscheinlichkeit der Überlappung mit den Vorstellungen des Unternehmens zu gewähren.

Eigene Fragen an Gesprächsteilnehmer
– Fragen zum Arbeitsvertrag:
Beschreibung der Tätigkeit, Aufgabengebiet, Kompetenzen und Verantwortungsbereich, Eintrittstermin, Probenzeit, Höhe des Gehalts, Arbeitszeit, soziale Leistungen, Altersversorgung, Positionierung in der Organisation/Hierarchie, Arbeitszeitregelung
– Ausstattung des Arbeitsplatzes
– Gründe für die Freiwerdung der Stelle
– Einarbeitung/Probezeit:
Dauer
Besonderheiten
Tutor (Mentor),
Einarbeitungsprogramme
– Weiter- und Fortbildungsmöglichkeiten, Konzept für systematische Personalentwicklung
– Personalführungsgrundsätze
– Hilfe bei Wohnungsbeschaffung,
– Besichtigung des zukünftigen Arbeitsplatzes, Gespräch mit Arbeitskollegen

8.4.5 Der Tag des Vorstellungsgesprächs: Gesprächsphasen

Der langersehnte Tag des Vorstellungsgesprächs ist endlich gekommen. Bevor wir auf den üblichen Ablauf und die Gesprächsphasen zu sprechen kommen, führen wir noch kurz eine Aufnahme des erreichten Ist-Zustands durch. Wenn man sich als Hochschulabsolvent an die zahlreichen Empfehlungen in den einzelnen Kapiteln des Ratgebers gehalten und diese umgesetzt hat, so verfügt man unbestritten über eine ausgeprägte Vielzahl von Alleinstellungsmerkmalen. Dieser erfreuliche Zustand wird noch durch die im aktuellen Kapitel beschriebene, sorgfältige Vorbereitung und die vielen Empfehlungen bedeutend verstärkt. Mehr kann man im fachlichen und menschlichen Bereich vor dem Vorstellungsgespräch kaum machen! Allerdings stellt das Vorstellungsgespräch selbst eine weitere, eigene Welt dar, auf die man sich (auch) sorgfältig vorbereiten muss, damit man im Endspurt keine gravierenden Fehler macht. Diese Thematik wird im Folgenden analysiert und mit praxisorientierten Empfehlungen begleitet.

Die Struktur des Vorstellungsgesprächs ist weitgehend fest, da man dadurch die Vergleichbarkeit bei allen Bewerbern sicherstellen möchte. Sie setzt sich aus Gesprächsphasen, die in ◘ Abb. 8.13 zusammengesetzt dargestellt sind. Auf das eigentliche Interview gehen wir nicht ein, da dies bereits ausführlich besprochen wurde. Für die restlichen Phasen sollen einige Aspekte diskutiert werden. Allgemein gilt, dass die Unternehmensvertreter das Gespräch weitgehend allein lenken, wobei sich Hochschulabsolventen – wie bereits angedeutet – durchaus Mitgestaltungsmöglichkeiten bewahren sollten.

Die Begrüßung und Gesprächseröffnung (◘ Abb. 8.13) sind für die Gesprächsatmosphäre und die Beziehungsebene von zentraler Bedeutung. Die Begrüßung mit Handschlag ist üblich, erfordert aber Gefühl. Der Händedruck ist neben dem äußeren Erscheinungsbild (Kleidung!) der wahrgenommene erste Eindruck. Die Bedeutung vom ersten Eindruck ist schon im Kapitel *Präsentation und Präsentieren* ausführlich behandelt worden. Alle Extremformen wie z. B. die Nussknacker-Version oder weicher bzw. schlaffer Händedruck sollen unterlassen

◘ **Abb. 8.13** Grundlegende Phasen eines Vorstellungsgesprächs

werden. Begleitet wird der Handschlag mit freundlichem Lächeln und direktem Blickkontakt. Beide Elemente sollen Vertrauen und Sympathie erzeugen (Andockstelle 2). Dabei reduziert man sogar beim Lächeln den Energieeinsatz, da in diesem Fall weniger Muskeln angesprochen werden als beim grimmigen Gesichtsausdruck.

Im Rahmen der Gesprächseröffnung (Small Talk) erkundigt man sich beim Bewerber mit 1–2 auflockernden Fragen z. B. nach der Anreise. Bei diesem Eisbrechen sollte man auf keinen Fall mit langen Erklärungen dafür sorgen, dass man das Gespräch u. U. an sich zieht. Es folgen weitere Informationen für den Bewerber. Sie umfassen einen kurzen Überblick über das Ziel des Gesprächs, seinen Ablauf und die voraussichtliche Dauer. Es wird empfohlen, auf der einen Seite aufmerksam zuzuhören, auf der anderen diese Gesprächseröffnung zur eigenen Beruhigung zu nutzen. Bei der Vorstellung der teilnehmenden Personen widmet man den Namen höchste Aufmerksamkeit. Diese Namen sollte man sich merken und im Verlauf des Vorstellungsgesprächs bei Ansprachen ausnahmslos benutzen. Es erzeugt ein Gefühl der Wertschätzung. Sollten unerwartet mehrere Personen teilnehmen, so ist es hilfreich, die erhaltenen Visitenkarten auf dem Schreibtisch so auszubreiten, dass sie jeweils auf die Besitzer „zeigen". Das erleichtert die Zuordnung und führt zur Entspannung. Man hat schließlich genug Aspekte, die man berücksichtigen muss. Hat man einen Namen nicht verstanden, so muss nachgefragt werden. Auch das zeugt von Interesse und Wertschätzung.

Die nächste Gesprächsphase (◘ Abb. 8.13), das Interview, wird inhaltlich nicht näher betrachtet, da dies bereits ausführlich analysiert wurde. Wichtig ist dabei zu berücksichtigen, dass neben Wissen, Erfahrung, Qualifikation und Kompetenzen über den Erfolg des Vorstellungsgesprächs die Fähigkeit, offen, höflich und sympathisch aufzutreten, den entscheidenden Baustein darstellt. Um das überzeugend umzusetzen, müssen einige Regeln und Empfehlungen konsequent befolgt werden. Beginnen wir mit paraverbalen Elementen, also der Stimme und Intonation. Sie sind das wichtigste Kommunikationsmittel und sollen immer kräftig klingen. Hinzu kommen nonverbale Elemente, wie z. B. Gestik, Mimik und Körperhaltung. Über deren Bedeutung und gezielte Gestaltung ist im Kapitel *Präsentation und Präsentieren* ausführlich berichtet und soll an dieser Stelle nicht wiederholt werden.

Allen seitens der Gesprächsteilnehmer gestellten Fragen sollte aufmerksam und gelassen zugehört werden. Es ist ein Zeichen der Wertschätzung. Unterbrechen der Gesprächspartner sollte vermieden werden. Bei längeren Erklärungen kommt gelegentliches Zunicken gut an. Die Antworten auf gestellte Fragen sollen so gestaltet werden, dass sie kurz, prägnant und auf den Punkt gebracht formuliert werden.

Es wird empfohlen, sich nach Gesprächsende bei allen Gesprächspartnern höflich für das nette, informative und vertrauensvolle Gespräch zu bedanken. Nach der Klärung der weiteren Vorgehensweise sollte auf keinen Fall:

- drängen auf zeitnahe Entscheidung,
- kein tiefes Aufatmen als Zeichen für „endlich vorbei",
- keine überschäumenden Glücksausbrüche als Zeichen des vermeintlichen Erfolgs

stattfinden.

Bei der letzten Empfehlung muss einem klar sein, dass der Erfolg erst mit dem schriftlichen Angebot erreicht wird. Alle mündlichen Äußerungen, Bewertungen und Zusagen seitens des Unternehmens sind in diesem Zusammenhang mit gesunder Dosis an Skepsis zu behandeln.

Sollte man am Ende noch nach dem eigenen Gefühl und Interesse gefragt werden, so zeigt man *unabhängig* vom Verlauf des Vorstellungsgesprächs und dem eigenen Bauchgefühl ausnahmslos tiefes Interesse an der ausgeschriebenen Stelle, das durch das informative Vorstellungsgespräch weiter eindrucksvoll untermauert wurde. Eine übertriebene, negative Ehrlichkeit zu diesem Zeitpunkt, die oft aus dem Erschöpfungszustand herrührt, ist absolut kontraproduktiv und wird durch keinen der Gesprächsteilnehmer honoriert. Absagen kann man immer noch, die geäußerten Zweifel sind allerdings endgültig und können nicht mehr rückgängig gemacht werden.

In der Regel finden zwei Vorstellungsgespräche statt. Im ersten fokussiert sich das Unternehmen auf die Beantwortung der Hauptfrage, ob die betrachteten Bewerber fachlich und menschlich die freie Stelle mit Erfolg bekleiden können. Zwar ist die Einladung zum zweiten Vorstellungsgespräch schon ein wahnsinniger Erfolg, dennoch sollte man nicht davon ausgehen, dass man schon „durch" ist und alles, was noch folgt nur eine Formsache ist. Weit gefehlt! Mehr noch, diese Einstellung ist grundsätzlich falsch, weil die erforderliche mentale Ausrichtung auf Anspannung im Kopf bedeutende Anteile verliert. Das wird sofort durch erfahrene Gesprächsteilnehmer erkannt und kann leider verheerende Folgen haben. Generell gilt beim zweiten Vorstellungsgespräch: Man sollte unbedingt die innere Einstellung: *„Die Bemühungen und Anstrengungen sind noch nicht abgeschlossen und verlangen weiterhin engagierten Einsatz"* verfolgen. Das gewährleistet, dass man im zweiten Vorstellungsgespräch mit der gleichen Überzeugung und allen ausgearbeiteten Argumenten um den Erfolg kämpft. In der Regel nehmen an diesem Gespräch weitere Vertreter des Unternehmens teil, die dabei noch hierarchisch höher angesiedelt sind. Da sie immer das entscheidende Wort haben, muss man sie als Bewerber auch überzeugen. Die Argumente sind hier teilweise anderer Natur. Vertreter höherer Hierarchiestufen denken fast ausschließlich in ökonomischen Kategorien. Hochschulabsolventen wird vor diesem Hintergrund dringend empfohlen, sich auf Kostendenken zu fokussieren (z. B. Kosteneinsparungen, Beschleunigung von Prozessen und Abläufen u. ä. im Rahmen von eigenen Abschlussarbeiten, Praktika, HiWi-Tätigkeiten o. ä.). Ferner besteht noch eine zusätzliche passende Denkweise darin, sich anhand von Beispielen als hartnäckiger Problemlöser, bewusster Gestalter des eigenen, inhaltlich durchdachten Studiums sowie visionärer Mitarbeiter hinsichtlich beruflicher Vorstellungen in den nächsten fünf Jahren zu präsentieren.

Am Ende des erfolgreichen Bewerbungsmarathons steht noch die Frage nach dem Eintrittstermin (Abb. 8.13). Hier wird die folgende Strategie empfohlen. In erster Reihenfolge sollte man sich an den Wünschen des Unternehmens orientieren, da sie die höhere Priorität haben. Oft kommt es jedoch vor, dass Unternehmen hier eine gewisse Flexibilität haben, die durchaus im Bereich von 1–2 Monaten liegen kann. Bei der eigenen Vorstellung diesbezüglich sollte man immer mit zeitlichen Bereichen anstatt eines festen Termins arbeiten. Die endgültige Festlegung erfolgt dann im persönlichen Gespräch durch eine Kompromisslösung. Nicht selten können Hochschulabsolventen noch in Ruhe vor dem Eintritt Urlaub einlegen, bevor sie ihre … 40–45 Berufsjahre beginnen. Auf der anderen Seite ist zu betonen, dass aus Sicht des Unternehmens ausgeruhte Neueinsteiger einen klaren Gewinn darstellen. Das ist auch der Grund für die erwähnte Flexibilität hinsichtlich des Eintrittstermins.

Zusammenfassend kann folgendes festgehalten werden. Das vorgestellte Konzept ist in seiner Ausprägung praxisorientiert und -erprobt. Durch seine klare Struktur ist es auch leicht nachvollziehbar. Den Kern stellen vorausschauende und präzise Planungen sowie harte Arbeit dar. Es bestätigt also das Hesiod-Zitat *Vor den Erfolg haben die Götter den Schweiß gesetzt* vollkommen. Dies ist bildhaft ◘ Abb. 8.14 zu entnehmen. Linkes Dreieck stellt im oberen Bereich das angestrebte Ziel dar (z. B. ein schriftliches Angebot). Das Ziel wollen sehr viele Wettbewerber erreichen, was die Breite des linken Dreiecks wiedergibt. Am Ende wird es infolge eines Selektionsprozesses nur durch einen erzielt. Das rechte Dreieck gibt im oberen Teil dazu passend den enormen Arbeits- und Zeitaufwand, den der Auserwählte im Studium investieren musste. Dieser Zusammenhang gilt übrigens im ganzen Berufsleben.

Im Vergleich zu Kommilitonen, die diesem Ratgeber wenig Aufmerksamkeit geschenkt haben, haben Hochschulabsolventen ausgezeichnete Karten, da man sehr viel an Zeit und Arbeit investiert hat. Gleichzeitig muss man sich allerdings im Klaren sein, dass man leider nur bedingt gegen einen erfahrenen Wettbewerber mit mehreren Jahren beruflicher Erfahrung ankämpfen kann. Er ist aber in der Regel auch deutlich teurer, hat vielleicht die eine oder andere exotische, berufliche Gewohnheit, stellt überhöhte Ansprüche o. ä. Tröstlich ist, dass das wiederum für Hochschulabsolventen spricht.

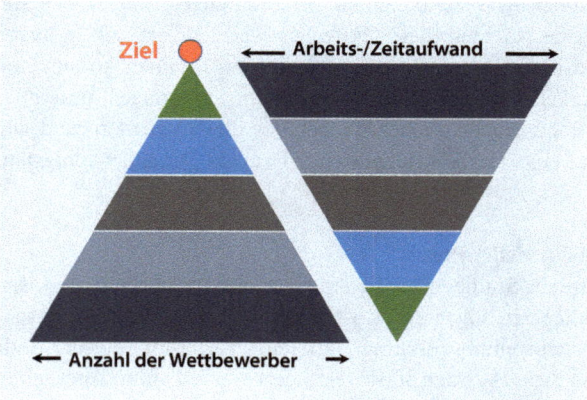

◘ **Abb. 8.14** Zusammenhang zwischen Arbeits-/Zeitaufwand, Anzahl von Wettbewerbern und Zielerreichung (Henke, 2021)

8.5 Erfahrungen aus der Praxis

Aus eigener akademischer Praxis
1. Aus eigener akademischer Praxis und zahlreichen Gesprächen mit Masteranden ist bekannt, dass Studierende nach dem Abschluss der Masterarbeit oft noch ein Praktikum oder sogar einen ausbildungsfremden „Zwischenjob" planen. Als Begründung wird angegeben, dass man gerne vor dem Berufseinstieg praktische Erfahrungen sammeln möchte. Als Außenstehender kann man sich des Eindrucks nicht erwehren, dass hier eher ein unbewusstes Hinausschieben des Einstiegs verfolgt wird. Oft ist diese Vorgehensweise ein Zeichen des mangelnden Selbstvertrauens. In Fällen dieser Art sind Industrie- und Dienstleistungsunternehmen tendenziell misstrauisch. Studierenden muss hier bewusst sein, dass man mit dem folgenden, möglichen Vorwurf rechnen kann: Wenn der Bewerber für sich selbst nicht rechtzeitig sorgen kann, wie wird er dann für das Unternehmen sorgen? Studierende müssen also den Sachverhalt überblicken, dass man sich selbst durch diese Vorgehensweise insbesondere bei längerer Dauer u. U. unwillkürlich ein Armutszeugnis schreibt. Der Hoffnung, dass man das in Vorstellungsgesprächen irgendwie begründen wird, liegt die Voraussetzung zugrunde, dass man überhaupt die Chance bekommt, diese Begründung zur Sprache zu bringen. In den meisten Fällen kommt man jedoch in namhaften Unternehmen überhaupt nicht in den Genuss. Stichwort: Wettbewerber! Diese Vorgehensweise sollte aus den genannten Gründen reiflich überlegt werden. Es gilt also, nicht hinterherhumpeln, sondern aktiv und zeitnah die eigene berufliche Zukunft in die Hand zu nehmen und mit Freude zu gestalten. Einfach Mut zur Bewerbung zeigen!
2. Eine weitere Beobachtung umfasst die sequenzielle Gestaltung der Timeline nach der Abschlussarbeit. Sie besteht darin, dass man zuerst die Abschlussarbeit beendet, dann einen längeren Urlaub macht, um schließlich langsam mit der Marktrecherche bezüglich Stellenanzeigen und der Ausarbeitung der Bewerbungsunterlagen zu beginnen. Erst danach erfolgt die erste Bewerbung. Der mögliche Nachteil dieser Vorgehensweise äußert sich in ausgeprägten zeitlichen und finanziellen Verlusten (◘ Abb. 8.4). Hinzu kommt noch die bittere Notwendigkeit, diese Zeiten in Bewerbungsunterlagen und im Vorstellungsgespräch überzeugend zu begründen. Vor diesem Hintergrund wird wärmstens empfohlen, eine zur Abschlussarbeit parallele Strategie wenigstens in Betracht zu ziehen.

Aus eigener industrieller Praxis
Sehr oft vertreten Studierende die Ansicht, dass die Beendigung des Studiums in der Regelstudienzeit, sogar auf Kosten der Qualität von Leistungsnachweisen, ein wertvolles Alleinstellungsmerkmal darstellt. Aufgrund eigener industrieller Erfahrung muss diese Aussage stark relativiert werden. Ein Unternehmen hat direkt absolut keinen Vorteil aus der Regelstudienzeit der Hochschulabsolventen. Die Regelstudienzeit folgt eher politischen Vorgaben, die man offensichtlich einigen

Studierenden „erfolgreich vermittelt" hat. Es ist sogar aus Sicht eines Unternehmens vorteilhafter, wenn Hochschulabsolventen auf Kosten der Zeit bessere Leistungsnachweise erbringen und ihre Fach- sowie Methodenkompetenz zusätzlich erweitern und verfestigen. Dass das u. U. auf Kosten von 1–2 zusätzlichen Semestern erkauft wird, liegt im Verantwortungsbereich der Studierenden.

8.6 Take-Home Messages

1. Das in diesem Kapitel vorgestellte Konzept ist bezüglich der praktischen Umsetzung durch pragmatische, einfache und nutzbare Elemente gekennzeichnet.
2. Das entwickelte Konzept hat integralen Charakter und umfasst alle Phasen des Bewerbungsvorgangs. Hierzu sind zahlreiche praxisorientierte und -erprobte Empfehlungen ausgesprochen, an denen sich Hochschulabsolventen gut orientieren können.
3. Es wurde sehr viel Aufmerksamkeit insbesondere den sorgfältigen und vorausschauenden Vorbereitungsarbeiten, dem Konzept der glaubwürdigen Selbstdarstellung sowie der erfolgreichen Durchführung des Vorstellungsgesprächs gewidmet. Schließlich steht im Fokus die erste Stelle nach dem Studium und der erfolgreiche Eintritt in die eigene berufliche Zukunft. Diese Aktivitäten sind also das Herz-Kreislauf-System der eigenen Bewerbung und des Vorstellungsgesprächs.
4. Die praktische Empfehlung im Hinblick auf ein Vorstellungsgespräch lautet: Man sollte immer das Vorstellungsgespräch zu eigenen Marketing-Festspielen nutzen. Alle Hochschulabsolventen beenden das Studium unter einem Himmel, aber nicht alle verfügen über den gleichen Horizont.

Literatur

Bohlen, F. N. (2015). *Das Bewerber-Auswahl-Gespräch. Wie Sie die richtigen Mitarbeiter finden*, Springer Gabler.
Erpenbeck, J., & Sauter, W. (2013). *So werden wir lernen!* Springer.
Fieg, G. (2019). *Vorlesungsunterlagen zur Einführung in die Bio- und Verfahrenstechnik*. TUHH.
Handelsblatt 2021: ▶ https://www.handelsblatt.com/karriere/tesla-chef-so-laeuft-ein-vorstellungsgespraech-mit-elon-musk/26597968.html. Zugegriffen: 25. Mai 2021.
Henke, G. (2021). *ehem. Geschäftsführerin von Nordmann, Rassmann GmbH, Hamburg, persönliche Mitteilung*.
Hesse, J., & Schrader, H. C. (2001). *Neue Bewerbungsstrategien für Hochschulabsolventen. Startklar für Ihre Karriere*. Eichborn-Verlag.
Jordan, U., Külpp, B., & Bruckschen, I. (2013). *Das erfolgreiche Einstellungs-Interview Potenziale für morgen sicher erkennen und gewinnen*. Springer Gabler.
Klütsch, A. (2011). *Bewerben für Hochschulabsolventen. Die individuelle Bewerbung als Ihr Schlüssel zum Erfolg*. DT-Verlag.
Koch, G.-H. (2009). *Bewerbungshandbuch*. Online-Ausgabe.
kununu (2021): ▶ https://www.kununu.com. Zugegriffen: 14. Mai 2021.
Püttjer, C., & Schnierda, U. (2006a). *Die Bewerbungsmappe mit Profil für Hochschulabsolventen*. Campus.

Püttjer, C., & Schnierda, U. (2006b). *Das überzeugende Bewerbungsgespräch für Hochschulabsolventen. Die optimale Vorbereitung.* Campus.

Püttjer, C., & Schnierda, U. (2019). *Das große Bewerbungshandbuch.* Campus.

Recruiting Trends (2017). *Was HR-Verantwortliche wissen müssen?.* Staufenbiel Institut GmbH und Kienbaum Consultants International GmbH.

Reichelt, W. (1994). *Berufsstart für Hochschulabsolventen. Erfolgsstrategien für Bewerbung und Vorstellung.* Falken.

Raupach-Siecke, A. (2014). *Das perfekte Vorstellungsgespräch. So überzeugen Sie zielgerichtet mit Ihren Stärken.* Vahlen.

Sailer, M. (2009). *Anforderungsprofile und akademischer Arbeitsmarkt: die Stellenanzeigenanalyse als Methode der empirischen Bildungs- und Qualifikationsforschung.* Waxmann.

Wikipedia (2021). ▸ https://de.wikipedia.org/wiki/Bewerbungsgespr%C3%A4ch. Zugegriffen: 20. Mai 2021.

Serviceteil

Schlusswort – 310

Stichwortverzeichnis – 311

© Der/die Herausgeber bzw. der/die Autor(en), exklusiv lizenziert an Springer Fachmedien Wiesbaden GmbH, ein Teil von Springer Nature 2025
G. Fieg, *Ungewöhnlicher Ratgeber für Studierende*,
https://doi.org/10.1007/978-3-658-47875-9

Schlusswort

Liebe Leserinnen und Leser,

der vor Ihnen liegende Ratgeber stellt in strukturierter Form und mit klarem rotem Faden die über Jahrzehnte zusammengetragenen Erfahrungen und Wissen sowohl aus dem industriellen als auch dem akademischen Bereich dar. Unzählige, zielgerichtete Empfehlungen und Strategien sowie praxiserprobte Tipps und Tricks mit oftmaligem Backstageblick und Hintergrundwissen tragen zur fundierten Vermittlung und Erklärung komplizierter Sachverhalte bei. Ich würde mich freuen, wenn der ganzheitliche Ansatz für Sie eine Energiequelle für Motivation, Zuversicht und Begeisterung bei der persönlichen Gestaltung Ihres Studiums und der eigenen Zukunft bilden würde. Lassen Sie sich von der Faszination eines bewussten und gezielt geplanten Studiums als Ergebnis erfolgreicher, wissens- und erfahrungsbasierter Entscheidungen einfach mitreißen. Ich wünsche Ihnen dabei viel Erfolg und einen hohen Wirkungsgrad in der Umsetzung der unterbreiteten Empfehlungen.

Der Ratgeber wurde aus der Motivation heraus geschrieben, dass die erwähnte Feststellung zahlreicher Masteranden: *Hätte ich das damals gewusst* wenigstens deutlich reduziert wird. Ich würde mich freuen, wenn Sie mich bei dieser Herzensangelegenheit durch Hinweise auf den Ratgeber bei Kommilitonen tatkräftig unterstützen würden.

Die erwähnten Empfehlungen und Strategien sowie praxiserprobte Tipps und Tricks haben im Gegensatz zum exakten Wissen wie z. B. der 2. Hauptsatz der Thermodynamik einen spezifischen Charakter und erheben somit nicht den Anspruch der Allgemeingültigkeit. Das ist nach menschlichem Ermessen angesichts der Komplexität und der Vielschichtigkeit der Problemstellung nicht möglich. Sie als Leser werden oft feststellen, dass Sie einige Ausführungen anders erlebt bzw. bewertet haben. Das liegt in der Natur der Sache und man kann hier nur von Wahrscheinlichkeiten bezüglich der Allgemeingültigkeit sprechen. Das Bestreben des Ratgebers ist, diese Wahrscheinlichkeit wenigstens möglichst hoch zu halten.

Stichwortverzeichnis

(

(Ultrakurzzeit-) Gedächtnis, sensorisches 31

A

Abgabephase 69
Abschlussarbeit 223
– externe 248
Anerkennung der Studienleistungen 162
Anfangsphase 69
Anforderung 225
Anschreiben 282
Anstrengung 41
Arbeitszeugnis 282
Aufmerksamkeit 39
Ausdauer 41
Auslandssemester 149
Aussprache, hochschulöffentliche 211
Autosuggestion 196

B

Bachelorarbeit 224
Bearbeitungsphase 69
Beisitzer 63
Berufsweg 144
Beschäftigte, studentische 139
Betreuer 237
Bewerbung 265
Bewerbungsfoto 291
Bewerbungsunterlagen 282
Bewertung
– kritische 164
– von Abschlussarbeiten 233
Beziehungsdimension 173
Beziehungsebene 176
Bologna-Prozess 85

D

Denken/Prüfen, kritisches 35
Der letzte Eindruck 209
Diagramm 192
Dimension, inhaltliche 173
Diversität 148

E

Einleitungsteil 184
Einzel- bzw. Gruppenlernen 43
Elaborationsstrategie 35
Erasmus-Programm 150
Erstellung 53
Erstis 24

F

Fachaktivität, additive 124
– interne 124
Fachpraktikum 101
Fachwissen und -qualifikation 81
Fern- und Nahhorizont 48
Finanzierung 160
Folienlayout 190
Foto und Video 193
Frage 213
Fragestellung, rhetorische 202

G

Gehirn
– emotionales 177
– logisches 178
Gehirnstruktur 177
Gesprächsphase 302
Gutachter 256

H

Hauptteil 185
Hilfskraft
– studentische 139
– wissenschaftliche 139
Hilfswissenschaftler 139
Hippocampus 32
HiWi-Tätigkeit 142
Hobby 280
Hochschul-Campus 15

I

Informationsverarbeitung 32
Inhaltsebene 176

K

Kommunikation 174
– nonverbale 198
– paraverbale 198
– verbale 198
Kommunikationsmodell 174
– psychologisches 175
Kompetenz 79
Kompetenzbereich 84
Kompetenzorientierung 86
Konnektivität 223
Konzentration 39
Korrekturphase 245
Kurzzeitgedächtnis 32

L

Langzeitgedächtnis 32
Learning Agreement 158
learning shock 19
Lebenslauf 282
Lehre 152
Leistungsnachweis 13
Lernen 24
Lernkonzept 30
Lernstrategie 33
– kognitive 35
– ressourcenbezogene 38
Lernumgebung 42
Lernvoraussetzung, körperliche 24
Lernvoraussetzung 33
Lernzieltaxonomie 128
Limbisches System 32

M

Manuskriptkorrektur 246
Masterarbeit 224
Mehrspeichermodell 31
MindMapping 232
Mitarbeit in Lehrveranstaltungen 49
Muskelan-/Muskelentspannung 29

N

Nachbereitung 55
Neuromodulation 32
Nutzung von Quellen 44

O

Organisationsstrategie 35
Orientierungshilfe 94

P

Pause, sprachliche 200
Persönlichkeit 79
Persönlichkeitsmerkmal 85
Perspektivenwechsel 20
Praktikumsform 102
Präsentation 171
Präsentieren 171, 193
Präsenzveranstaltung 22
Probevortrag 245
Problem der Passung 283
Prüfer 63
Prüfung 46
– mündliche 58
– schriftliche 59
Prüfungsnote 13
Prüfungssituation 60
Prüfungsvorbereitung 57

Q

Qualifikation 83
Quelle 227

R

Rehearsal 37

S

Satzbau 203
Schlaf 27
Schlussteil 187
Selbststudiumszeit 15
self-fulfilling prophecy 196
Sondierungsgespräch 240

Stichwortverzeichnis

Spielregel 61
Sport und Fitness 27
Sprachkenntnis 161
Sprachnachweis 158
Sprachstil 205
Stellenanzeige 267
Strategie, metakognitive 45

T

Tabelle 192
Täuschungsversuch 72
Technik der Kurzentspannung 28
Teilzusammenfassung 201
Text 191
Themenfindung 226
transcript of records 158
Tutor 124
Tutorentätigkeit 125

U

Überlappungsherausforderung 113
Umgang mit Fragen 297
Unterkunft 159
Unterstützungsmaßname 21

V

visualis 182
Visualisierungselement 191

Vorbereitung 52
Vorlesung 52
Vorlesungsmitschrift 53
Vorstellungsgespräch 265, 293

W

Wahl
– der Hochschule 155
– des Instituts 136
Weiterbildungsnachweis 283
Wettbewerber 266
Wiederholung 201
Wiederholungsstrategie 36
Wissen 83
Wortwahl 205

Y

Yerkes-Dodson-Gesetz 70

Z

Zeitbedarf 180
Zeitmanagement 38
Zeugnis, berufsqualifizierendes 282

GPSR Compliance

The European Union's (EU) General Product Safety Regulation (GPSR) is a set of rules that requires consumer products to be safe and our obligations to ensure this.

If you have any concerns about our products, you can contact us on

ProductSafety@springernature.com

In case Publisher is established outside the EU, the EU authorized representative is:

Springer Nature Customer Service Center GmbH
Europaplatz 3
69115 Heidelberg, Germany

www.ingramcontent.com/pod-product-compliance
Lightning Source LLC
LaVergne TN
LVHW020327260326
834688LV00037B/908